똑! 소리나게
배워보는

[포토샵 CS6]

김지연 저

YoungJin.com Y.
영진닷컴

속전속결 포토샵 CS6

ISBN 978-89-314-4597-8

내용 문의 | yoniyoni@naver.com

만든 사람들

집필 김지연 | 기획 기획1팀 | 총괄 김태경 | 진행 성민, 정소현 | 북디자인 열린마음

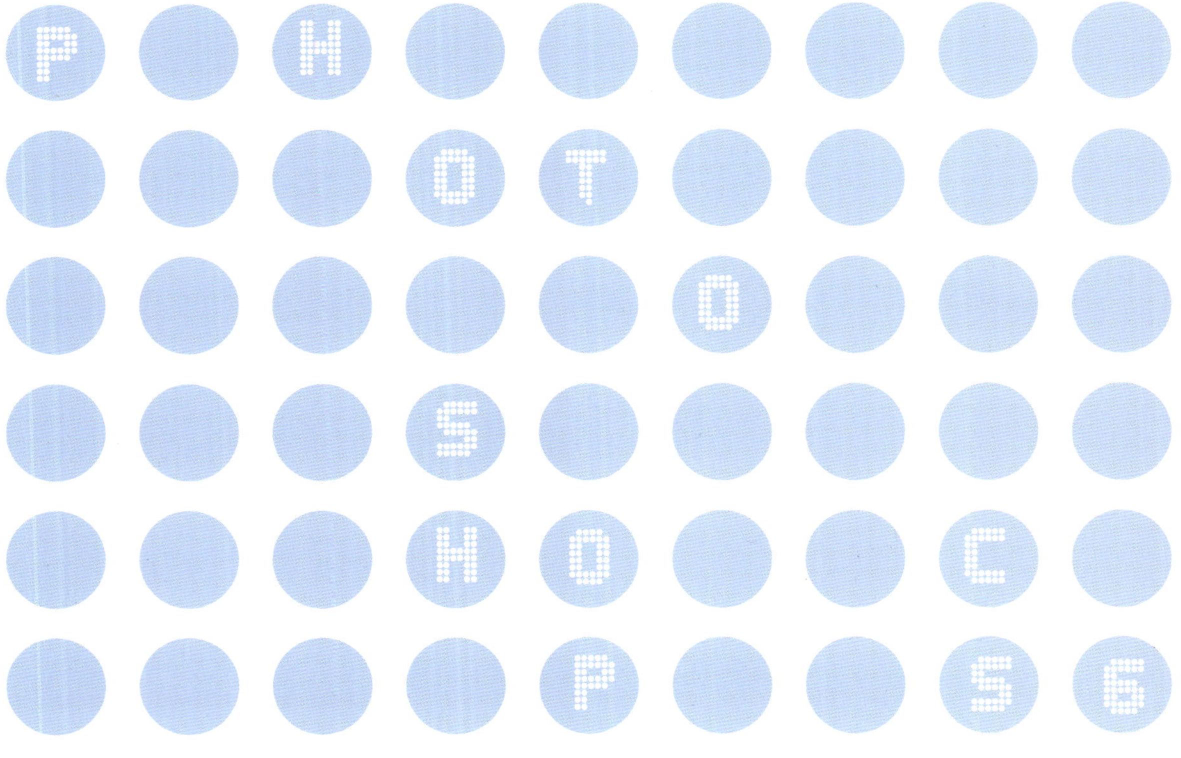

CS5 Master Collection 이후, 속도와 성능 면에서 새로운 기능이 대거 추가된 Adobe Creative Suite 6 제품군은 Creative라는 이름답게 사진작가, 웹 및 인터랙티브 디자이너, 비디오 전문가들의 창의적이고 혁신적인 작업이 가능하도록 최적화된 툴을 통해 지원합니다. 특히, Adobe Mercury Graphics Engine은 Photoshop CS6 Extended에서 퍼펫 뒤틀기, 자르기, 변형, 조명 효과, 3D 등을 사용할 때 탁월한 속도와 빠른 응답성으로 작업 효율성을 극대화할 수 있습니다. 새롭게 추가된 콘텐츠 인식 툴이나 벡터 기능, 재정비된 패널은 작업 단계를 줄여 작업 시간을 단축시킵니다.

〈속전속결 포토샵 CS6〉는 십여 년 동안 포토샵을 사용해오면서 쌓인 노하우와 경험을 바탕으로 프로그램을 처음 접하는 사용자뿐만 아니라 포토샵을 체계적으로 공부하고자 하는 사용자들이 쉽게 따라할 수 있도록 집필하였습니다. 포토샵 CS6의 다양한 기능을 총 8챕터로 나누고 각 챕터를 섹션으로 구분하여 설명합니다. 각 챕터에서는 핵심적인 이론을 살펴본 후 예제를 따라하면서 기능을 차근차근 배울 수 있도록 하고, 혼자해보기 실전 예제를 제공하여 응용력을 키울 수 있도록 구성하였습니다. 마무리 단계에서는 핵심이 되는 내용들을 다시 한 번 정리하주고 종합적인 실습 예제들을 통해 학습한 내용에 대한 정리와 테스트를 할 수 있습니다. 또한, 필자가 일상생활 속에서 가볍게 촬영한 사진을 예제로 사용하여 단순한 기능 설명에 그치지 않고 실전 활용에 도움이 되도록 하였습니다.

‘천리 길도 한 걸음부터’라는 말이 있습니다. 책을 통해 기초 이론을 학습하고 메뉴와 툴을 하나씩 알아가다 보면 어느 순간 자신만의 노하우가 쌓이고 포토샵을 자유자재로 다룰 수 있을 것입니다.

이 책이 나올 수 있도록 많은 도움과 응원을 해준 조카 태윤이와 가족들, 영원한 지우개 김청락에게 감사드리며 모두 건강하고 행복하시길 바랍니다.

열린마음(김지연)

Chapter

기능과 주제에 따라 Chapter로 나누어 설명합니다. 해당 Chapter에서 배울 핵심적인 내용을 미리 학습할 수 있도록 소개하였습니다.

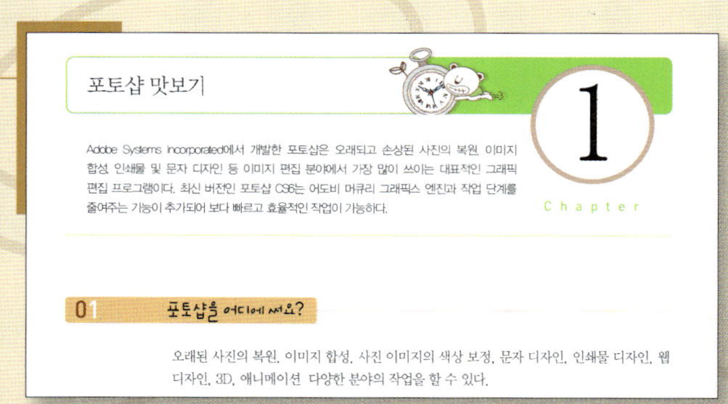

Section

세부적인 기능을 Section으로 구성하였습니다. 어떤 기능을 학습하게 될지 알아두기 코너를 통해 간단하게 살펴보고 시작합니다.

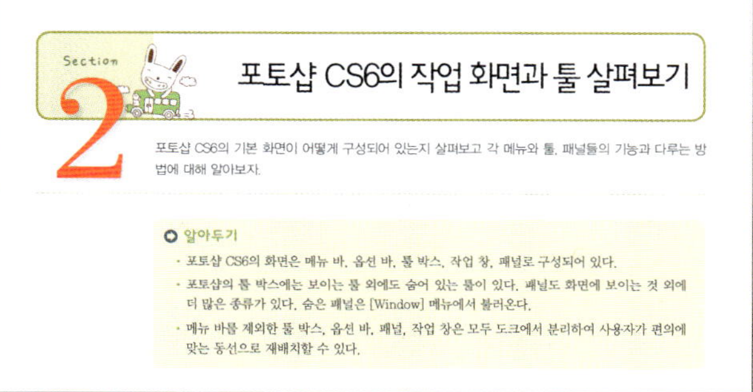

따라하기

체적인 내용을 단계별로 따라해 볼 수 있도록 순서대로 구성하였습니다. 한 단계씩 따라하다 보면 기능을 마스터할 수 있습니다.

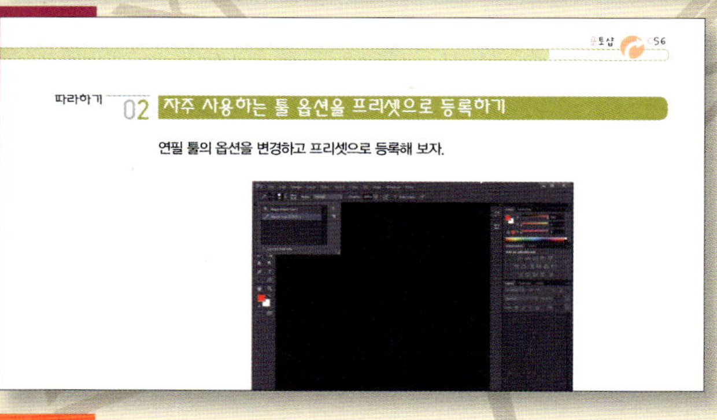

혼자해보기

따라하기에서 익힌 내용을 바탕으로 사용자가 직접 예제를 풀어봅니다. HINT에 있는 내용을 참고하면서 반복 및 심화 학습을 합니다.

HINT

혼자해보기의 예제를 작업할 때 필요한 참고
내용을 담았습니다.

HINT | 다각형 올가미 툴을 선택한 후 가장 왼쪽에 위치한 간판의 모서리를 따라 클릭하여 선택 영역으로 지정한다. Shift 를 누른 채 차례대로 나머지 간판도 선택한다. 모두 선택하면 [Image]-[Adjustments]-[Threshold] 메뉴를 선택하고 [Threshold levels]를 '106'으로 설정한 후 [OK] 버튼을 클릭한다. Ctrl + D 를 눌러 선택 영역을 해제한다.

'챕터2_샘플/감자.jpg' 파일을 불러온다. 퀵 마스크 모드를 이용하여 감자를 선택하고 카툰 효과를 적용한 후 방향키로 이동해 보자.

Tip

본문 내용 중에서 알아두어야 할 기능이나 용
어들을 소개합니다.

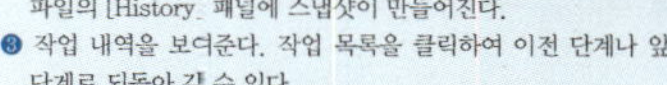

[History] 패널 이해하기

1. [History] 패널

① 선택한 단계를 기준으로 히스토리 브러시가 적용된다.
② 스냅샷 : 파일의 초기 상태가 자동으로 생성된다. 작업 내역을 스냅샷으로 찍어두고 이름을 지정하면 어떤 단계의 이미지인지 쉽게 구별할 수 있고 작업 내역이 뒤로 밀려 사라지더라도 언제든지 예전 상태로 돌아갈 수 있다. 별도 파일의 작업 내역이나 스냅샷을 작업 중인 파일의 작업 창으로 드래그하면 작업 중인 파일의 [History] 패널에 스냅샷이 만들어진다.
③ 작업 내역을 보여준다. 작업 목록을 클릭하여 이전 단계나 앞 단계로 되돌아 갈 수 있다.
④ 작업 내역이나 스냅샷을 새 작업 창으로 만든다.
⑤ 클릭하면 스냅샷을 찍을 수 있다.
⑥ 작업 내역이나 스냅샷을 클릭하거나 드래그하여 삭제할 수 있다.

핵심정리

Chapter에서 학습한 핵심적인 내용을 정리해
놓았습니다. 학습 과정에서 놓쳐서는 안 될 중
요한 사항을 정리하였으므로 다시 한 번 체크
해 봅니다.

핵심정리 s u m m a r y

1. 포토샵 CS6 실행하고 종료하기
  • [시작] 메뉴의 [모든 프로그램]-[Adobe Photoshop CS6]를 선택하거나 바탕 화면의 바로가기 아이콘을 만들고 더블클릭하여 포토샵을 실행할 수 있다.
  • [File]-[Exit] 메뉴를 선택하면 프로그램이 종료된다.
  • [Edit]-[Preferences] 메뉴에서 파일 저장이나 불러오는 방법, 커서 모양, 포토샵 성능, 투명도 옵션 등 포토샵의 전반적인 환경을 설정한다.

2. 포토샵 CS6의 화면 구성 살펴보기
  • 포토샵의 화면은 메뉴 바, 옵션 바, 툴 박스, 작업 창, 패널로 구성되어 있다.
  • 포토샵의 툴 박스에는 보이는 툴 외에도 숨어 있는 툴이 있다. 패널도 화면에 보이는 것보다 더 많은 종류가 있다.
  • 포토샵에서 사용되는 모든 패널은 [Window] 메뉴에서 불러오거나 닫을 수 있다.

종합실습

Chapter에서 배운 내용에 대한 응용 능력을 높
이기 위해 실습 문제를 풀어봅니다. HINT의
내용을 참고하여 지금까지 학습한 내용을 종합
적으로 활용해 봅니다.

종합실습 p r i n t u p 

1. [Width] '800Pixels', [Height] '600Pixels', [Resolution] '72Pixels/Inch', [Background Contents]가 'White'인 새 문서를 분리된 작업 창으로 만들고 '챕터1_샘플/소스.jpg, 지도.ai' 파일을 불러온 후 PNG 파일로 저장해 보자.

[작업 준비물 : 챕터1_샘플/소스.jpg, 지도.ai]

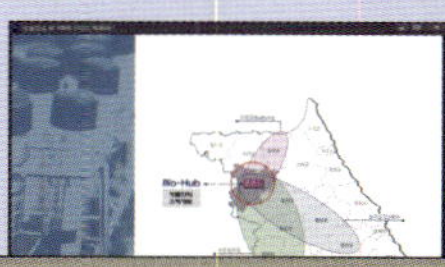
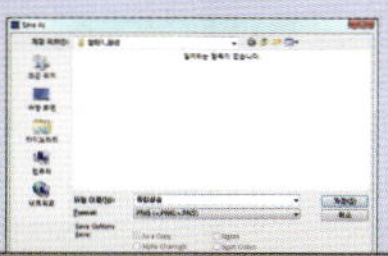

CONTENTS

CONTENTS

01

CHAPTER

포토샵 CS6를 향한

첫걸음

이번 Chapter는 본격적인 학습에 들어가기 전에 포토샵이 어떠한 프로그램이고 포토샵으로 할 수 있는 작업과 활용 분야는 무엇인지에 대해 간략하게 알아본다. 더불어, 포토샵을 시작하기 위한 준비 과정으로 사용자 편의에 맞는 작업 환경을 구축하고 포토샵을 다루기 위해 알아야 하는 기본적인 사항에 대해 배워보자.

포토샵 맛보기

Adobe Systems Incorporated에서 개발한 포토샵은 오래되고 손상된 사진의 복원, 이미지 합성, 인쇄물 및 문자 디자인 등 이미지 편집 분야에서 가장 많이 쓰이는 대표적인 그래픽 편집 프로그램이다. 최신 버전인 포토샵 CS6는 어도비 머큐리 그래픽스 엔진과 작업 단계를 줄여주는 기능이 추가되어 보다 빠르고 효율적인 작업이 가능하다.

01 포토샵을 어디에 써요?

오래된 사진의 복원, 이미지 합성, 사진 이미지의 색상 보정, 문자 디자인, 인쇄물 디자인, 웹 디자인, 3D, 애니메이션 등 다양한 분야의 작업을 할 수 있다.

• 사진 보정

• 이미지 합성, 편집

- 인쇄물

- 필터

- 3D

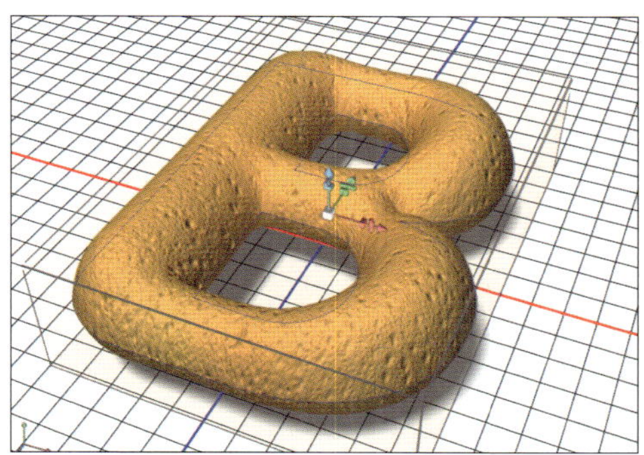

- 애니메이션

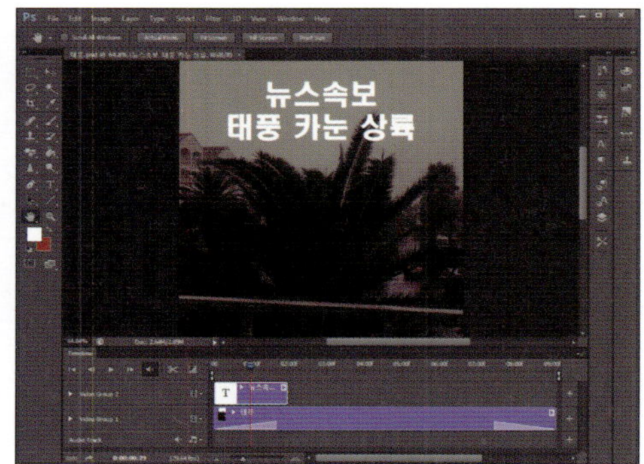

어도비 포토샵 CS6(Adobe Photoshop CS6)은 복잡한 작업을 단순화하여 작업 시간을 줄이고 효율성을 극대화시키는 기능이 많이 추가되었다. 어떤 기능이 새롭게 추가되고 향상되었는지 살펴보자.

[Window]-[Workspace]-[New In CS6] 메뉴를 클릭하면 새 기능이 추가된 패널은 우측에 정렬되고 메뉴는 파란색으로 표시된다.

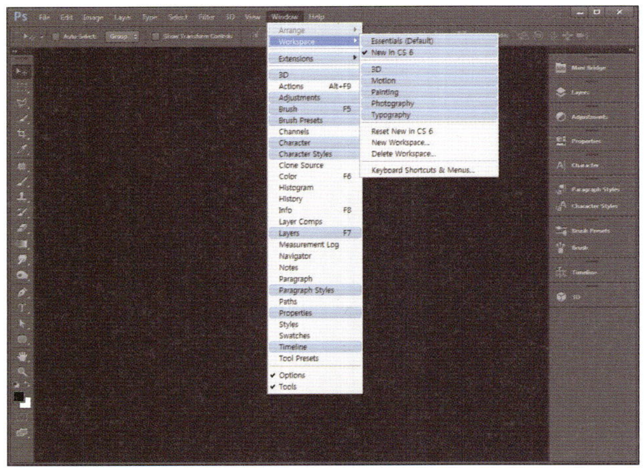

1. 인터페이스 색상 바꾸기

지금까지 고수하던 밝은 회색의 인터페이스 색상에 3가지 색상이 추가되었다. 검은색부터 이전 버전의 밝은 회색까지 4단계의 색상이 제공되며 [Edit]-[Preferences]-[Interface] (Ctrl + K) 메뉴에서 사용자 취향에 맞게 변경할 수 있다. Shift + F1 을 누르면 한 단계씩 어둡게, Shift + F2 를 누르면 한 단계씩 밝게 변경된다.

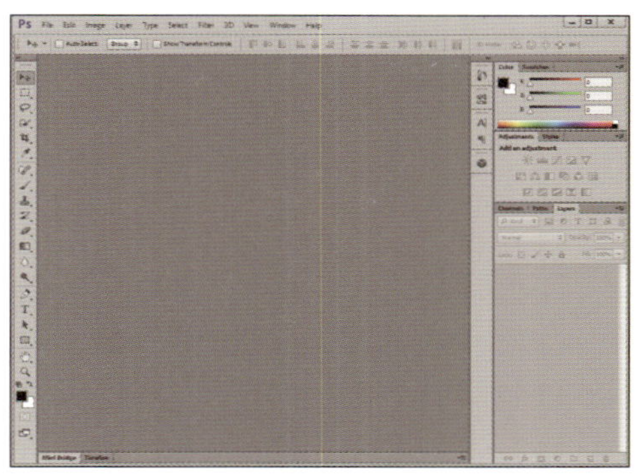 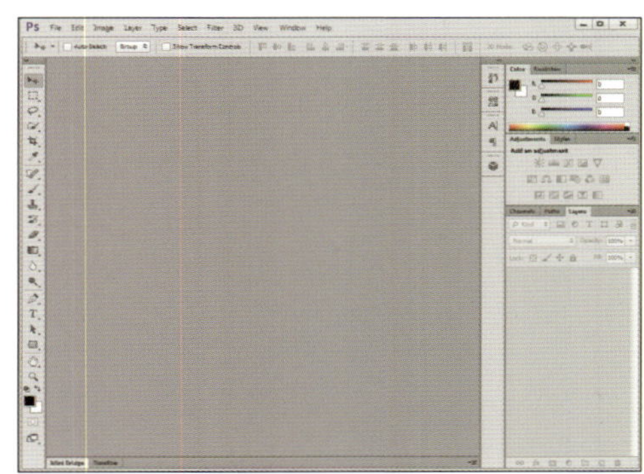

2. 콘텐츠 인식 이동 툴

콘텐츠 인식 기능이 툴로 탑재되어 여러 단계에 걸쳐 해야 했던 작업을 한 번의 클릭으로 완료할 수 있다. 주변 콘텐츠를 인식하여 선택 영역을 이동한 곳에 자연스럽게 복사함과 동시에 원래 자리를 주변 배경으로 채워준다.

3. 더욱 다양해진 필터 효과

◖ [Filter]-[Adaptive Wide Angle]

광각이나 어안 렌즈로 촬영하거나 파노라마 촬영을 한 사진에서 볼 수 있는 왜곡 현상을 개선해 준다. 사진에 담긴 정보를 읽어 곡선으로 둥글게 왜곡된 지점을 꽤 정확하고 쉽게 보정할 수 있다.

▶ [Filter]—[Blur]

피사계심도(Depth Of Field) 즉, 카메라의 초점이 맞는 범위를 쉽게 조절할 수 있는 블러 효과가 추가되어 아웃포커싱 효과를 보다 쉽게 적용할 수 있다.

• [Filter]—[Blur]—[Field Blur]

흐림 효과를 주고 싶은 부분과 주고 싶지 않은 부분에 포인트를 추가하면서 설정값을 다양하게 적용할 수 있다. 정교한 아웃포커싱이 가능하다.

• [Filter]—[Blur]—[Iris Blur]

타원이나 둥근 사각형 모양의 포인트를 이용하여 간단하고 빠르게 아웃포커싱을 적용한다.

• [Filter]—[Blur]—[Tilt—Shift]

가운데에 있는 선의 위치를 변화시키면서 가장 잘 표현되는 위치를 정하고 상단과 하단에 블러를 적용하여 미니어처 효과를 표현할 수 있다.

🔵 **[Filter]─[Render]─[Lighting Effects]**

17가지의 사전 설정된 조명 효과를 불러와 적용하거나 3가지 종류의 조명을 추가할 수 있다.

🔵 **[Filter]─[Oil Paint]**

이미지를 쉽고 빠르게 유화로 변신시킬 수 있다.

4. 새로워진 자르기 툴

자르기 툴의 사용 방법이 새로워졌다. 기존의 방법이 이미지를 고정하고 자르기 상자를 이동해 이미지를 잘랐다면 새 방법은 자르기 상자와 이미지를 같이 움직여 자르고 난 후의 결과물을 바로 예측할 수 있다. 또한, 선택 영역을 지정하고 자르기 툴을 선택하면 선택 영역으로 자르기 상자가 표시되어 더 편리하게 사용할 수 있다. 이 밖에도 수평을 바로 잡아 주는 기능이나 크기나 해상도를 유지하며 자르기를 할 수 있는 기능 등이 추가되었다.

5. 향상된 벡터 기능

셰이프 레이어를 합쳐도 벡터 속성이 유지되고 개별로 이동, 변형이 가능하며 하나의 셰이프 레이어에 속한 패스들을 정렬 및 균등 분배를 할 수 있다. 뿐만 아니라 선택 영역을 도형으로 변환할 수 있어 새로 추가된 선 그리기 기능과 함께 벡터 작업 영역을 더욱 확장해주었다.

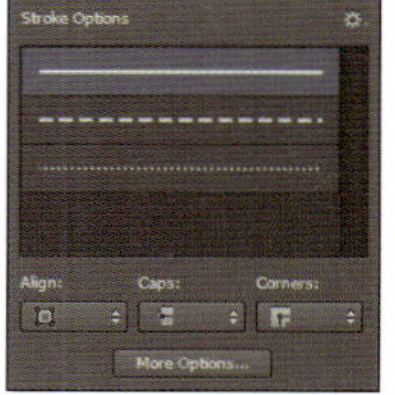

6. [Layers] 패널에 추가된 기능

패널 상단에 레이어를 검색할 수 있는 기능이 추가되었다. 이름, 속성, 스타일, 모드, 레벨 등의 옵션으로 레이어를 필터링하여 필요한 레이어를 신속하게 찾을 수 있다.

또한, 그룹 레이어나 다수의 레이어에 속성을 한 번에 적용할 수 있고 이제 그룹 레이어에도 클리핑 마스크나 레이어 스타일을 적용할 수 있다. 여러 개의 레이어에 블랜딩 모드를 한 번에 적용할 수 있는 기능도 추가되었으니 알아두면 좋다.

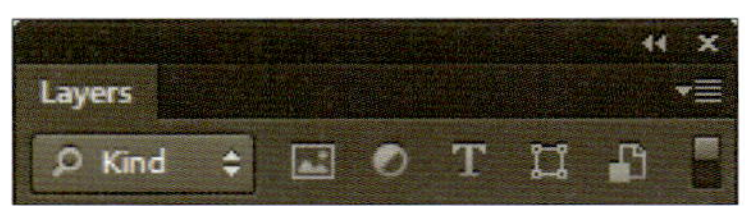

7. 문자 스타일과 단락 스타일

포토샵 CS6에는 이전 버전에는 없던 [Type] 메뉴가 추가되었다. 문자 툴의 옵션 바나 패널에서 제공하던 메뉴와 새롭게 추가된 메뉴를 이제는 메뉴 바에서 쉽게 접근할 수 있다. 또한 새롭게 추가된 문자/단락 스타일 패널과 [Type] 메뉴에 추가된 [Paste Lorem Ipsum] 메뉴는 텍스트가 포함된 문서 작업을 하거나 일관된 서식을 적용해야 하는 작업을 할 때 작업 시간을 단축시켜 줄 것이다.

8. 그 밖의 추가된 기능

❶ [Edit]–[Fill] 메뉴에 [Scripted Patterns] 옵션이 추가되었다. 선택한 패턴을 5가지 방법으로 오려붙여 새로운 패턴을 만들 수 있다.

❷ [Color Range] 메뉴에 피부 톤 선택하기 기능이 추가되었다. 대화상자에서 'Skin Tones'를 선택하고 'Detect Faces'에 체크하면 사람의 피부 톤과 비슷한 색상 영역을 찾아 선택 영역으로 지정한다.

❸ 가장 자리 맞춤 : [Edit]–[Preferences]–[General]의 'Snap Vector Tools and Transforms to Pixel Grid'나 옵션 바의 Align Edges에 체크하면 새로 만들거나 수정하는 모든 오브젝트가 가장자리 맞춤이 되어 편리하게 작업할 수 있다.

❹ 자동 복구 기능 : [Edit]–[Preferences]–[File Handling]의 'Automatically Save Recovery Information Every' 옵션에 체크하면 설정한 시간 간격으로 저장되어 프로그램이 중간에 다운되더라도 프로그램을 다시 시작할 때 자동으로 복구해준다.

포토샵 CS6 시작하기

포토샵을 사용하기 위해서는 컴퓨터에 포토샵 CS6의 정식 버전이나 시험 버전이 설치되어 있어야 한다. 포토샵 CS6를 본격적으로 다루기 전에 포토샵을 실행하고 종료하는 방법과 인터페이스 색상을 바꾸는 방법에 대해 알아보자.

◐ 알아두기

- [시작] 메뉴의 [모든 프로그램]-[Adobe Photcshop CS6]를 선택하거나 바탕 화면의 바로 가기 아이콘을 만들고 더블클릭하면 포토샵이 실행된다.
- [File]-[Exit] 메뉴를 선택하거나 포토샵 전체 화면 오른쪽 상단의 ☒ 을 클릭하면 프로그램이 종료된다.
- CS6에서는 [Edit]-[Preferences]-[Interface] 메뉴에서 인터페이스 색상을 어두운 회색에서 밝은 회색까지 4단계의 색상으로 설정할 수 있다.

따라하기 **01** ## 포토샵 실행하고 종료하기

포토샵 CS6를 실행하고 종료해 보자.

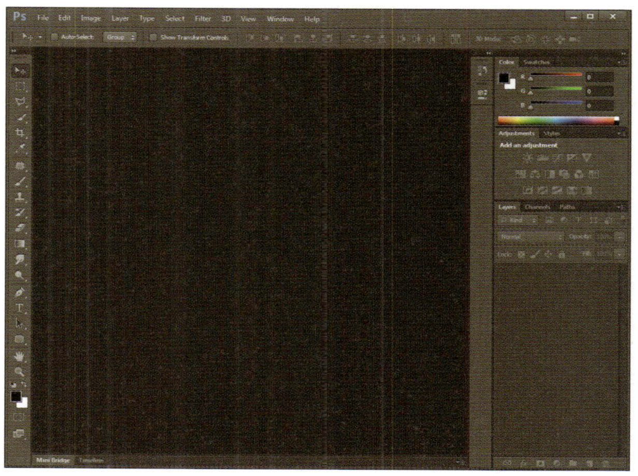

❶ 윈도우 [시작] 메뉴의 [모든 프로그램]-[Adobe Photoshop CS6]를 선택한다.

❷ 포토샵 CS6의 실행 로고가 나타났다 사라진 후 포토샵 초기 화면이 나타난다.

❸ 화면의 상단에는 메뉴, 옵션 바가 있고, 왼쪽에는 툴 박스, 오른쪽에는 패널이 위치해 있다.

❹ 화면 왼쪽 상단의 [File]-[Exit] 메뉴를 선택해 프로그램을 종료한다.

포토샵 CS6의 작업 환경 색상을 변경해 보자.

❶ 윈도우 [시작] 메뉴의 [모든 프로그램]-[Adobe Photoshop CS6]를 선택한다.

❷ 포토샵 CS6의 실행 로고가 나타났다 사라진 후 포토샵 CS6의 초기 화면이 나타난다.

❸ [Edit]-[Preferences]-[Interface] 메뉴를 선택한다.

❹ [Preferences] 대화상자가 나타나면 'Color Theme'에서 제공하는 4가지 색상 중 원하는 색상으로 선택한 후 [OK] 버튼을 클릭한다.

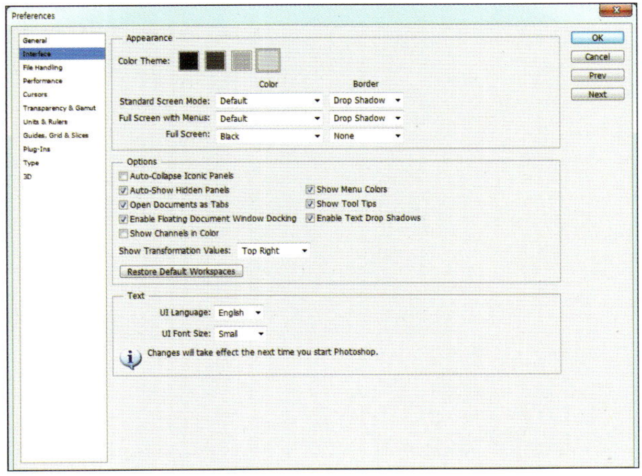

❺ [File]-[Exit] 메뉴를 선택해 프로그램을 종료한다.

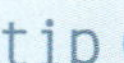

[Preferences] 메뉴 tip

파일 저장이나 불러오는 방법, 커서 모양, 포토샵 성능, 투명도 옵션 등 포토샵의 전반적인 환경을 설정한다. 포토샵을 설치한 뒤 자신이 쓰기 편리한 방식으로 환경 설정을 바꾸어두면 작업이 훨씬 수월해진다. 항목 별로 어떤 옵션이 있는지 확인해 본다.

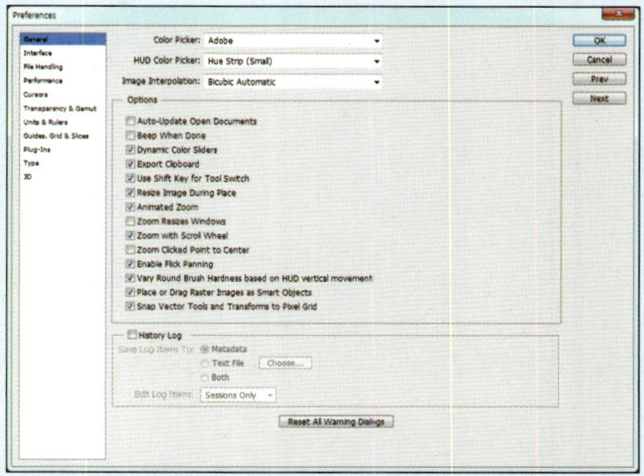

❶ General : 포토샵 CS6의 기본적인 환경을 설정한다.

❷ Interface : 메뉴, 패널 등의 작업 환경을 설정한다.

❸ File Handling : 파일을 불러오는 방식과 저장하는 방식을 설정한다. 포토샵 CS6에 새롭게 추가된 자동 저장 기능의 사용 여부를 결정할 수 있다.
- Save in Background : 새로 생긴 기능으로 체크하면 저장 중에도 작업을 지속할 수 있다.
- Automatically Save Recovery Information Every : 새로 생긴 기능으로 설정한 시간 간격으로 파일을 자동 저장한다.

❹ Performance : 메모리나 작업 내역 기록 수 등을 설정한다.
- Use Graphics Processor : OpenGL 가속 기능이 있는 그래픽 카드가 장착되어 있어야 활성화된다. 체크하면 돋보기 툴( )의 Scrubby Zoom 기능이나 스포이트 툴( )의 컬러 샘플링, 브러시 툴( )의 브러시 끝 미리 보기 등이 지원된다. 이 옵션의 변경 사항은 포토샵을 재실행해야 반영된다.

❺ Cursors : 커서의 모양과 미리 보기 색상을 설정한다.

❻ Transparency & Gamut : 레이어의 투명한 부분의 색상과 형태를 설정한다.

❼ Units & Rulers : 눈금자와 문자의 단위, 단의 크기 및 새 파일을 만들 때 자동 입력되는 해상도를 설정한다.

❽ Guides, Grid & Slices : 가이드나 그리드 선 및 슬라이스 선의 색상과 형태를 설정한다.

❾ Plug-Ins : 필터의 경로 및 가상 작업 공간을 결정한다.

❿ Type : 폰트와 관련된 옵션을 설정한다.
- Enable Missing Glyph Protection : 체크 해제하면 문자 입력 시 폰트가 중간에 바뀌는 것을 방지한다.
- Show Font Names in English : 체크 해제하면 폰트 이름을 한글로 보여준다.

⓫ 3D : 3D 가속 기능을 설정한다.

바탕 화면에 포토샵 CS6 바로 가기 아이콘을 등록한 후 아이콘으로 프로그램을 실행해 보자.

> **HINT** | [시작] 메뉴의 [모든 프로그램]−[Adobe Photoshop CS6]를 마우스 오른쪽 버튼으로 클릭하고 [보내기]−[바탕 화면에 바로가기 만들기]를 선택한다. 혹은 **Ctrl** 을 누른 상태로 바탕 화면으로 드래그하면 바로 가기 아이콘이 만들어진다. 아이콘을 더블클릭하면 포토샵 CS6가 실행된다.

포토샵 CS6를 실행한 후 오른쪽 상단의 크기 조절 버튼으로 포토샵 창의 크기를 조절하고 작업 환경을 어두운 색으로 변경해 보자.

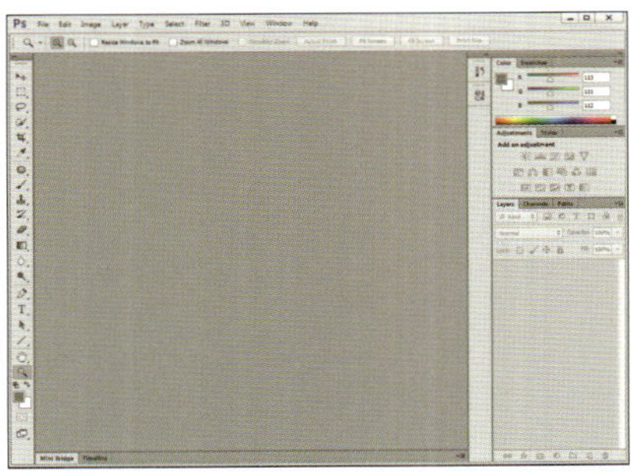

> **HINT** | 화면 상단 오른쪽의 ▢은 모니터 화면에 맞춰 창을 최대로 키우고 ▬은 최소화시킨다. 창이 최대로 커져있을 때 ▣을 누르면 창의 크기가 작아지고 사용자 편의에 맞춰 창의 크기를 마음대로 조절할 수 있다. [Edit]−[Preferences]−[Interface] 메뉴를 선택하고 지금보다 어두운 색상을 선택한 후 [OK] 버튼을 클릭한다.

포토샵 CS6의 작업 화면과 툴 살펴보기

포토샵 CS6의 기본 화면이 어떻게 구성되어 있는지 살펴보고 각 메뉴와 툴, 패널들의 기능과 다루는 방법에 대해 알아보자.

● 알아두기

- 포토샵 CS6의 화면은 메뉴 바, 옵션 바, 툴 박스, 작업 창, 패널로 구성되어 있다.
- 포토샵의 툴 박스에는 보이는 툴 외에도 숨어 있는 툴이 있다. 패널도 화면에 보이는 것 외에 더 많은 종류가 있다. 숨은 패널은 [Window] 메뉴에서 불러온다.
- 메뉴 바를 제외한 툴 박스, 옵션 바, 패널, 작업 창은 모두 도크에서 분리하여 사용자가 편의에 맞는 동선으로 재배치할 수 있다.

살펴보기 01 전체 화면 구성 살펴보기

❶ 메뉴 바 : [File], [Edit], [Image], [Layer], [Type], [Select], [Filter], [3D], [View], [Window], [Help] 메뉴에서 다양한 명령을 실행할 수 있으며 각 메뉴를 클릭하면 세부 메뉴 목록이 팝업 창으로 나타난다.

❷ 옵션 바 : 툴 박스에서 선택한 툴의 세부 옵션을 설정한다.

❸ 툴 박스 : 이미지 편집을 위한 툴을 모아 놓은 상자로 유사한 기능의 툴끼리 묶여있다.

❹ 작업 창 : 작업이 이루어지는 영역을 보여주는 창이다. 작업 창 상단에는 파일의 이름, 보기 배율, 이미지 모드가 표시되며 작업 창의 제목 표시줄을 드래그하여 이동하거나 그룹으로 묶을 수 있다. 작업 창 하단에는 보기 배율을 수정하거나 삼각 버튼을 클릭하여 각종 파일 정보를 표시할 수 있다.

❺ 패널 : 메뉴나 툴 박스와 연계되어 좀 더 향상된 작업을 할 수 있는 기능들이 모여 있다. 패널은 개별적으로 분리할 수 있고 작업 목적, 사용 빈도, 동선에 따라 패널을 배치하거나 그룹으로 묶어 사용할 수 있다. 숨겨진 패널은 [Window] 메뉴에서 불러온다.

툴 박스 살펴보기

툴 박스는 이미지 편집을 위한 툴을 모아 놓은 상자로 각 기능을 상징하는 아이콘 모양으로 구성되어 있다. 각 툴 위에 마우스를 가져가면 툴의 이름 및 영문 단축키가 툴 팁으로 나타나며, 숨겨진 툴을 선택할 때는 툴을 잠시 동안 누르고 있거나 마우스 오른쪽 버튼으로 클릭한다. 툴 박스는 포토샵 화면 왼쪽에 한 줄로 위치하고 있지만 툴 박스 상단의 삼각버튼을 클릭하면 두 줄로 바꿀 수 있고, 검정색 표시줄을 클릭한 후 드래그하면 자유롭게 옮길 수 있다.

1. 이동 툴(Move Tool)

선택한 이미지, 영역, 문자, 가이드라인 등을 이동한다.

2. 기본 선택 툴

- 사각형 선택 툴(Rectangular Marquee Tool) : 사각형 모양으로 선택 영역을 만든다.
- 원형 선택 툴(Elliptical Marquee Tool) : 원형 모양으로 선택 영역을 만든다.
- 가로선 선택 툴(Single Row Marquee Tool) : 세로 1px의 가로 선을 선택한다.
- 세로선 선택 툴(Single Column Marquee Tool) : 가로 1px의 세로 선을 선택한다.

3. 올가미 툴

- 올가미 툴(Lasso Tool) : 자유 곡선으로 선택 영역을 만든다.
- 다각형 올가미 툴(Polygonal Lasso Tool) : 직선을 연결하여 다각형 형태의 선택 영역을 만든다.
- 자석 올가미 툴(Magnetic Lasso Tool) : 색상의 차이가 심해 경계가 뚜렷한 이미지의 윤곽을 자동으로 선택한다.

4. 빠른 선택 툴

- 빠른 선택 툴(Quick Selection Tool) : 이미지에 그리듯이 드래그하여 선택한다.
- 마술봉 툴(Magic Wand Tool) : 색상 차이를 기준으로 비슷한 색상을 가진 영역을 한 번에 선택한다.

5. 자르기 및 분할 툴

- 자르기 툴(Crop Tool) : 이미지를 원하는 크기로 잘라준다.
- 원근 자르기 툴(Perspective Crop Tool) : 이미지의 원근을 변형하며 자른다.
- 슬라이스 툴(Slice Tool) : 이미지의 영역을 나눈다.
- 슬라이스 선택 툴(Slice Select Tool) : 나눈 영역을 선택한다.

6. 이미지 정보 및 주석 툴

- 스포이트 툴(Eyedropper Tool) : 이미지에서 클릭한 부분의 색상을 추출한다.
- 3D 재질 스포이트 툴(3D Material Eyedropper Tool) : 새롭게 추가된 툴로서 현재 선택된 3D 오브젝트의 재질을 페인트 통으로 저장한다.
- 컬러 샘플러 툴(Color Sampler Tool) : 선택 부분의 색상 코드 정보를 데이터로 확인할 수 있다. 최대 4개까지 표시한다.
- 룰러 툴(Ruler Tool) : 지정한 두 점 사이의 거리와 각도, 위치를 측정한다.
- 노트 툴(Note Tool) : 지정한 지점에 메모를 입력하여 이미지에 첨부한다.
- 카운트 툴(Count Tool) : 이미지 위에 숫자를 차례대로 삽입한다.

7. 이미지 수정 툴

- 스팟 힐링 브러시 툴(Spot Healing Brush Tool) : 클릭한 지점의 주변 픽셀을 자동으로 감지하여 클릭한 부분을 복원한다.
- 힐링 브러시 툴(Healing Brush Tool) : 복제 지점을 지정하고 드래그하여 이미지를 복원한다.
- 패치 툴(Patch Tool) : 선택 영역을 대치 영역으로 드래그하여 대치 영역을 선택 영역으로 복제하거나 선택 영역을 대치 영역으로 복제한다.
- 콘텐츠 인식 이동 툴(Content-Aware Move Tool) : 선택 영역을 드래그하여 이동하거나 복제한다. 주변을 자동으로 인식하여 선택 영역과 이동 지점의 영역을 자연스럽게 채운다.
- 레드 아이 툴(Red Eye Tool) : 적목 현상이 나타난 사진을 복구한다.

8. 브러시 툴

- 브러시 툴(Brush Tool) : 붓의 크기와 모양, 색상을 선택하여 그림을 그리거나 칠한다.
- 연필 툴(Pencil Tool) : 브러시 툴과 비슷한 기능으로 거친 선을 그릴 수 있다.
- 색상 변환 툴(Color Replacement Tool) : 색상을 변경한다.
- 믹서 브러시 툴(Mixer Brush Tool) : 색상을 혼합하여 채색한다.

9. 도장 툴

- 도장 툴(Clone Stamp Tool) : 이미지의 특정 부분을 복사한다.
- 패턴 도장 툴(Pattern Stamp Tool) : 이미지의 특정 부분을 패턴으로 채운다.

10. 히스토리 브러시 툴

- 히스토리 브러시 툴(History Brush Tool) : 변형한 이미지를 초기 상태 혹은 지정한 상태로 복원한다.
- 아트 히스토리 브러시 툴(Art History Brush Tool) : 회화적인 느낌을 추가하여 복원한다.

11. 지우개 툴

- 지우개 툴(Eraser Tool) : 이미지의 특정 부분을 지우개로 지운다.
- 배경 지우개 툴(Background Eraser Tool) : 이미지를 지우면 지워진 부분이 투명으로 변경된다.
- 마술 지우개 툴(Magic Eraser Tool) : 마술봉 툴처럼 선택 지점과 유사한 색상을 선택하여 한 번에 지운다. 지운 부분은 투명으로 변경된다.

12. 페인팅 툴

- 그레이디언트 툴(Gradient Tool) : 두 가지 이상의 색상 사이에서 자연스러운 혼색을 만들어 선택 영역을 채운다.
- 페인트 통 툴(Paint Bucket Tool) : 같은 색 범위를 인식하여 특정 색이나 패턴으로 채운다.
- 3D 재질 드롭 툴(3D Material Drop Tool) : 새로 추가된 툴로서 사용법은 페인트 통 툴과 비슷하다. 옵션 바에서 재질을 선택하고 3D 오브젝트를 클릭하면 바로 재질이 입혀진다.

13. 리터칭 툴 1

- 블러 툴(Blur Tool) : 이미지를 흐리게 한다.
- 샤픈 툴(Sharpen Tool) : 이미지를 선명하게 한다.
- 스머지 툴(Smudge Tool) : 손가락으로 문지른 듯한 효과를 준다.

14. 리터칭 툴 2

- 닷지 툴(Dodge Tool) : 이미지를 밝게 한다.
- 번 툴(Burn Tool) : 이미지를 어둡게 한다.
- 스펀지 툴(Sponge Tool) : 이미지의 채도를 높이거나 낮춘다.

15. 펜 툴

- 펜 툴(Pen Tool) : 클릭하여 직선, 곡선의 패스를 그린다.
- 자유 형태 펜 툴(Free Form Pen Tool) : 자유롭게 드래그하여 패스를 만든다.
- 포인트 추가 툴(Add Anchor Point Tool) : 패스 위에 기준점을 추가하여 패스를 수정한다.
- 포인트 삭제 툴(Delete Anchor Point Tool) : 필요 없는 기준점을 삭제한다.
- 포인트 변환 툴(Convert Point Tool) : 방향점을 삭제하거나 생성시켜 기준점의 속성을 바꾼다.

16. 문자 툴

- 가로 문자 툴(Horizontal Type Tool) : 가로로 문자를 입력한다.
- 세로 문자 툴(Vertical Type Tool) : 세로로 문자를 입력한다.
- 가로 문자 마스크 툴(Horizontal Type Mask Tool) : 가로로 문자를 입력하고 문자 경계를 선택 영역으로 만든다.
- 세로 문자 마스크 툴(Vertical Type Mask Tool) : 세로로 문자를 입력하고 문자 경계를 선택 영역으로 만든다.

17. 패스 선택 툴

- 패스 선택 툴(Path Selection Tool) : 패스를 선택하고 이동한다.
- 패스 직접 선택 툴(Direct Selection Tool) : 패스나 도형의 기준점, 방향점을 선택하여 수정할 수 있다.

18. 도형 툴

- 사각형 툴(Rectangle Tool) : 사각형 모양의 벡터 형식 도형, 패스를 만들거나 현재 레이어에 전경색으로 채워진 사각형을 그린다.
- 둥근 사각형 툴(Rounded Rectangle Tool) : 모서리가 둥근 사각형 모양의 벡터 형식 도형, 패스를 만들거나 현재 레이어에 전경색으로 채워진 둥근 사각형을 그린다.
- 원형 툴(Ellipse Tool) : 원형 모양의 벡터 형식 도형, 패스를 만들거나 현재 레이어에 전경색으로 채워진 원형을 그린다.
- 다각형 툴(Polygon Tool) : 다각형 모양의 벡터 형식 도형, 패스를 만들거나 현재 레이어에 전경색으로 채워진 다각형을 그린다.
- 선 툴(Line Tool) : 벡터 형식의 선이나 화살표 모양을 만들거나 그린다.
- 사용자 정의 도형 툴(Customer Shape Tool) : 다양한 모양의 도형, 패스를 만들거나 그린다.

19. 화면 보기 툴

- 핸드 툴(Hand Tool) : 화면에서 보이지 않는 부분으로 이동한다.
- 회전 보기 툴(Rotate View Tool) : 화면을 회전하여 본다.

20. 돋보기 툴(Zoom Tool)

이미지를 확대하거나 축소한다.

21. 전경색/배경색

- 기본색(Default Foreground and Background) : 전경색과 배경색이 기본 설정 색상인 검정색/흰색으로 변경된다.
- 색상 전환(Switch Foreground and Background) : 클릭하면 전경색과 배경색을 바꾼다.
- 전경색/배경색(Set Foreground and Background Color) : 색상 박스를 클릭하고 전경색/배경색을 지정한다.

22. 퀵 마스크 모드

- (Standard Mode) : 표준 모드. 클릭하면 퀵 마스크 모드로 변환한다.
- (Quick Mack Mode) : 퀵 마스크 모드. 클릭하면 표준 모드로 변환한다.

23. 스크린 모드 변환

- ▣ (Standard Screen Mode) : 표준 스크린 모드로 변환한다.
- ▣ (Full Screen Mode with Menu Bar) : 메뉴와 패널, 툴 박스를 포함하고 모니터 화면 전체를 작업 창으로 사용한다.
- ▣ (Full Screen Mode) : 모니터 화면 전체를 작업 창으로 사용한다. **Esc** 를 누르면 전체 화면 모드가 해제된다.

설명하기 03 패널 살펴보기

패널은 유사한 기능끼리 모여 있어 효율적인 이미지 작업이 가능하며 모든 패널은 상단의 메뉴에서 [Window]를 클릭하여 불러오거나 닫을 수 있다.

1. [Kuler] 패널

온라인 디자인 커뮤니티에서 만들어진 색상, 테마 그룹에 대한 정보를 다운받아 관리한다.

2. [Mini Bridge] 패널

Adobe Bridge 프로그램이 포토샵 내부에 탑재되어 효율적인 미디어 관리가 가능하다.

3. [3D] 패널

선택한 소스로 3D 오브젝트를 만들고 3D 오브젝트의 구성 요소를 관리한다.

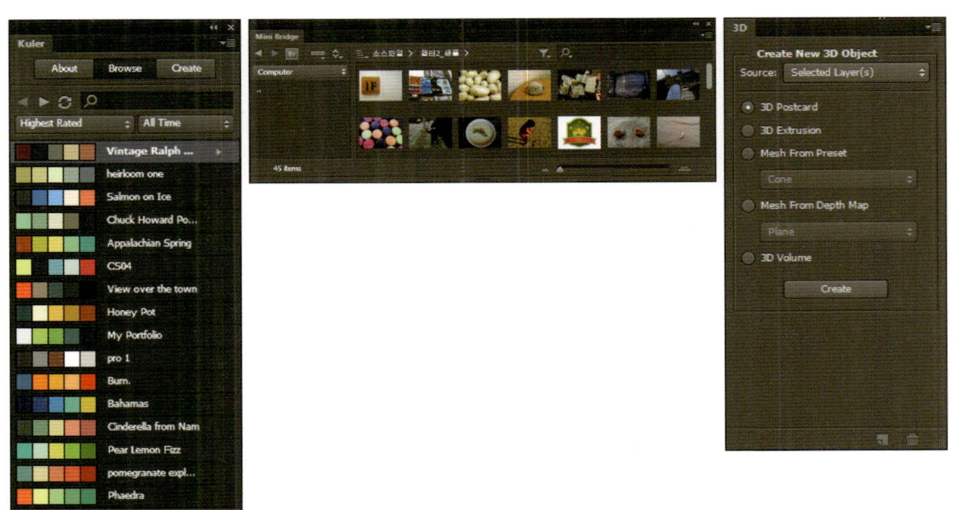

4. [Actions] 패널

반복되는 작업 순서를 기록하여 반복 작업을 쉽게 한다.

5. [Adjustments] 패널

[Image]–[Adjustments] 메뉴에 있는 이미지 보정 명령을 모아놓아 빠른 이미지 편집이
가능하다. 패널을 통해 적용한 보정값은 따로 보정 레이어가 생성되어 원본 이미지를 보
호하고 수정이 편리하다.

6. [Brush] 패널

브러시의 크기, 모양, 강도 등의 속성을 설정한다.

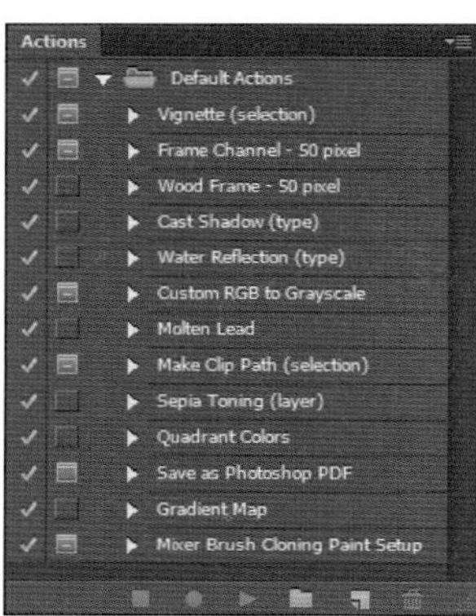
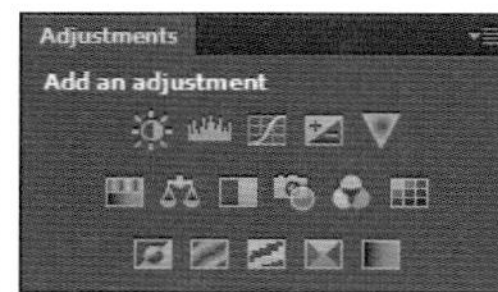
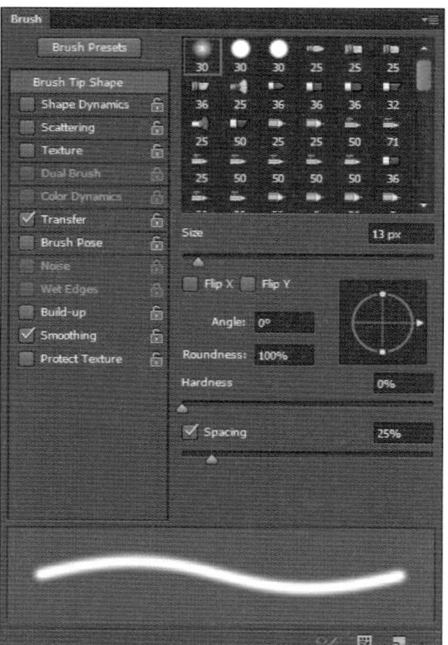

7. [Brush Presets] 패널

브러시 패널에서 설정한 브러시를 저장하고 관리한다.

8. [Channels] 패널

이미지 모드와 관련된 색상 정보를 보여주는 색상 채널과 선택 영역을 저장하는 알파 채
널을 편집하고 관리한다.

9. [Character] 패널

문자의 크기, 자간, 색상 등의 속성을 설정한다.

10. [Character Styles] 패널

자주 사용하는 문자 스타일을 저장하고 다른 문자에 적용한다.

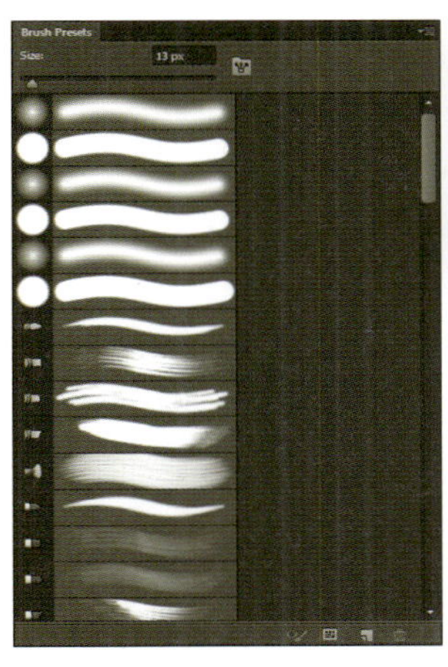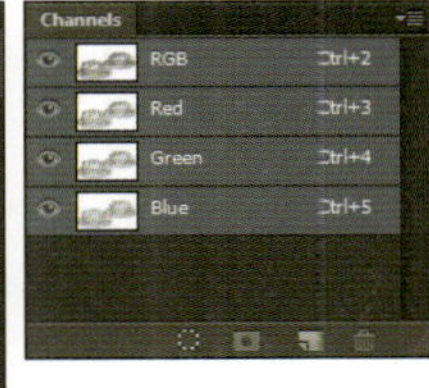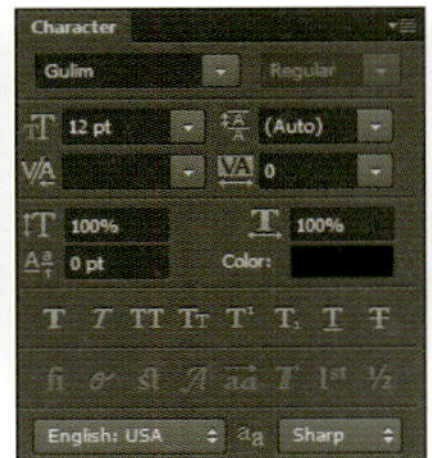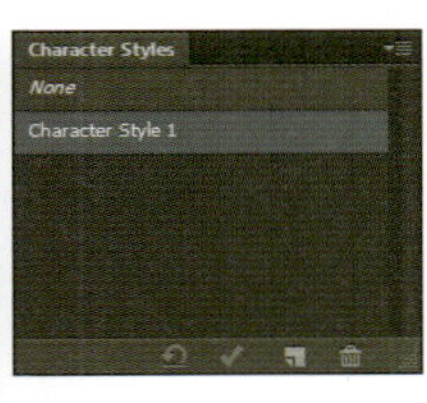

11. [Clone Source] 패널

도장 툴로 이미지를 복사할 때 이미지 정보를 다섯 개까지 저장하고 사용할 수 있다.

12. [Color] 패널

색상을 혼합하거나 색상 값을 입력하여 색상을 선택한다.

13. [Histogram] 패널

이미지 색상 정보를 그래프로 표시한다.

14. [History] 패널

작업 과정을 순서대로 기록하여 언제든지 원하는 단계의 과정으로 되돌릴 수 있다.

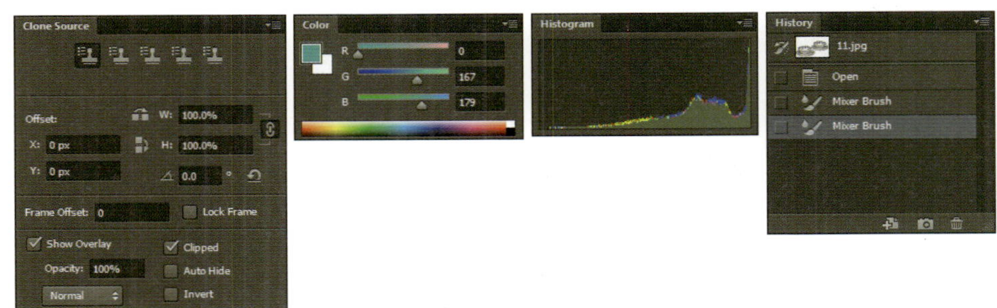

15. [Info] 패널

이미지에서 마우스가 위치하는 곳의 색상 값, 각도, 좌표 등의 정보를 나타낸다.

16. [Layer Comps] 패널

레이어들의 위치, 효과 등의 레이어 구성 요소를 저장하고 관리한다.

17. [Layers] 패널

레이어를 관리하고 편집한다.

18. [Measurement Log] 패널

이미지의 각종 치수, 크기를 기록한다.

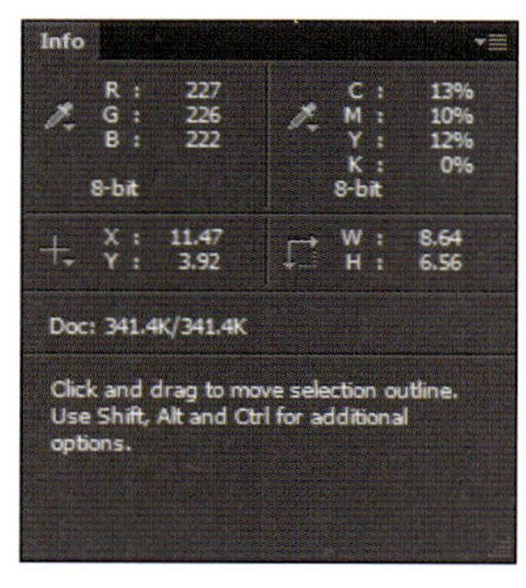
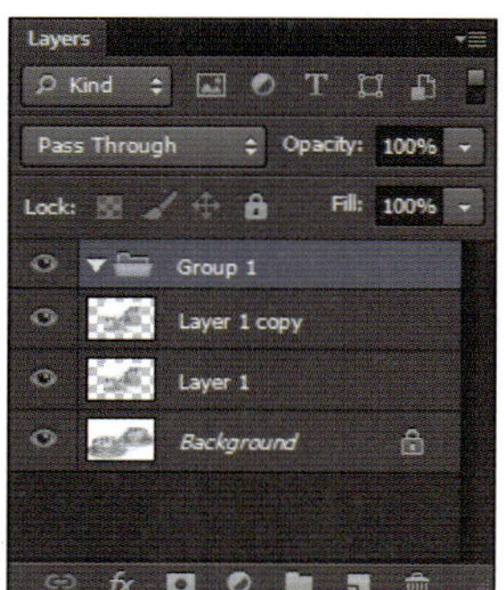
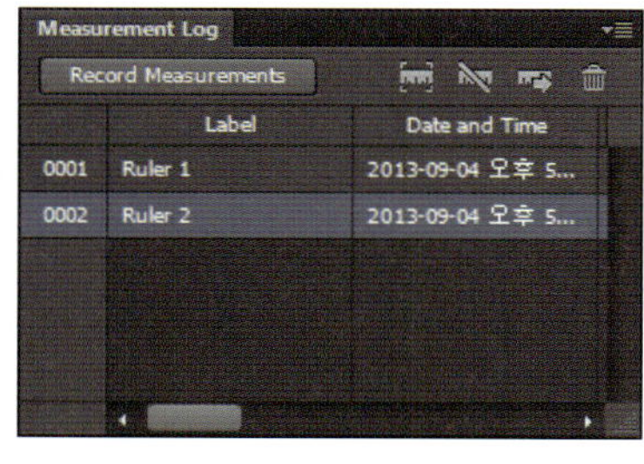

19. [Navigator] 패널

이미지를 확대, 축소하여 볼 수 있고, 확대되어 보이지 않는 부분으로 이동할 수 있다.

20. [Notes] 패널

이미지 위에 메모를 남긴다.

21. [Paragraph] 패널

문장과 단락의 속성을 설정한다.

22. [Paragraph Styles] 패널

단락 스타일을 저장하고 관리한다.

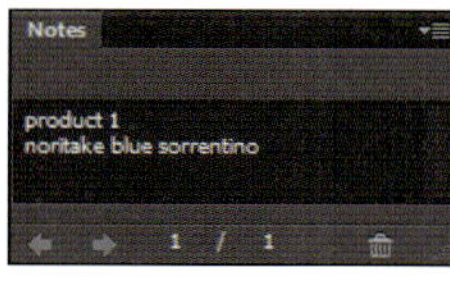
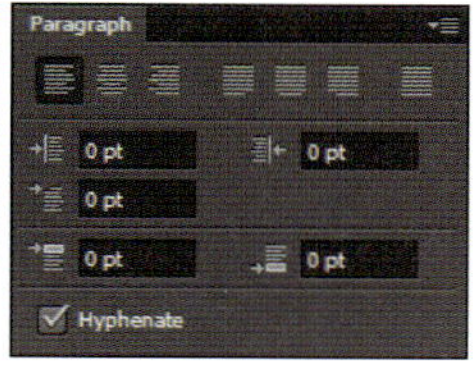
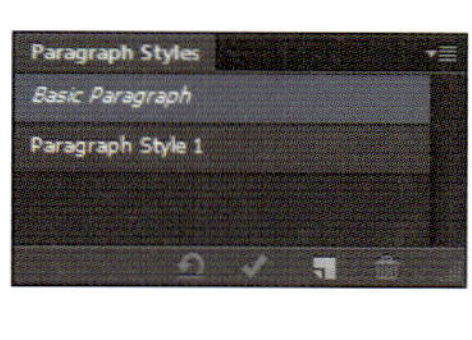

23. [Paths] 패널

패스를 저장하고 편집한다.

24. [Properties] 패널

[Adjustments] 패널, 3D 메뉴 등 관련 기능의 세부 속성을 관리한다.

25. [Styles] 패널

등록된 스타일을 문자나 도형에 적용하거나 새로운 스타일을 등록하여 적용한다.

26. [Swatches] 패널

자주 사용하는 색상 샘플이 등록되어 있다. 샘플을 추가하고 저장한다.

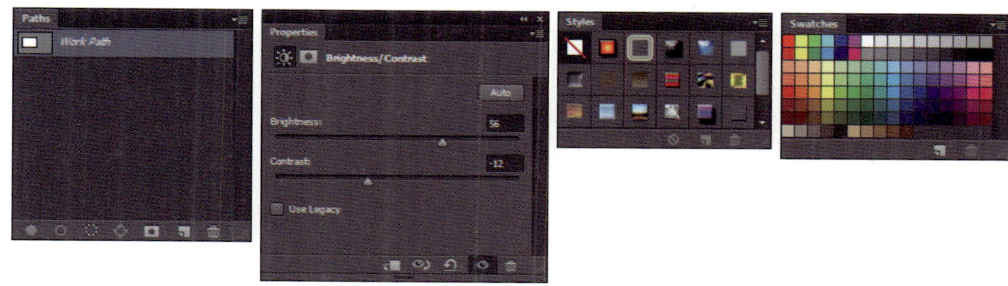

27. [Timeline] 패널

프레임 애니메이션 모드와 비디오 타임라인 모드로 애니메이션을 만들거나 동영상을 편집한다.

28. [Tool Presets] 패널

자주 사용하는 툴의 설정값을 저장하고 관리한다.

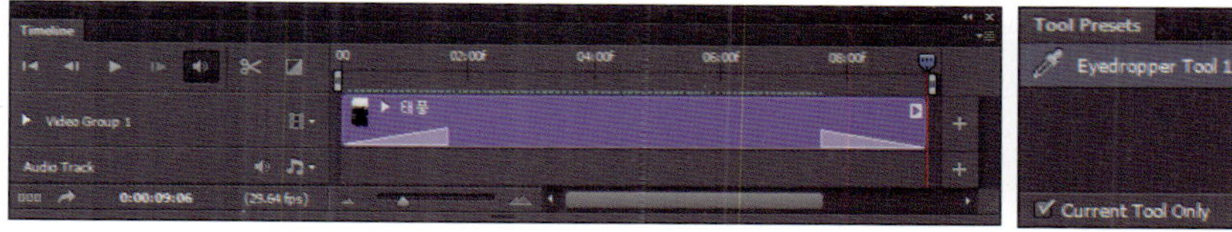

툴 박스를 두 줄로 만들고 초기 화면에서는 보이지 않는 연필 툴을 선택해 보자.

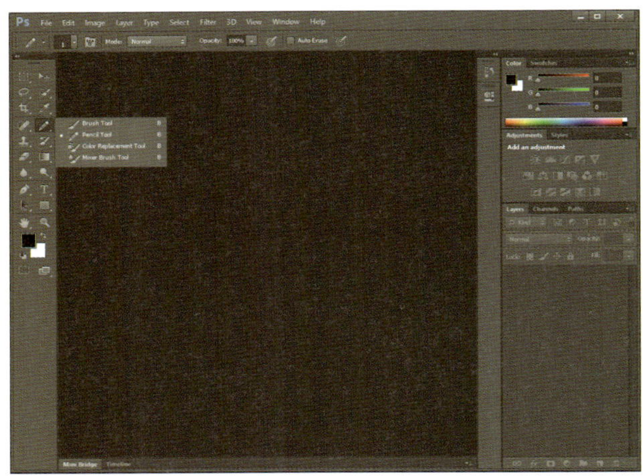

❶ 툴 박스 상단의 ▶▶을 클릭하면 두 줄로 바뀐다.

❷ 툴 박스의 브러시 툴()을 클릭한 채 잠시 기다리면 숨어 있는 툴들이 확장되어 나타난다.

> 툴 박스의 해당 툴을 마우스 오른쪽 버튼으로 클릭하면 숨어 있는 툴들이 바로 확장되어 나타난다. tip ➕

❸ 두 번째 있는 연필 툴(✎)을 선택한다.

단축키로 툴 선택하기 tip ➕

툴 박스에 마우스 커서를 대고 잠시 있으면 해당 툴의 영문 단축키가 표시된다. 자주 사용하는 툴의 단축키를 미리 외워두고 사용하면 작업 속도 향상에 큰 도움이 된다. **Shift** 와 함께 단축키를 누르면 숨겨진 툴들이 순서대로 선택된다.

툴 박스가 사라졌을 때

작업 중에 툴 박스가 사라졌을 때는 **Tab** 을 눌러 다시 나타나게 할 수 있다.

- **Tab** : 툴 박스, 옵션 바, 패널를 한꺼번에 숨기거나 표시한다.
- **Shift** + **Tab** : 모든 패널을 한꺼번에 숨기거나 표시한다.

따라하기 02 자주 사용하는 툴 옵션을 프리셋으로 등록하기

연필 툴의 옵션을 변경하고 프리셋으로 등록해 보자.

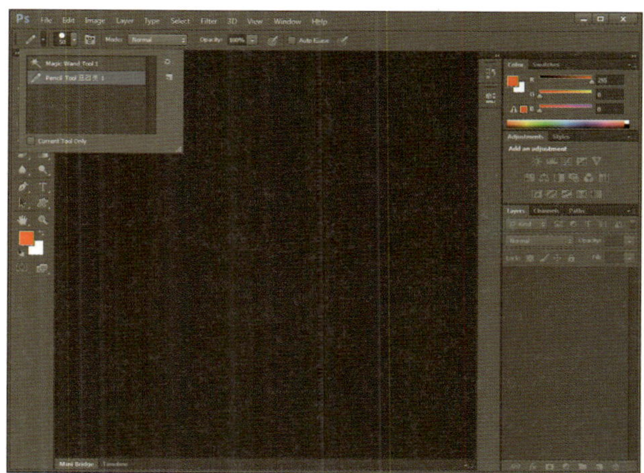

❶ 툴 박스의 연필 툴(✐)을 선택한다.

❷ 옵션 바의 브러시 프리셋 피커(▾)를 클릭하고 원형 브러시 모양을 선택한 후 [Size]를 '50px', [Hardness]를 '50%'으로 설정한다. [Opacity]를 '50%'으로 설정하고 [Color] 패널에서 'R'의 슬라이더를 오른쪽 끝으로 드래그하여 색상도 변경한다.

❸ 옵션 바 왼쪽의 툴 프리셋 피커(▾)를 클릭하고 ◨를 클릭하면 [New Tool Preset] 대화상자가 나타난다. 프리셋 이름을 입력하고 [OK] 버튼을 클릭한다.

❹ 툴 프리셋 피커(▾)를 클릭하면 방금 등록한 프리셋이 나타난다.

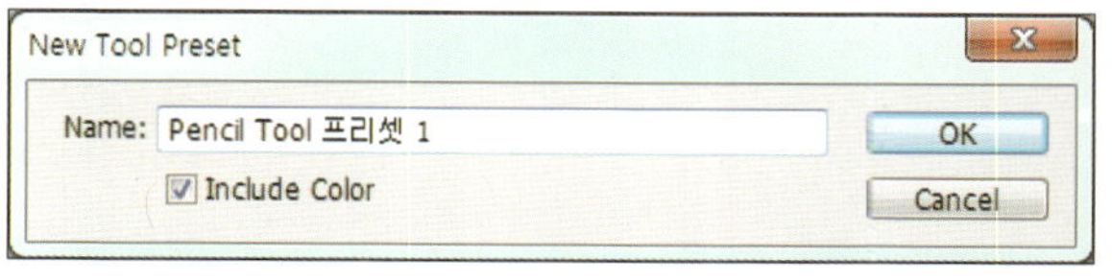
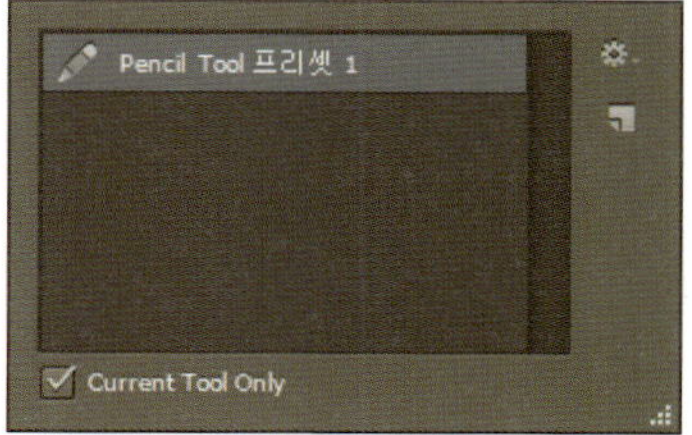

[Current Tool Only]의 체크를 해제하면 모든 툴의 프리셋이 표시되어 원하는 툴의 프리셋을 선택하고 바로 사용할 수 있다. 툴 박스어서 툴을 선택하고 옵션을 재설정하는 과정이 생략되기 때문에 작업 효율을 높일 수 있다.   tip ➕

따라하기 03 패널 이동하고 불러오기

열려 있는 패널을 정리하고 [Brush] 패널을 불러와 보자.

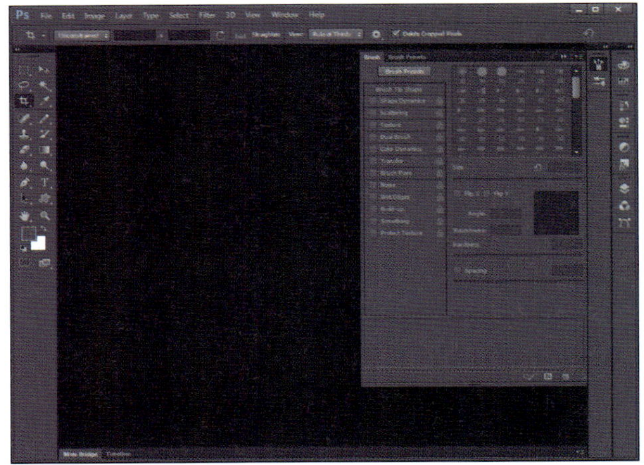

❶ 작업 창 가장 오른쪽에 위치한 패널의 ▶▶를 클릭하
면 확장된 패널이 아이콘으로 바뀐다. 패널의 왼쪽
가장자리로 커서를 가져가 화살표 모양으로 바뀌면
오른쪽으로 드래그하여 크기를 최소화한다.

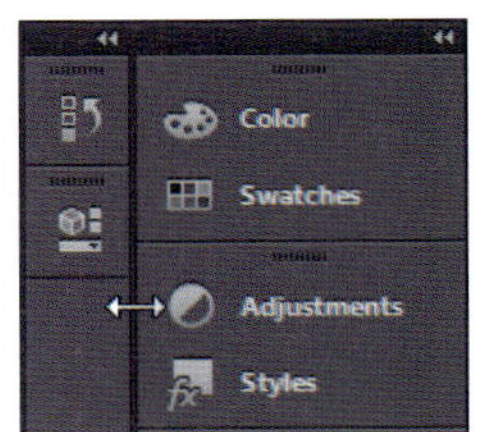

❷ [History] 패널 아이콘(　)을 [Swatches] 패널 아
이콘(　) 밑으로 드래그한다. 경계선이 파란색으로
표시될 때 마우스에서 손을 떼면 [History] 패널이
이동된다. [Properties] 패널은 [History] 패널 바로
아래로 이동하여 그룹으로 묶는다.

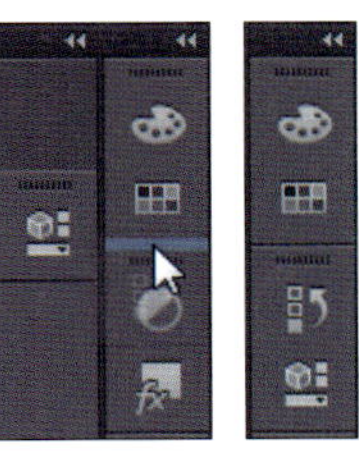

❸ [Window]–[Brush] 메뉴를 선택하여 [Brush] 패널
을 불러온다.

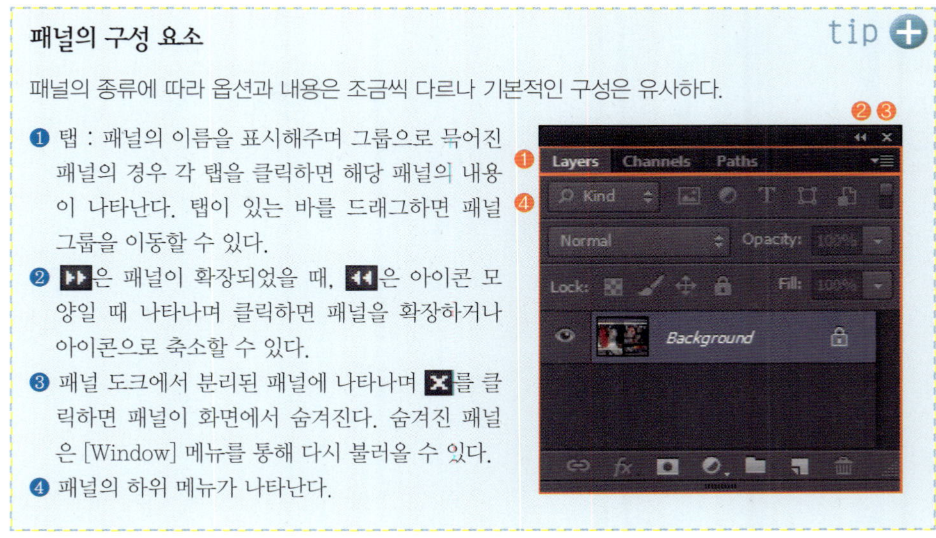

패널의 구성 요소   tip ➕

패널의 종류에 따라 옵션과 내용은 조금씩 다르나 기본적인 구성은 유사하다.

❶ 탭 : 패널의 이름을 표시해주며 그룹으로 묶어진 패널의 경우 각 탭을 클릭하면 해당 패널의 내용이 나타난다. 탭이 있는 바를 드래그하면 패널 그룹을 이동할 수 있다.

❷ ▶▶은 패널이 확장되었을 때, ◀◀은 아이콘 모양일 때 나타나며 클릭하면 패널을 확장하거나 아이콘으로 축소할 수 있다.

❸ 패널 도크에서 분리된 패널에 나타나며 ✖를 클릭하면 패널이 화면에서 숨겨진다. 숨겨진 패널은 [Window] 메뉴를 통해 다시 불러올 수 있다.

❹ 패널의 하위 메뉴가 나타난다.

따라하기 | **04**   **나만의 작업 환경 설정하고 저장하기**

작업 목적에 맞게 패널 구성을 변경하고 저장해 보자.

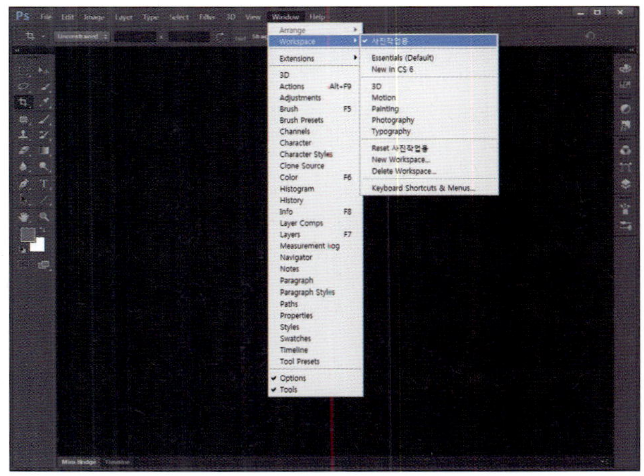

❶ 패널 구성을 자신의 스타일에 맞게 변경해 본다.

❷ [Window]-[Workspace]-[New Workspace] 메뉴를 선택한다.

❸ [New Workspace] 대화상자가 나타나면 [Name]에 저장하고 싶은 이름을 입력하고 [Save] 버튼을 클릭한다.

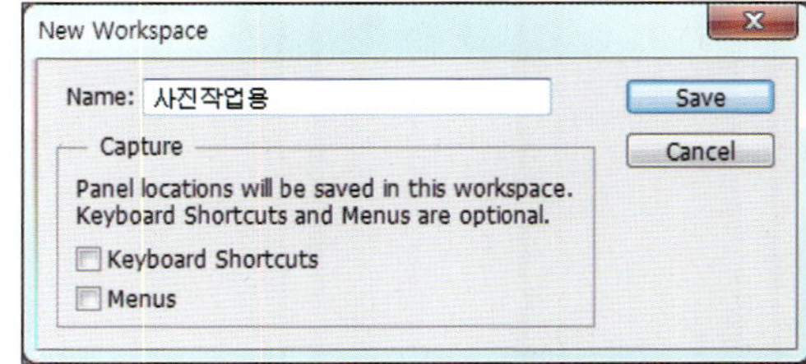

❹ [Window]-[Workspace] 메뉴를 선택하면 현재의 화면 구성이 '사진작업용'으로 저장되어 있다.

❺ 이후에 작업 도중 패널 구성을 변경하더라도 [Window]-[Workspace]-[Reset my menu] 메뉴를 선택하면 저장한 상태로 되돌릴 수 있다.

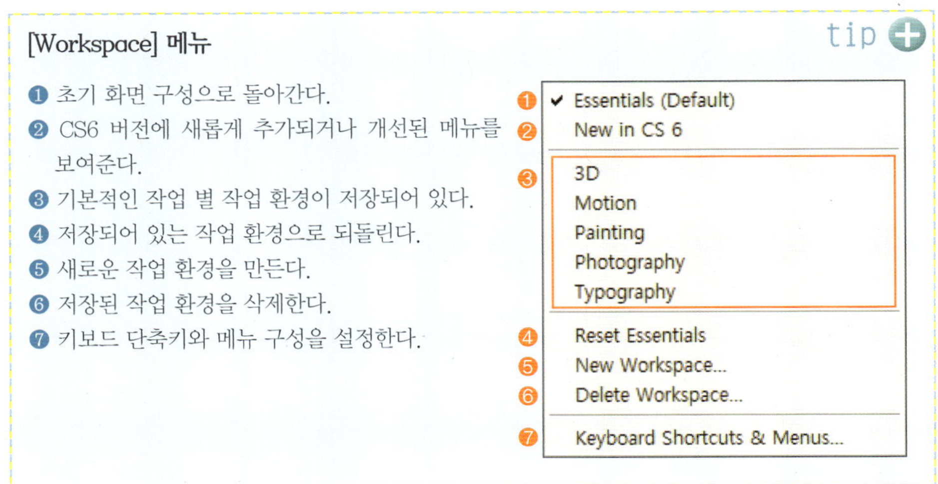

01 가로 문자 툴의 옵션을 설정하고 프리셋으로 등록해 보자.

혼자해보기

HINT | 툴 박스에서 가로 문자 툴(T)을 선택한다. 옵션 바에서 [글꼴]을 '굴림', [글꼴크기]를 '55px', [정렬]을 '오른쪽 정렬(▤)'로 설정한 후 옵션 바 왼쪽의 툴 프리셋 피커(▤)를 클릭한다. ▤를 클릭하고 [New Tool Preset] 대화상자가 나타나면 프리셋 이름을 입력한 후 [OK] 버튼을 클릭한다.

02 혼자해보기

포토샵 CS6 하단에 있는 패널을 숨기고 툴 박스와 패널을 한 줄로 변경한 후 왼쪽 도크에 고정시켜 보자.

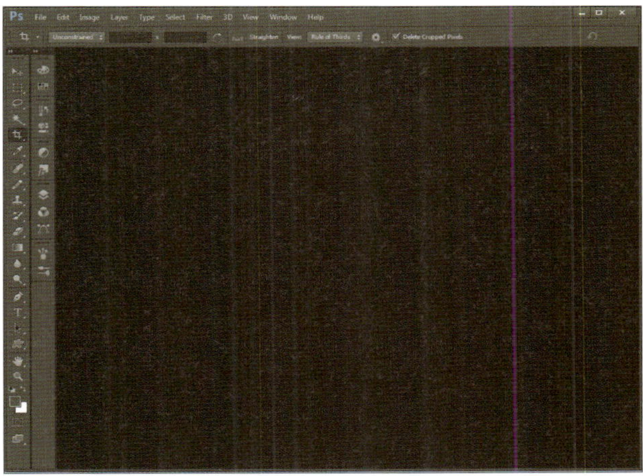

HINT | 포토샵 화면 하단의 ▭를 클릭하고 [Close Tap Group] 메뉴를 선택한다. 툴 박스 상단의 ◀◀를 클릭하거나 검정색 표시줄을 두 번 클릭한 후 패널의 검정색 표시줄을 드래그하여 툴 박스 옆으로 드래그한다. 툴 박스 오른쪽 경계선이 파란색으로 표시될 때 마우스에서 손을 떼면 왼쪽 도크에 고정된다.

03 혼자해보기

위에서 변경한 작업 환경을 저장하고 포토샵 CS6의 초기 설정으로 되돌려보자.

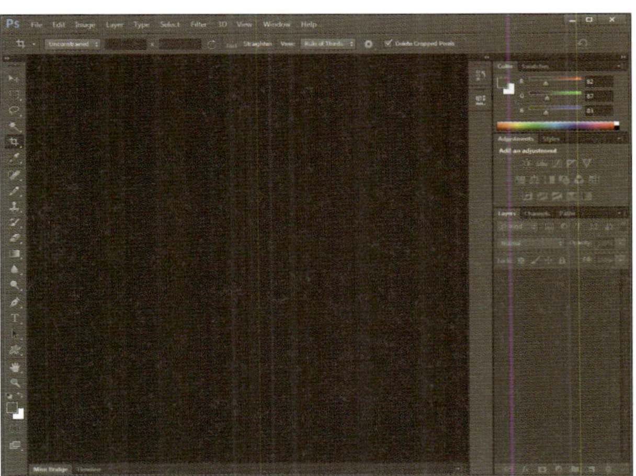

HINT | [Window]-[Workspace]-[New Workspace] 메뉴를 선택한다. [New Workspace] 대화상자가 나타나면 [Name]에 저장하고 싶은 이름을 입력하고 [Save] 버튼을 클릭한다. [Window]-[Workspace]-[Essentials (Default)] 메뉴를 선택하고 다시 [Window]-[Workspace]-[Reset Essentials] 메뉴를 선택한다.

포토샵 CS6의 기본 메뉴 익히기

새 파일을 만들거나 이미지를 불러오고 저장하는 기본적인 방법은 [File] 메뉴를 선택하는 것이지만 보다 빠르게 작업을 할 수 있는 다양한 방법들이 있다. 메뉴를 선택하는 방법과 단축키 등을 이용하여 새 파일을 만들고 이미지를 불러온 후 저장하는 방법에 대해 알아보자.

◉ 알아두기

- [File] 메뉴에는 작업 창을 새로 만들거나 문서를 가져오는 다양한 방법의 메뉴와 저장하는 메뉴, 종료하는 메뉴가 있다.
- 새 작업 창은 [File]-[New] 메뉴를 선택하여 만든다.
- 이미지를 불러올 때는 [File]-[Open] 메뉴를 선택한다.
- [File]-[Save] 메뉴는 파일 형식을 유지하여 저장할 때 사용한다.
- 다른 이름이나 파일 형식으로 저장할 때는 [File]-[Save as] 메뉴를 선택한다.

따라하기 **01** 새 작업 창 만들고 저장하기

[File]-[New] 메뉴를 이용하여 B4 크기의 웹용 이미지를 만들고 저장해 보자.

❶ [File]-[New] 메뉴를 선택한다.

> **Ctrl** + **N** 을 눌러 새 작업 창을 만들 수 있다. [File] 메뉴는 포토샵 실행 시 꼭 사용해야 하는 메뉴이므로 단축키를 숙지해 두면 작업 효율성을 높일 수 있다. tip ➕

❷ [New] 대화상자의 [Name]에 'B4용지'라고 입력한다.

❸ [Preset]을 'International Paper', [Size]를 'B4'로 설정한다.

❹ [Resolution]을 '72Pixels/Inch'로 설정한 후 [OK] 버튼을 클릭한다.

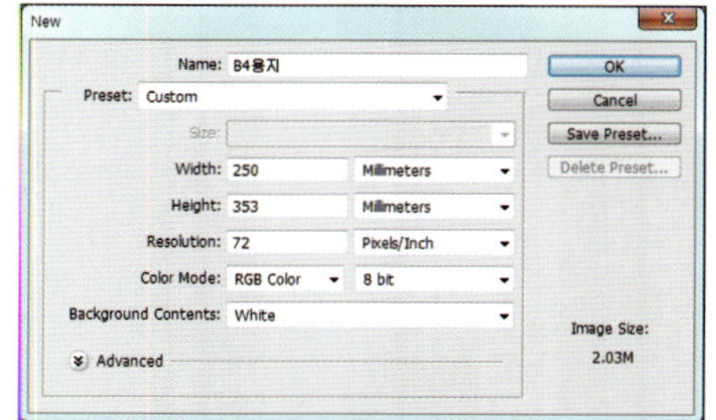

❺ [File]-[Save As] 메뉴를 선택하고 [Save As] 대화상자가 나타나면 [파일 이름]을 'B4용지', [Format]을 'JPEG'로 지정한 후 [저장] 버튼을 클릭한다.

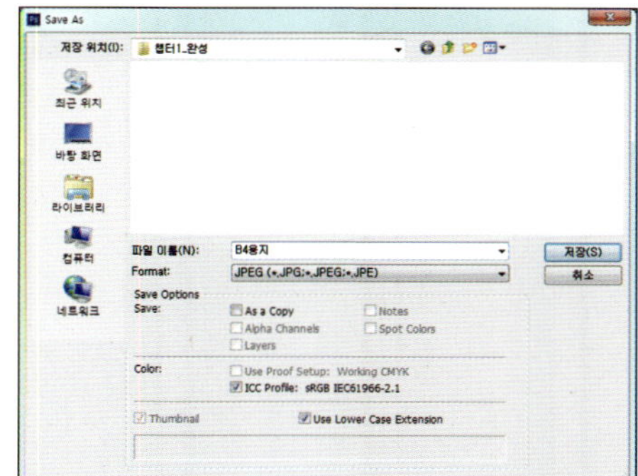

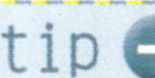

❻ [JPEG Options] 대화상자가 나타나면 [Quality]를 '12'로 설정하고 [OK] 버튼을 클릭한다.

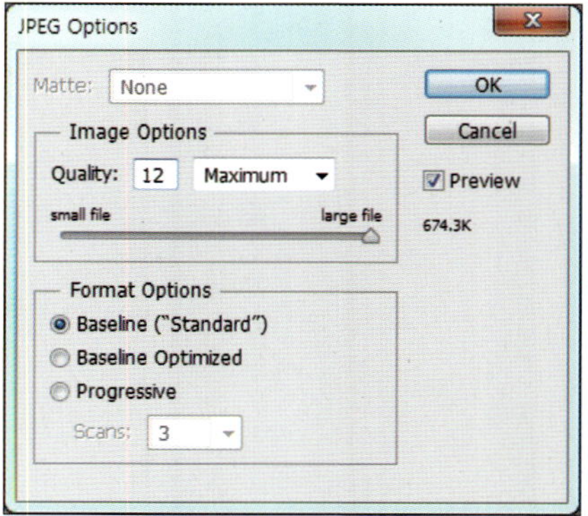

❼ [File]-[Close] 메뉴를 선택하여 파일을 닫는다.

[New] 대화상자

❶ Name : 새 작업 창의 이름을 설정한다. 입력
하지 않으면 Untitled-1로 지정된다.

❷ Preset : 용도에 따른 규격화된 작업 창의 정
보가 미리 저장되어 있다. 사용자가 자주 사
용하는 작업 창의 정보도 저장하여 불러올 수
있다.

❸ Size : [Preset] 사용 시 활성화되어 미리 저장
된 크기를 지정할 수 있다.

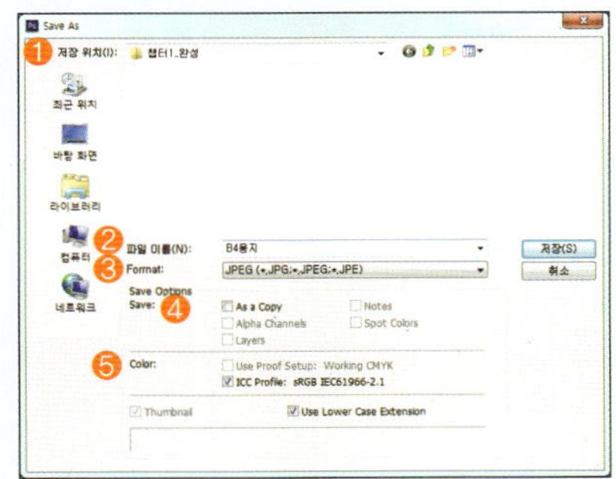

❹ Width : 새롭게 생성할 작업 창의 가로 크기와 단위를 설정한다. 가로, 세로 크
기를 입력하고 단위를 설정하면 설정한 단위로 수치가 변환되므로 단위를 먼저
설정하고 크기를 입력한다.

❺ Height : 새롭게 생성할 작업 창의 세로 크기와 단위를 설정한다.

❻ Resolution : 작업 창의 해상도를 설정한다. 웹용 이미지는 '72Pixels/inch'로,
인쇄용 이미지는 '300Pixels/inch'로 설정하는 것이 좋다.

❼ Color Mode : 5가지 색상 모드와 bit에 대한 설정이 가능하다.
  - bit는 컴퓨터의 진수인 2진수를 기준으로 하므로 8bit는 2의 8승을 의미한다.
    8bit/channel은 각 채널당 2^8인 256개의 컬러 값이 존재하며 RGB Color 모
    드 일 경우 256×256×256 = 16,777,216가지 색상을 표현할 수 있다.

❽ Background Contents : 작업 창의 배경색을 설정한다.
  - White : 배경을 흰색으로 채운다.
  - Background Color : 툴 박스에 지정되어 있는 배경색으로 배경을 채운다.

[Save As] 대화상자

❶ 저장 위치 : 이미지를 저장할 위치를 지정한다.

❷ 파일 이름 : 저장할 파일 이름을 입력한다.

❸ Format : 포토샵에서 지원하는 파일 형식 중
에 원하는 형식으로 설정한다.

❹ Save
  - As a Copy : 작업 중인 파일의 복사본을
    만들어 저장한다.
  - Notes : 노트를 저장한다.
  - Alpha Channels : 알파 채널 정보를 저
    장한다.
  - Spot Colors : 별색 채널 정보를 저장한다.
  - Layers : 레이어 정보를 저장한다.

❺ Color
  - Use Proof Setup : 교정 색상 프로필을 포함시키는 옵션으로 인쇄용 출력물
    작업 시 유용하다.
  - ICC Profile : 현재 색상 프로필을 포함시킨다.
  - Thumbnail : 화면의 미리 보기 이미지를 저장한다.
  - Use Lower Case Extension : 확장자명을 소문자로 저장한다.

포토샵에서 지원하는 파일 형식

❶ Photoshop(*.PSD, *.PDD) : 포토샵의 기본 파일 형식으로, 레이어, 패스, 채널 등 포토샵 작업 중의 모든 정보를 그대로 유지하여 저장한다.

❷ BMP(*.BMP. *.RLE, *DIB) : 대표적인 비트맵 포맷방식으로 PC에서 사용되는 기본적인 그래픽 형식이다.

❸ CompuServe(*.GIF) : 웹용 이미지 형식으로 파일 크기와 전자 전송 시간을 최소화하기 위해 디자인된 LZW 압축 형식이므로 이미지 품질이 떨어진다. 인덱스 색상 이미지에 투명도를 유지하기 때문에 애니메이션이 가능하다.

❹ Photoshop EPS(*.EPS) : EPS 파일 형식은 벡터와 비트맵 그래픽이 모두 포함될 수 있으며 일러스트레이터, 페이지메이커, 익스프레스 등의 모든 그래픽, 일러스트레이션 및 페이지 레이아웃 프로그램에서 지원한다.

❺ JPEG(*.JPG, *.JPEG, *JPE) : 압축율이 좋고 이미지 손실이 적어 가장 많이 사용되는 이미지 파일 형식이다. 압축 레벨이 높을수록 이미지 품질은 나빠지고 압축 레벨이 낮을수록 이미지 품질이 좋아진다.

❻ Large Document Format(*.PSB) : 대용량 문서 형식으로 한쪽 또는 양쪽으로 최대 300,000픽셀인 대용량 문서 및 채널당 32비트 HDR(High Dynamic Range) 이미지를 저장할 수 있다. PSB 형식의 파일은 Photoshop CS 이상에서만 열 수 있다.

❼ Photoshop PDF(*.PDF, *.PDP) : Adobe 사의 Acrobat이라는 전자 문서 작성 프로그램을 지원하는 포맷으로 글꼴, 페이지 레이아웃 및 벡터와 비트맵 그래픽을 선명하게 표시하고 유지할 수 있다.

❽ PNG(*.PNG) : 이미지 품질이 떨어지는 GIF 대안으로 개발되어 GIF처럼 투명으로 배경을 저장할 수 있고 24비트 이미지를 지원한다. PNG 형식은 알파 채널이 없는 RGB, 인덱스 색상, 회색 음영 및 비트맵 모드 이미지를 지원한다.

❾ TIFF(*.TIF, *.TIFF) : 페인트, 이미지 편집 및 페이지 레이아웃 응용 프로그램에서 사용하기 위해 개발되었고, PC와 매킨토시에서 공통적으로 사용할 수 있다. 알파 채널이 포함된 CMYK, RGB, Lab, 인덱스 색상 및 회색 음영 이미지와 알파 채널이 포함되지 않은 비트맵 모드 이미지를 지원한다.

[File]–[Open] 메뉴로 '챕터1_샘플/옷가게.jpg' 파일을 불러와 보자.

❶ [File]–[Open] 메뉴를 선택한다.

> 포토샵 작업 화면을 더블클릭하거나 바로 가기 키 **Ctrl**+**O** 를 눌러 [Open] 대화상
> 자를 불러올 수 있다. tip ➕

❷ [Open] 대화상자가 나타나면 부록 CD에서 '챕터1_샘플/옷가게.jpg' 파일을 더블클릭하
거나 [열기] 버튼을 클릭한다.

❸ 이미지가 새 작업 창으로 열린다. [File]–[Close] 메뉴를 클릭하거나, **Ctrl**+**W** 를 눌
러 파일을 닫는다.

열려 있는 모든 문서를 닫을 때는 [Alt]+[Ctrl]+[W]를 누른다.

[Open] 대화상자   tip ➕

❶ 마지막으로 열어 본 폴더로 이동한다.
❷ 한 단계 위의 폴더로 이동한다.
❸ 새로운 폴더를 생성한다.
❹ 파일 보기 모드를 선택한다.
❺ 자주 사용하는 폴더를 즐겨찾기로 지
   정한다.
❻ 파일 이름 : 파일 이름을 입력하여 불
   러온다.
❼ 파일 형식 : 파일 형식을 지정하여 불
   러온다.

따라하기 **03** | **드래그해서 불러오기**

'챕터1_샘플/곰인형.jpg, 기차.jpg' 파일을 불러오고 '곰인형.jpg' 파일에 '챕터1_샘플/버스.jpg'
파일을 포함시켜 보자.

❶ 윈도우 탐색기를 열고 '챕터1_샘플' 폴더로 이동한다. '곰인형.jpg', '기차.jpg' 파일을 선
   택하고 포토샵 CS6로 드래그한다.

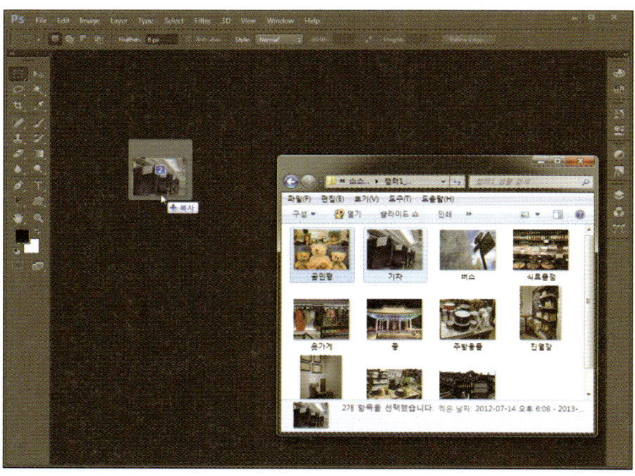

❷ 드래그한 파일이 모두 열린다. 이번에는 '버스.jpg' 파일을 선택하고 곰 인형 이미지 위로 드래그한다. 곰 인형 이미지 위에 버스 이미지가 테두리와 대각선으로 표시되어 나타난다.

tip ➕

❸ Shift 를 누른 상태에서 오른쪽 상단 모서리를 왼쪽 하단으로 드래그하여 크기를 조절하고 더블클릭한다.

tip ➕

 [Mini Bridge] 패널로 파일 열기

[Mini Bridge] 패널을 이용하여 '챕터1_샘플/곰인형.jpg, 기차.jpg' 파일을 불러와 보자.

❶ [File]−[Browse in Mini Bridge] 메뉴를 선택하면 포토샵 화면 하단에 [Mini Bridge] 패널이 확장된다. [Launch Bridge] 버튼()을 클릭한다.

> [File]−[Browse in Bridge] 메뉴를 선택하면 Adobe Bridge 프로그램이 실행된다. tip ➕

❷ [Mini Bridge] 패널 상단에는 폴더 경로가, 왼쪽에는 폴더 목록, 오른쪽에는 폴더 안의 파일이 섬네일로 나타난다.

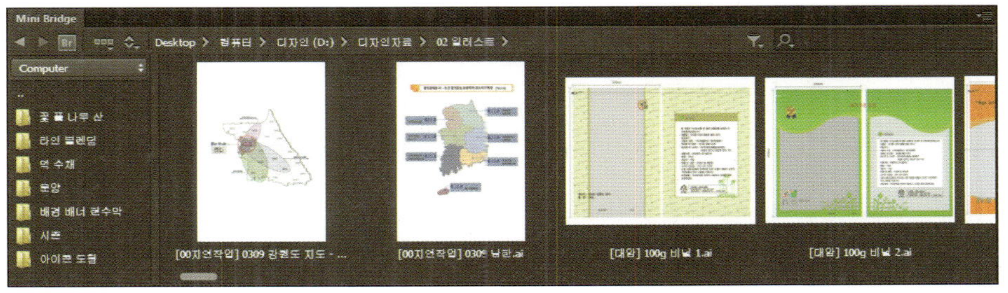

> 파일 탐색기에서 미리 보기가 되지 않는 파일도 미리 볼 수 있어 파일 검색이 편리하다. tip ➕

❸ 경로 표시줄에서 폴더 이름이나 ▶를 누르면 해당 폴더의 하위 폴더가 왼쪽 창이나 팝업 메뉴로 나타난다. 파일 경로를 지정하여 '챕터1_샘플' 폴더의 이미지를 불러온다.

❹ '곰인형.jpg' 파일을 더블클릭하거나 드래그하면 이미지가 나타난다. '기차.jpg' 파일을 더블클릭하면 기차 새 작업 창으로 열린다.

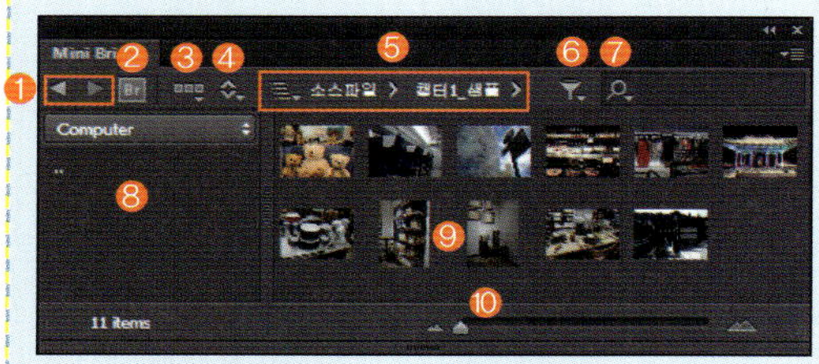

❺ 패널 오른쪽 상단의 를 클릭하고 [Close] 메뉴를 선택하여 [Mini Bridge] 패널을 숨긴다.

01 혼자해보기

캔버스 크기가 가로 800Pixels, 세로 600Pixels이며 해상도가 72Pixels/Inch이고 배경이 하얀색인 새 작업 창을 만들어 보자.

HINT | [File]-[New] 메뉴를 선택하고 [Name]에 '테스트'를 입력한다. 단위를 'Pixels'로 먼저 설정하고 [Width]와 [Height]에 각각 '800', '600'을 입력한다. [Resolution]을 '72'로 입력하고 단위는 'Pixels/Inch'로 설정한다. [Color Mode]는 'RGB Color', '8bit'로, [Background Contents]는 'White'로 선택하고 [OK] 버튼을 클릭한다.

02 혼자해보기

앞에서 만든 창에 '챕터1_샘플/상점.jpg' 파일을 추가하고 새 이름으로 저장해 보자.

HINT | [File]-[Place] 메뉴를 선택하고 [Place] 대화상자가 나타나면 '챕터1_샘플' 폴더로 이동한 후 '상점.jpg' 파일을 더블클릭한다. 이미지가 불려오면 Enter 를 누른다. Ctrl + S 를 누르고 [Save As] 대화상자가 나타나면 이미지를 저장할 폴더를 지정한다. [파일 이름]을 '테스트완료', [Format]을 'Photoshop(*.PSD;*.PDD)'로 설정하고 [저장] 버튼을 클릭한다.

화면 보기와 작업 창 다루기

작은 영역을 섬세하게 작업하거나 전체 이미지에 적용된 내용을 한 눈에 보고 싶을 때 또는 프린트 사이즈를 확인하거나 화면에 맞춰 이미지를 보고 싶을 때 사용하는 툴과 여러 개의 이미지를 작업할 때 유용한 작업 창을 관리하고 정렬하는 방법에 대해 알아보자.

● 알아두기

- 이미지 보기 배율은 돋보기 툴( ), [Navigator] 패널과 작업 창 하단의 퍼센테이지를 입력하여 조절한다.
- 이미지가 확대되어 가려진 부분의 이미지는 툴 박스의 손바닥 툴( )을 이용하여 드래그하거나 [Navigator] 패널의 미리 보기 창을 이동하여 볼 수 있다.
- 작업 창의 제목 표시줄을 클릭하면 작업 창을 복제하거나 이미지 크기를 조절하는 메뉴가 나타난다.
- [Window]-[Arrange] 메뉴는 여러 개의 작업 창을 한 눈에 보기 쉽게 정렬한다.

따라하기 01 돋보기 툴을 이용하여 이미지 확대, 축소하여 보기

'**챕터1_샘플/테이블.jpg**' 파일을 불러온 후 돋보기 툴을 이용하여 이미지를 확대, 축소해 보자.

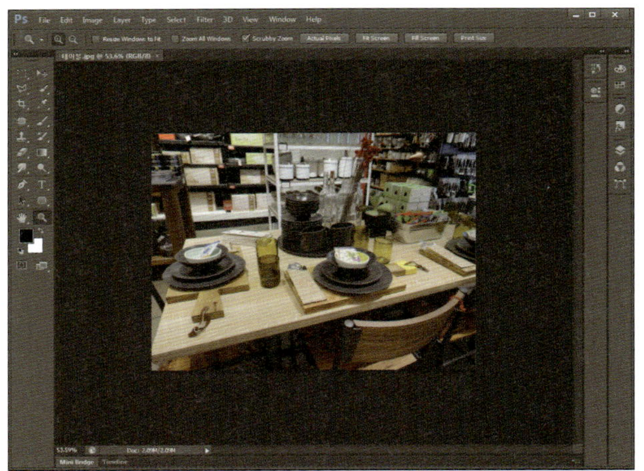

❶ 툴 박스에서 돋보기 툴( )을 선택한다.

❷ 옵션 바의 Fit Screen 을 클릭하면 작업 창에 맞춰 이미지 배율이 조정된다.

> Fit Screen 은 화면 크기에 최대로 맞춰 전체 이미지를 볼 수 있도록 이미지 배율을 조정한다. 손바닥 툴( )을 더블클릭한 것과 같다. **tip ➕**

❸ 옵션 바에서 돋보기 툴(🔍)을 선택하고 [Scrubby Zoom]을 체크 해제한 후 테이블에 있는 노란 컵을 드래그한다.

❹ 선택한 영역을 기준으로 이미지가 확대된다. 옵션 바에서 [Scrubby Zoom]에 체크 표시하고 작업 창을 클릭한 후 왼쪽으로 드래그한다.

> tip ➕
>
> 'Scrubby Zoom' 옵션은 실시간으로 화면을 축소, 확대하는 기능이다. 왼쪽으로 드래그하면 보기 배율을 낮추고 오른쪽으로 드래그하면 보기 배율을 높인다. [Edit]-[Preferences]-[Performance] 메뉴의 'Use Graphics Processor' 항목이 체크되어야 사용할 수 있다.

❺ 작업 창을 클릭하고 왼쪽으로 드래그하면 이미지가 축소되고 오른쪽으로 드래그하면 확대된다.

> tip ➕
>
> ### 돋보기 툴(🔍)의 옵션 바
>
> 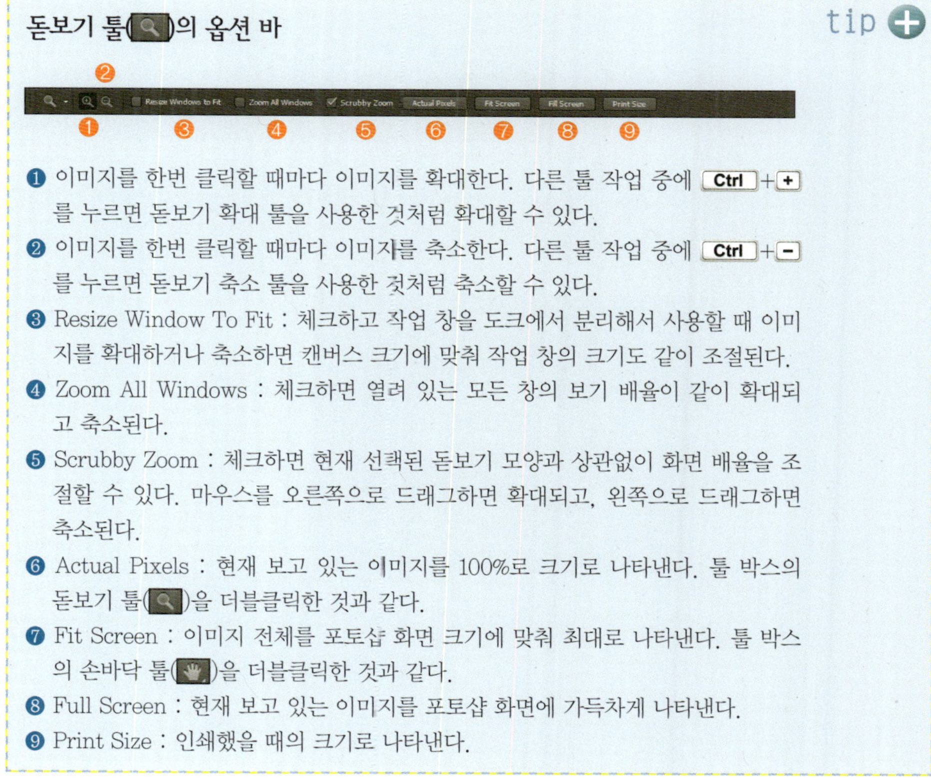
>
> ❶ 이미지를 한번 클릭할 때마다 이미지를 확대한다. 다른 툴 작업 중에 Ctrl + + 를 누르면 돋보기 확대 툴을 사용한 것처럼 확대할 수 있다.
>
> ❷ 이미지를 한번 클릭할 때마다 이미지를 축소한다. 다른 툴 작업 중에 Ctrl + − 를 누르면 돋보기 축소 툴을 사용한 것처럼 축소할 수 있다.
>
> ❸ Resize Window To Fit : 체크하고 작업 창을 도크에서 분리해서 사용할 때 이미지를 확대하거나 축소하면 캔버스 크기에 맞춰 작업 창의 크기도 같이 조절된다.
>
> ❹ Zoom All Windows : 체크하면 열려 있는 모든 창의 보기 배율이 같이 확대되고 축소된다.
>
> ❺ Scrubby Zoom : 체크하면 현재 선택된 돋보기 모양과 상관없이 화면 배율을 조절할 수 있다. 마우스를 오른쪽으로 드래그하면 확대되고, 왼쪽으로 드래그하면 축소된다.
>
> ❻ Actual Pixels : 현재 보고 있는 이미지를 100%로 크기로 나타낸다. 툴 박스의 돋보기 툴(🔍)을 더블클릭한 것과 같다.
>
> ❼ Fit Screen : 이미지 전체를 포토샵 화면 크기에 맞춰 최대로 나타낸다. 툴 박스의 손바닥 툴(✋)을 더블클릭한 것과 같다.
>
> ❽ Full Screen : 현재 보고 있는 이미지를 포토샵 화면에 가득차게 나타낸다.
>
> ❾ Print Size : 인쇄했을 때의 크기로 나타낸다.

따라하기　02　**확대되어 가려진 부분의 이미지 보기**

'챕터1_샘플/테이블.jpg' 파일을 불러온 후 패널과 손바닥 툴로 확대되어 보이지 않는 부분의
이미지를 화면에 보이게 해 보자.

❶ [Window]-[Navigator] 메뉴를 선택하여 패널을 불러온다. 패널 하단의 🔺을 두 번 클
릭하여 이미지를 확대한다.

❷ [Navigator] 패널의 빨간 테두리 안 쪽 부분이 현재 작업 창에 보이는 부분이다. 빨간
테두리를 왼쪽 상단 모서리로 드래그하여 테이블 뒤의 선반으로 이동해 보자.

❸ 툴 박스에서 손바닥 툴(✋)을 선택하고 테이블 왼쪽의 화분이 작업 창에 보이도록
[Navigator] 패널에서 방향을 확인하며 화분 방향으로 드래그한다.

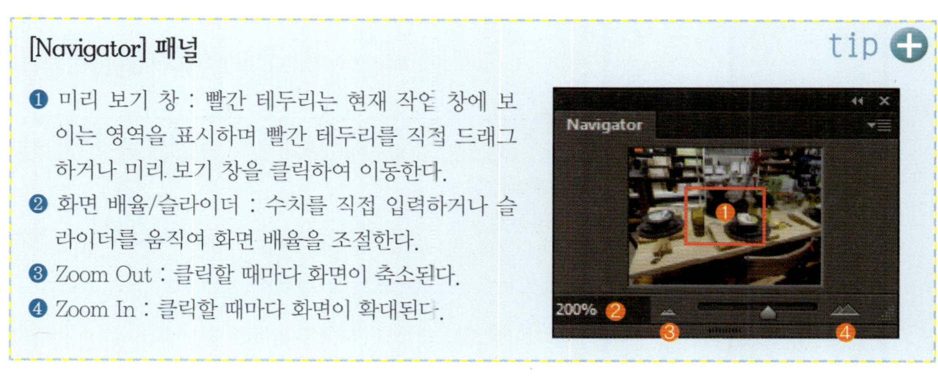

[Navigator] 패널   tip ➕

❶ 미리 보기 창 : 빨간 테두리는 현재 작업 창에 보
   이는 영역을 표시하며 빨간 테두리를 직접 드래그
   하거나 미리 보기 창을 클릭하여 이동한다.
❷ 화면 배율/슬라이더 : 수치를 직접 입력하거나 슬
   라이더를 움직여 화면 배율을 조절한다.
❸ Zoom Out : 클릭할 때마다 화면이 축소된다.
❹ Zoom In : 클릭할 때마다 화면이 확대된다.

tip ➕

다른 툴로 작업 중에 툴을 바꾸지 않아도 확대/축소/손바닥 툴(✋)의 단축키를 누르
면 해당 툴의 기능을 사용할 수 있다.

- 확대 툴(🔍) : `Ctrl` + `Space Bar`
- 축소 툴(🔍) : `Alt` + `Space Bar`
- 손바닥 툴(✋) : `Space Bar`

따라하기 **03** **작업 창 관리하기**

'챕터1_샘플/주방용품.jpg' 파일을 분리된 작업 창으로 불러온 후 복제해 보자.

❶ [Edit]-[Preferences]-[Interface] 메뉴를 선택한다. [Open Documents as Taps]와
[Enable Floating Document Window Docking]의 체크를 해제한 후 [OK] 버튼을 클
릭한다.

❷ [File]–[Open] 메뉴를 선택하고 '챕터1_샘플/주방용품.jpg' 파일을 더블클릭하면 이미지가 분리된 작업 창으로 나타난다.

❸ 작업 창의 제목 표시줄을 마우스 오른쪽 버튼으로 클릭하고 [Duplicate]를 선택한다. [Duplicate Image] 대화상자가 나타나면 [OK] 버튼을 클릭한다.

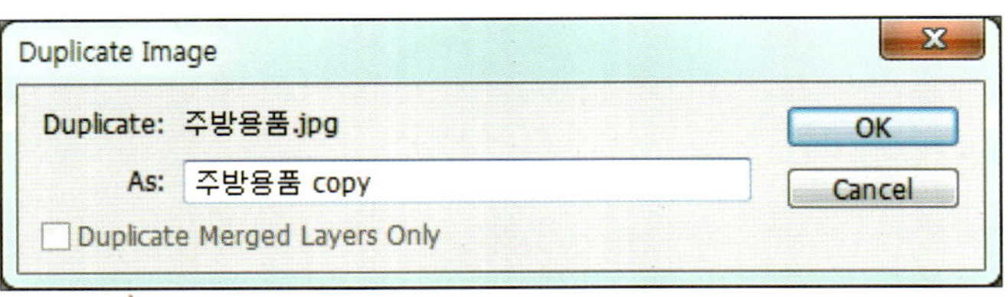

[Image]–[Duplicate] 메뉴와 같은 기능이다.   tip 

❹ 파일이 복제되어 새 작업 창으로 만들어진다. 다시 [Edit]–[Preferences]–[Interface] 메뉴를 선택한 후 [Enable Floating Document Window Docking]에 체크 표시하고 [OK] 버튼을 클릭한다.

❺ '주방용품 copy' 작업 창의 제목 표시줄을 '주방용품' 작업 창의 제목 표시줄로 가져가면 파란색 경계선이 나타난다. 그 때 마우스에서 손을 떼면 하나의 작업 창에 탭으로 묶여진다.

❻ [File]–[Close All] 메뉴를 선택하면 새로 만든 파일을 저장할 것인지 묻는 대화상자가 나타난다. [Yes] 버튼을 클릭하면 [Save As] 대화상자가 나타나 파일 저장 경로와 이름, 포맷을 설정하여 저장할 수 있다.

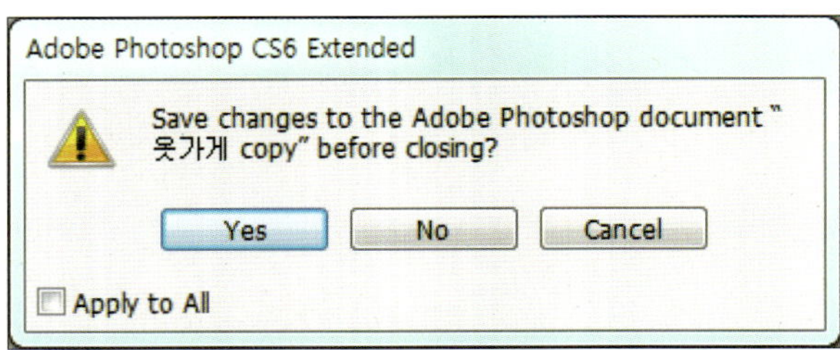

파일을 분리된 작업 창으로 불러오기   tip 

[Edit]–[Preferences]–[Interface] 메뉴를 선택하고 [Open Documents as Taps]의 체크를 해제하면 파일을 불러왔을 때 분리된 작업 창으로 열린다. [Enable Floating Document Window Docking]의 체크를 해제하면 분리된 작업 창을 도크나 작업 창으로 드래그하여도 고정시킬 수 없다.

'챕터1_샘플/주방용품.jpg, 진열장.jpg, 코너.jpg, 테이블.jpg' 파일을 불러온 후 한 눈에 볼 수 있도록 정렬해 보자.

❶ 포토샵 CS6의 빈 화면을 더블클릭한다. [Open] 대화상자가 나타나면 '챕터1_샘플/주방용품.jpg' 파일을 선택하고 **Ctrl** 을 누른 채 불러올 파일을 모두 클릭하여 선택한다.

❷ [열기] 버튼을 클릭한다. 불러온 파일이 차례대로 탭으로 정렬된다. 각 탭을 클릭하면 해당 파일 이미지를 볼 수 있다.

❸ [Window]-[Arrange]-[4-up] 메뉴를 선택한다. 현재 열려있는 작업 창이 한 눈에 볼 수 있도록 정렬된다.

 ‘챕터1_샘플/컵케이크.jpg’ 파일을 새 탭으로 불러온 후 실제 크기를 확인하고 이름표가 화면 중앙에 잘 보이도록 확대해 보자.

HINT | [Edit]-[Preferences]-[Interface] 메뉴를 선택하고 [Open Documents as Taps]에 체크 표시한 후 [OK] 버튼을 클릭한다. Ctrl + O 를 눌러 파일을 열면 새 탭으로 열린다. 돋보기 툴(Q)을 더블클릭하고 이미지의 실제 크기를 확인한다. 옵션 바에서 Q을 선택하고 [Scrubby Zoom]에 체크 해제한 후 이름표를 드래그한다.

 [Mini Bridge] 패널로 ‘챕터1_샘플’ 폴더의 PSD 파일을 모두 불러오고 불러온 창을 세로로 나란히 정렬해 보자.

HINT | [Window]-[Extensions]-[Mini Bridge] 메뉴를 선택하면 하단에 [Mini Bridge] 패널이 나타난다. 경로 표시줄에 ‘챕터1_샘플’ 폴더의 경로를 지정한 후 ▦을 누르고 [Show]-[Document Type] 메뉴를 선택한다. 미리 보기 창에 이미지 섬네일과 파일 형식이 표시되면 ▾을 누르고 [By Type]을 선택한다. 패널 하단의 스크롤바를 오른쪽으로 이동한 후 PSD 파일을 모두 선택하고 더블클릭한다. [Window]-[Arrange]-[3-up Vertical] 메뉴를 선택한다.

캔버스와 이미지 크기 조절하고 작업 내용 되돌리기

이번 섹션에서는 고용량의 파일이 부담스럽거나 이미지 크기는 유지한 채 캔버스에 여백을 추가하고 싶을 때, 또는 변경한 크기를 원상태로 되돌리고 싶을 때 사용하는 명령에 대해 알아보자. 이 명령들 모두 작업 시 자주 사용하는 명령이니 개념을 이해하고 숙지해 두도록 한다.

◐ 알아두기

- [Image Size] 명령이 이미지의 크기, 해상도를 조절하는 반면, [Canvas Size] 명령은 캔버스의 크기를 늘리거나 줄일 때 사용하므로 이미지의 크기는 변하지 않는다.
- [Edit]-[Undo] 명령은 방금 실행한 작업을 취소하여 전 단계로 되돌리고 [Edit]-[Redo] 명령은 실행했던 앞 단계로 돌아간다. **Ctrl**+**Z**를 한 번 눌렀을 때는 [Undo] 명령이 실행되며 다시 한 번 누르면 [Redo] 명령이 실행된다.
- [History] 패널에는 이미지 작업을 할 때마다 작업 내역이 차례대로 기록된다. 작업 내역 중 하나를 선택하면 선택한 작업을 이미지에 적용하였을 때로 돌아갈 수 있다.
- [File]-[Revert] 메뉴를 실행하면 파일을 불러왔던 처음의 상태로 되돌아 갈 수 있다.

따라하기 `01` **이미지 크기 변경하기**

'챕터1_샘플/한옥.jpg' 파일을 불러온 후 [Image Size] 명령을 이용하여 이미지 크기와 해상도를 변경해 보자.

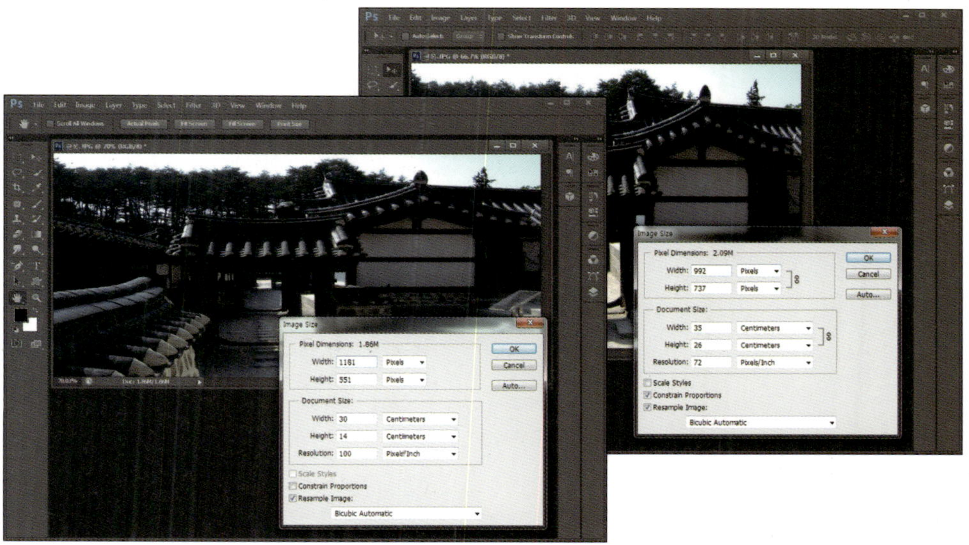

❶ [Image]-[Image Size] 메뉴를 선택한다.

❷ [Image Size] 대화상자가 나타나면 [Constrain Proportions] 옵션의 체크를 해제한다.

❸ [Document Size]에서 [Width]를 '30cm', [Height]를 '14cm', [Resolution]을 '100 Pixels/Inch'로 설정하고 [OK] 버튼을 클릭한다.

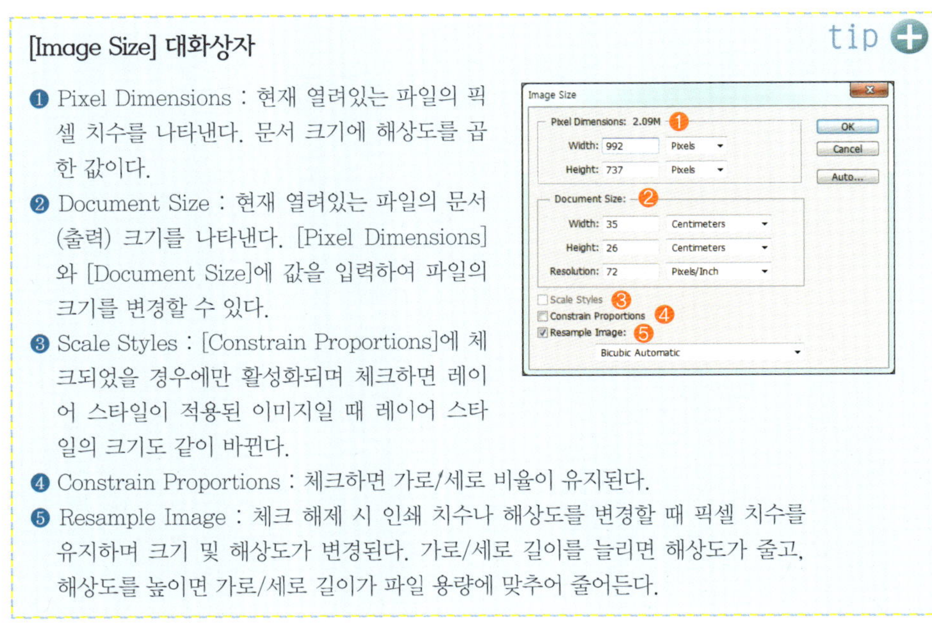

[Image Size] 대화상자   tip ➕

❶ Pixel Dimensions : 현재 열려있는 파일의 픽셀 치수를 나타낸다. 문서 크기에 해상도를 곱한 값이다.

❷ Document Size : 현재 열려있는 파일의 문서(출력) 크기를 나타낸다. [Pixel Dimensions]와 [Document Size]에 값을 입력하여 파일의 크기를 변경할 수 있다.

❸ Scale Styles : [Constrain Proportions]에 체크되었을 경우에만 활성화되며 체크하면 레이어 스타일이 적용된 이미지일 때 레이어 스타일의 크기도 같이 바뀐다.

❹ Constrain Proportions : 체크하면 가로/세로 비율이 유지된다.

❺ Resample Image : 체크 해제 시 인쇄 치수나 해상도를 변경할 때 픽셀 치수를 유지하며 크기 및 해상도가 변경된다. 가로/세로 길이를 늘리면 해상도가 줄고, 해상도를 높이면 가로/세로 길이가 파일 용량에 맞추어 줄어든다.

따라하기 02 캔버스 크기 변경하기

'챕터1_샘플/종.jpg' 파일을 불러온 후 [Canvas Size] 명령을 이용하여 이미지 하단에 흰색 여백을 추가해 보자.

❶ [Image]−[Canvas Size] 메뉴를 실행한다.

❷ [Canvas Size] 대화상자가 나타나면 [Relative] 옵션에 체크하고 [Height]에 '3cm'을 입력한 후 기준점을 가운데 위로 설정한다.

❸ [Canvas extension color]에서 'White'를 선택하고 [OK] 버튼을 클릭한다.

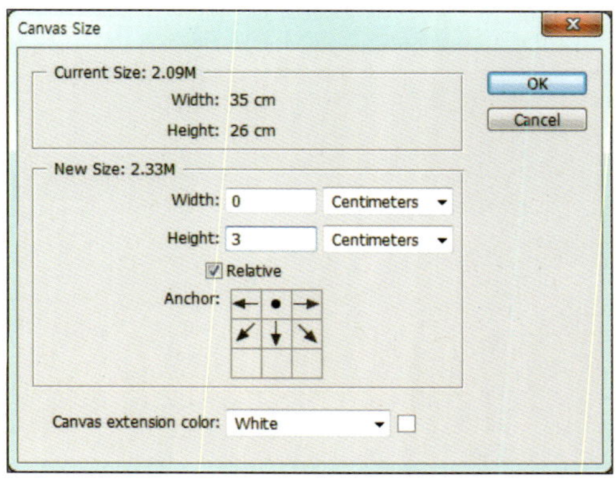

[Canvas Size] 대화상자

tip ➕

캔버스의 크기를 키우거나 줄이는 명령으로 이미지의 크기는 변함이 없기 때문에 크기를 키울 경우 여백이 생겨나며 여백은 지정하는 색으로 채울 수 있다. 반면, 현재 크기보다 작업 창의 크기를 줄일 경우 이미지가 잘려나간다.

❶ Current Size : 현재 캔버스의 파일 용량, 가로, 세로 크기를 나타낸다.

❷ New Size : 새롭게 설정하는 캔버스 크기를 입력한다.

❸ Relative : 체크 시 입력한 수치만큼 캔버스 크기를 늘리거나 줄인다.

❹ Anchor : 화살표가 없는 공간이 크기 조정 전의 위치를 나타내며, 주변의 8개 영역은 캔버스 크기를 재조정할 때 늘어나거나 줄어드는 부분을 표시해 준다. 화살표가 있는 다른 영역을 클릭하여 크기 조절할 영역을 설정한다.

❺ Canvas extension color : 확장된 캔버스의 색상을 설정한다.

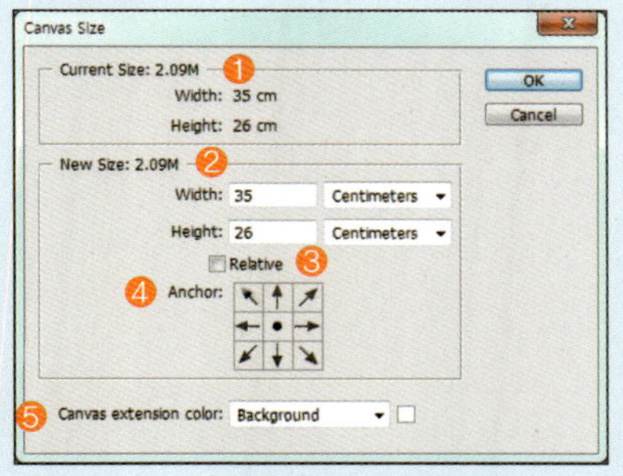

앞에서 작업한 이미지에 브러시 툴로 날짜를 쓰고 [Edit] 메뉴를 사용하여 작업 내용을 수정해 보자.

❶ 툴 박스에서 돋보기 툴(🔍)을 선택하고 날짜를 써넣을 위치를 확대한다.

❷ 브러시 툴(🖌)을 선택하고 옵션 바에서 브러시 프리셋 피커(▪)를 클릭한다. 원형 브러시 모양을 선택한 후 [Size]를 '5px', [Hardness]를 '100%'로 설정한다.

❸ '2012. 12. 31'이라고 써 넣는다. 날짜를 쓰는 도중 다시 획을 그리고 싶을 때는 `Ctrl` + `Z` 를 누른다.

> [Edit]–[Undo] 메뉴의 단축키이며 마지막으로 작업한 내용을 취소시킨다. tip ➕

❹ `Alt` + `Ctrl` + `Z` 를 다섯 번 눌러 월과 일을 지운다. [Swatches] 패널에서 보라색을 선택하고 다시 월, 일 간단한 문구를 써넣는다.

> `Alt` + `Ctrl` + `Z` 는 [Edit]–[Step Backward] 메뉴의 단축키로 한 번 누를 때마다 전 tip ➕
> 단계로 돌아간다. 실행 취소한 내역을 다시 실행할 때는 [Edit]–[Step Forward] 메뉴를
> 실행하거나 단축키 `Shift` + `Ctrl` + `Z` 를 누른다.

❺ [File]–[Revert] 메뉴를 선택하면 캔버스 크기 조절 전의 원본 상태로 돌아간다. `Ctrl` + `Z` 를 눌러 [Revert] 메뉴 적용을 취소한다.

 ## [History] 패널 사용하여 작업 내용 관리하기

'챕터1_샘플/동네.jpg' 파일을 불러온다. 이미지 작업을 하고 [History] 패널로 작업 내용을 되돌린 후 새 작업을 추가하고 이전 작업 내용으로 새 파일을 만들어 보자.

❶ [Image]-[Image Size] 메뉴를 선택한다. [Image Size] 대화상자가 나타나면 [Constrain Proportions]와 [Resample Image]에 체크하고 [Width]를 '20cm'로 설정한 후 [OK] 버튼을 클릭한다.

❷ [Window]-[History] 메뉴를 선택하여 [History] 패널을 불러온다. 패널 하단의 [카메라] 을 눌러 현재 상태를 스냅샷으로 저장하고 스냅샷의 이름을 더블클릭한 후 '크기조정'이라고 입력한다.

tip ➕

Alt 를 누른 상태로 [카메라] 을 클릭하면 스냅샷 옵션을 설정할 수 있다.

❸ [Image]-[Auto Tone], [Image]-[Auto Color] 메뉴를 차례로 선택한다. 스냅샷 이전의 작업 내역이 삭제되고 새롭게 적용한 작업 내용이 기록된다.

❹ [Image]-[Adjustments]-[Posterize] 메뉴를 선택하고 대화상자가 나타나면 [OK] 버튼을 클릭한다.

❺ [Image]-[Adjustments]-[Desaturate] 메뉴를 선택하여 이미지를 흑백으로 변환한다. [History] 패널에서 다시 [카메라] 을 눌러 현재 상태를 스냅샷으로 저장한다. 스냅샷 이름은 '이미지효과'로 지정한다. 작업 목록에서 'Desaturate' 작업 내역을 클릭한다.

❻ 브러시 툴(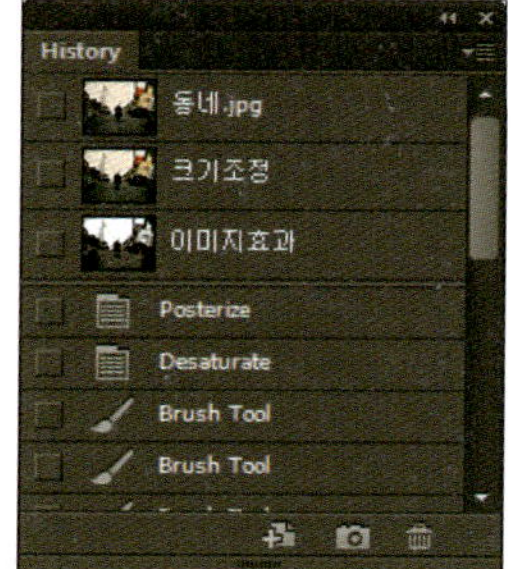)을 선택하고 [Swatches] 패널에서 색상을 변경
하면서 이미지에 말풍선과 글씨를 그려 넣는다. 브러시 작업
내역이 추가될수록 먼저 작업한 내역은 위로 밀려 사라진다.

브러시 툴( ) 사용 중에 작업 창을 마우스 오른쪽 버튼으로 클릭하면 브러시 모양을 tip ➕
변경할 수 있는 팝업 메뉴가 나타난다.

[History] 패널에 저장되는 작업 내역은 20개로 설정되어 있고 [Edit]–[Preferences]– tip ➕
[Performance] 메뉴의 [History States]에서 저장되는 작업 내역 수를 변경할 수 있다.

❼ 현재 상태를 '말풍선' 스냅샷으로 추가하고 [History] 패널에서 ▼≣를 클릭한 후
[History Options]를 선택한다. [Allow Non-Linear History]에 체크하고 [OK] 버튼
을 클릭한다.

❽ '크기조정' 스냅샷을 선택하고 브러시 툴( )로 글씨를 그려 넣는다. 작업 내역이 삭제
되지 않고 새로 적용한 변경 내용이 작업 내역 끝에 추가된다.

❾ 마지막 작업 내역을 마우스 오른쪽 버튼으로 클릭하고 [New Snapshot] 메뉴를 선택
한다. 스냅샷 이름을 '최종'으로 입력하고 [OK] 버튼을 클릭한다.

❿ [History] 패널 상단의 '말풍선' 스냅샷을 마우스 오른쪽 버튼으로 클릭하고 [New
Document] 메뉴를 선택한다. 스냅샷의 이름으로 새 파일이 만들어진다.

[History] 패널 이해하기   tip ➕

1. [History] 패널

❶ 선택한 단계를 기준으로 히스토리 브러시가 적용된다.

❷ 스냅샷 : 파일의 초기 상태가 자동으로 생성된다. 작업 내역을 스냅샷으로 찍어두고 이름을 지정하면 어떤 단계의 이미지인지 쉽게 구별할 수 있고 작업 내역이 뒤로 밀려 사라지더라도 언제든지 예전 상태로 돌아갈 수 있다. 별도 파일의 작업 내역이나 스냅샷을 작업 중인 파일의 작업 창으로 드래그하면 작업 중인 파일의 [History] 패널에 스냅샷이 만들어진다.

❸ 작업 내역을 보여준다. 작업 목록을 클릭하여 이전 단계나 앞 단계로 되돌아 갈 수 있다.

❹ 작업 내역이나 스냅샷을 새 작업 창으로 만든다.

❺ 클릭하면 스냅샷을 찍을 수 있다.

❻ 작업 내역이나 스냅샷을 클릭하거나 드래그하여 삭제할 수 있다.

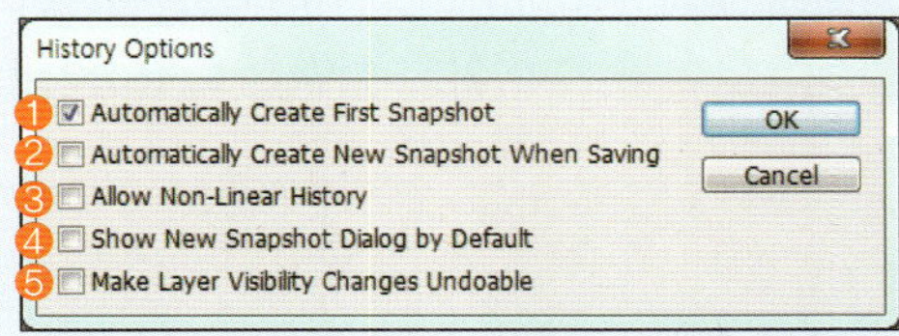

2. [History Options] 대화상자

[History] 패널에서 🔻을 클릭하고 [History Options] 메뉴를 선택하면 옵션 대화상자를 불러올 수 있다.

❶ 체크하면 문서가 열릴 때 이미지 초기 상태가 스냅샷으로 자동 생성된다.

❷ 체크하면 저장할 때마다 스냅샷을 만든다.

❸ 체크하면 비연속 작업 내역을 허용한다. 체크 해제 시 작업 목록 중간의 내역을 변경하면 변경한 작업 내역 이후의 내역은 모두 삭제되지만 체크할 경우 다음의 작업 내역을 삭제하지 않고 새롭게 변경된 사항이 목록 끝에 추가된다.

❹ 체크하면 기본 설정값으로 새 스냅샷 대화상자를 표시한다.

❺ 체크하면 레이어를 숨기거나 표시하는 내용을 작업 내역에 포함시킨다.

3. 작업 내역 삭제하기

❶ 이미지 변경 내용과 작업 내역 같이 삭제하기 : [History] 패널의 [Delete] 메뉴를 선택하거나 작업 내역을 클릭하고 패널 하단의 🗑로 드래그한다.

❷ 이미지는 변경하지 않고 선택한 작업 내역과 이전 내역 삭제하기 : 작업 내역을 패널 하단의 🗑로 드래그한다.

❸ 이미지는 변경하지 않고 작업 내역 모두 삭제하기 : [History] 패널의 [Clear History] 메뉴를 선택한다.

❹ 열려있는 모든 작업 창의 작업 내역 모두 삭제하기 : [Edit]-[Purge]-[Histories] 메뉴를 선택한다. 이 메뉴는 실행한 후 실행 취소를 할 수 없다.

‘챕터1_샘플/식료품점.jpg’ 파일을 불러온 후 이미지 파일의 가로, 세로 크기를 70%로 줄여보자.

HINT | `Alt` + `Ctrl` + `I` 를 눌러 [Image Size] 대화상자를 불러온다. [Constrain Proportions]와 [Resample Image] 항목에 체크 표시한 후 [Pixel Dimensions]의 단위를 'Percent'로 변경한다. [Pixel Dimensions]의 [Width]를 '70'으로 입력하고 [OK] 버튼을 클릭한다.

‘챕터1_샘플/수도.jpg’ 파일을 불러온다. 레트로 이미지로 변경하고 이미지에 손 그림을 그린 후 [History] 패널을 이용하여 초기 이미지 상태로 되돌아가 보자.

HINT | [Image]-[Adjustments]-[Color Lookup] 메뉴를 선택한다. 대화상자가 나타나면 [3DLUT File]을 '2Strip. look'으로 설정하고 [OK] 버튼을 클릭한다. 툴 박스에서 브러시 툴( )을 선택하고 [Swatches] 패널에서 하늘색을 클릭한 후 수도꼭지를 따라 흐르는 물을 그린다. 그림이 제대로 그려지지 않았을 경우 `Ctrl` + `Z` 를 눌러 전 단계로 돌아간 후 다시 그린다. 그림 그리기를 완료하면 [History] 패널에서 '수도.jpg' 스냅샷을 클릭한다. 초기 이미지 상태로 되돌아간다.

1. 포토샵 CS6 실행하고 종료하기

- [시작] 메뉴의 [모든 프로그램]-[Adobe Photoshop CS6]를 선택하거나 바탕 화면의 바로 가기 아이콘을 만들고 더블클릭하여 포토샵을 실행할 수 있다.
- [File]-[Exit] 메뉴를 선택하면 프로그램이 종료된다.
- [Edit]-[Preferences] 메뉴에서 파일 저장이나 불러오는 방법, 커서 모양, 포토샵 성능, 투명도 옵션 등 포토샵의 전반적인 환경을 설정한다.

2. 포토샵 CS6의 화면 구성 살펴보기

- 포토샵의 화면은 메뉴 바, 옵션 바, 툴 박스, 작업 창, 패널로 구성되어 있다.
- 포토샵의 툴 박스에는 보이는 툴 외에도 숨어 있는 툴이 있다. 패널도 화면에 보이는 것보다 더 많은 종류가 있다.
- 포토샵에서 사용되는 모든 패널은 [Window] 메뉴에서 불러오거나 닫을 수 있다.
- [Window]-[Workspace] 메뉴를 이용하여 나만의 작업 환경을 만들거나 삭제할 수 있다.

3. 포토샵 CS6의 기본 메뉴 익히기

- [File]-[New] 메뉴를 선택하거나 Ctrl + N 을 눌러 새 문서를 만들 수 있다. [New] 대화상자에서 작업 창의 이름, 크기, 해상도 등의 옵션을 설정한다.
- 이미지를 불러오는 메뉴로는 [File]의 [Open], [Browse in Bridge], [Browse in Mini Bridge], [Open As], [Open Recent]가 있다.
- [File]-[Open] 메뉴의 단축키는 Ctrl + O 이고 포토샵의 빈 화면을 더블클릭해서 [Open] 대화상자를 불러올 수도 있다.
- [File]-[Browse in Mini Bridge] 메뉴는 [Adobe Bridge] 프로그램을 축소한 [Mini Bridge] 패널을 불러온다. [Open] 대화상자에서는 미리 보기가 지원되지 않는 파일 형식의 문서도 미리 보며 파일을 불러올 수 있다.
- 파일을 저장할 때는 [File]-[Save] 메뉴를 선택하거나 Ctrl + S 를 누른다. 다른 이름이나 형식으로 저장할 때는 [File]-[Save As] 메뉴를 선택하거나 Shift + Ctrl + S 를 누른다.

4. 화면 보기와 작업 창 다루기

- 돋보기 툴(◯)은 화면을 드래그하거나 클릭하여 확대, 축소할 수 있다. 옵션 바의 [Scrubby Zoom] 항목에 체크하면 마우스를 드래그하는 방향대로 화면이 확대, 축소된다.
- 이미지가 확대되어 가려진 부분은 툴 박스의 손바닥 툴(◯)로 화면을 이동하여 볼 수 있다.
- 돋보기 툴(◯)을 더블클릭하면 실제 이미지 크기로 볼 수 있고, 손바닥 툴(◯)을 더블클릭하면 화면 크기에 최대로 맞춘 전체 이미지를 볼 수 있다.

- [Navigator] 패널은 돋보기 기능과 손바닥 기능이 합쳐진 패널이라고 할 수 있다. 미리 보기 창에서 빨간 박스 테두리를 이동하여 원하는 위치로 이동하거나 슬라이더로 화면 배율을 조절할 수 있다.
- 여러 개의 작업 창을 한 번에 보기 쉽게 정렬할 때는 [Window]−[Arrange] 메뉴를 선택한다.

5. 이미지와 캔버스 크기 변경하고 회전하기

- 이미지의 크기와 해상도를 변경할 때는 [Image Size] 명령을 사용하고, 작업 창의 크기를 변경할 때는 [Canvas Size] 명령을 사용한다.
- [Image]−[Image Rotation] 메뉴에서 이미지를 회전할 수 있다. 이미지 파일 전체에 적용되기 때문에 선택 내용이나 선택한 레이어만 회전시킬 경우에는 [Edit]−[Transform] 메뉴를 선택한다.

6. 작업 내용 되돌리기

- [Edit]−[Undo] 명령으로 방금 실행한 작업을 취소하고 전 단계로 되돌아갈 수 있다. [Edit]−[Redo] 명령은 실행했던 앞 단계로 돌아간다. Ctrl + Z 를 한 번 눌렀을 때는 [Undo] 명령이 실행되고 다시 한 번 누르면 [Redo] 명령이 실행된다.
- Alt + Ctrl + Z 는 [Edit]−[Step Backward] 메뉴의 단축키로 한 번 누를 때마다 전 단계로 돌아간다. 실행 취소한 내역을 다시 실행할 때는 [Edit]−[Step Forward] 메뉴를 실행하거나 단축키 Shift + Ctrl + Z 를 누른다.
- 작업 내용 되돌리기 메뉴는 [History] 패널의 작업 내역을 기준으로 한다.
- [File]−[Revert] 메뉴를 실행하면 파일을 불러왔던 처음의 상태로 되돌아 갈 수 있다.

7. [History] 패널

- [History] 패널은 이미지 편집 내용을 순차적으로 기록하는 패널이다. 기본 설정으로 문서를 열었을 때 초기 상태는 [History] 패널에 스냅샷으로 자동 생성되며 이미지에 작업을 추가 할 때마다 [History] 패널 목록 하단에 추가된다.
- 작업 내역 중 하나를 선택하면 선택한 작업을 이미지에 적용하였을 때로 돌아간다. 그 상태에서 작업을 추가하면 이후의 작업 내역은 삭제되고 새 작업 내역이 추가된다.
- [History Options] 대화상자에서 [Allow Non−Linear History]에 체크하면 작업 내역을 삭제하지 않고 변경 내용이 작업 내역 끝에 추가된다.
- 스냅샷이나 작업 내역을 새 문서로 만들 수 있고 별도 파일의 스냅샷이나 작업 내역을 현재 파일로 드래그하면 현재 파일의 [History] 패널에 스냅샷이 만들어진다.
- [Edit]−[Preferences]−[Performance] 메뉴의 [History States]에서 저장되는 작업 내역 수를 변경할 수 있다.

1. [Width] '800Pixels', [Height] '600Pixels', [Resolution] '72Pixels/Inch', [Background Contents]가 'White'인 새 문서를 분리된 작업 창으로 만들고 '챕터1_샘플/소스.jpg, 지도.ai' 파일을 불러온 후 PNG 파일로 저장해 보자.

[작업 준비물 : 챕터1_샘플/소스.jpg, 지도.ai]

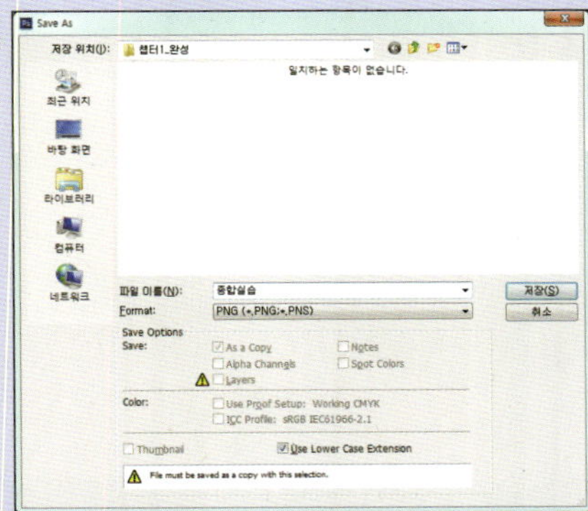

HINT |

1. 분리된 작업 창 설정 : [Edit]–[Preferences]–[Interface]
2. 새 파일 만들기 : [File]–[New]
3. '소스.jpg' 파일 불러오기 : [File]–[Open]
4. '지도.ai' 파일 불러오기 : [File]–[Place] 또는 [File]–[Browse in Mini Bridge]
5. 저장 : [File]–[Save]

02
CHAPTER

작업 범위를 지정하는
다양한 방법

포토샵을 다루기 위해서 가장 처음으로 배워야 할 이미지를 선택하고 이동하는 방법에 대해 알아보자. 이미지를 선택할 수 있는 다양한 툴과 메뉴에 대해 학습하고 선택한 이미지를 변형하는 방법에 대해서도 배워보자.

2

Chapter

이미지 전체가 아닌 일부 영역에 대한 작업을 진행할 때 원하는 영역을 선택하는 작업이 선행되어야 한다. 선택 영역을 지정할 수 있는 툴과 메뉴의 종류 및 사용법에 대해 학습하고 사각형 같은 단순한 형태부터 사람의 머리카락 같이 복잡한 형태까지 이미지 형태에 따라 어떤 툴과 메뉴들을 사용해야 효과적으로 선택할 수 있는지 알아보자.

01 선택에 사용되는 다양한 툴들

선택 영역을 지정하면 영역 둘레에 깜박거리는 점선이 생긴다. 특정 영역을 지정하면 이미지의 일부만 효과 및 편집 내용을 적용하고 선택 영역 밖은 그대로 둘 수 있다. 선택 영역은 위치를 이동하거나 크기를 조절하고 저장할 수 있다.

1. 기본 선택 툴(Marquee Tool)

정형화된 형태나 영역을 선택할 때 사용하는 툴로써 사각형 선택 툴(▣)과 확장 툴인 원형 선택 툴(◯), 가로선 선택 툴(▭), 세로선 선택 툴(▯)이 있다.

2. 올가미 툴(Lasso Tool)

올가미(Lasso) 툴(◯)과 확장 툴인 다각형 올가미(Polygonal Lasso) 툴(◺), 자석 올가미 (Magnetic Lasso) 툴(◿)은 밧줄로 물체를 묶듯이 특정 영역에 경계를 그려 선택한다. 올가미(Lasso) 툴(◯)은 연필로 그리듯 작업 창을 그리면 연속적인 커서의 움직임대로 경계선을 만들어 영역을 선택한다. 다각형 올가미 툴(◺)은 시작점을 클릭하고 원하는 영역의 경계를 클릭하며 시작점으로 돌아가면 클릭한 점과 점을 직선으로 연결하여 선택한다. 자석 올가미 툴(◿)은 색상 대비가 높은 가장자리를 따라 자동으로 선택한다. 단색 배경에서 이미지를 선택할 때 유용하다.

3. 빠른 선택 툴

빠른 선택(Quick Selection) 툴(　)과 확장 툴인 마술봉(Magic Wand) 툴(　)은 색상 차이를 감지하여 선택 영역을 빠르게 지정한다. 빠른 선택 툴(　)은 브러시를 이용해 작업 창을 그리듯 선택하고 마술봉 툴(　)은 클릭한 지점의 색상과 유사한 색상을 한 번에 선택한다.

4. 펜 툴로 패스 만들어 선택하기

펜(Pen) 툴(　)로 사용자가 직접 클릭이나 드래그를 하여 패스를 만든다. 곡선과 직선을 이용한 자유로운 영역 설정이 가능하여 정교하게 패스를 만들 수 있다. 만들어진 패스는 선택 영역으로 변환할 수 있다. 색상의 대비를 이용해 만든 선택 영역보다 가장자리를 깔끔하게 선택한다. 패스는 [Paths] 패널에 저장하여 필요할 때마다 불러와 사용할 수 있다. 패스 사용법은 Chapter 6에서 자세히 다루기로 한다.

5. 퀵 마스크(Quick Mask) 모드로 선택

툴 박스에서 퀵 마스크 모드(■)로 전환한 뒤 브러시 툴(■)로 선택하려는 부분을 칠하면 표준 모드로 돌아왔을 때 칠해진 영역이 선택 영역으로 지정된다. ■을 더블클릭하면 [Quick Mask Options] 대화상자를 불러올 수 있다.

02 채널로 색상 선택하기

채널이란 간단히 설명하자면 색과 선택 영역의 정보를 저장하고 관리하는 회색 음영 이미지라고 할 수 있다. 합성이나 보정 작업 시 유용하며 색상 정보를 관리하는 색상 채널과 특정 영역을 관리하는 알파 채널, 인쇄 시 별색을 사용하기 위한 용도의 스폿 채널이 있다. 채널은 [Window]–[Channels] 메뉴를 선택하면 나타나는 [Channels] 패널에서 관리한다.

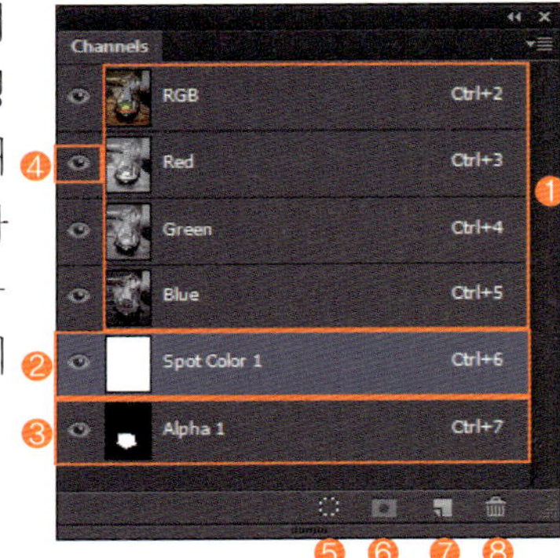

❶ 색상 채널

❷ 별색을 만드는 스폿(Spot) 채널

❸ 선택 영역을 저장하는 알파 채널

❹ 눈 아이콘(■)을 끄면 해당 채널이 보이지 않는다.

❺ Load channel as selection : 채널을 선택 영역으로 설정한다.

❻ Save selection as channel : 선택 영역을 채널로 저장한다.

❼ Create new channel : 새로운 알파 채널을 생성한다.

❽ Delete current channel : 선택된 채널을 삭제한다.

1. 채널의 종류

• 색상 정보 채널

새 이미지를 열면 자동으로 색상 정보를 담고 있는 채널이 만들어지며 이미지의 모드에 따라 생성되는 채널은 달라진다. 예를 들어 RGB 모드의 이미지를 열면 자동으로

'RGB', 'Red', 'Green', 'Blue' 채널이 생성된다. 이렇게 생성되는 채널을 색상 채널이라고 하며 각각의 색상 구성을 살펴봄으로써 이미지의 색상을 쉽게 분석할 수 있으며 색상 정보를 활용하여 디테일한 색상 편집이 가능하다.

- 색상 채널의 섬네일을 Ctrl 을 누른 채 클릭하면 색상 채널에 해당하는 영역이 선택된다.

▲ Red 채널　　　　▲ Green 채널　　　　▲ Blue 채널

▲ Red 채널　　　　▲ Green 채널　　　　▲ Blue 채널

• 알파 채널

합성이나 특수효과, 선택 영역 저장에 주로 사용하는 알파 채널은 선택 영역을 회색 음영 이미지로 저장한다. 선택 영역을 알파 채널에 저장하여 언제든지 불러와서 사용할 수 있으며 저장된 마스크로 이미지의 특정 부분을 편집하거나 보호할 수 있다. 또한, 페인팅, 문자 생성, 필터 적용이 가능하다.

• 스폿 채널

스폿 채널은 인쇄 시 CMYK의 혼합 색상으로 표현할 수 없는 별도의 색상과 영역을 지정하는 채널이며 분판 출력 시 필름이 따로 생성된다.

기본 선택 툴로 선택 영역 만들고 저장하기

기본 선택 툴은 선택하려는 영역의 가장자리에 맞춰 드래그하면 드래그한 영역만큼 이미지가 선택된다. 사각형 선택 툴(圖)과 원형 선택 툴(圖)은 일정한 비율이나 정해진 크기를 설정하여 선택 영역을 만들 수도 있다.

○ 알아두기

- 선택하려는 이미지에 따라 사각형, 원형 선택 툴을 선택하고 영역을 드래그한다.
- 선택 영역을 이동할 때는 선택 툴을 사용하고, 선택한 이미지를 이동할 때는 툴 박스의 이동 툴(▶)을 사용한다.
- [Shift]를 누른 상태에서 드래그하면 정사각, 정원으로 선택할 수 있다.

따라하기 01 사각형 모양으로 선택하기

'챕터2_샘플/안내판.jpg' 파일을 불러온 후 사각형 선택 툴로 선택 영역을 지정하고 이동해 보자.

❶ 툴 박스에서 사각형 선택 툴(圖)을 선택하고 번호가 쓰인 안내판의 모서리 한 곳을 클릭한 후 대각선 방향으로 드래그하면 사각형 모양의 영역이 선택된다.

선택 영역 안으로 커서를 가져가면 커서가 ⬚ 모양으로 바뀐다. 이때 드래그하면 선택 영역을 이동할 수 있다. tip ➕

❷ 화면 상단의 선택 툴 옵션 바에서 추가 선택 버튼(　)을 클릭한다. 작업 창으로 돌아와 노란색 판의 모서리를 클릭하고 드래그하면 선택 영역이 추가된다.

❸ 툴 박스에서 이동 툴(　)을 선택한 후 선택 영역의 안으로 가져가면 커서가 　 모양으로 바뀐다. 이때 클릭하고 드래그하여 원하는 곳으로 이동한다.

> tip ➕
> • Shift 를 누르고 드래그하면 정 비율로 선택할 수 있다. 기능키보다 마우스에서 손을 먼저 떼야 한다.
> • Alt 를 누른 상태에서 드래그하면 클릭 지점을 중심으로 드래그한 만큼 선택 영역을 만들 수 있다. 기능키보다 마우스에서 손을 먼저 떼야 한다.
> • Shift 와 Alt 를 동시에 누르면 클릭 지점을 중심으로 정원이나 정사각형을 만들 수 있다.

선택 툴의 옵션 바 tip ➕

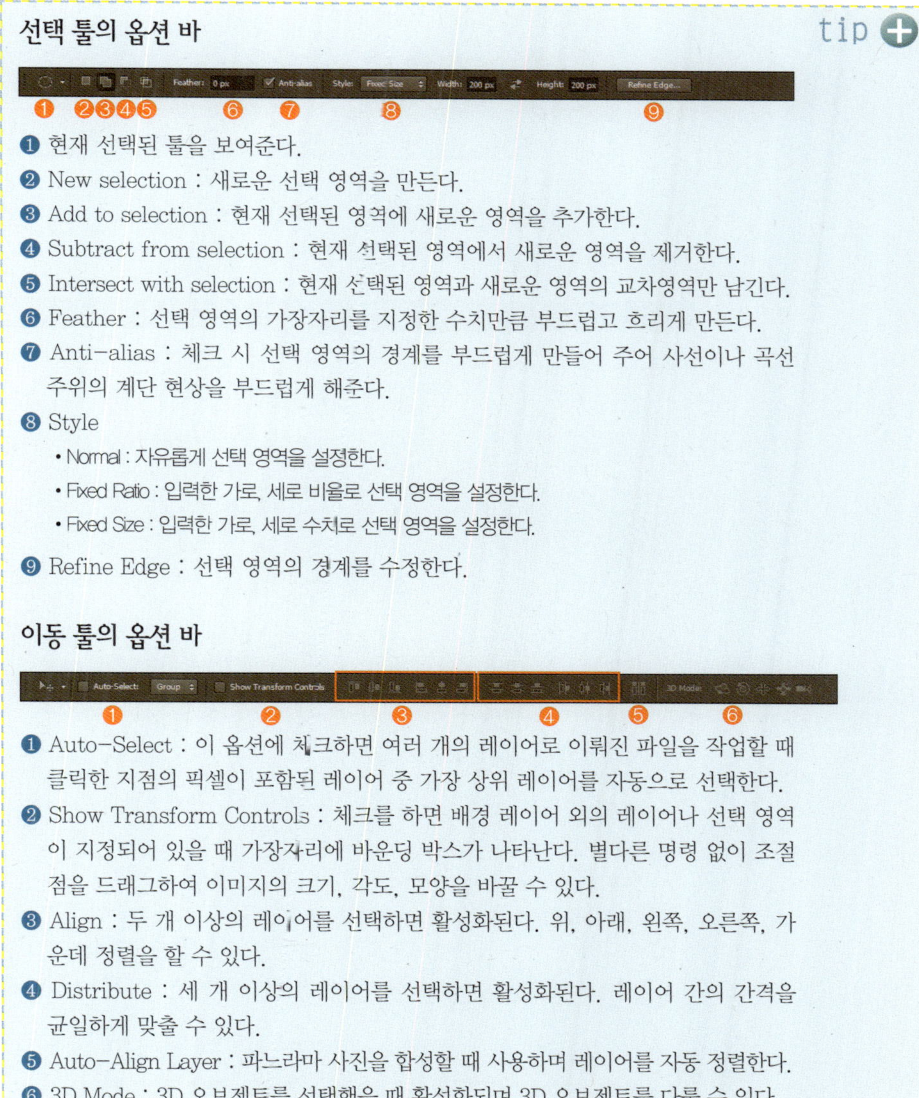

❶ 현재 선택된 툴을 보여준다.
❷ New selection : 새로운 선택 영역을 만든다.
❸ Add to selection : 현재 선택된 영역에 새로운 영역을 추가한다.
❹ Subtract from selection : 현재 선택된 영역에서 새로운 영역을 제거한다.
❺ Intersect with selection : 현재 선택된 영역과 새로운 영역의 교차영역만 남긴다.
❻ Feather : 선택 영역의 가장자리를 지정한 수치만큼 부드럽고 흐리게 만든다.
❼ Anti-alias : 체크 시 선택 영역의 경계를 부드럽게 만들어 주어 사선이나 곡선 주위의 계단 현상을 부드럽게 해준다.
❽ Style
  • Normal : 자유롭게 선택 영역을 설정한다.
  • Fixed Ratio : 입력한 가로, 세로 비율로 선택 영역을 설정한다.
  • Fixed Size : 입력한 가로, 세로 수치로 선택 영역을 설정한다.
❾ Refine Edge : 선택 영역의 경계를 수정한다.

이동 툴의 옵션 바

❶ Auto-Select : 이 옵션에 체크하면 여러 개의 레이어로 이뤄진 파일을 작업할 때 클릭한 지점의 픽셀이 포함된 레이어 중 가장 상위 레이어를 자동으로 선택한다.
❷ Show Transform Controls : 체크를 하면 배경 레이어 외의 레이어나 선택 영역이 지정되어 있을 때 가장자리에 바운딩 박스가 나타난다. 별다른 명령 없이 조절점을 드래그하여 이미지의 크기, 각도, 모양을 바꿀 수 있다.
❸ Align : 두 개 이상의 레이어를 선택하면 활성화된다. 위, 아래, 왼쪽, 오른쪽, 가운데 정렬을 할 수 있다.
❹ Distribute : 세 개 이상의 레이어를 선택하면 활성화된다. 레이어 간의 간격을 균일하게 맞출 수 있다.
❺ Auto-Align Layer : 파노라마 사진을 합성할 때 사용하며 레이어를 자동 정렬한다.
❻ 3D Mode : 3D 오브젝트를 선택했을 때 활성화되며 3D 오브젝트를 다룰 수 있다.

'챕터2_샘플/들깨죽.jpg' 파일을 불러온 후 수치를 입력하여 그릇을 선택해 보자.

❶ 툴 박스에서 원형 선택 툴(　)을 선택한 후 옵션 바에서 [Style]을 'Fixed Size'로 설정하고 [Width]와 [Height]의 값을 각각 '700px'로 입력한다.

❷ 이미지를 클릭하면 입력한 수치의 원형 선택 영역이 만들어진다.

❸ 선택 영역의 내부를 클릭하고 그릇 위치에 맞춰 선택 영역을 이동시킨다.

> 선택 영역 안으로 커서를 가져가면 커서가 　 모양으로 바뀐다. 이때 드래그하면 선택　　tip ➕
> 영역을 이동할 수 있다.

❹ Ctrl 을 누른 상태에서 드래그하면 선택한 이미지를 이동시킬 수 있다. 이미지가 이동된 자리는 배경색으로 채워진다.

단축키로 선택 영역 추가/삭제하기　　tip ➕

- Shift +드래그 : 드래그할 때마다 선택 영역이 추가된다.
- Alt +드래그 : 선택 영역에서 드래그한 영역이 제거된다.
- Shift + Alt +드래그 : 선택 영역과 드래그한 영역의 교차 부분만 선택된다.
- 단축키로 선택 영역을 추가, 삭제할 때 정 비율 혹은 클릭 지점을 중심으로 선택 영역을 만들려면 해당 단축키를 먼저 누른 상태에서 마우스를 클릭하여 드래그한 후 기능키를 떼었다가 누른다. 선택 영역 지정 후에는 기능키보다 마우스에서 손을 먼저 뗀다.

 가로줄/세로줄 선택하고 메뉴로 선택 영역 저장하기

'챕터2_샘플/원목.jpg' 파일을 불러온 후 원목 짜임대로 가로줄과 세로줄을 선택해 보자.

❶ 툴 박스에서 가로선 선택 툴(　　)을 선택하고 선택하고자 하는 부분을 클릭한다.

> 옵션 바의 추가 선택 버튼(　)을 택하거나 **Shift** 를 누른 채 다른 부분을 클릭하면 가 tip ➕
> 로선 선택 영역이 추가된다.

❷ 가로줄이 없는 곳은 사각형 선택 툴(　)로 **Alt** 를 누른 채 드래그하여 선택을 해
제한다. [Select]-[Save Selection] 메뉴를 선택하고 [Name]을 '가로줄'로 입력한 후
[OK] 버튼을 클릭한다.

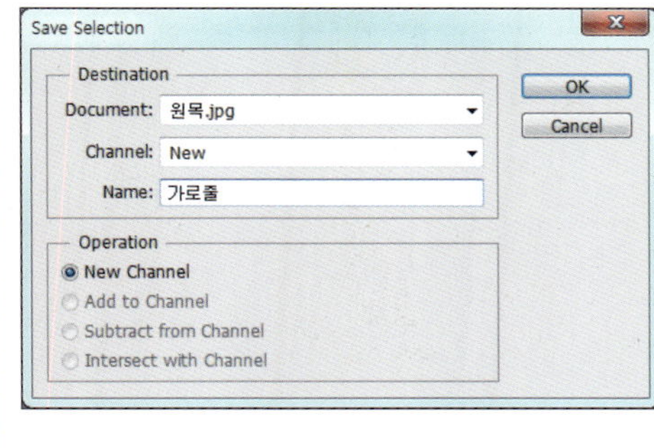

❸ **Ctrl** + **D** 를 눌러 선택 해제하고 이번에는 세로선 선택 툴(　　)로 선택 영역을 추
가한다. 선택을 완료하면 [Select]-[Load Selection] 메뉴를 선택하고 [Operation]을
'Add to Selection'으로 설정한 흐 [OK] 버튼을 클릭한다.

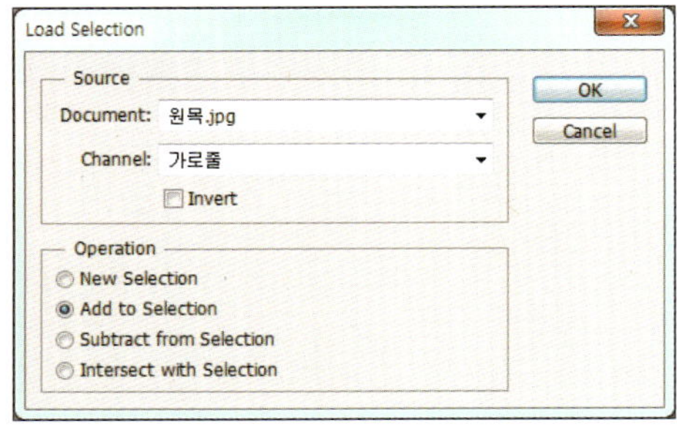

메뉴로 선택 영역 저장하기와 불러오기

1. [Save Selection] 대화상자

❶ Destination
- Document : 선택 영역을 저장할 파일을 지정한다.
- Channel : 선택 영역을 저장할 채널을 지정한다.
- Name : 저장할 선택 영역의 이름을 설정한다.

❷ Operation : 위 옵션에서 선택한 채널에 선택 영역을 추가할지 제거할지 혹은 교차 영역을 저장할지 설정한다. 새 채널로 설정하면 'New Channel' 항목만 활성화된다.

저장한 선택 영역은 [Select]-[Load Selection] 메뉴를 선택하여 불러오거나 [Channel] 패널에서 불러온다.

2. [Load Selection] 대화상자

❶ Source
- Document : 선택 영역을 불러올 파일을 지정한다.
- Channel : 선택 영역으로 불러올 채널을 지정한다.
- Invert : 체크하면 선택 영역을 반전시켜 불러온다.

❷ Operation : 불러올 선택 영역을 새로 불러올지 현재 선택 영역에 추가, 제거할지 혹은 현재 선택 영역과 교차된 부분만 선택 영역으로 남길지 설정한다.

01
혼자해보기

'챕터2_샘플/1층.jpg' 파일을 불러온 후 표지판을 선택하고 단축키를 사용하여 복사, 이동해 보자.

 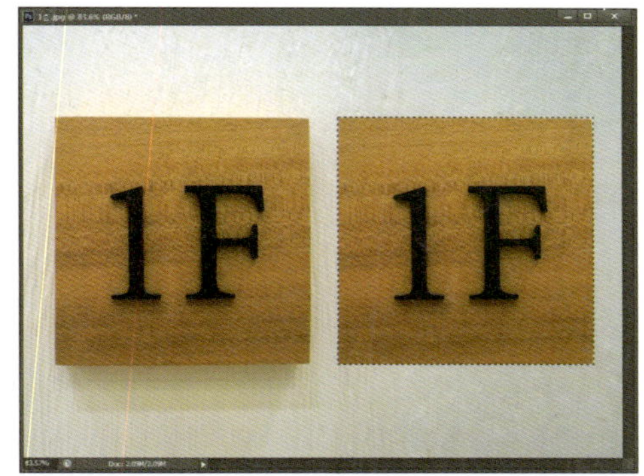

HINT | 툴 박스의 사각형 선택 툴( )을 선택한다. 표지판의 한쪽 모서리를 클릭하고 크기만큼 드래그하여 선택 영역으로 지정한다. **Alt** + **Ctrl** 을 누른 채 드래그하면 선택 영역의 이미지가 복사된다.

02
혼자해보기

'챕터2_샘플/튜브.jpg' 파일을 불러온 후 옵션 바의 선택 영역에서 제거하기를 이용하여 튜브를 선택해 보자.

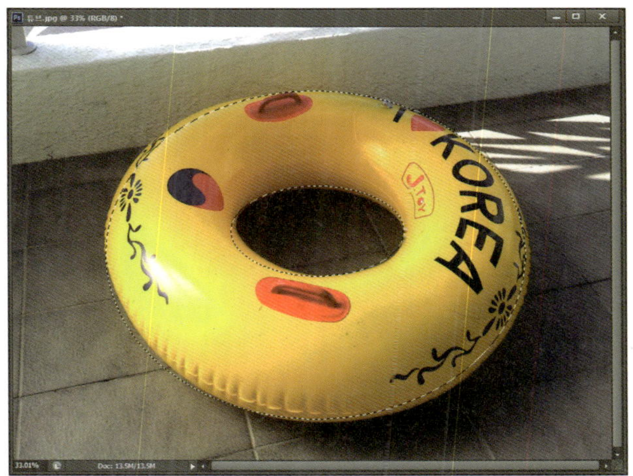

HINT | 튜브의 모양이 원형이므로 툴 박스에서 원형 선택 툴( )을 선택한 후 옵션 바의 [Style]을 'Normal'로 설정하고 대각선 방향으로 드래그하여 튜브를 선택한다. 옵션 바의 제거 선택 버튼( )을 클릭하고 튜브의 가운데 부분을 드래그하면 선택 영역에서 제거된다.

이미지 자유자재로 선택하기

정형화된 모양이 아닌 불규칙한 형태의 이미지를 선택할 때는 올가미 툴과 퀵 마스크 모드가 유용하다. 올가미 툴(○)과 확장 툴인 다각형 올가미 툴(▽), 자석 올가미 툴(▷)은 원하는 모양을 드래그하거나 클릭하여 이미지를 선택하고 퀵 마스크 모드는 브러시 툴(✎)로 원하는 영역을 칠하여 선택한다.

◐ 알아두기

- 올가미 툴(○)은 마우스를 클릭한 상태에서 한 번에 드래그하여 선택하기 때문에 특정 범위를 빠르게 선택할 수 있다. 작업 도중 **Alt** 를 누르면 다각형 올가미 툴로 전환된다.
- 각이 진 형태의 이미지를 선택할 때는 클릭 지점을 직선으로 연결해주는 다각형 올가미 툴(▽)을 이용한다.
- 선택하려는 이미지와 배경의 명도차가 클 때는 이미지 경계 부분에 마우스를 대면 자동으로 선택이 되는 자석 올가미 툴(▷)을 사용한다.
- 퀵 마스크 모드에서 선택 영역은 색상으로 표시되고 표준 모드로 돌아왔을 때 선택 영역으로 전환된다.

따라하기 01 올가미 툴로 이미지 선택하기

'챕터2_샘플/벌레.jpg' 파일을 불러온 후 올가미 툴을 이용하여 벌레를 선택하고 복사해 보자.

❶ 툴 박스에서 올가미 툴(○)을 선택한 후 옵션 바의 [Feather]를 '15px'로 설정한다. 벌레 크기보다 여유있게 드래그하여 벌레를 선택한다.

❷ 툴 박스에서 이동 툴(▶⊹)을 선택하고 **Alt** 를 누른 상태에서 이미지의 빈 곳으로 드래그한다.

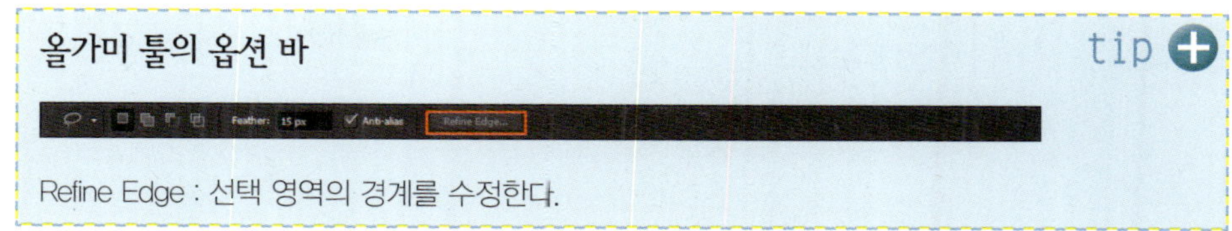

^{따라하기} **02 다각형 올가미 툴로 이미지 선택하기**

'챕터2_샘플/수영장.jpg' 파일을 불러온다. 다각형 올가미 툴로 나무 바닥을 선택한 후 선택 영역을 반전시키고 모자이크 처리해 보자.

❶ 툴 박스에서 다각형 올가미 툴(▽)을 선택한 후 나무 바닥의 모서리 점을 차례로 클릭하면 클릭한 점끼리 직선으로 연결되어 선택 영역이 지정된다.

❷ 선택 영역을 반전시키기 위해 [Select]−[Inverse] 메뉴를 선택한다.

❸ [Filter]−[Pixelate]−[Mosaic] 메뉴를 선택하고 [Mosaic] 대화상자가 나타나면 [Cell Size]를 '25'로 설정한 후 [OK] 버튼을 클릭한다.

❹ **Ctrl** + **D** 를 눌러 선택 영역을 해제한다.

'챕터2_샘플/술독.jpg' 파일을 불러온다. 자석 올가미 툴로 밧줄을 선택한 후 그레이디언트를 적용해 보자.

❶ 자석 올가미 툴()을 선택하고 옵션 바에서 [Feather] '0px', [Width] '10px', [Contrast] '10%', [Frequency] '30'으로 설정한다.

❷ 이미지의 경계선 중 한 곳을 클릭하여 시작점을 만든 후 경계선을 따라 마우스를 이동하면 자동으로 선택선이 생성된다. 원하지 않는 곳으로 이동하면 **Delete** 를 눌러 이전 단계로 돌아가고 정확한 지점을 직접 클릭하여 선택점을 만든다.

> **Esc** 를 누르면 선택점을 모두 없애고 처음부터 다시 선택할 수 있다.　　tip ➕

❸ 시작점까지 마우스를 계속 이동한 후 클릭하면 선택 영역이 만들어진다.

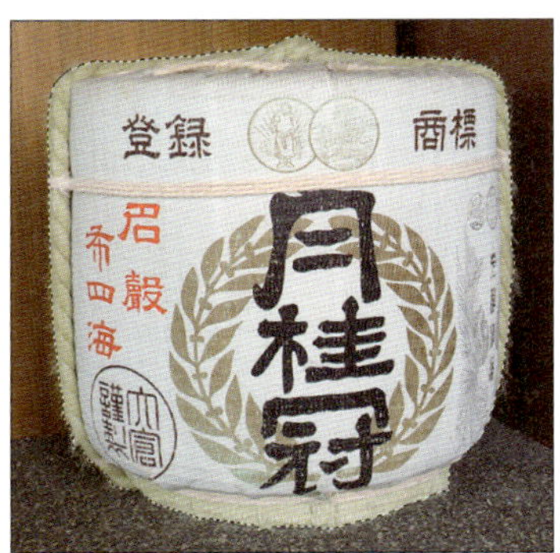

❹ 옵션 바에서 제거 선택 버튼(▣)을 선택하고 [Width]를 '2px'로 재설정한 후 밧줄 안쪽을 클릭한다. 위와 같은 방법으로 밧줄의 안쪽 선을 따라가며 선택 영역을 만든다.

❺ [Image]–[Adjustments]–[Gradient Map] 메뉴를
선택하고 [Gradient Map] 대화상자가 나타나면 그
레이디언트 피커(▼)를 누른다. 그레이디언트 목록
중에 'Violet, Green, Orange'를 선택하고 [OK] 버
튼을 클릭한다.

자석 올가미 툴의 옵션 바   tip ➕

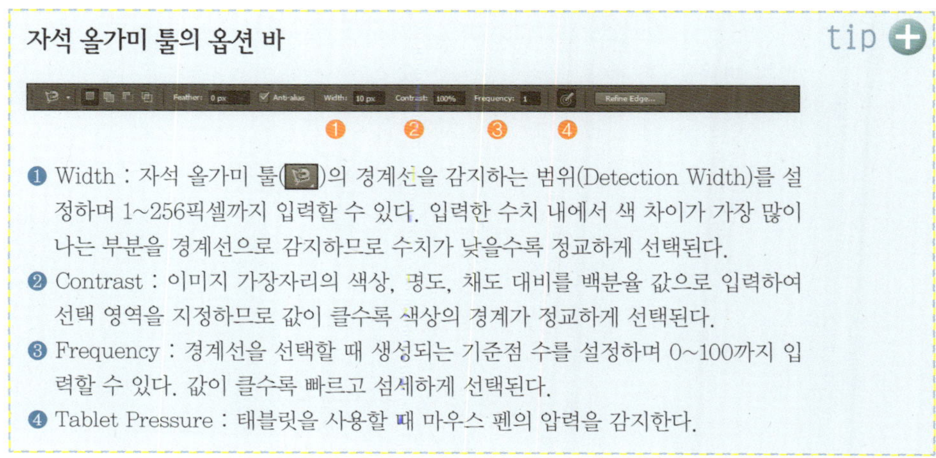

❶ Width : 자석 올가미 툴(📷)의 경계선을 감지하는 범위(Detection Width)를 설
  정하며 1~256픽셀까지 입력할 수 있다. 입력한 수치 내에서 색 차이가 가장 많이
  나는 부분을 경계선으로 감지하므로 수치가 낮을수록 정교하게 선택된다.
❷ Contrast : 이미지 가장자리의 색상, 명도, 채도 대비를 백분율 값으로 입력하여
  선택 영역을 지정하므로 값이 클수록 색상의 경계가 정교하게 선택된다.
❸ Frequency : 경계선을 선택할 때 생성되는 기준점 수를 설정하며 0~100까지 입
  력할 수 있다. 값이 클수록 빠르고 섬세하게 선택된다.
❹ Tablet Pressure : 태블릿을 사용할 때 마우스 펜의 압력을 감지한다.

---

04 퀵 마스크 모드로 선택하기

'챕터2_샘플/뒷모습.jpg' 파일을 불러온 후 퀵 마스크 모드를 이용하여 흑백 배경을 만들어
보자.

❶ 툴 박스 하단의 ◉ 을 더블클릭하여 [Quick Mask Options] 대화상자가 나타나면 아래
  와 같이 설정하고 [OK] 버튼을 클릭한다.

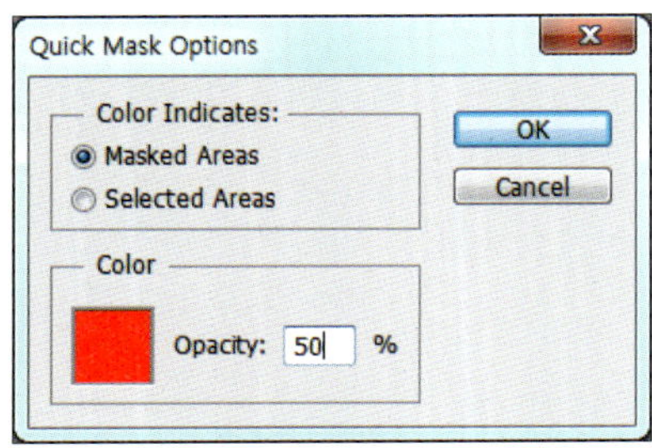

❷ 브러시 툴(　)을 선택하고 옵션 바에서 브러시 프리셋 피커(　)를 클릭한다. 원형 브러시 모양을 클릭하고 [Size]를 '30px', [Hardness]를 '100%'로 설정한다. 작업 창으로 돌아와 아이의 뒷모습을 드래그한다.

❸ 정교한 작업을 위해 돋보기 툴(　)로 이미지를 확대한 후 브러시 사이즈를 조절하면서 경계 부분을 세밀하게 선택한다. 넘치게 선택된 부분은 지우개 툴(　)로 지울 수 있다. 퀵 마스크 모드(　)를 사용하면 [Channel] 패널에 임시로 'Quick Mask' 채널 레이어가 생성된다.

> 브러시 툴(　)과 지우개 툴(　)의 옵션 바에서 브러시의 크기와 모양을 조절하여 드래그하면 세밀한 선택이 가능하며, 브러시의 크기는 단축키 [와] 로도 조절할 수 있다.　tip ➕

❹ 뒷모습을 모두 드래그하고 　 을 눌러 표준 모드(　)로 돌아가면 퀵 마스크 모드에서 브러시로 칠한 영역을 제외한 영역이 선택 영역으로 지정된다.

❺ [Image]−[Adjustments]−[Desaturate] 메뉴를 선택하여 배경을 흑백이미지로 바꾼다.

[Quick Mask Options] 대화상자   tip ➕

퀵 마스크 모드(▣)는 브러시 툴(✎)로 칠하면서 선택 영역과 선택하지 않은 영역을
색상으로 구분한다.

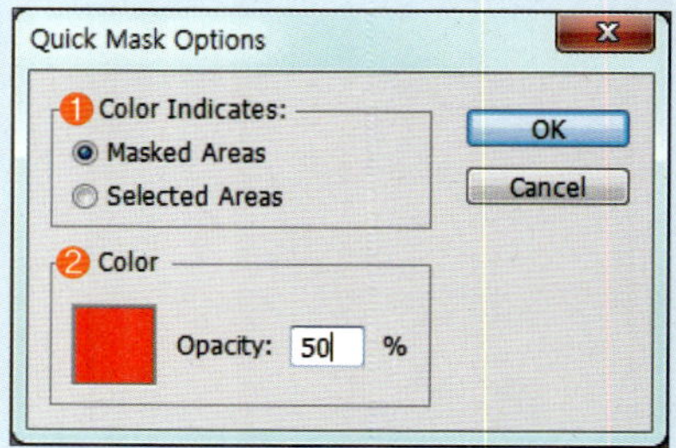

❶ Color Indicates
- Masked Areas : 기본 설정은 검정색으로 칠한 영역을 보호 영역(선택하지 않은 영역)으로
  지정하고 검정색으로 칠한 부분은 'Color' 항목에서 지정한 색상과 불투명도로 표시된다. 선택
  영역을 추가할 때는 흰색으로 칠하거나 색상이 적용된 부분을 지우개로 지워준다.
- Selected Areas : 선택하면 브러시로 칠한 영역을 선택 영역으로 지정한다. 따라서 선택
  영역을 추가할 때는 검정색으로 칠한다.

❷ Color
- 검정색으로 칠한 부분을 불투명도 50%인 빨간색으로 표시한다. 색상 박스를 클릭하고
  색상을 변경할 수 있으며 설정한 색상과 불투명도는 마스크 표현에만 해당한다. 퀵 마스크
  모드에서 브러시 색상(검정색)을 변경하고 작업 창을 칠하면 표준 모드로 돌아왔을 때
  불투명도나 페더 효과를 적용할 수 있다. 이때 연한 색상으로 칠하면 표준 모드에서 점선의
  선택 영역 표시가 나타나지 않을 수도 있지만 실제로는 선택된 것으로 효과가 적용된다.

‘챕터2_샘플/간판.jpg’ 파일을 불러온 후 간판을 다각형 올가미 툴로 선택하고 강렬한 흑백 대비 이미지로 만들어 보자.

HINT | 다각형 올가미 툴(▽)을 선택한 후 가장 왼쪽에 위치한 간판의 모서리를 따라 클릭하여 선택 영역으로 지정한다. **Shift** 를 누른 채 차례대로 나머지 간판도 선택한다. 모두 선택하면 [Image]-[Adjustments]-[Threshold] 메뉴를 선택하고 [Threshold levels]를 '106'으로 설정한 후 [OK] 버튼을 클릭한다. **Ctrl** + **D** 를 눌러 선택 영역을 해제한다.

‘챕터2_샘플/감자.jpg’ 파일을 불러온다. 퀵 마스크 모드를 이용하여 감자를 선택하고 카툰 효과를 적용한 후 방향키로 이동해 보자.

HINT | ▣을 더블클릭하고 [Quick Mask Options] 대화상자에서 'Selected Areas'를 선택한다. 브러시 크기를 조절하고 감자 한 알을 드래그한다. ▣을 눌러 표준 모드로 돌아가고 [Image]-[Adjustments]-[Posterize] 메뉴를 선택한다. [Levels]를 '4'로 설정하고 [OK] 버튼을 클릭한 후 **Ctrl** 을 누른 채 방향키 ➡와 ⬆를 수차례 눌러 위치를 옮긴다. 감자가 이동한 자리는 현재 설정되어있는 배경색으로 나타난다.

같은 색상 단번에 선택하기

빠른 선택 툴( )과 마술봉 툴( ), [Color Range] 메뉴 모두 클릭한 지점의 색상을 감지하여 선택 영역을 지정한다. 색상의 차이가 분명한 이미지에 더욱 효과적으로 사용할 수 있다. 반면, 연기나 불처럼 경계가 모호하고 색상이 불분명한 이미지는 [Channe] 패널을 이용한다.

◑ 알아두기

- 빠른 선택 툴( )은 브러시를 이용해 작업 창을 그리면 그린 자리의 색상을 기준으로 비슷한 색상을 가진 영역까지 선택한다.
- 마술봉 툴( )은 비슷한 색상 영역을 한 번의 클릭으로 선택할 수 있으며 단일 색상의 배경 이미지를 추출할 때 효과적이다.
- [Select]−[Color Range] 명령은 기존 선택 영역이나 전체 이미지에서 지정한 색상을 원하는 범위 안에서 선택할 수 있다. CS6 버전에는 인물 이미지에서 피부 톤을 감지해서 빠르게 선택할 수 있는 기능이 추가되었다.
- [Channel] 패널은 색상 정보를 담고 있기도 하지만 선택 영역을 알파 채널로 저장하고 불러올 수 있다.

따라하기 | 01

빠른 선택 툴로 이미지 빠르게 선택하고 이동하기

'챕터2_샘플/조랑말.jpg' 파일을 불러온 후 빠른 선택 툴로 말을 선택하고 '챕터2_샘플/제주.jpg' 파일로 이동시켜 보자.

❶ 툴 박스에서 빠른 선택 툴( )을 선택한 후 옵션 바에서 브러시 피커( )를 클릭한다. [Size]를 '20px', [Hardness]를 '100%', [Spacing]을 '1%'로 설정하고 말을 드래그하며 선택한다.

❷ 돋보기 툴(   )로 선택 영역에서 제거할 곳을 확대
한다. 옵션 바에서   을 선택하고 브러시 크기를 '5
px'로 설정한 후 선택 영역에서 제거할 곳을 드래그
한다.

❸ 말 이미지만 선택될 수 있도록 선택 영역을 정리하고 [Ctrl]+[O]를 누른 후 '챕터2_샘
플/제주.jpg' 파일을 불러온다.

❹ [Window]-[Arrange]-[2-up vertical] 메뉴를 선택하여 두 파일이 나란히 보이게 한
후 선택 영역을 [Ctrl]을 누른 채 '제주.jpg' 파일로 드래그한다.

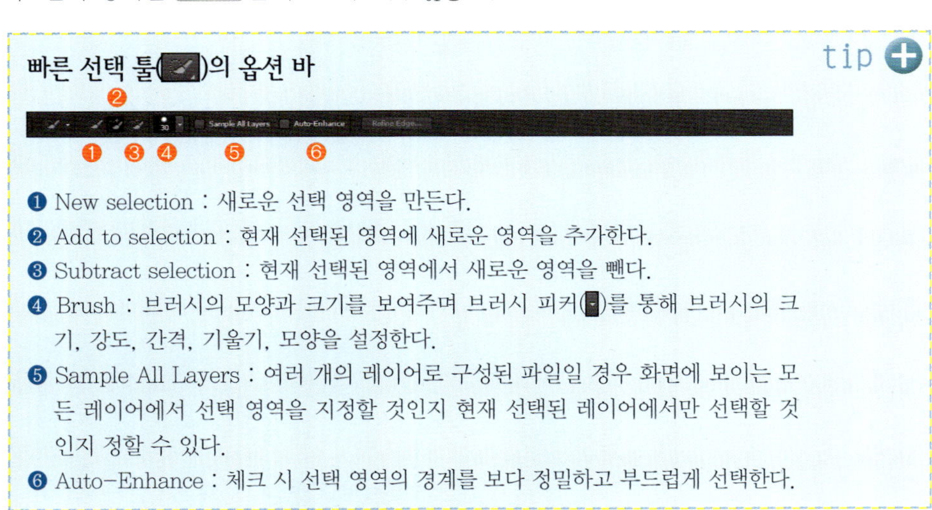

❶ New selection : 새로운 선택 영역을 만든다.
❷ Add to selection : 현재 선택된 영역에 새로운 영역을 추가한다.
❸ Subtract selection : 현재 선택된 영역에서 새로운 영역을 뺀다.
❹ Brush : 브러시의 모양과 크기를 보여주며 브러시 피커( )를 통해 브러시의 크
   기, 강도, 간격, 기울기, 모양을 설정한다.
❺ Sample All Layers : 여러 개의 레이어로 구성된 파일일 경우 화면에 보이는 모
   든 레이어에서 선택 영역을 지정할 것인지 현재 선택된 레이어에서만 선택할 것
   인지 정할 수 있다.
❻ Auto-Enhance : 체크 시 선택 영역의 경계를 보다 정밀하고 부드럽게 선택한다.

 마술봉 툴로 같은 색상 이미지 단번에 선택하기

'챕터2_샘플/야외의자.jpg' 파일을 불러온 후 파란색 쿠션을 선택하고 색상을 바꿔보자.

❶ 툴 박스에서 마술봉 툴(✦)을 선택하고 옵션 바에서 추가 선택 버튼(▣)을 클릭한다. 옵션 바에서 [Sample Size]를 'Point Sample', [Tolerance]를 '20'으로 설정하고 [Contiguous]의 체크를 해제한다.

❷ 의자의 파란색 쿠션을 여러 번 클릭하여 선택한 후 [Image]-[Adjustments]-[Hue/Saturation] 메뉴를 선택한다. 대화상자가 나타나면 [Colorize]에 체크하고 [Hue] 값을 '7', [Saturation]을 '35'로 입력한 후 [OK]를 눌러 색상을 변경한다.

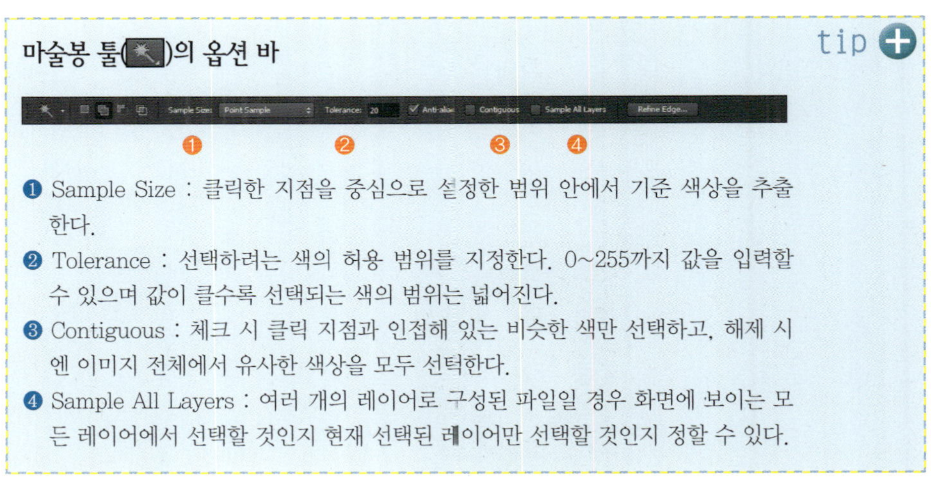

❶ Sample Size : 클릭한 지점을 중심으로 설정한 범위 안에서 기준 색상을 추출한다.

❷ Tolerance : 선택하려는 색의 허용 범위를 지정한다. 0~255까지 값을 입력할 수 있으며 값이 클수록 선택되는 색의 범위는 넓어진다.

❸ Contiguous : 체크 시 클릭 지점과 인접해 있는 비슷한 색만 선택하고, 해제 시엔 이미지 전체에서 유사한 색상을 모두 선택한다.

❹ Sample All Layers : 여러 개의 레이어로 구성된 파일일 경우 화면에 보이는 모든 레이어에서 선택할 것인지 현재 선택된 레이어만 선택할 것인지 정할 수 있다.

'챕터2_샘플/희연.jpg' 파일을 불러온다. 피부 톤을 빠르게 선택하고 선택 영역을 다듬은 후 밝기를 수정해 보자.

❶ [Select]-[Color Range] 메뉴를 선택하고 대화상자가 나타나면 [Select] 항목의 피커 (▾)를 클릭한 후 목록에서 'Skin Tones'를 선택한다. [Detect Faces]와 미리 보기 창 아래의 [Selection]에 체크하고 [Fuzziness]의 값을 '20'으로 설정한 후 [OK] 버튼을 클릭한다.

❷ 좀 더 섬세하게 선택하기 위해 [Select]-[Color Range] 메뉴를 다시 실행하면 미리 보기 창에 먼저 선택한 영역이 표시되어있다. [Detect Faces]와 [Localized Color Clusters]에 체크하고 [Fuzziness]를 '40', [Range]를 '17'로 설정한다.

❸ 불필요한 부분은 으로, 추가로 선택할 부분은 으로 미리 보기 창을 클릭하거나 드래그하여 선택 영역을 다듬는다. [OK] 버튼을 클릭하여 선택을 완료한다.

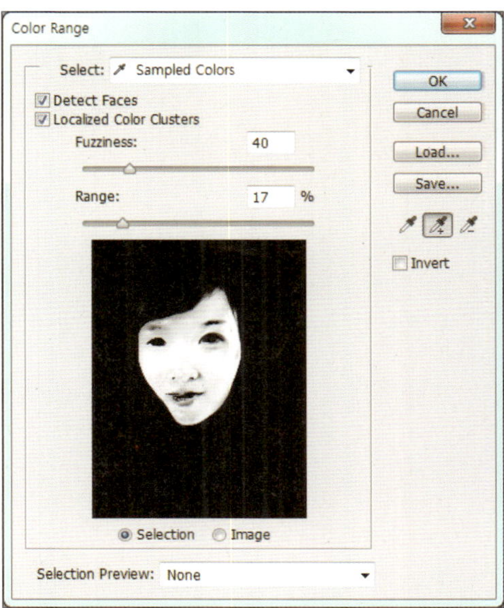

❷ [Image]-[Adjustments]-[Exposure] 메뉴를 선택하고 대화상자가 나타나면 [Exposure]를 '+0.3', [Gamma Correction]을 '1.15'로 설정한 후 [OK] 버튼을 클릭한다.

[Channels] 패널로 빈티지 느낌의 이미지 만들기

'챕터2_샘플/풍력.jpg' 파일을 불러온 후 채널을 이용하여 빈티지 느낌의 이미지를 만들어 보자.

❶ [Channels] 패널을 열고 'Red' 채널 레이어를 클릭하면 'Red' 채널 레이어를 제외한 패널의 눈 아이콘(👁)이 꺼져있고 비활성화된다. 'RGB' 채널 레이어의 눈 아이콘(👁)이 있던 자리를 클릭한다.

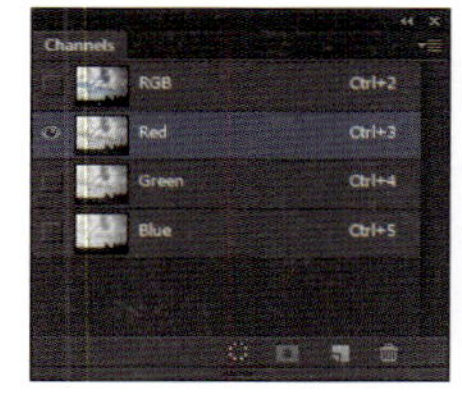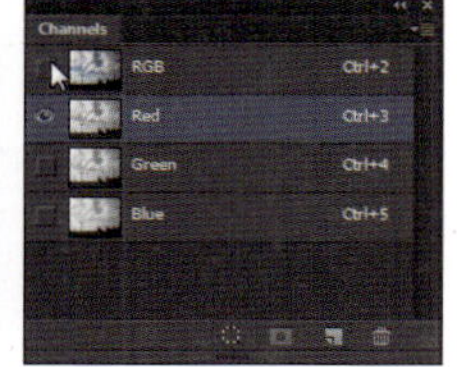

> 원본 이미지의 변화를 확인하며 'Red' 채널 레이어에 효과를 적용하기 위함이다. tip ➕

❷ **Ctrl** +**L**을 눌러 [Levels] 대화상자가 나타나면 아래와 같이 설정하고 [OK] 버튼을 클릭한다. 이미지에 레드 색상이 더해진다.

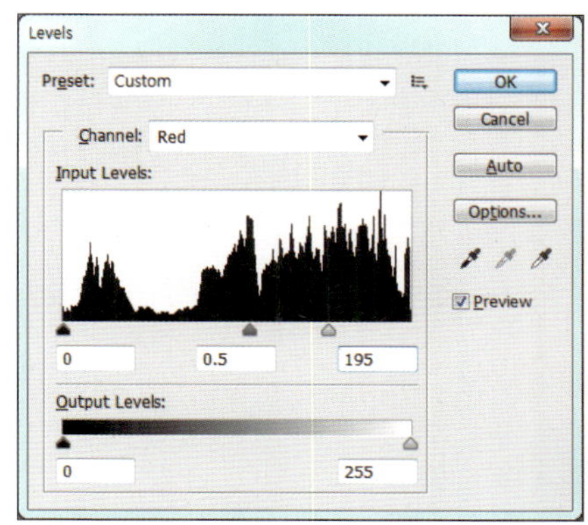

❸ 'Blue' 채널 레이어를 선택하고 **Ctrl** +**L**을 눌러 대화상자가 나타나면 [Input Levels]를 '0, 0.90, 225', [Output Levels]를 '0, 220'으로 설정하고 [OK] 버튼을 클릭한다.

❹ 이번에는 [Red] 채널의 정보로만 흑백 사진을 만들어 보도록 한다. [File]–[Revert] 메뉴를 선택하여 원래 상태로 되돌린다.

❺ [Channels] 패널에서 'Red' 채널 레이어를 패널 하단의 ⬛ 위로 끌어다 놓으면 [Red] 채널의 정보가 알파 채널로 복사된다. 알파 채널 레이어가 선택된 상태에서 **Ctrl** +**L**을 누르고 [Input Levels]를 '35, 1.3, 130'으로 입력하고 [OK] 버튼을 클릭한다.

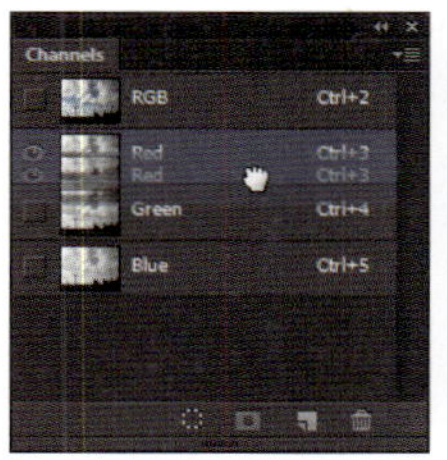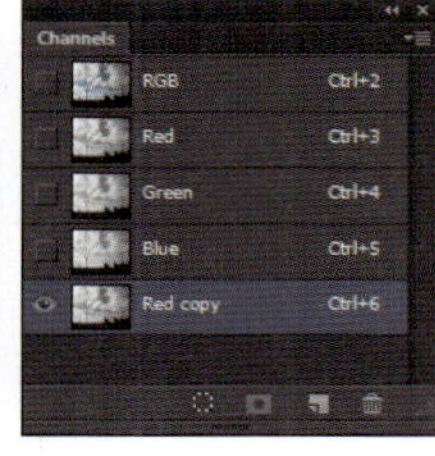

❻ [Filter]–[Blur]–[Gaussian Blur] 메뉴를 선택하고 대화상자에서 [Radius]를 '2.0'으로 입력한 후 [OK] 버튼을 클릭한다. **Ctrl** 을 누른 채 알파 채널 레이어의 섬네일을 클릭하면 알파 채널 레이어의 픽셀이 선택된다.

❼ 'RGB' 채널 레이어를 클릭하고 **Shift** +**Ctrl** +**I**를 눌러 선택 영역을 반전시킨다. 툴 박스의 ⬛ 을 눌러 전경색을 검정색으로 지정한 후 **Shift** +**Alt** +**Delete** 를 누른 후 **Ctrl** +**D** 를 누른다.

Section 3 . 같은 색상 단번에 선택하기 **93**

01

혼자해보기

'**챕터2_샘플/촛대.jpg**' 파일을 불러온 후 배경을 한 번에 선택하고 색상을 변경해 보자.

> **HINT** | 마술봉 툴(　)을 선택한 후 옵션 바에서 [Sample Size]를 'Point Sample', [Tolerance]를 '15'로 설정하고
> [Contiguous]의 체크를 해제한다. 배경을 클릭하면 촛대 사이사이의 배경도 선택 영역으로 지정된다. 툴 박스의
> 전경색을 더블클릭하여 [Color Picker] 대화상자가 나타나면 하단의 [#]에 'fde3a6'을 입력한 후 [OK] 버튼을 클릭
> 한다. Alt + Delete 를 누르면 선택 영역이 전경색으로 채워진다. Ctrl + D 를 눌러 선택 해제한다.

02

혼자해보기

'**챕터2_샘플/야채.jpg**' 파일을 불러온 후 빨간색 파프리카만 선택하고 색상을 바꾸어
보자.

> **HINT** | [Select]-[Color Range] 메뉴를 선택하고 대화상자가 나타나면 [Detect Faces]는 체크 해제, [Localized
> Color Clusters]는 체크하고 미리 보기 창 아래의 [Selection]을 선택한다. [Fuzziness]의 값을 '100', [Range]를 '50'
> 으로 설정한 후 　와 　으로 빨간색 파프리카가 있는 곳을 여러 번 클릭한다. 파프리카가 전체적으로 선택되
> 면 [Range]를 '26'으로 수정하여 선택 범위를 줄이고 [OK] 버튼을 클릭한다. [Image]-[Adjustments]-[Photo Filter]
> 메뉴를 선택하고 대화상자에서 [Filter]를 'Deep Emerald'로 [Density]는 '100'으로 설정한 후 [OK] 버튼을 클릭한다.

선택 영역 편집하기

머리카락이나 동물의 털, 잎이 무성한 나무를 선택할 때는 선택 영역을 지정하고 선택 영역의 외곽선을 다듬는 [Refine Edge] 기능이 유용하며 일정한 패턴으로 선택 영역을 수정할 때는 [Modify] 메뉴를 이용하는 것이 편리하다. 그 외에 선택한 영역과 유사한 색상을 추가하고 싶을 때 사용하는 명령에 대해서도 알아보자.

○ 알아두기

- 선택 영역을 만들 수 있는 툴의 옵션 바에는 모두 [Refine Edge] 기능이 탑재되어 있다. [Refine Edge]는 선택 영역의 윤곽선을 섬세하게 다듬어 복잡하고 가는 이미지도 쉽게 선택할 수 있다.

- [Select]–[Modify] 명령으로 선택 영역 테두리에 두께를 만들거나, 선택 영역의 확장, 축소, 모서리 다듬기, 가장자리 흐리기 등의 수정을 할 수 있다.

- [Select]–[Grow] 명령은 선택 영역과 인접해 있는 유사한 색상을 찾아 선택 영역을 확장시켜 준다. [Select]–[Similar] 명령은 이미지 전체에서 선택 영역과 동일한 색상을 찾아 선택 영역에 추가할 수 있다.

- [Select]–[Transform Selection] 명령으로 선택 영역의 크기 및 모양 변경이 가능하다.

따라하기 01 **[Refine Edge]로 복잡한 나무도 손쉽게 선택하기**

'챕터2_샘플/야자수.jpg' 파일을 불러온다. 야자수를 선택하고 새 레이어로 추출한 후 배경에 그레이디언트를 적용해 보자.

❶ 툴 박스에서 마술봉 툴(　)을 선택한 후 옵션 바에서 추가 선택 버튼(　), 'Point Sample', [Tolerance]를 '30'으로 설정하고 [Contiguous]의 체크를 해제한다.

❷ 야자수의 잎과 기둥을 클릭하여 선택한다.

❸ 옵션 바에서 Refine Edge... 를 클릭하여 대화상자가 나타나면 [View Mode]를 'On Black', [Edge Detection]에서 [Smart Radius]에 체크한 후 [Radius]를 '250.0'으로 설정하고, [Adjust Edge]는 [Smooth] '0', [Feather] '0', [Contrast] '26', [Shift Edge] '5', [Output]은 'New Layer'로 설정한다.

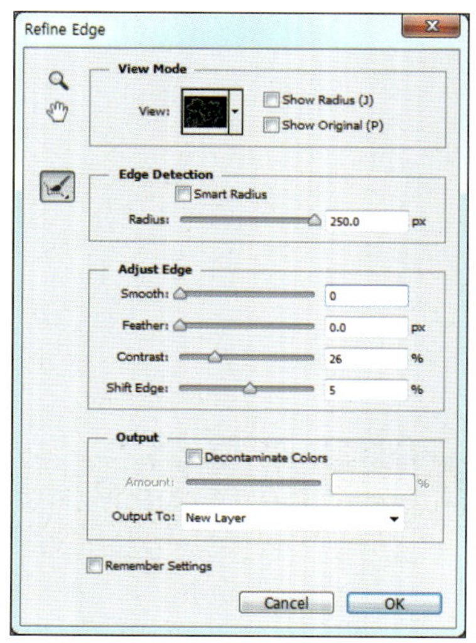

❹ 을 선택하고 옵션 바에서 브러시 크기를 조절한 후 이미지가 깔끔하게 선택되지 않은 부분을 드래그한다.

❺ 선택을 완료한 후 [OK] 버튼을 클릭하면 선택한 야자수만 새 레이어로 추출된다.

❻ 배경 레이어의 눈 아이콘( )이 있던 자리를 클릭하고 배경 레이어를 선택한 후 그레
이디언트 툴( )을 선택한다. 옵션 바에서 그레이디언트 피커( )를 누르고 'Violet,
Green, Orange'를 선택한 후   을 클릭한다. [Mode]를 'Overlay', [Opacity]를 '100'으
로 설정하고 작업 창을 대각선으로 드래그하여 그레이디언트를 적용한다.

[Refine Edge] 대화상자　　　　　　　　　　　　　　　　tip ➕

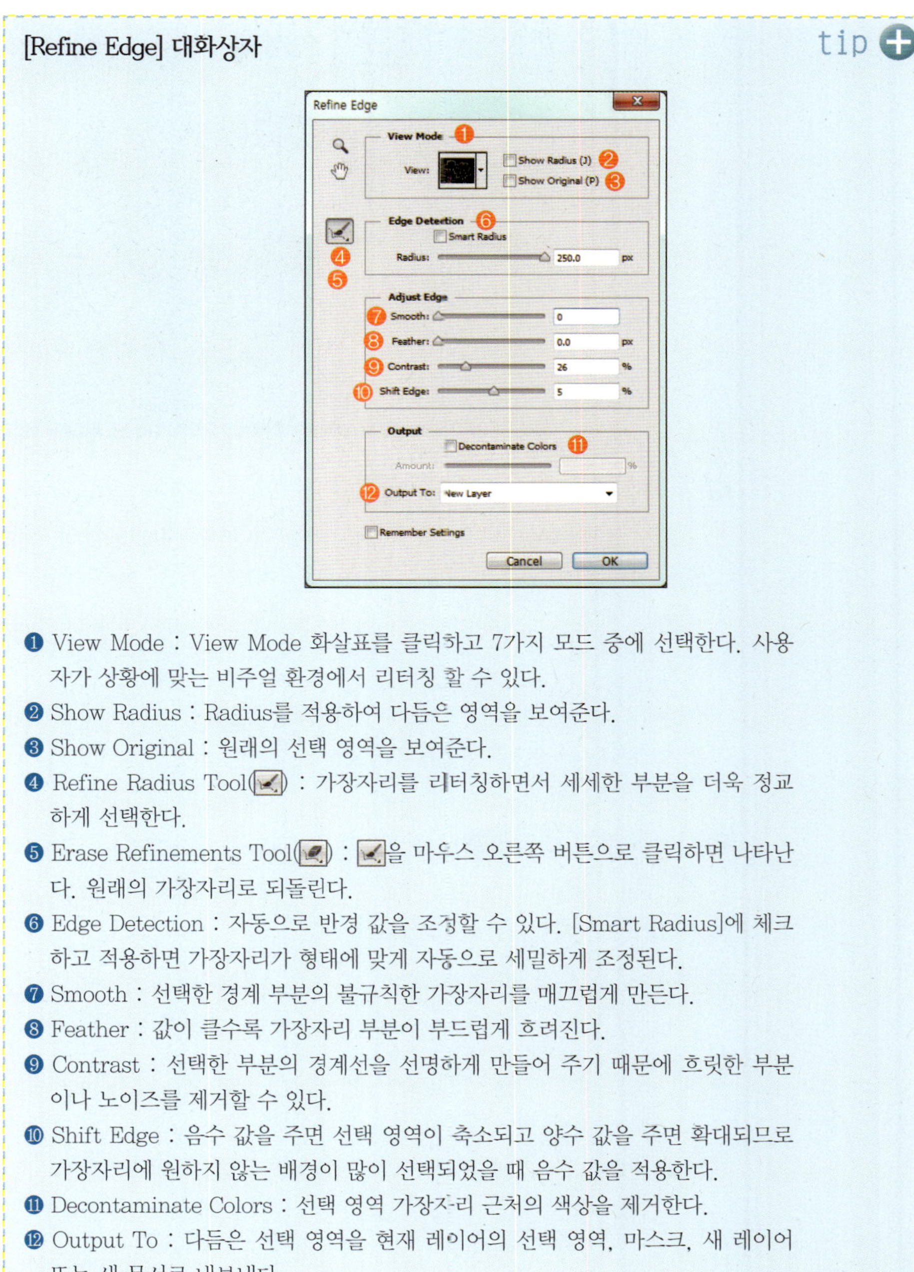

❶ View Mode : View Mode 화살표를 클릭하고 7가지 모드 중에 선택한다. 사용
　자가 상황에 맞는 비주얼 환경에서 리터칭 할 수 있다.
❷ Show Radius : Radius를 적용하여 다듬은 영역을 보여준다.
❸ Show Original : 원래의 선택 영역을 보여준다.
❹ Refine Radius Tool( ) : 가장자리를 리터칭하면서 세세한 부분을 더욱 정교
　하게 선택한다.
❺ Erase Refinements Tool( ) :   을 마우스 오른쪽 버튼으로 클릭하면 나타난
　다. 원래의 가장자리로 되돌린다.
❻ Edge Detection : 자동으로 반경 값을 조정할 수 있다. [Smart Radius]에 체크
　하고 적용하면 가장자리가 형태에 맞게 자동으로 세밀하게 조정된다.
❼ Smooth : 선택한 경계 부분의 불규칙한 가장자리를 매끄럽게 만든다.
❽ Feather : 값이 클수록 가장자리 부분이 부드럽게 흐려진다.
❾ Contrast : 선택한 부분의 경계선을 선명하게 만들어 주기 때문에 흐릿한 부분
　이나 노이즈를 제거할 수 있다.
❿ Shift Edge : 음수 값을 주면 선택 영역이 축소되고 양수 값을 주면 확대되므로
　가장자리에 원하지 않는 배경이 많이 선택되었을 때 음수 값을 적용한다.
⓫ Decontaminate Colors : 선택 영역 가장자리 근처의 색상을 제거한다.
⓬ Output To : 다듬은 선택 영역을 현재 레이어의 선택 영역, 마스크, 새 레이어
　또는 새 문서로 내보낸다.

'챕터2_샘플/태윤.jpg' 파일을 불러온 후 배경을 선택하고 색상을 채워보자.

❶ 툴 박스에서 자석 올가미 툴( )을 선택하고 옵션 바에서 [Feather]를 '0px', [Width]를 '20px', [Contrast]를 '50%', [Frequency]를 '30'으로 설정한다. 인물의 경계선 중 한 곳을 클릭하여 시작점을 만든 후 경계선을 따라 마우스를 이동하면서 선택한다.

> • 원하지 않는 곳으로 이동하면 **Delete** 를 눌러 이전 단계로 돌아가고 정확한 지점을 직　tip ➕
> 접 클릭하여 선택점을 설정할 수 있다.
> • 브러시 툴을 이용해서 선택하는 빠른 선택 툴( )은 테두리 부분이 매끄럽지 않기
> 때문에 자석 올가미 툴( )을 사용한다.

❷ 다각형 올가미 툴( )로 선택 영역을 다듬은 후 **Shift** + **Ctrl** + **I** 를 눌러 선택 영역을 반전시킨다. 전경색을 더블클릭하고 '#eaff00'으로 색상을 지정한 후 **Alt** + **Delete** 를 눌러 지정한 색상으로 배경을 채운다.

❸ [Select]-[Modify]-[Contract] 메뉴를 선택하고 [Contract By]를 '40'으로 설정한 후 [OK] 버튼을 클릭한다. 이번에는 전경색을 '#ff00f0'으로 설정하고 배경을 채운다.

❹ 3번을 반복하여 각각 '#0172ff', '#7df001'로 배경을 채운다.

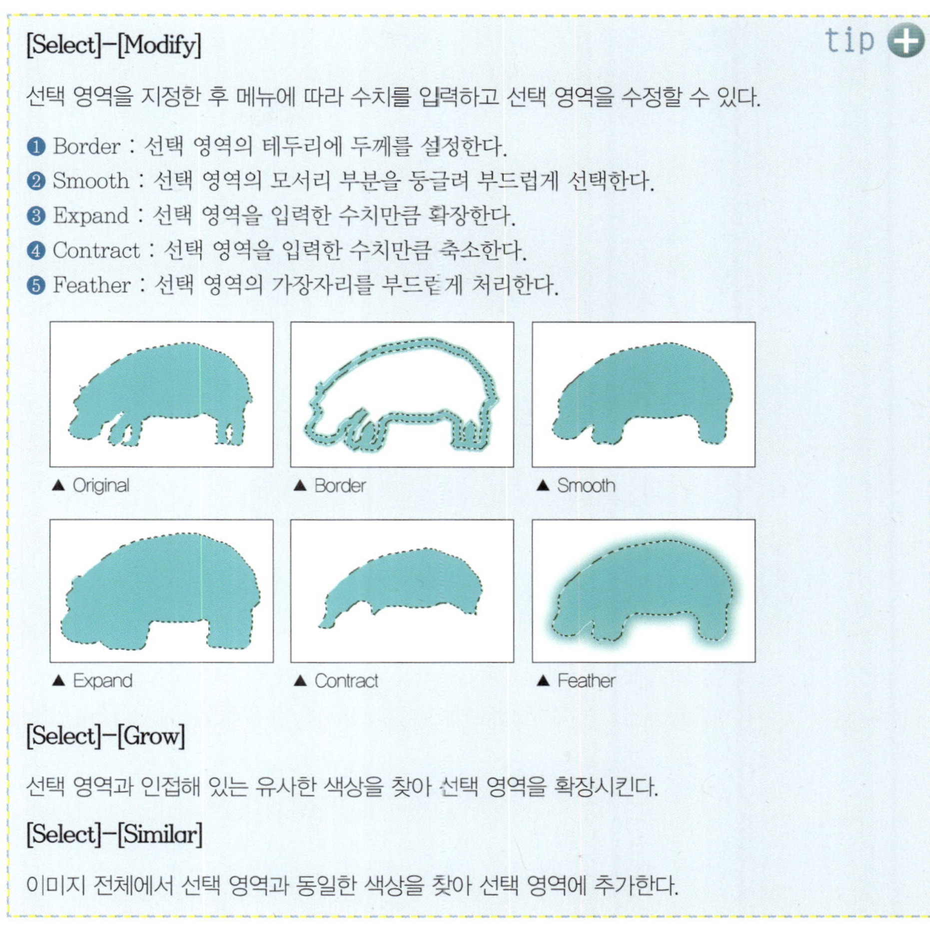

[Select]-[Modify]

tip

선택 영역을 지정한 후 메뉴에 따라 수치를 입력하고 선택 영역을 수정할 수 있다.

❶ Border : 선택 영역의 테두리에 두께를 설정한다.
❷ Smooth : 선택 영역의 모서리 부분을 둥글려 부드럽게 선택한다.
❸ Expand : 선택 영역을 입력한 수치만큼 확장한다.
❹ Contract : 선택 영역을 입력한 수치만큼 축소한다.
❺ Feather : 선택 영역의 가장자리를 부드럽게 처리한다.

[Select]-[Grow]

선택 영역과 인접해 있는 유사한 색상을 찾아 선택 영역을 확장시킨다.

[Select]-[Similar]

이미지 전체에서 선택 영역과 동일한 색상을 찾아 선택 영역에 추가한다.

따라하기 **03** 바운딩 박스로 선택 영역의 크기 변경하기

'챕터2_샘플/홍차.jpg' 파일을 불러온 후 [Select]-[Transform Selection] 메뉴를 선택하여 선택 영역의 크기를 수정해 보자.

❶ 툴 박스에서 원형 선택 툴(◯)을 선택한 후 옵션 바에서 [Feather] 값을 '15px'로 설정
하고 홍차 잔 안의 홍차를 드래그한다.

❷ [Select]–[Transform Selection] 메뉴를 선택하여 선택 영역 가장자리에 바운딩 박스가
나타나면 **Ctrl** 을 누른 채 각각의 모서리를 움직여 선택 영역을 수정한다.

❸ 원하는 모양으로 선택 영역이 수정되면 바운딩 박스 안을 더블클릭하거나 **Enter** 를 눌
러 변형을 실행한다.

❹ [Image]–[Adjustments]–[Photo Filter] 메뉴를 선택하고 대화상자에서 [Filter]를
'Magenta', [Density]를 '100'으로 설정한 후 [OK] 버튼을 클릭한다.

바운딩 박스로 영역 변형하기　tip ➕

- 선택 영역의 크기, 모양, 각도 변형 : [Select]–[Transform Selection] 메뉴를 선택하면
바운딩 박스가 나타나 원하는 크기와 각도로 선택 영역의 변형이 가능하다.

- 이미지의 크기, 각도 변형 : [Edit]–[Free Transform] 명령을 실행하거나 단축키
Ctrl+**T**를 눌러 바운딩 박스가 나타나면 이미지를 원하는 크기와 각도로 변형할
수 있다. 바운딩 박스를 불러오고 변형을 시작하면 변형을 완료하기 전에는 다른 작
업을 시작할 수 없다.

❶ 회전 포인트 : 바운딩 박스 근처로 마우스를 가
져가면 회전 포인트로 바뀌어 원하는 기울기로
변형할 수 있다.

❷ 높이 변환 포인트 : 높이를 조절할 수 있으며,
안쪽으로 중심 포인트를 지나 조정하면 상하
가 바뀐다.

❸ 너비 변환 포인트 : 너비를 조절할 수 있으며,
안쪽으로 중심 포인트를 지나 조정하면 좌우
가 바뀐다.

❹ 전체 크기 변환 포인트 : 높이, 너비 조절을 동시에 할 수 있다.

❺ 중심 포인트 : 회전 시 중심 포인트를 기준으로 회전하며 중심 포인트의 위치를
변경할 수 있다.

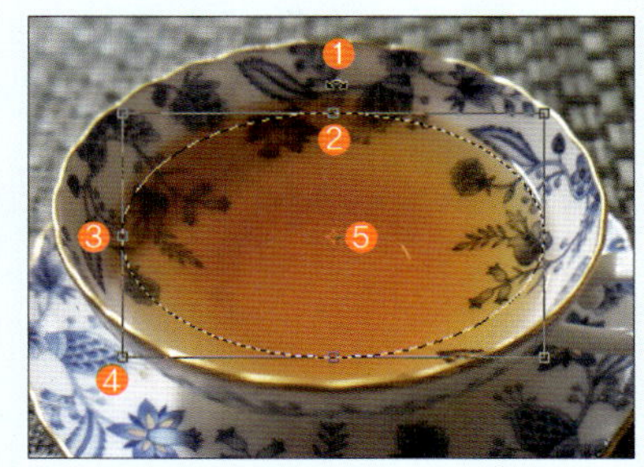

01 혼자해보기

'챕터2_샘플/샌드위치.jpg' 파일을 불러온 후 샌드위치를 제외한 배경 영역을 흐리게 하여 자연스러운 아웃포커싱 효과를 만들어 보자.

HINT | 빠른 선택 툴(￼)을 선택하고 샌드위치를 드래그하여 선택 영역으로 지정한다. [Select]–[Modify]–[Expand] 메뉴를 선택하고 [Expand By]에 '20pixels'를 입력한 후 [OK] 버튼을 클릭한다. 경계 부분을 부드럽게 처리하기 위해 [Select]–[Modify]–[Feather] 메뉴를 선택한 후 [Feather Radius]를 '10pixels'로 설정하고 [OK] 버튼을 클릭한다. [Select]–[Inverse] 명령으로 선택 영역을 반전시킨 후 [Filter]–[Blur]–[Gaussian Blur] 메뉴를 선택하고 대화상자에서 [Radius]를 '10pixels'로 설정한 후 [OK] 버튼을 클릭한다.

02 혼자해보기

'챕터2_샘플/마늘.jpg' 파일을 불러온 후 이미지의 외곽선을 섬세하게 선택하고 선택 영역을 반전시킨 다음 흑백이미지로 바꾸어 보자.

HINT | 빠른 선택 툴(￼)을 선택하고 마늘을 드래그한 후 옵션 바의 Refine Edge... 를 클릭한다. 대화상자가 나타나면 [View Mode]를 'On Black', [Edge Detection]에서 [Smart Radius]에 체크한 후 [Radius]를 '76.2'로 설정하고, [Adjust Edge]는 [Contract] '45', [Shift Edge] '+7', [Output]은 'Selection'으로 설정한다. ￼을 선택하고 옵션 바에서 브러시 크기를 조절한 후 깔끔하게 선택되지 않은 부분을 드래그하여 정리한다. [OK] 버튼을 클릭하고 Shift + Ctrl + I 를 눌러 선택 영역을 반전시킨 후 [Image]–[Adjustments]–[Desaturate] 메뉴를 선택한다.

이미지 편집하고 변형하기

선택 영역으로 선택한 이미지나, 배경 레이어를 제외한 레이어의 전체 이미지를 변형할 때는 [Transform], [Free Transform], [Puppet Warp] 명령을 사용한다. 이 명령들을 사용하는 방법과 선택 영역을 보호하면서 왜곡하는 방법에 대해 알아보자.

◑ 알아두기

- [Edit]–[Transform] 명령으로 비율 조정, 회전, 기울이기, 원근 등의 변형을 할 수 있다. [Transform] 명령을 실행하면 기존의 변형을 완료하지 않고도 다른 변형을 중복 적용할 수 있다.
- [Contents Aware Scale] 명령으로 이미지의 선택 영역은 그대로 두고 나머지 영역만 자연스럽게 늘릴 수 있다.
- [Edit]–[Puppet Warp] 명령은 그래픽, 텍스트 또는 이미지를 잘게 쪼개고 기준점을 만들어 특정 모양으로 왜곡한다.

따라하기 01 · [Transform] 명령으로 이미지 변형하기

'챕터2_샘플/저그.jpg, 라벨.psd' 파일을 불러온 후 라벨을 병 모양에 맞춰 변형해 보자.

❶ '챕터2_샘플/저그.jpg' 파일을 열고 '챕터2_샘플/라벨.psd' 파일의 라벨을 가져온다.

❷ 라벨 크기를 축소한 후 [Edit]–[Transform]–[Skew] 메뉴를 선택하고 라벨의 오른쪽 면을 아래로, 아랫면을 왼쪽으로 이동시킨다.

❸ [Edit]−[Transform]−[warp] 메뉴를 선택하면 조절점에 방향선이 추가되고 선택 영역이 9개로 나뉜다. 각 조절점의 방향선을 둥근 병 모양에 맞추어 조절한다. **Enter** 를 눌러 변형을 완료한다.

❹ 라벨 레이어를 더블클릭하고 [Layer Style] 대화상자가 나타나면 [Drop Shadow]를 선택한 후 [Angle]을 '135'로 설정한다. 이번에는 [Gradient Overlay]를 선택하고 [Gradient]를 'Neutral Density', [Angle]을 '50'으로 설정한 후 [OK] 버튼을 클릭한다.

[Edit]−[Transform]   tip +

이미지의 크기를 변형하거나 회전 또는 수평/수직으로 반사할 때는 [Edit]−[Transform] 메뉴를 선택한다. [Edit]−[Free Transform] 메뉴를 선택하거나 **Ctrl** + **T** 를 눌러 바운딩 박스가 생겼을 때 원하는 대로 외곡, 회전, 반사 등의 모든 변형이 가능한 것과는 달리 메뉴에서 특정 변형 기능만을 선택하여 적용한다.

▲ Original

❶ Scale : 이미지의 크기를 조절한다.
❷ Rotate : 이미지를 회전한다.
❸ Skew : 이미지의 가로변과 세로변을 움직여 비스듬히 왜곡한다.
❹ Distort : 이미지의 꼭지점을 움직여 형체를 왜곡한다.

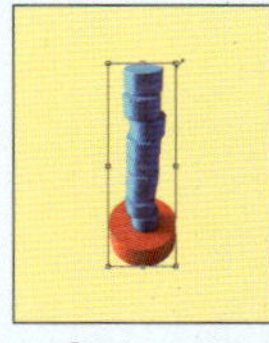 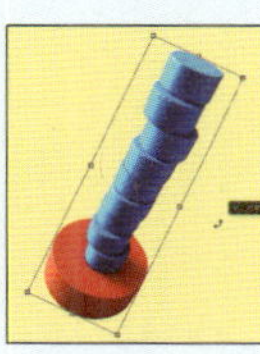 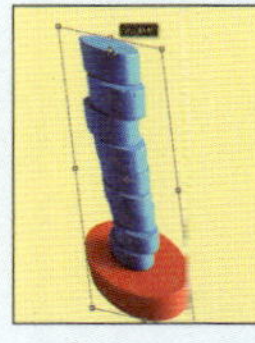 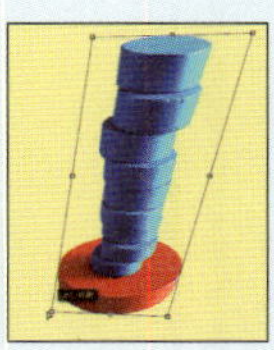
▲ Scale   ▲ Rotate   ▲ Skew   ▲ Distort

❺ Perspective : 이미지를 원근감 있게 왜곡한다.
❻ Warp : 이미지를 9등분하고 곡선으로도 왜곡이 가능하다.
❼ Rotate 180°/Rotate 90° CW/Rotate 90° CCW : 이미지를 180°, 시계 방향으로 90°, 반시계 방향으로 90° 회전시킨다.
❽ Flip Horizontal/Flip Vertical : 이미지를 수평, 수직으로 반전시킨다.

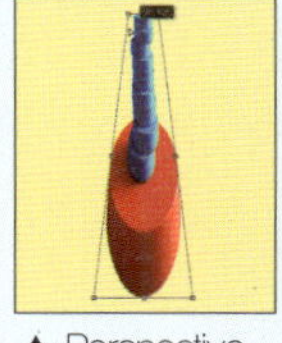 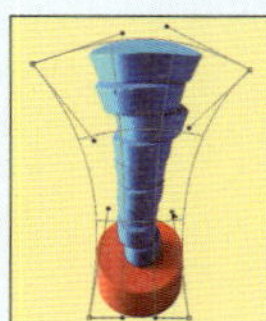 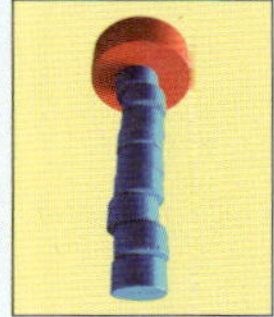 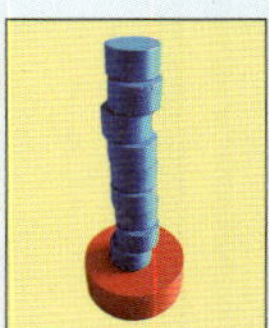
▲ Perspective   ▲ Warp   ▲ Rotate 180°   ▲ HorizontalC

따라하기 02

[Free Transform] 명령으로 이미지 변형하기

'챕터2_샘플/과자.jpg, 포장.jpg' 파일을 불러온 후 무지 박스 크기에 맞춰 포장 그림을 변형해 보자.

❶ '챕터2_샘플/포장.jpg' 파일을 불러온 후 Ctrl+A를 눌러 전체 선택한다. Ctrl+C를 눌러 클립보드에 복사하고 Ctrl+O를 눌러 '챕터2_샘플/과자.jpg' 파일을 불러온다.

❷ '챕터2_샘플/과자.jpg' 파일이 열리면 Ctrl+V를 눌러 포장을 붙여 넣고 [Edit]–[Free Transform] 메뉴를 선택한다. 포장의 테두리에 바운딩 박스가 생성된다.

> tip
> [Edit]–[Free Transform]의 단축키는 Ctrl+T이다. 포토샵에서 상당히 자주 사용하는 기능이므로 외워두는 것이 좋다.

❸ 이미지를 무지 박스 위로 옮기고 박스 각도에 맞추어 왼쪽으로 회전시킨다.

> tip
> 바운딩 박스 안에 커서를 두면 커서가 ▶ 모양이 되며 위치를 이동할 수 있고 바운딩 박스 밖에 커서를 두면 ↻ 모양이 되어 회전시킬 수 있다.

❹ 박스와 포장의 왼쪽 상단 모서리를 맞추고 오른쪽 상단 모서리를 맞추기 위해 Ctrl을 누른 채 조절점을 드래그한다.

Ctrl 을 누르고 조절점으로 커서를 가져가면 커서
가 ▷ 모양이 되며 나머지 조절점은 고정하고 선택
한 조절점만 변형할 수 있다.

❺ 나머지 부분도 박스에 맞추어 변형한 후 Enter 를 눌러 변형을 완료한다.

03 [Puppet Warp] 명령으로 이미지의 형태를 자유자재로 바꾸기

'챕터2_샘플/불가사리.psd' 파일을 불러온 후 춤추는 불가사리 모양으로 만들어 보자.

❶ [Layers] 패널에서 불가사리 레이어가
선택된 것을 확인하고 [Edit]-[Puppet
Wrap] 메뉴를 선택한다. 이미지가 여러 거
의 삼각형으로 쪼개어져 메시 형태로 변
한다.

❷ 불가사리의 가운데를 클릭하여 중심을 잡아줄 핀을 생성한다. 이번에는 자연스럽게 구
부러진 팔을 만들기 위해 팔 중간에 관절처 럼 사용할 핀을 생성한다. 팔 끝 지점에도 핀
을 생성하고 아래로 구부린다.

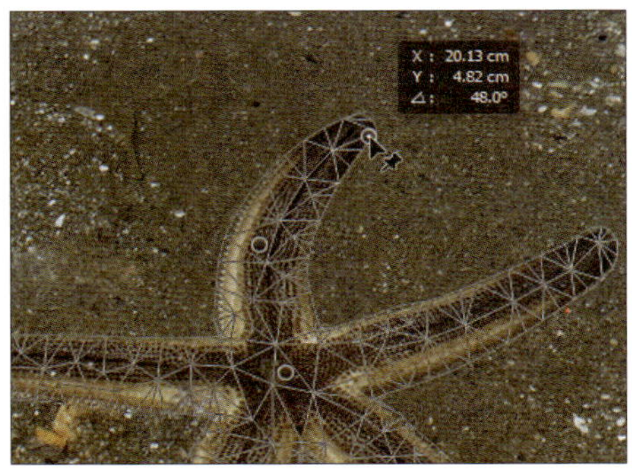

> **tip ➕**
> 생성된 핀을 제거하고 싶을 때는 [Alt]를 누르고 핀을 클릭하거나 마우스 오른쪽 버튼
> 을 클릭하고 팝업 메뉴에서 [Delete Pin]을 선택한다.

❸ 옵션 바에서 [Show Mesh]의 체크를 해제
한 후 양 옆으로 벌린 팔도 자연스럽게 구
부려 주고 아래 있는 팔은 오른쪽이 왼쪽
팔 아래로 가도록 꼬아 준다.

> **tip ➕**
> 나중에 생성한 핀이 위에 위치한다.

❹ 오른쪽 다리에 생성한 핀을 선택하고 옵션 바에서 █을 클릭해 순서를 변경한다.
❺ 옵션 바의 동의 버튼(✔)을 클릭하거나 [Enter]를 누르면 모양 변형이 완료된다.

> **[Puppet Warp] 메뉴의 옵션 바** **tip ➕**
>
> 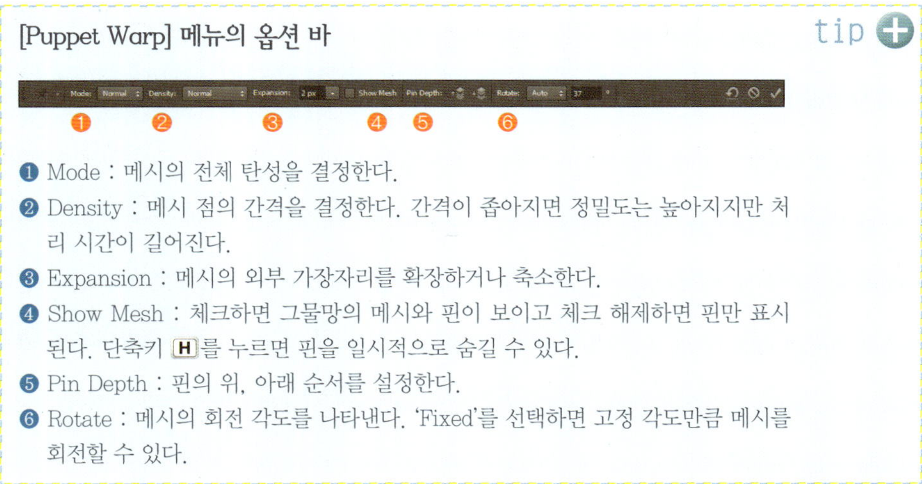
>
> ❶   ❷   ❸   ❹ ❺   ❻
>
> ❶ Mode : 메시의 전체 탄성을 결정한다.
> ❷ Density : 메시 점의 간격을 결정한다. 간격이 좁아지면 정밀도는 높아지지만 처
>   리 시간이 길어진다.
> ❸ Expansion : 메시의 외부 가장자리를 확장하거나 축소한다.
> ❹ Show Mesh : 체크하면 그물망의 메시와 핀이 보이고 체크 해제하면 핀만 표시
>   된다. 단축키 [H]를 누르면 핀을 일시적으로 숨길 수 있다.
> ❺ Pin Depth : 핀의 위, 아래 순서를 설정한다.
> ❻ Rotate : 메시의 회전 각도를 나타낸다. 'Fixed'를 선택하면 고정 각도만큼 메시를
>   회전할 수 있다.

 [Contents Aware Scale] 명령으로 배경만 자연스럽게 늘리기

'챕터2_샘플/레이디벅스.jpg' 파일을 불러온 후 인물은 그대로 두고 배경만 자연스럽게 늘려
보자.

❶ [Layers] 패널에서 배경 레이어를 더블클릭하여 일반 레이어로 변경한다.

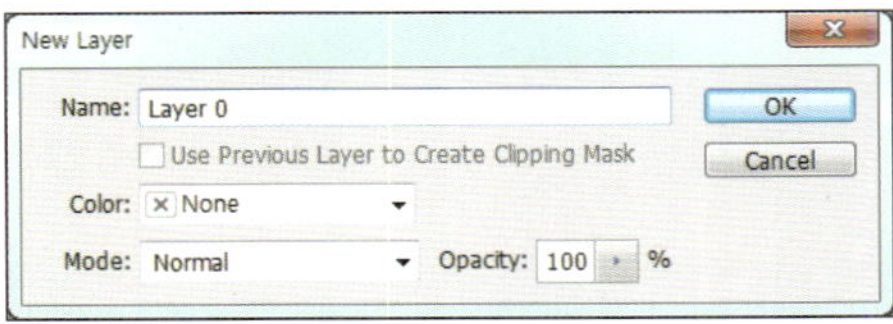

> 모든 변형 명령은 배경 레이어에 적용할 수 없다.  tip

❷ 빠른 선택 툴(　)로 인물과 그림자를 선택 영역으로 지정한 후 [Select]–[Save Selection]
메뉴를 선택한다. [Save Selection] 대화상자가 나타나면 이름을 입력하고 [OK] 버튼
을 클릭한다.

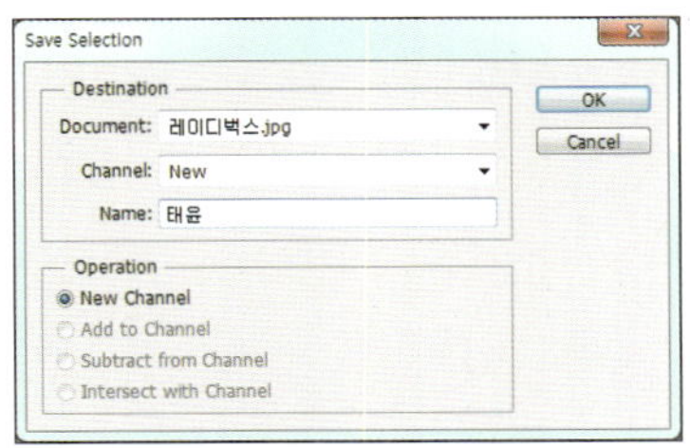

> [Channels] 패널에서 　을 클릭하면 선택 영역이 알파 채널로 저장된다.  tip

❸ [Image]–[Canvas Size] 메뉴를 선택한다. 대화상자가 나타나면 [Width]를 '50cm'로
설정하고 [Anchor]에서 왼쪽 가운데 박스를 선택한 후 [OK] 버튼을 클릭한다.

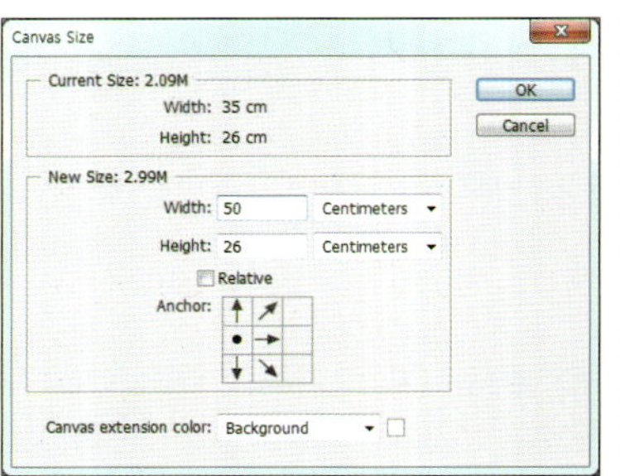 

❹ [Edit]-[Content-Aware Scale] 메뉴를 선택한다. 옵션 바에서 [Protect]를 클릭하고 저장한 선택 영역을 선택한다.

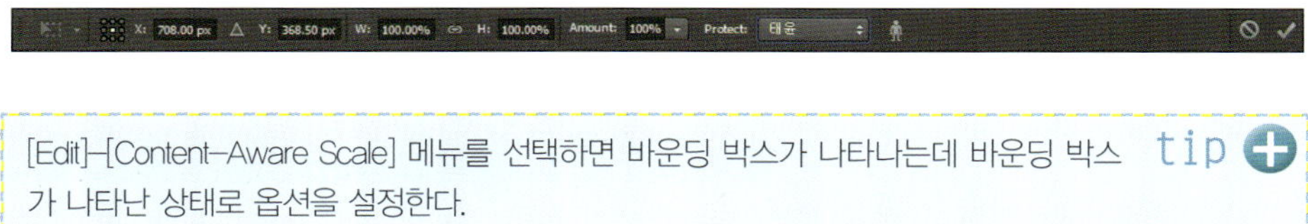

❺ 작업 창 크기에 맞추어 바운딩 박스를 늘리면 인물은 보호되면서 배경만 자연스럽게 늘어나는 것을 확인 할 수 있다. 옵션 바의 동의 버튼(☑)을 클릭하거나 **Enter** 를 눌러 변형을 실행한다.

[Content Aware Scale] 옵션 바   tip

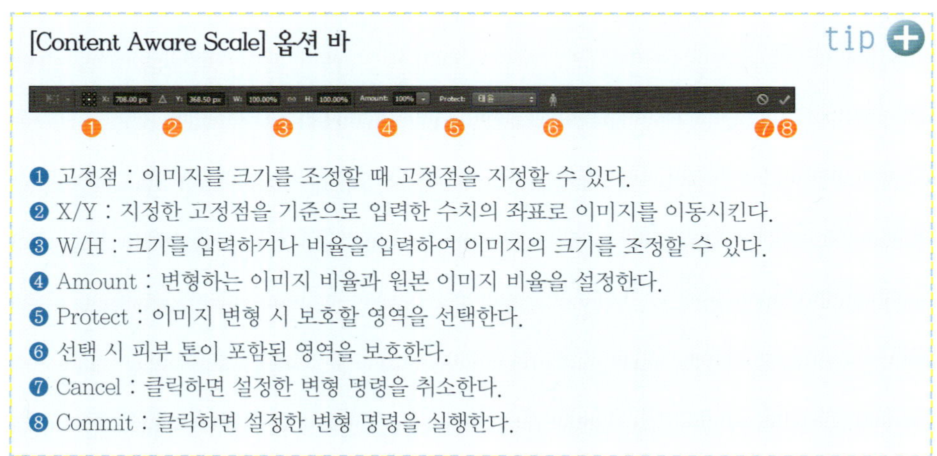

❶ 고정점 : 이미지를 크기를 조정할 때 고정점을 지정할 수 있다.
❷ X/Y : 지정한 고정점을 기준으로 입력한 수치의 좌표로 이미지를 이동시킨다.
❸ W/H : 크기를 입력하거나 비율을 입력하여 이미지의 크기를 조정할 수 있다.
❹ Amount : 변형하는 이미지 비율과 원본 이미지 비율을 설정한다.
❺ Protect : 이미지 변형 시 보호할 영역을 선택한다.
❻ 선택 시 피부 톤이 포함된 영역을 보호한다.
❼ Cancel : 클릭하면 설정한 변형 명령을 취소한다.
❽ Commit : 클릭하면 설정한 변형 명령을 실행한다.

01
혼자해보기

'챕터2_샘플/카메라2.jpg, 카메라3.jpg' 파일을 불러온 후 인물을 선택하고 '챕터2_샘플/카메라.jpg'에 붙여 넣어보자.

HINT | '챕터2_샘플/카메라2.jpg' 파일을 열고 빠른 선택 툴( )로 인물을 선택한다. Ctrl + C 를 누른 후 '챕터2_샘플/카메라.jpg'에 Ctrl + V 로 붙여 넣는다. [Edit]-[Transform]-[Flip Horizontal] 메뉴를 선택하고 Ctrl + T 를 눌러 크기를 조정한 후 자리를 잡는다. Enter 를 눌러 변형을 완료하고 '챕터2_샘플/카메라3.jpg' 파일의 인물도 선택, 복사한 후 '챕터2_샘플/카메라.jpg' 파일에 붙여 넣고 Ctrl + T 명령으로 크기 조절을 한다. 변형을 완료하면 Enter 를 누른다.

02
혼자해보기

'챕터2_샘플/울리1.jpg' 파일을 불러온 후 자석 올가미 툴로 인형을 선택하고 [Puppet Warp] 명령으로 여러 가지 동작을 만들어 보자.

HINT | 자석 올가미 툴( )로 인형을 선택한 후 Ctrl + J 를 두 번 눌러 선택 영역을 새 레이어에 붙여 넣는다. [Layers] 패널에서 배경 레이어를 선택하고 흰색으로 채운 후 가장 위의 레이어를 선택한다. [Edit]-[Puppet Warp] 메뉴를 선택하고 원하는 동작으로 만든 후 핀을 마우스 오른쪽 버튼으로 클릭한다. 팝업 메뉴에서 [Select All Pins] 메뉴를 선택한 후 아무 핀이나 선택하고 드래그하여 인형의 위치를 이동한다. Enter 를 눌러 변형을 완료한 후 밑의 레이어에 있는 인형도 같은 방법으로 동작을 변형한다.

필요한 만큼만 이미지 잘라내기

구도를 수정하고 이미지를 자르는 것만으로도 이미지의 분위기는 확 전환된다. 포토샵 CS6에는 자르기 툴이 업그레이드 되어 자른 이후에 잘린 이미지를 다시 불러 수정하거나 수평을 맞추면서 자를 수 있다.

> **○ 알아두기**
>
> • 자르기 툴(🔲)을 선택하면 이미지 가장자리에 자르기 상자가 나타나며 옵션에 따라 이미지나 자르기 상자를 움직여 이미지를 자를 수 있다.
>
> • 새롭게 추가된 [Delete Cropped Pixels] 명령은 잘려지는 영역의 이미지를 삭제하거나 원본 그대로 보관하는 기능이다.
>
> • 기울어진 이미지는 룰러 툴(🔲)이나 자르기 툴(🔲)의 Straighten 기능으로 똑바르게 교정할 수 있다.
>
> • [Image]-[Reveal All] 메뉴를 선택하면 숨겨진 이미지 영역이 모두 나타나도록 이미지 전체 크기에 맞춰 창의 크기가 커진다.
>
> • [Image]-[Trim] 메뉴는 배경이 단색이거나 투명할 때 이미지의 크기에 맞춰 자동으로 잘라진다.

따라하기 **01** 자르기 툴로 수평 맞춰 자르기

'챕터2_샘플/진열.jpg' 파일을 불러온 후 수평을 맞춰 잘라보자.

❶ 툴 박스에서 자르기 툴(⬚)을 선택한다. 이미지의 가장자리에 점선으로 된 자르기 상자가 표시된다. 옵션 바에서 [View]를 'Grid'로 설정하고 [Delete Cropped Pixels]의 체크를 해제한다.

> 작업 창을 한 번 클릭하면 점선이 실선으로 바뀌면서 편집 모드가 시작되어 이미지를 움직이거나 자르기 상자 크기를 조절할 수 있다. 클릭하지 않고 드래그하면 드래그한 만큼 자르기 상자의 크기가 조절된다. Esc 를 누르면 편집 모드에서 나갈 수 있다. tip ➕

❷ 이미지를 회전시킨 후 보다 정확하게 수평을 맞추기 위해 🔲을 클릭하고 기준선을 그어준다. 상자 안을 더블클릭하거나 Enter 를 누르면 자르기 명령이 실행된다.

❸ 자르기를 완료한 후에도 이동 툴(✥)로 이미지를 이동하면 숨겨진 이미지가 나타난다. 자르기 툴(⬚)로 이미지를 다시 클릭하면 자르기 명령 실행 전의 상태로 돌아가 자르기 영역을 수정할 수 있다.

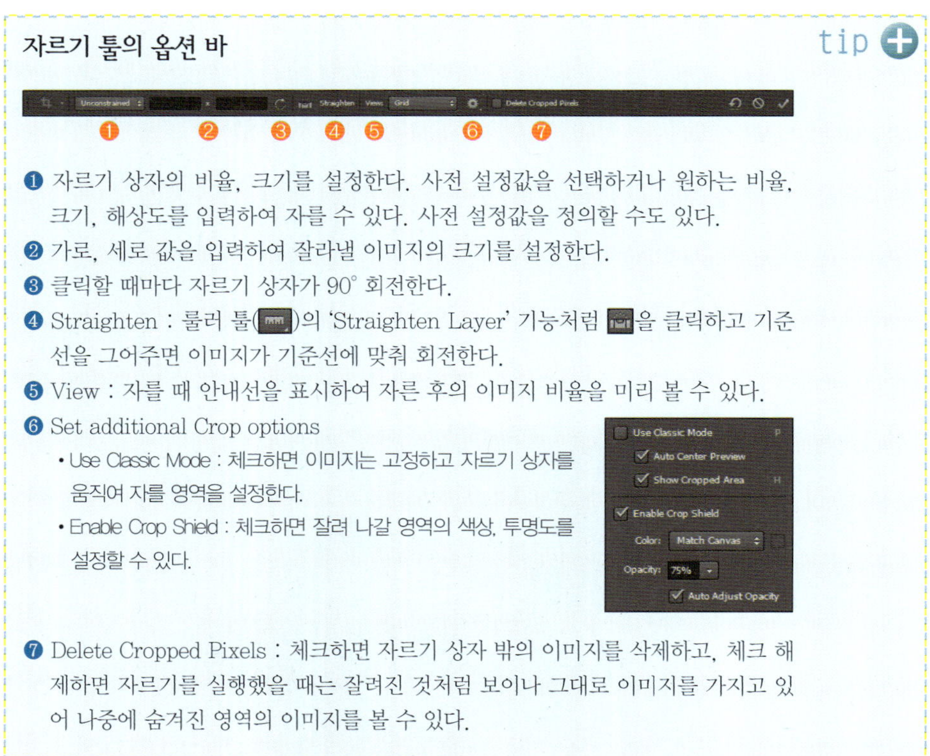

❶ 자르기 상자의 비율, 크기를 설정한다. 사전 설정값을 선택하거나 원하는 비율, 크기, 해상도를 입력하여 자를 수 있다. 사전 설정값을 정의할 수도 있다.

❷ 가로, 세로 값을 입력하여 잘라낼 이미지의 크기를 설정한다.

❸ 클릭할 때마다 자르기 상자가 90° 회전한다.

❹ Straighten : 룰러 툴(　)의 'Straighten Layer' 기능처럼 　을 클릭하고 기준선을 그어주면 이미지가 기준선에 맞춰 회전한다.

❺ View : 자를 때 안내선을 표시하여 자른 후의 이미지 비율을 미리 볼 수 있다.

❻ Set additional Crop options
• Use Classic Mode : 체크하면 이미지는 고정하고 자르기 상자를 움직여 자를 영역을 설정한다.
• Enable Crop Shield : 체크하면 잘려 나갈 영역의 색상, 투명도를 설정할 수 있다.

❼ Delete Cropped Pixels : 체크하면 자르기 상자 밖의 이미지를 삭제하고, 체크 해제하면 자르기를 실행했을 때는 잘려진 것처럼 보이나 그대로 이미지를 가지고 있어 나중에 숨겨진 영역의 이미지를 볼 수 있다.

가려진 이미지 나타내고 자르기 툴로 캔버스 크기 조정하기

'챕터2_샘플/진열.psd' 파일을 불러온 후 가려진 이미지를 모두 나타내고 캔버스 크기를 확대해 보자.

❶ [Image]-[Reveal All] 메뉴를 선택한다. 캔버스 크기가 확대되면서 가려진 이미지가 모두 나타난다.

❷ 자르기 툴(🔲)을 선택하고 자르기 상자가 나타나면 Alt 를 누른 채 자르기 상자 오른쪽 가운데를 드래그한다. 양 옆으로 캔버스가 확대된다.

❸ Enter 를 눌러 자르기를 완료한다.

따라하기 03

이미지의 원근감을 변화시키며 자르기

'챕터2_샘플/그림.jpg' 파일을 불러온 후 원근 자르기 툴로 그림의 왜곡을 없애보자.

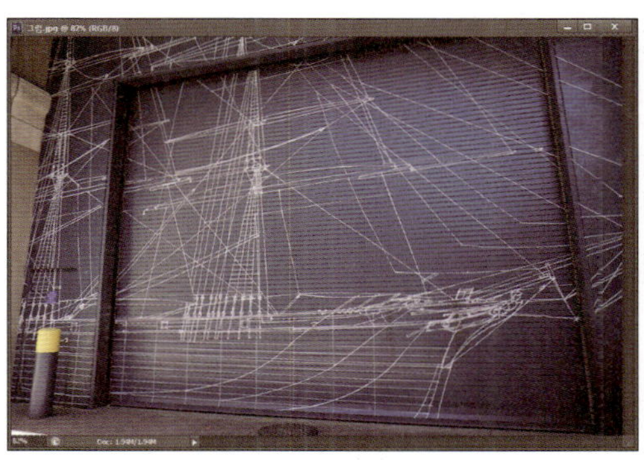
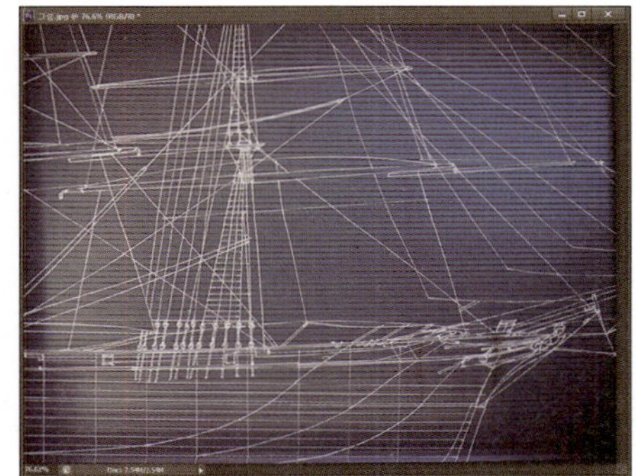

❶ 툴 박스에서 원근 자르기 툴(🔲)을 선택한 후 왜곡된 이미지의 모서리를 클릭하여 자르기 상자를 그린다.

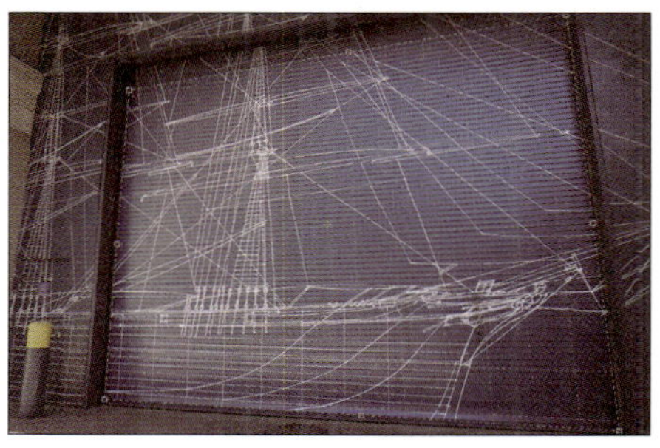

❷ 각 조절점을 드래그하여 자르기 상자를 조절한 후 **Enter** 를 누르거나 바운딩 박스 안을 더블클릭한다.

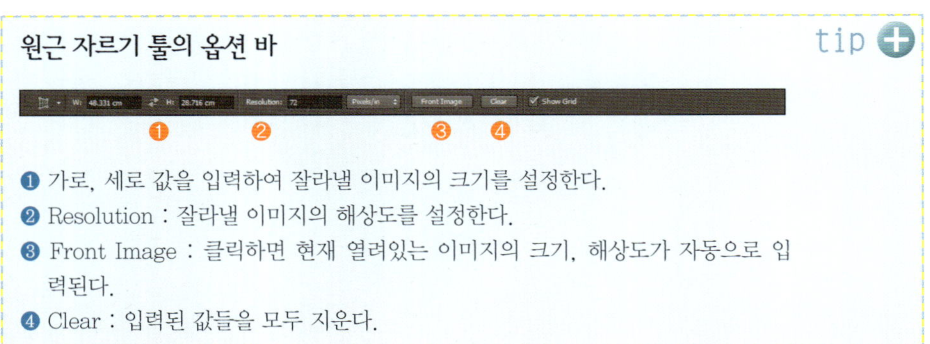

❶ 가로, 세로 값을 입력하여 잘라낼 이미지의 크기를 설정한다.
❷ Resolution : 잘라낼 이미지의 해상도를 설정한다.
❸ Front Image : 클릭하면 현재 열려있는 이미지의 크기, 해상도가 자동으로 입력된다.
❹ Clear : 입력된 값들을 모두 지운다.

따라하기 **04** **[Trim] 명령으로 이미지 크기에 딱 맞게 잘라내기**

'챕터2_샘플/화살표.jpg' 파일을 불러온 후 화살표를 선택하고 화살표 크기에 딱 맞춰 잘라보자.

❶ 자석 올가미 툴(   )과 다각형 올가미 툴(   )을 적절히 사용하여 화살표를 선택한다. **Ctrl** + **J** 를 눌러 선택 영역을 새 레이어에 복사한다.

익숙한 툴로 선택 영역을 지정한다. 테두리를 깨끗하게 선택하려면 자석 올가미 툴(   ) 이나 펜 툴(   )로 선택하는 것이 좋다. tip

❷ [Layers] 패널에서 배경 레이어의 눈 아이콘(　)을 클릭하여 안 보이게 설정한 후 [Image]-[Trim] 메뉴를 선택한다. 대화상자가 나타나면 [Transparent Pixels]를 선택하고 [OK] 버튼을 클릭한다.

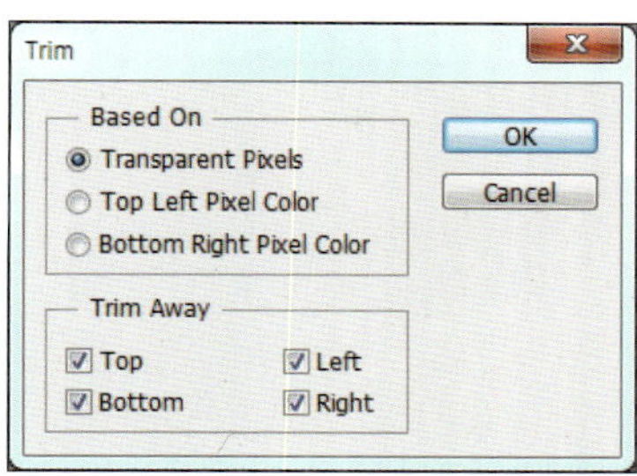

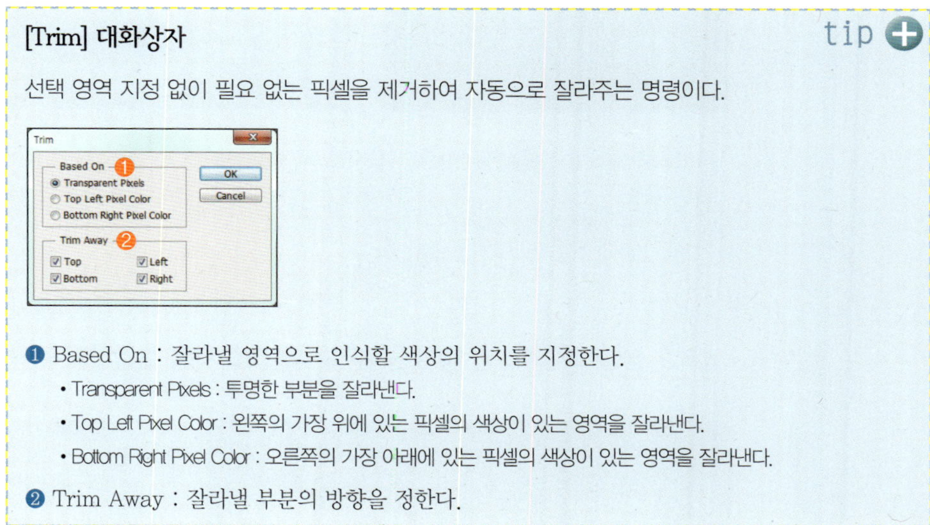

[Trim] 대화상자　　　　tip ➕

선택 영역 지정 없이 필요 없는 픽셀을 제거하여 자동으로 잘라주는 명령이다.

❶ Based On : 잘라낼 영역으로 인식할 색상의 위치를 지정한다.
- Transparent Pixels : 투명한 부분을 잘라낸다.
- Top Left Pixel Color : 왼쪽의 가장 위에 있는 픽셀의 색상이 있는 영역을 잘라낸다.
- Bottom Right Pixel Color : 오른쪽의 가장 아래에 있는 픽셀의 색상이 있는 영역을 잘라낸다.

❷ Trim Away : 잘라낼 부분의 방향을 정한다.

'챕터2_샘플/카약.jpg' 파일을 불러온 후 수평을 맞추고 가로 35cm, 세로 26cm, 해상도 72ppi 크기로 이미지를 잘라 보자.

HINT | 자르기 툴(🔲)을 선택하고 옵션 바에서 'Size & Resolution'을 선택한다. [Crop Image Size & Resolution] 대화상자가 나타나면 [Width]를 '35Centimeters', [Height]를 '26Centimeters', [Resolution]을 '72Pixels/Inch'로 설정하고 [OK] 버튼을 클릭한다. 설정한 크기의 자르기 상자가 이미지에 나타나면 🔲을 누르고 수평선에 맞춰 선을 긋는다. **Enter** 를 눌러 자르기를 완료한다.

'챕터2_샘플/그림자.jpg' 파일을 불러온 후 그림자를 길쭉하게 왜곡되게 잘라 보자.

HINT | 원근 자르기 툴(🔲)을 선택한 후 윗면이 긴 사다리꼴 모양으로 자르기 상자를 만든 후 **Enter** 를 누른다.

1. 기본 선택 툴로 선택 영역 만들고 저장하기

- 사각형 선택 툴(￭)과 원형 선택 툴(○)은 사각이나 원 형태의 선택 영역을 만든다. 옵션 바에서 비율이나 크기를 설정하면 일정 비율이나 정해진 크기로 선택 영역을 만든다. **Shift** 를 누른 상태에서 드래그하면 정사각, 정원으로 선택할 수 있다.
- 선택 영역을 해제할 때는 단축키 **Ctrl** + **D** 를 누르거나 선택 영역의 외부를 클릭한다. [Select]-[Deselect] 메뉴를 선택하여 선택 영역을 해제할 수도 있다.
- 선택한 영역은 [Select]-[Save Selection] 메뉴로 저장할 수 있다. 저장하면 [Channels] 패널에 새로운 알파 채널로 등록된다. 저장한 선택 영역은 [Channels] 패널이나 [Select]-[Load Selection] 메뉴로 불러올 수 있다.

2. 자유로운 선택 영역 만들기

- 올가미(Lasso) 툴(○)은 연필로 그리듯이 드래그하면 연속적인 커서의 움직임대로 영역을 선택하며, 특정 범위를 빠르고 대략적인 형태로 선택할 때 주로 사용한다.
- 다각형 올가미(Polygonal Lasso) 툴(￭)은 여러 개(Poly)의 각(Gon)을 가진 올가미란 뜻으로, 클릭한 점과 점을 직선으로 연결하여 선택한다.
- 자석 올가미(Magnetic Lasso) 툴(￭)은 색상의 차이가 심해 경계가 뚜렷한 이미지의 윤곽을 자동으로 선택한다. 단색 배경에서 이미지를 선택할 때 유용하다.
- 다각형 올가미 툴(￭)과 자석 올가미 툴(￭)은 선택 도중 **Delete** 를 누르면 기준선이 차례대로 지워지고 **Esc** 를 누르면 모두 지워진다.
- 퀵 마스크 모드는 브러시 툴(￭)로 칠하면서 선택 영역과 선택하지 않은 영역을 색상으로 구분한다. ￭을 더블클릭하면 [Quick Mask Options] 대화상자를 불러와 빠른 마스크 모드 설정을 변경할 수 있다.

3. 색상으로 이미지 선택하기

- 빠른 선택 툴(￭)은 브러시로 이미지를 드래그하면 드래그한 영역의 색상을 감지하여 선택한다. 브러시의 크기가 클수록 선택 영역이 넓어진다.
- 마술봉 툴(￭)은 클릭한 지점의 색상을 기준으로 전체 이미지나 클릭한 지점과 인접한 영역에서 비슷한 색상을 선택한다. 옵션 바의 [Tolerance] 값에 따라 선택되는 영역의 범위가 달라지며 색상의 차이가 분명한 이미지에 효과적으로 사용할 수 있다.
- [Select]-[Color Range] 명령은 기존 선택 영역이나 전체 이미지에서 지정한 색상을 원하는 범위 안에서 선택할 수 있다. 포토샵 CS6에는 인물 이미지에서 피부 톤을 감지해서 빠르게 선택할 수 있는 기능이 추가되었다.
- 채널은 색상 정보를 담고 있기도 하지만 선택 영역을 알파 채널로 저장하고 불러 올 수 있고 페인팅, 문자 생성, 필터 적용이 가능하다.

4. 선택 영역 편집하기

- 사람의 머리카락이나 동물의 털 같이 복잡한 이미지는 선택 영역을 지정한 후 [Select]-[Refine Edge] 메뉴나 선택 툴의 옵션 바에 있는 Refine Edge... 를 클릭한다. [Refine Edge]의 [Smart Radius] 기능으로 복잡한 가장자리를 정밀하고 쉽게 선택할 수 있다.
- [Select]-[Modify] 메뉴를 선택하면 선택 영역을 일정한 패턴으로 수정할 수 있다. 테두리에 두께를 설정, 선택 영역의 확장/축소, 모서리 다듬기, 가장자리 흐리기 메뉴가 있다.
- [Select]-[Grow] 명령은 선택 영역과 인접해 있는 유사한 색상을 찾아 선택 영역을 확장시키고, [Select]-[Similar] 명령은 이미지 전체에서 선택 영역과 동일한 색상을 찾아 선택 영역에 추가한다.
- 선택 영역의 크기를 변경할 때는 [Select]-[Transform Selection] 명령을 선택한다.

5. 이미지 편집하고 변형하기

- [Edit]-[Free Transform] 명령과 [Transform] 명령을 이용하여 선택 영역이나 이미지 전체의 크기와 모양, 각도를 자유롭게 변형할 수 있다.
- [Transform] 명령을 실행하면 기존의 변형을 완료하지 않고도 다른 변형을 적용할 수 있다. Esc 를 누르면 바운딩 박스를 해제하고 진행하던 변형을 취소한다.
- [Edit]-[Puppet Warp] 기능을 실행하면 그래픽, 텍스트 또는 이미지를 잘게 쪼개어 특정 모양으로 왜곡할 수 있다. 레이어 및 벡터 마스크에도 적용할 수 있다.
- [Contents-Aware Scale] 명령은 이미지의 선택 영역을 보호하면서 나머지 영역만 자연스럽게 늘릴 수 있다.

6. 필요한 만큼만 이미지 잘라내기

- 불필요한 영역을 자르거나 원근감을 주며 자르고 싶을 때는 자르기 툴(🔳)과 원근 자르기 툴(🔳)을 사용한다.
- 이전 버전까지는 이미지를 고정하고 자르기 상자를 움직여 자를 영역을 설정하였으나 CS6에서는 이미지를 움직여 자를 수 있다.
- 선택 영역을 지정하고 자르기 툴(🔳)을 선택하면 선택 영역 크기에 맞춰 자르기 상자가 표시된다.
- 새롭게 추가된 [Delete Cropped Pixels] 기능은 잘려지는 영역의 이미지를 삭제하거나 원본 그대로 보관하는 기능이다. 체크 해제 시 잘려진 영역의 이미지를 보관한다.
- 가려진 이미지 영역이 있을 때 [Image]-[Reveal All]를 선택하면 이미지가 모두 나타나도록 이미지 전체 크기에 맞춰 캔버스의 크기가 커진다.
- [Trim] 명령은 배경이 투명하거나 단색일 때 이미지의 크기에 맞춰 배경을 잘라준다.

종합실습 p o i n t u p

1. 가로 20cm, 세로 26cm, 해상도 72ppi 크기로 수평을 맞추어 이미지를 자른 후 캔버스의 가로 길이를 35cm로 변경한다. 변경한 캔버스에 맞춰 이미지의 배경만 자연스럽게 늘린 후 인물의 그림자를 만들어 보자.

[작업 준비물 : 챕터2_샘플/청락.jpg]

HINT | 1. 이미지 자르기 : 자르기 툴(🔲), Size & Resolution, Straighten
2. 캔버스 크기 변경하기 : [Image]—[Canvas Size]
3. 인물 선택하고 저장하기 : 빠른 선택 툴(🖊), [Select]—[Save Selection]
4. 배경 늘리기 : [Edit]—[Content—Aware Scale], Protect
5. 선택 영역 불러오기 : [Select]—[Load Selection]
6. 새 레이어 만들고 그림자 만들기 : [Layer]—[New]—[Layer], 🔲, **Alt** + **Delete**
7. 그림자 효과 주기 : [Filter]—[Blur]—[Gaussian Blur], [Layers] 패널 'Opacity'
8. 그림자 모양 만들기 : **Ctrl** + **T**

03

CHAPTER

레이어를 다루는 방법과
이미지 합성하기

포토샵에서 만들어진 이미지, 텍스트, 도형, 3D 오브젝트 등의 모든 요소는 레이어로 만들어지며 모든 레이어가 겹쳐져 하나의 이미지를 구성하기 때문에 레이어는 포토샵 작업의 핵심이라고 할 수 있다. 이번 장에서 레이어를 이해하고 다루는 방법부터 레이어의 여러 가지 기능을 활용하여 효과를 적용하고 이미지를 합성하는 방법에 대해 알아보자.

레이어 이해하고 메뉴 살펴보기

3

레이어는 포토샵 작업에서 가장 중요한 요소 중의 하나이다. 레이어의 원리에 대해 이해하고 학습하면 작업의 효율적인 관리가 가능하며, 레이어 옵션을 활용하여 다양한 효과를 적용할 수 있다.

01 레이어란?

티셔츠 위에 셔츠를 겹쳐 입는 것을 레이어드 룩이라고 하는 것처럼 레이어는 말 그대로 층을 뜻한다. 각 레이어의 투명 영역(체크무늬)을 통해 밑에 있는 레이어를 화면에서 볼 수 있기 때문에 화면에는 한 장의 사진처럼 보이지만 작업자에 따라 이미지 요소별로 수십 개의 레이어가 존재할 수 있다.

포토샵에서 작업하는 텍스트, 이미지 등의 모든 요소들은 각각의 레이어에 포함된다. 이미지 요소별로 여러 개의 레이어를 사용하는 이유는 각각의 레이어별로 이동, 편집, 효과 적용 등의 수정이 자유롭기 때문이다.

레이어들은 [Layers] 패널에서 관리한다. 레이어의 순서를 조절하여 화면에 보이는 정도를 결정하거나 투명도, 스타일, 블렌딩 모드, 레이어 마스크 등을 활용하여 다채로운 이미지를 완성할 수 있다.

▲ 완성 이미지

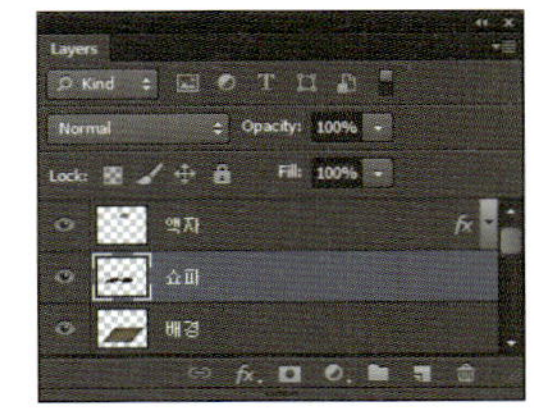

▲ [Layers] 패널

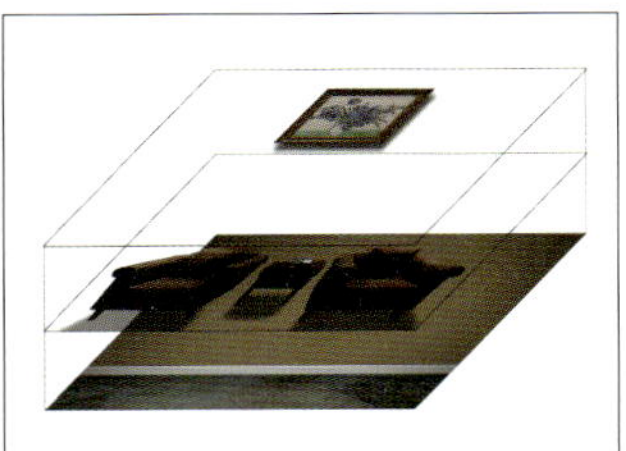

▲ 화면 구성 레이어

▲ 배경 이미지

▲ 이미지1

▲ 이미지2

02 레이어의 종류 및 용어

레이어의 속성에 따라 레이어에 포함된 이미지의 속성도 달라진다. 일반 레이어를 비롯한 다양한 종류의 레이어와 레이어에 적용하여 이미지 합성 및 편집에 도움을 주는 명령에 대해 간단하게 알아보자.

❶ 배경 레이어 : [Layers] 패널 제일 하단에 있는 배경 레이어는 작업 창에 하나만 지정할 수 있고 레이어 순서, 블렌딩 모드, 불투명도를 변경할 수 없다. [Layers] 패널에서 배경 레이어를 더블클릭하거나 [Layer]-[New]-[Layer From Background] 메뉴를 선택하여 일반 레이어로 변경할 수 있다. 보정 레이어를 제외한 모든 레이어는 [Layer]-[New]-[Background From Layer] 메뉴를 선택하여 배경 레이어로 변경할 수 있다. 배경 레이어로 변경하면 투명한 부분은 배경색으로 채워진다.

❷ 일반 레이어 : 새 레이어를 만들거나 복사한 이미지를 붙여 넣었을 때 생성되는 기본 레이어이다.

❸ 보정 레이어 : [Adjustments] 패널이나 [Layers] 패널 하단의 으로 만들 수 있다. 이미지에 직접적으로 작업하지 않고 따로 레이어를 만들어 효과를 적용하기 때문에 원본 이미지의 훼손 없이 작업이 가능하며 수정이 용이하다.

❹ 스마트 오브젝트 레이어 : 벡터 속성을 가진 레이어로 모양이나 크기를 변형해도 이미지 픽셀을 직접 편집하지 않기 때문에 원본의 손상이 없다. 또한, 스마트 오브젝트 레이어에 필터를 적용하면 스마트 필터가 되어 적용된 필터를 수정하거나 제거할 수 있다.

❺ 문자 레이어 : 가로 문자 툴(T)이나 세로 문자 툴(T)로 글자를 입력했을 때 만들어지며 언제든지 문자 수정이 가능하다. 문자 레이어를 일반 레이어로 변환하면 문자는 래스터 이미지로 바뀌어 수정할 수 없다.

❻ 셰이프 레이어 : 도형 툴이나 펜 툴(✐)로 Shape 형태의 도형을 그렸을 때 만들어진다.

❼ 필 레이어 : 단색, 그레이디언트, 패턴을 새로운 레이어로 만들어 적용하기 때문에 수정이 편리하다.

❽ 3D 레이어 : 3D 오브젝트를 만들거나 불러왔을 때 만들어진다.

❾ 레이어 스타일 : 레이어 스타일은 그림자, 테두리, 그레이디언트, 패턴 적용 등의 효과를 쉽게 적용할 수 있는 기능이다. 포토샵에서 제공하는 레이어 스타일은 총 10가지가 있으며 스타일별로 다양한 옵션을 제공하여 원하는 효과를 만들 수 있다.

❿ 레이어 마스크 : 선택한 레이어에 마스크를 씌운 것처럼 검은색을 사용하여 이미지를 가려준다. 자연스럽게 이미지를 나타나게 하거나 이미지를 합성할 때 주로 사용한다.

⓫ 클리핑 레이어 : 하위 레이어에 상위 레이어를 포함시켜 하위 레이어 윤곽에 맞추어 상위 레이어 이미지를 나타낸다.

⓬ 비디오 레이어 : 동영상 파일을 불러왔을 때 만들어진다. 마스크나 레이어 스타일을 적용하거나 변형도 가능하며 개별 프레임을 래스터화하고 일반 레이어로 변환할 수 있다.

❶ New : 새로운 레이어를 생성한다.

❷ Duplicate Layer : 선택 레이어를 복제한다.

❸ Delete : 선택 레이어를 삭제한다.

❹ Rename Layer : 레이어의 이름을 변경한다.

❺ Layer Style : 레이어 스타일을 설정하고 편집한다.

❻ Smart Filter : 스마트 오브젝트에 적용한 필터를 삭제하거나 보이지 않게 설정한다.

❼ New Fill Layer : 단색, 그레이디언트, 패턴으로 채운 필 레이어를 새로 만든다.

❽ New Adjustment Layer : 새로운 보정 레이어를 만든다.

❾ Layer Content Options : 필 레이어를 수정한다.

❿ Layer Mask : 레이어 마스크를 만든다.

⓫ Vector Mask : 벡터 마스크를 만든다.

⓬ Create Clipping Mask : 클리핑 마스크를 만든다.

⓭ Smart Objects : 스마트 오브젝트 레이어를 만든다.

⓮ Video Layers : 동영상 이미지를 불러오고 편집한다.

⓯ Rasterize : 문자, 도형, 필, 벡터 마스크, 스마트 오브젝트, 비디오, 3D 레이어를 일반 레이어로 전환한다.

⓰ New Layer Based Slice : 선택한 레이어의 내용을 기준으로 이미지를 자동 분할한다.

⓱ Group Layers : 여러 개의 레이어를 그룹으로 묶는다.

⓲ Ungroup Layers : 그룹 레이어를 해제한다.

⓳ Hide Layers : 선택한 레이어를 보이지 않게 설정한다.

⓴ Arrange : 레이어 순서를 정돈한다.

㉑ Combine Shapes : 두 개 이상의 셰이프 레이어를 합치면서 겹치는 셰이프 영역을 처리하는 방법을 선택한다.

㉒ Align Layers to Selection : 선택 영역과 레이어 또는 레이어와 레이어를 정렬한다.

㉓ Distribute : 레이어들의 간격을 정렬한다.

㉔ Lock All Layers in Group : 그룹 레이어의 모든 레이어를 잠근다.

㉕ Link Layers : 선택한 레이어에 링크를 건다.

㉖ Select Linked Layers : 현재 선택한 레이어와 연결된 레이어들을 선택한다.

㉗ Merge Layers : 아래 레이어와 합치거나 선택한 레이어들을 하나로 합친다.

㉘ Merge Visible : 보이는 레이어를 모두 하나로 합친다.

㉙ Flatten Image : 모든 레이어를 하나로 합쳐 배경 레이어로 만든다.

㉚ Matting : 레이어 이미지의 경계면을 부드럽게 하고 다른 레이어와 잘 어울리도록 조절한다.

04 [Layers] 패널과 팝업 메뉴 살펴보기

1. [Layers] 패널

레이어 관리는 [Layers] 패널에서 한다. 새 레이어를 만들거나 삭제할 수 있고, 많은 레이어를 그룹으로 만들어 편리하게 관리하기도 하며 논리적인 순서로 정돈하여 화면에 보이는 정도를 설정하기도 한다. 각각의 레이어에 별도의 옵션을 설정하기도 하고 그룹을 만들어 마스크나 스타일을 동시에 적용하기도 한다. [Layers] 패널을 불러오면 파일 안에 포함된 모든 레이어가 나열된다.

❶ 레이어 검색 기능 : 선택한 옵션으로 레이어를 필터링한다. 복잡한 문서에서 필요한 레이어를 신속하게 찾을 수 있다.

 - Kind : 레이어의 종류로 필터링한다.
 - Name : 레이어의 이름으로 필터링한다.
 - Effect : 레이어에 적용된 스타일로 필터링한다.
 - Mode : 레이어에 적용된 블렌딩 모드로 필터링한다.
 - Attribute : 레이어 속성으로 필터링한다.
 - Color : 레이어에 적용된 색상 레이블로 필터링한다.
 - 필터링 옵션을 끄거나 킬 수 있다.

❷ 블렌딩 모드 : 상, 하위 레이어의 혼합 방식을 설정한다.

❸ Opacity : 레이어 스타일을 포함한 레이어의 불투명도를 조절한다.

❹ Lock : 선택한 레이어에 일부 작업이 적용되지 않도록 잠근다.

 - Lock transparent(▩) : 투명한 영역을 보호하여 어떠한 작업도 적용할 수 없다.
 - Lock image pixels(✎) : 브러시 작업을 적용할 수 없다.
 - Lock position(✛) : 이미지를 이동할 수 없다.
 - Lock all(🔒) : 모든 작업을 적용할 수 없다.

❺ Fill : 이미지의 불투명도를 조절하기 때문에 레이어 스타일에는 적용되지 않는다.

❻ Indicates layer visibility(　) : 클릭할 때마다 레이어를 나타내거나 숨길 수 있다.

❼ Link Layer(　) : 2개 이상의 레이어를 선택하고 아이콘을 클릭하면 링크로 연결된다.

❽ Add a layer style(　) : 레이어 스타일을 적용한다.

❾ Add layer mask(　) : 레이어 마스크를 만든다.

❿ Create a new fill or adjustment layer(　) : 필 레이어 및 보정 레이어를 만든다.

⓫ Create a new group(　) : 버튼을 클릭하면 폴더가 생성되고, 레이어를 선택한 후 버튼 위로 드래그하면 선택한 레이어를 포함한 폴더가 생성된다.

⓬ Create a new layer(　) : 버튼을 클릭하면 새로운 레이어가 생성되고, 레이어를 선택한 후 버튼 위로 드래그하면 선택한 레이어를 복제한다.

⓭ Delete layer(　) : 레이어를 선택한 후 버튼을 클릭하거나 버튼 위로 드래그하여 삭제한다.

2. 섬네일 표시 영역 변경하기

[Layers] 패널 메뉴에서 [Panel Options]를 선택하면 [Layers Panel Options] 대화상자가 나타난다. [Thumbnail Contents]를 'Layer Bounds'로 하면 레이어에 있는 개체의 픽셀만 표시된다.

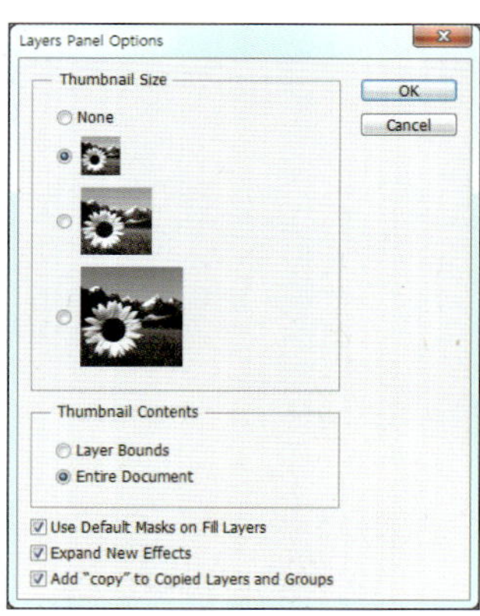

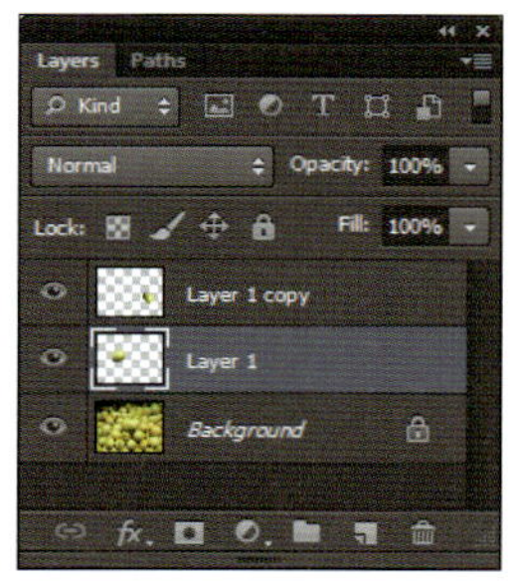

▲ Entire Document

▲ Layer Bounds

레이어 기본 기능 사용하기

포토샵에서 사용하게 되는 모든 요소는 레이어를 통해 보여 지며 다양한 종류의 레이어 속성과 옵션을 이용하여 자연스러운 이미지 합성과 효과를 연출할 수 있다. 레이어를 자유자재로 다루기 위해서는 꼭 알아야 하는 기본 기능에 대해 학습해 보자.

○ 알아두기

- [Layer]-[New], [Layer]-[Duplicate Layer] 메뉴와 [Create a new layer] 패널 옵션을 이용하여 레이어를 생성, 복제할 수 있다.

따라하기 01 새 레이어 만들기

'챕터3_샘플/돌탑.jpg' 파일을 불러온 후 새 레이어와 새 레이어 내용을 만들어 보자.

❶ [Layer]-[New]-[Layer] 메뉴를 선택하고 [New Layer] 대화상자가 나타나면 [Name]을 '제주바다'로 입력하고 [OK] 버튼을 클릭한다. [Layers] 패널에 새 레이어가 생성된다.

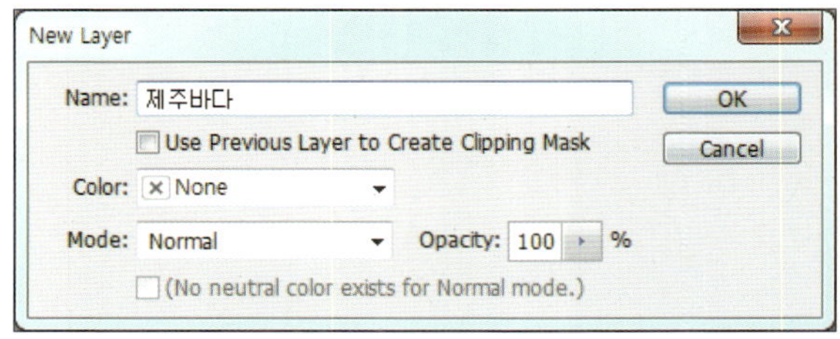

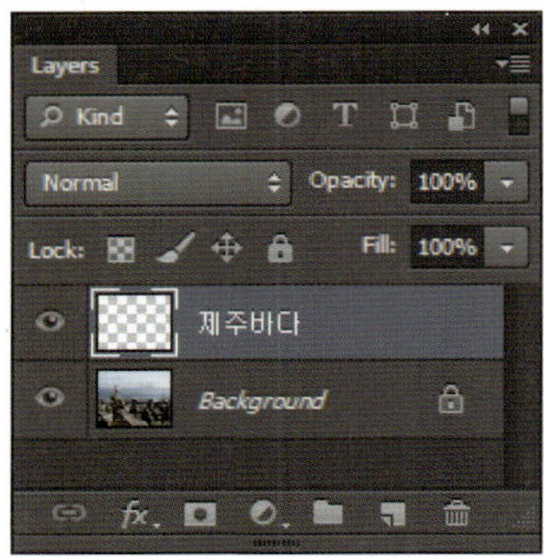

❷ 툴 박스에서 원형 선택 툴(◯)을 선택한 후 Shift 를 누르고 작업 창을 드래그하여 정원을 만든다. [Swatches] 패널에서 파란색을 선택하고 Alt + Delete 를 눌러 색을 채운다.

❸ Ctrl + D 를 눌러 선택 영역을 해제하고 이동 툴(▸)로 파란색 원을 오른쪽 모서리 상단으로 이동시킨다.

❹ 가로 문자 마스크 툴()을 선택하고 옵션 바에서 [글꼴]을 '휴먼둥근헤드라인', [글꼴 크기]를 '60px', [정렬]을 '오른쪽 정렬'로 설정한다.

❺ 작업 창을 클릭하고 '2013.07 제주 바다에 소원을 묻다'라고 입력한다. Ctrl 을 누르면 바운딩 박스가 나타나 텍스트의 위치와 크기를 조정할 수 있다.

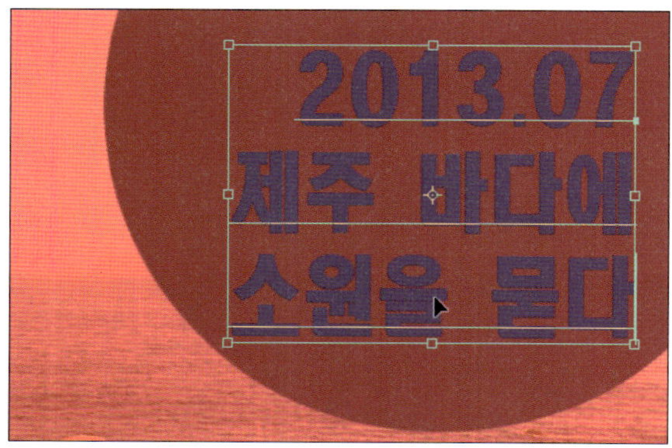

❻ 옵션 바의 동의 버튼(✓)을 클릭하여 문자 입력을 완료한다. 선택 영역이 생성되면 Delete 를 눌러 선택 영역을 삭제한다.

새 레이어 만들기 tip ➕

[Layers] 패널 하단의 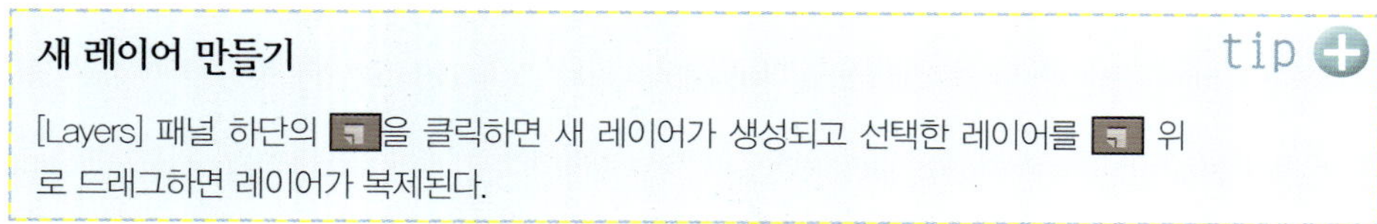을 클릭하면 새 레이어가 생성되고 선택한 레이어를 위로 드래그하면 레이어가 복제된다.

따라하기

02 부분적으로 선택하고 선택 내용으로 새 레이어 만들기

'챕터3_샘플/무화과.jpg' 파일을 불러온 후 무화과를 배경과 분리하여 레이어로 만들고 레이어 이름을 지정해 보자.

❶ 툴 박스에서 자석 올가미 툴(🔲)을 선택한다. 옵션 바에서 [Feather]를 '0', [Width]를 '10', [Contrast]를 '100', [Frequency]를 '80'으로 설정한 후 무화과의 외곽 라인을 따라가며 선택선을 만든다.

❷ 무화과를 선택 영역으로 지정한 후 [Layer]-[New]-[Layer Via Cut] 메뉴를 선택한다. [Layers] 패널에 'Layer 1' 레이어가 생성되고 배경 레이어의 선택 영역은 배경색으로 채워진다.

❸ Ctrl + Z 를 눌러 전 단계로 돌아간 후 [Layer Via Copy] 메뉴의 단축키인 Ctrl + J 를 누르면 선택 영역이 복사되고 새 레이어에 붙여진다. 'Layer 1' 레이어 이름 부분을 더블클릭한 후 '무화과'라고 입력한다.

> **Layer Via Cut과 Layer Via Copy** tip
>
> [Layer Via Cut] 명령은 선택 영역을 오려내어 새로운 레이어에 선택 영역을 붙인다. 이때 선택 영역을 오려낸 레이어가 배경 레이어 면 선택 영역 자리는 배경색으로 채워진다. [Layer Via Copy] 명령은 선택 영역이나 러이어를 복사하여 새 레이어에 붙여 넣는다.

'챕터3_샘플/원형접시.jpg' 파일을 불러온 후 '챕터3_샘플/단추.jpg, 무화과.psd, 담벼락.jpg'
파일에서 레이어를 가져와 접시에 눈, 코, 입을 만들어 보자.

❶ 먼저 '챕터3_샘플/원형접시.jpg' 파일과 '챕터3_샘플/무화과.psd' 파일을 불러온 후
[Window]-[Arrange]-[2-up Vertical] 메뉴를 선택하여 두 파일을 나란히 둔다.

❷ '무화과.psd' 파일을 선택하고 [Layers] 패널에서 '무화과' 레이어를 선택한다. 이동 툴
(▶⊕)을 선택한 후 '무화과.psd' 작업 창을 클릭하고 '원형접시.jpg' 작업 창으로 끌어다
놓는다.

❸ '원형접시.jpg' 작업 창에 무화과가 복제되고 [Layers] 패널에
'무화과' 레이어가 만들어진다.

❹ 이번에는 '챕터3_샘플/단추.jpg, 담벼락.jpg' 파일을 불러온다. 먼저 '단추.jpg' 파일을 클릭하고 원형 선택 툴( )을 선택한다. 눈으로 사용할 알맞은 단추를 선택한다.

> 원형 선택 툴( )로 단추 크기에 맞춰 선택 영역을 만들고 [Select]-[Transform Selection] 메뉴를 선택하여 선택 영역 크기를 조절한다. **tip**

❺ **Ctrl** + **C** 를 눌러 클립보드에 저장하고 '원형접시.jpg' 작업 창을 클릭한 후 **Ctrl** + **V** 를 누르면 선택한 단추가 새 레이어에 붙여 넣어진다. 같은 방법으로 단추 하나를 더 붙여 넣는다.

> 이때 새로 만들어지는 레이어는 현재 선택된 레이어의 바로 위에 생성된다. **Ctrl** + **C**, **V** 를 눌러 복제하면 레이어 속성은 제외하고 픽셀만 복사한다. **tip**

❻ '담벼락.jpg' 작업 창을 클릭하고 빠른 선택 툴( )을 선택한다. 옵션 바에서 , 브러시 크기를 '13px'로 설정하고 넝쿨을 드래그하여 선택 영역으로 지정한다. 이동 툴( )을 선택하고 선택 영역을 '원형접시.jpg' 작업 창으로 드래그한다. '원형접시.jpg'의 [Layers] 패널에 새 레이어가 생성되고 넝쿨이 복사된다.

❼ 각각의 레이어를 선택하고 **Ctrl** + **T** 를 눌러 크기와 위치를 조절한다.

> **작업 창에서 레이어 빠르게 선택하기** **tip**
>
> 이동 툴( )을 선택하고 옵션 바에서 [Auto-Select]에 체크한 후 'Layer'를 선택한다. 작업 창에서 마우스로 클릭한 지점의 픽셀이 포함된 맨 위의 레이어가 선택된다. 'Group' 을 선택하고 작업 창을 클릭하면 클릭한 지점의 픽셀이 포함된 맨 위의 그룹이 선택된다. 그룹에 속한 레이어가 아닐 경우에는 해당 레이어가 선택된다.
> 작업 창을 마우스 오른쪽 버튼으로 클릭하면 클릭한 지점의 픽셀이 포함된 모든 레이어 목록이 나타난다. 원하는 레이어를 클릭하거나 **Shift** 를 누른 채 클릭하면 여러 레이어 를 선택할 수 있다.

'챕터3_샘플/얼굴.psd' 파일을 불러온 후 레이어 순서를 변경하고 [Scripts] 메뉴로 보이는 레이어를 파일로 저장해 보자.

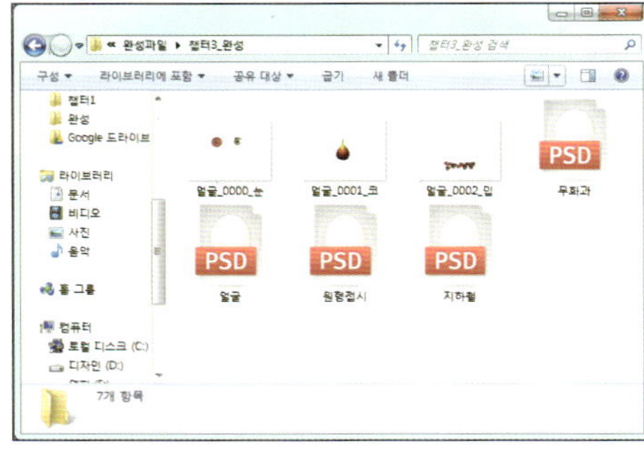

❶ [Layers] 패널을 열고 '무화과' 레이어의 이름을 더블클릭한 후 레이어 이름을 '코'로 변경한다.

❷ 'Layer 1' 레이어를 선택하고 **Shift** 를 누른 채 'Layer 2' 레이어를 선택하면 두 레이어가 모두 활성화된다. 마우스 오른쪽 버튼을 클릭하고 팝업 창이 뜨면 [Merge Layers] 메뉴를 선택한다.

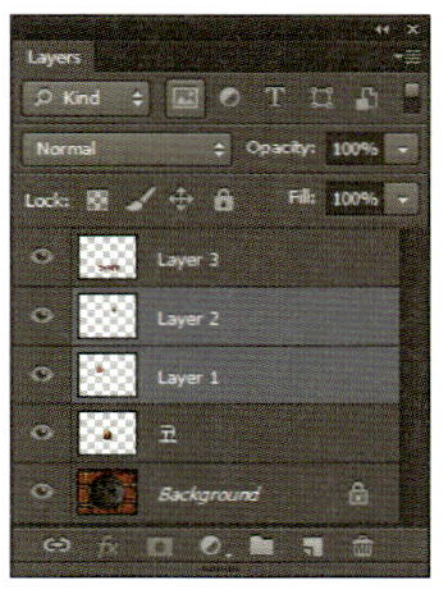

선택한 레이어 합치기 단축키는 **Ctrl** + **E** 이다.   tip ➕

❸ 상위 레이어 이름으로 두 레이어가 합쳐지면 'Layer 2' 레이어 이름을 더블클릭하고 이름을 '눈'으로 변경한다. 'Layer 3' 레이어의 이름도 '입'으로 변경한다.

❹ '입' 레이어를 선택하고 배경 레이어와 '코' 레이어 사이로 드래그한 후 마우스 버튼에서 손을 떼면 '입' 레이어의 순서가 배경 레이어 위로 변경된다. 배경 레이어의 눈 아이콘()을 클릭하여 숨긴다.

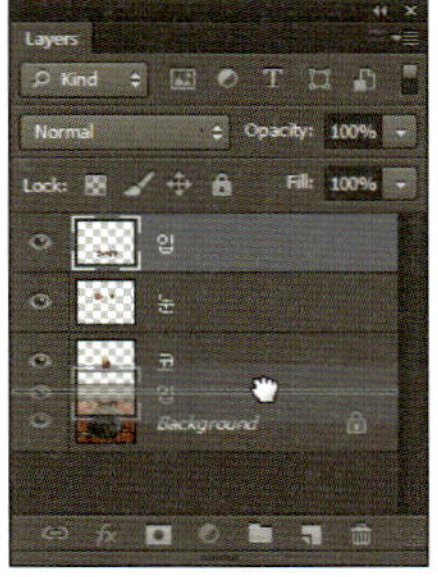
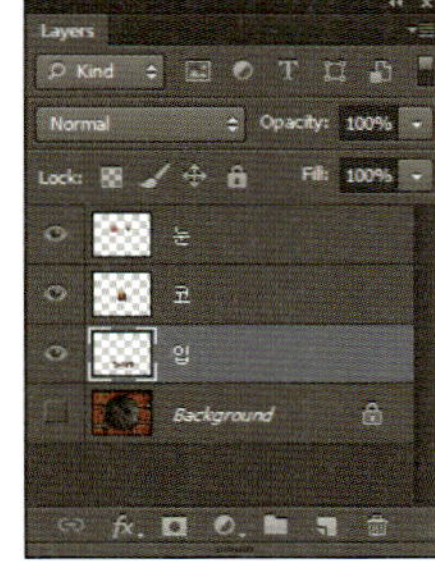

❺ [File]−[Scripts]−[Export Layers to Files] 메뉴를 선택한다. [Export Layers to Files] 대화상자가 나타나면 Browse... 버튼을 클릭하고 레이어를 저장할 위치를 지정한다. [Visible Layers Only]에 체크하고 [File Type]을 'JPEG'로 설정한 후 [Run] 버튼을 클릭한다. 파일 저장이 완료되면 [Script Alert] 대화상자가 나타난다. [OK] 버튼을 클릭한다.

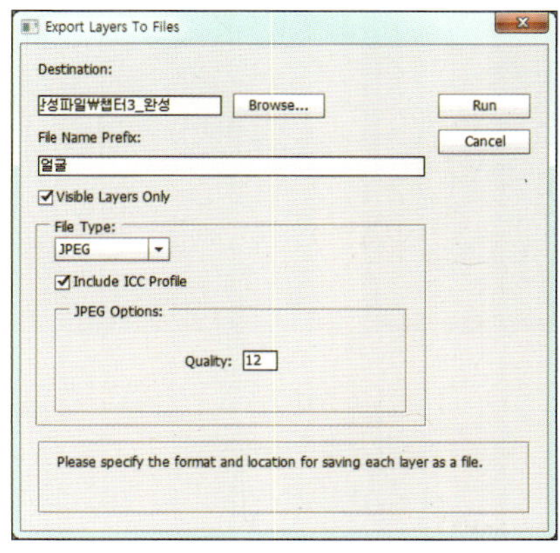

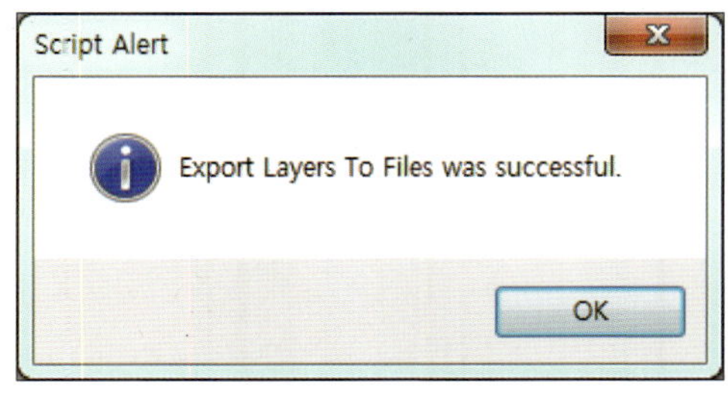

[File]−[Scripts] 메뉴

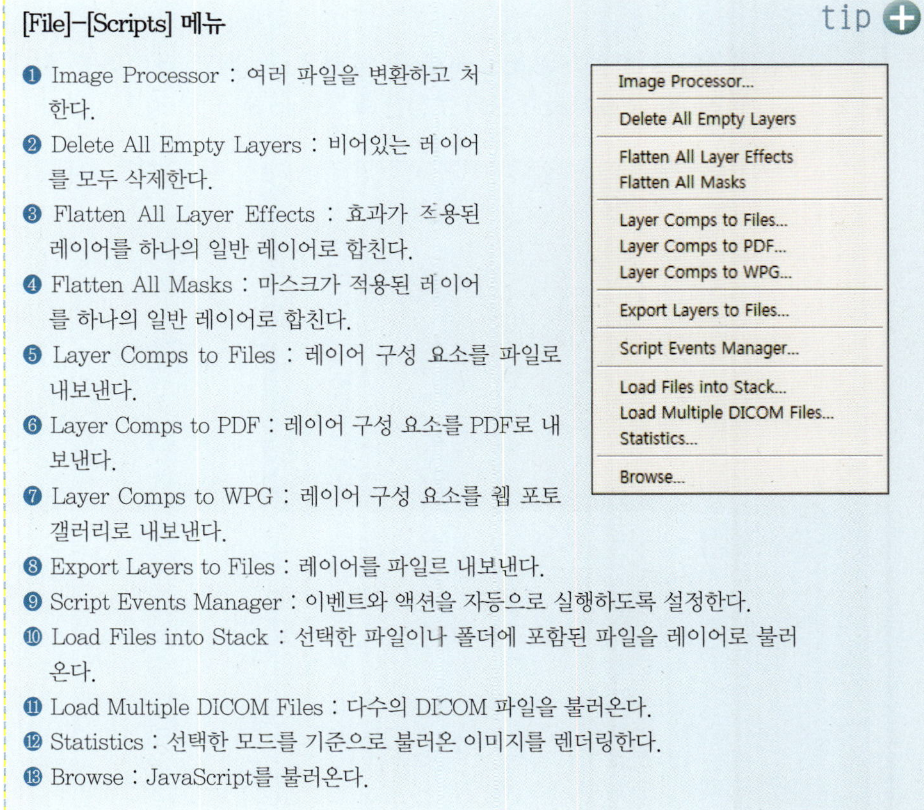

❶ Image Processor : 여러 파일을 변환하고 처리한다.

❷ Delete All Empty Layers : 비어있는 레이어를 모두 삭제한다.

❸ Flatten All Layer Effects : 효과가 적용된 레이어를 하나의 일반 레이어로 합친다.

❹ Flatten All Masks : 마스크가 적용된 레이어를 하나의 일반 레이어로 합친다.

❺ Layer Comps to Files : 레이어 구성 요소를 파일로 내보낸다.

❻ Layer Comps to PDF : 레이어 구성 요소를 PDF로 내보낸다.

❼ Layer Comps to WPG : 레이어 구성 요소를 웹 포토 갤러리로 내보낸다.

❽ Export Layers to Files : 레이어를 파일르 내보낸다.

❾ Script Events Manager : 이벤트와 액션을 자등으로 실행하도록 설정한다.

❿ Load Files into Stack : 선택한 파일이나 폴더에 포함된 파일을 레이어로 불러온다.

⓫ Load Multiple DICOM Files : 다수의 DICOM 파일을 불러온다.

⓬ Statistics : 선택한 모드를 기준으로 불러온 이미지를 렌더링한다.

⓭ Browse : JavaScript를 불러온다.

 '챕터3_샘플/녹차케익.psd' 파일을 불러온 후 녹차 케이크를 '챕터3_샘플/의자.jpg' 파일에 붙여 넣고 복제해 보자.

HINT | '챕터3_샘플/녹차케익.psd' 파일을 열고 [Select]-[Load Selection] 메뉴를 선택한다. [Document]를 '녹차케익.PSD', [Channel]을 '녹차케익'으로 설정하고 [OK] 버튼을 클릭한다. Ctrl+C 를 눌러 선택 영역을 복사하고 '챕터3_샘플/의자.jpg' 파일로 이동한 후 Ctrl+V 를 눌러 붙여 넣는다. Ctrl+T 를 눌러 크기와 위치를 조절하고 더블클릭한 후 Alt 를 누른 채 이동 툴( )로 드래그한다.

 '챕터3_샘플/8W.jpg' 파일을 불러온 후 배경 레이어를 일반 레이어로 전환한다. 레이어를 복제하고 크기 조절한 후 [Photo Filter]를 적용해 보자.

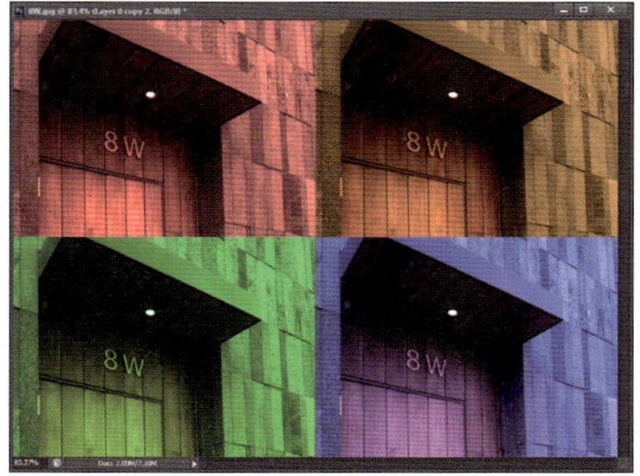

HINT | 배경 레이어를 더블클릭하고 대화상자가 나타나면 [OK] 버튼을 클릭한다. Ctrl+J 를 눌러 레이어를 복제하고 레이어를 모두 선택한다. Ctrl+T 를 누르고 옵션 바에서 [W]와 [H]를 모두 '50'으로 설정한 후 Enter 를 누른다. 이동 툴( )을 선택하고 'Layer 0 copy' 레이어는 왼쪽 상단, 'Layer 0' 레이어는 왼쪽 하단으로 이동시킨다. 다시 두 레이어를 모두 선택하고 Ctrl+J 를 눌러 복제한 후 Shift 를 누른 채 오른쪽으로 드래그하면 수평으로 이동시킬 수 있다. 'Layer 0 copy 3' 레이어를 클릭하고 [Image]-[Adjustments]-[Photo Filter] 메뉴를 선택한다. [Filter]를 'Orange', [Density] '100%'으로 설정한 후 [OK] 버튼을 클릭한다. 같은 방법으로 나머지 레이어에도 포토 필터를 적용한다.

레이어 스타일 적용하기

레이어 스타일은 레이어 또는 그룹에 적용되는 하나 이상의 효과이다. [Layer Style] 대화상자에서 그림자, 엠보싱, 그레이디언트 등의 다양한 효과를 만들어 레이어에 적용한다. 새 스타일을 만들거나 사전 등록된 스타일을 적용하는 방법에 대해 알아보자.

> **◘ 알아두기**
> - 레이어 스타일을 이용하여 레이어에 그림자, 발광, 엠보싱, 테두리, 그레이디언트 등의 효과를 적용할 수 있다.
> - [Layer]–[Layer Style]–[Blending Options] 메뉴를 선택하거나, [Layers] 패널에서 해당 레이어를 더블클릭하면 [Layer Style] 대화상자가 나타난다.
> - 레이어에 적용한 스타일은 [Styles] 패널에 저장할 수 있다.
> - 포토샵 CS6부터는 그룹 레이어에도 효과를 적용할 수 있다. 방법은 레이어에 효과를 적용하는 방법과 동일하다.

따라하기 | 01 | 레이어 스타일로 그림자 쉽게 만들기

'챕터3_샘플/위치찾기.psd' 파일을 불러온 후 그림자를 적용하고 그림자의 모양을 변경해 보자.

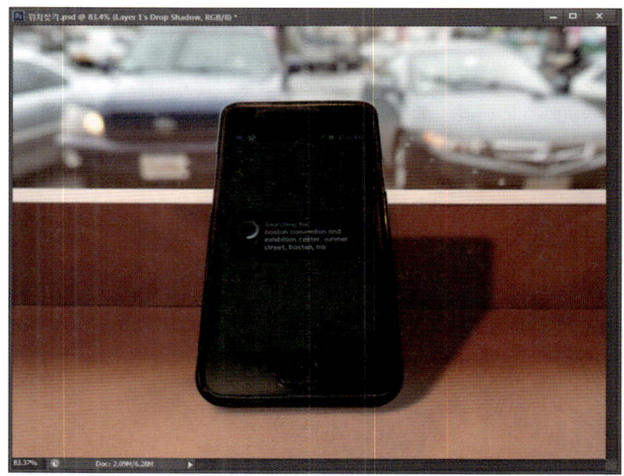

❶ [Paths] 패널에서 **Ctrl** 을 누른 채 'Work Path'의 섬네일을 클릭한다. 휴대폰이 선택 영역으로 지정되면 **Ctrl** + **J** 를 눌러 휴대폰을 복제한다.

❷ [Layers] 패널 하단의 _fx._ 을 클릭하고 팝업 메뉴에서 [Drop Shadow]를 선택한다.

❸ [Layer Style] 대화상자가 나타나고 [Drop Shadow]에 체크되어 있다. 세부 옵션 창에

서 [Opacity] '45%', [Angle] '130', [Distance] '5', [Spread] '0', [Size] '15'로 설정한 후 [OK] 버튼을 클릭한다.

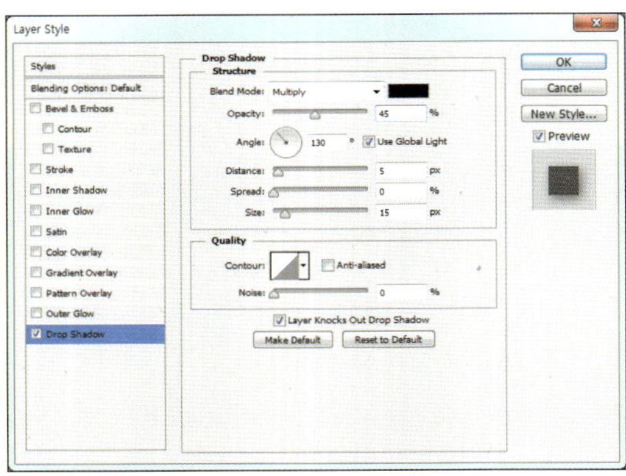

❹ [Layers] 패널에서 'Layer 1' 레이어에 적용된 효과를 확인할 수 있다.

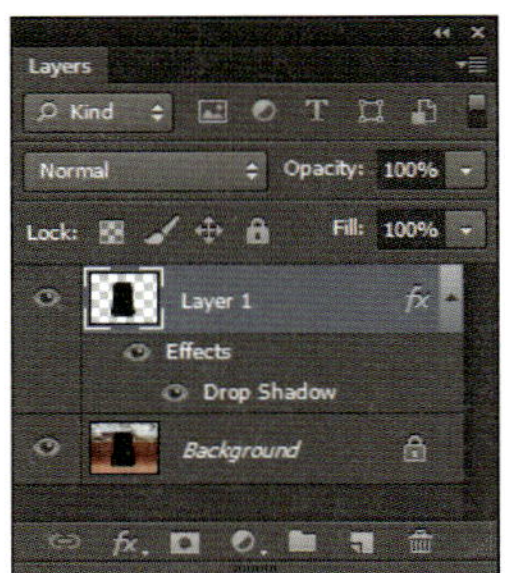

레이어에 효과가 적용되면 레이어 오른쪽에 레이어 효과 아이콘(fx)이 표시된다. 아이 콘 옆의 피커를 눌러 적용된 효과 내역을 표시하거나 숨길 수 있다. **tip** ➕

❺ [Layers] 패널에서 적용된 효과 이름을 마우스 오른쪽 버튼으로 클릭하고 [Create Layer] 메뉴를 선택한다.

❻ 'Layer 1' 레이어에 적용되었던 그림자가 레이어로 생성된다. 그림자 레이어를 선택하고 **Ctrl** + **T** 를 눌러 모양을 변경한다. 사각형 선택 툴( )로 선반의 꺾인 부분과 겹치는 그림자를 선택하고 다시 **Ctrl** + **T** 를 눌러 모양을 변경한다.

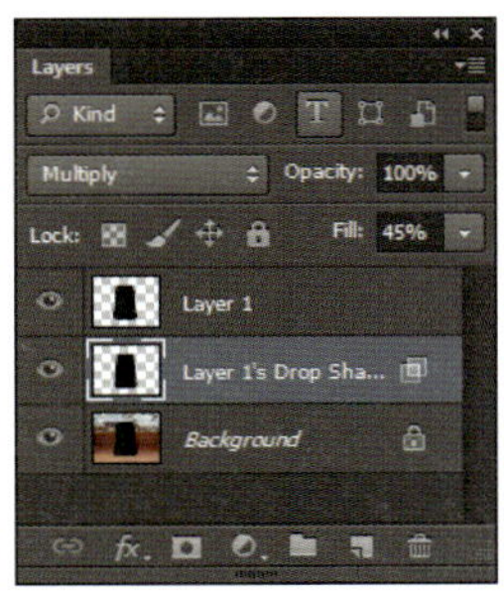

레이어 스타일을 적용하는 4가지 방법 tip 

❶ [Layer]–[Layer Style] 메뉴를 선택한다.

❷ [Layers] 패널 하단의 [Add a layer style] 버튼(fx.)을 클릭하고 팝업 메뉴에서
스타일을 선택한다.

❸ [Layers] 패널에서 레이어를 더블클릭하여 [Layer Style] 대화상자를 불러온다.

❹ [Styles] 패널에서 프리셋으로 등록된 스타일 중 하나를 선택한다.

[Layer Style] 대화상자와 효과 종류 tip

❶ Styles : [Styles] 패널에 사전 등록된 스타일
이 표시된다.

❷ Blending Options Default : 레이어의 블렌딩
혼합 옵션을 설정한다.

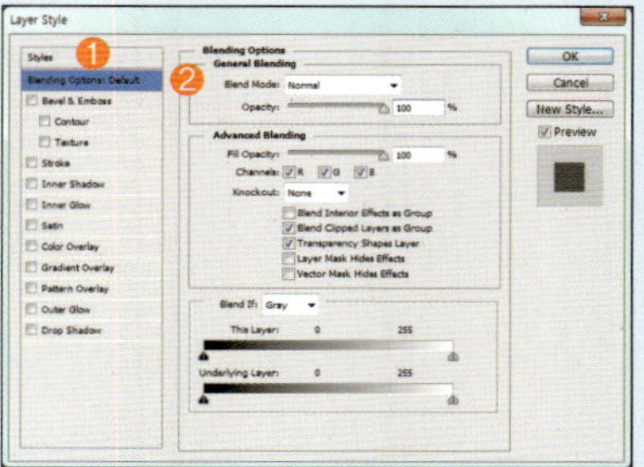

▲ Original

▲ Bevel and Emboss　▲ Stroke　　　　▲ Inner Shadow　　▲ Inner Glow　　▲ Satin

▲ Color Overlay　　▲ Gradient Overlay　▲ Pattern Overlay　▲ Outer Glow　　▲ Drop Shadow

- Bevel and Emboss : 5가지 입체 효과를 적용한다.
- Stroke : 이미지 윤곽을 따라 색, 패턴, 그레이디언트를 채운 테두리를 적용한다. 가장자리가
  선명한 문자 혹은 패스를 포함한 개체에 적용하는 것이 좋다.
- Inner Shadow : 레이어 내용의 가장자리 안쪽으로 그림자를 만든다.
- Inner Glow : 레이어 내용의 가장자리 안쪽으로 빛이 발광하는 효과를 만든다.
- Satin : 광택 질감을 적용한다.
- Color Overlay : 레이어 내용을 색상으로 칠한다.
- Gradient Overlay : 레이어 내용을 그레이디언트로 칠한다.
- Pattern Overlay : 레이어 내용을 패턴으로 칠한다.
- Outer Glow : 레이어 내용의 가장자리 밖으로 빛이 발광하는 효과를 만든다.
- Drop Shadow : 레이어 내용 뒤에 그림자 효과를 만든다.

'챕터3_샘플/메탈.psd' 파일을 불러온 후 레이어에 효과를 적용하여 메탈 느낌이 나도록 만들어 보자.

❶ 셰이프 레이어를 더블클릭하여 [Layer Style] 대화상자를 불러온다.

❷ 왼쪽 창에서 [Bevel & Emboss]를 선택하면 체크 표시되면서 오른쪽에 [Bevel & Emboss] 세부 옵션이 나타난다. [Structure]의 [Style]을 'Inner Bevel', [Technique]를 'Chisel Hard', [Depth]을 '255', [Direction]을 'Up', [Size]를 '30', [Soften]을 '2'로 설정한다.

❸ [Shading]의 [Angle]을 '120', [Altitude]를 '50', [Gloss Contour]를 'Steep Slope – Jagged'로 설정하고 [Use Global Light]에 체크한다. [Highlight Mode]와 [Shadow Mode]는 각각 'Screen', 'Multiply'로 설정하고 [Opacity]는 모두 '100'으로 설정한다.

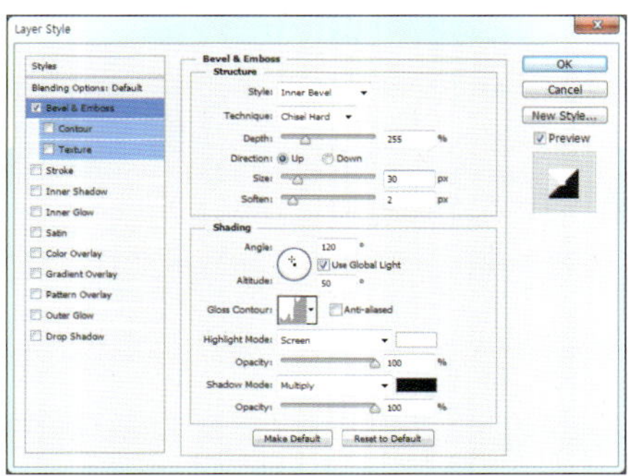

Contour 피커(⬛), ⚙.를 차례로 클릭한 후 팝업 메뉴의 [Text Only]를 선택하면 섬네일  tip 이 아닌 이름으로 목록이 표시된다. 팝업 메뉴의 [Contours]를 선택한 후 대화상자가 나타나면 [Append] 버튼을 클릭하여 Contours 프리셋을 추가할 수 있다.

❹ 이번에는 [Satin]을 선택한다. 옵션 창에서 [Opacity]를 '70', [Angle]을 '19', [Distance]를 '10', [Size]를 '5', [Contour]를 'Gaussian'으로 설정한다.

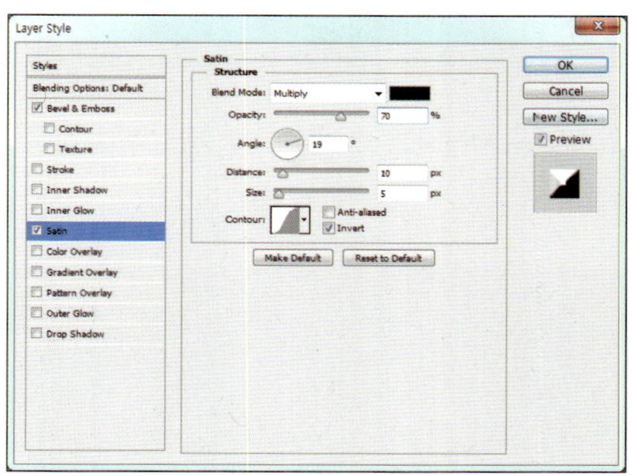

❺ 마지막으로 [Drop Shadow]를 선택하고 [Opacity] '75%', [Angle] '120', [Distance] '11', [Spread] '0', [Size] '13'으로 설정한 후 [OK] 버튼을 클릭한다.

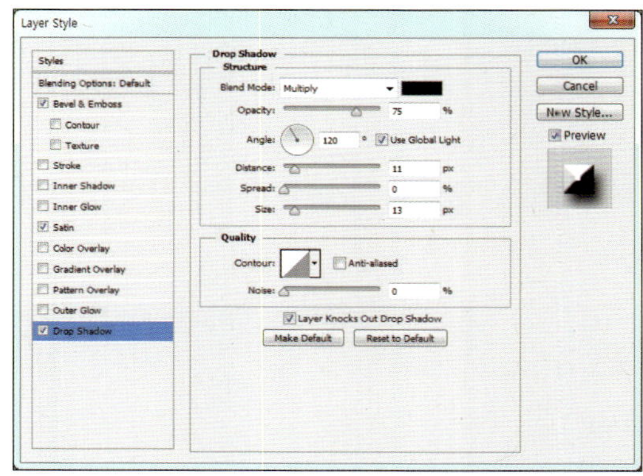

[Contour] 옵션 tip ➕

Drop Shadow, Inner Shadow, Bevel & Emboss, Inner Glow, Outer Glow, Satin 효과를 적용할 때 음영을 설정하는 옵션이다. 그림자나 확산 효과를 적용할 때는 [Contour] 옵션으로 음영을 조절하여 빛과 그림자가 적용되는 모양을 설정할 수 있고, Bevel & Emboss, Satin 효과를 적용할 때는 다양한 질감을 만들어 낼 수 있다.
[Contour]의 미리 보기를 클릭하고 [Contour Editor] 대화상자에서 새로운 Contour를 만들 수 있다.

• Contour를 달리하여 Drop Shadow를 적용했을 때

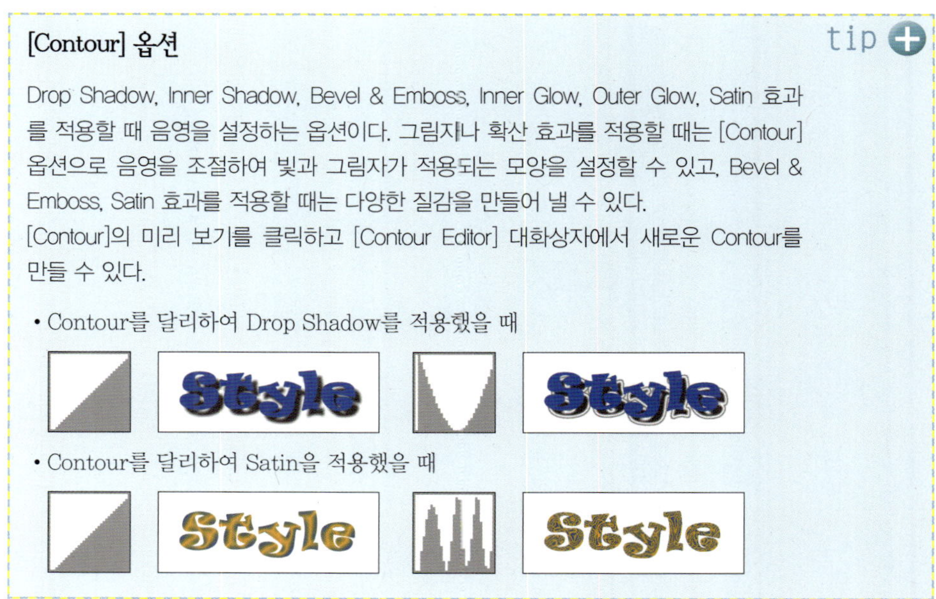

• Contour를 달리하여 Satin을 적용했을 때

앞에서 만든 레이어 스타일을 저장하고 새 레이어를 만든 후 저장한 레이어 스타일을 적용해 보자.

❶ [Layers] 패널에서 'METAL' 레이어를 클릭하고 [Window]–[Styles] 메뉴를 선택하여 [Styles] 패널을 불러온다.

❷ [Styles] 패널의 [New Style]( )을 클릭하고 대화상자가 나타나면 '금속 느낌'이라고 입력한 후 [OK] 버튼을 클릭한다.

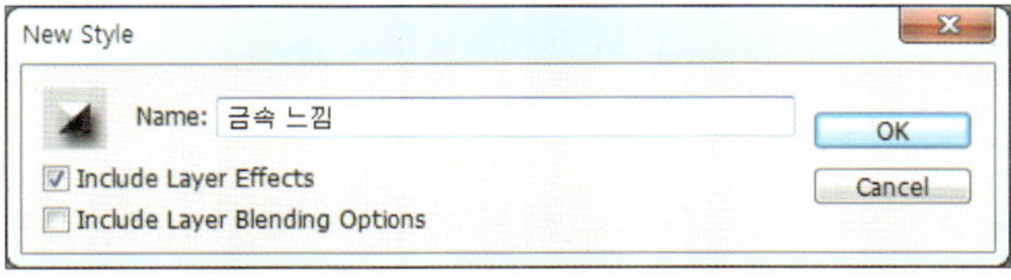 

스타일이 적용된 레이어를 선택하고 [Styles] 패널의 빈 공간을 클릭해서 스타일을 등록 **tip** 할 수도 있다.

❸ [Swatches] 패널에서 흰색을 선택한 후 툴 박스에서 사각형 툴( )을 선택한다. 옵션 바에서 Shape 를 선택하고 'METAL' 글자 아래 가로로 긴 막대를 만든 후 [Styles] 패널에서 '금속 느낌' 스타일을 클릭한다.

❹ 이번에는 'METAL' 레이어를 선택하고 벽돌 느낌의 효과를 적용해 보자. [Styles] 패널에서 을 클릭하고 팝업 메뉴가 나타나면 [Textures]를 선택한다. 대화상자가 나타나면 [Append] 버튼을 클릭해 현재 있는 스타일 목록에 추가한다.

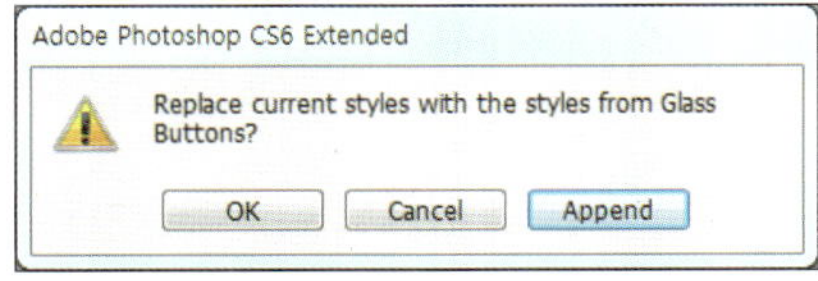

❺ [Textures] 스타일이 목록에 추가되면 'Brick Wall'을 클릭한다. 금속 느낌의 스타일이 벽돌 스타일로 대체된다.

> **Shift** 를 누른 상태에서 클릭하면 기존의 효과에 스타일을 추가한다. **tip** ➕

> **[Styles] 패널** **tip** ➕
>
> 버튼, 유리, 질감 등의 다양한 스타일이 프리셋으로 등록되어 있어 클릭 한 번이면 쉽게 효과를 적용할 수 있다. 적용된 효과를 수정 하거나 새로운 스타일을 만들어 저장할 수도 있다.

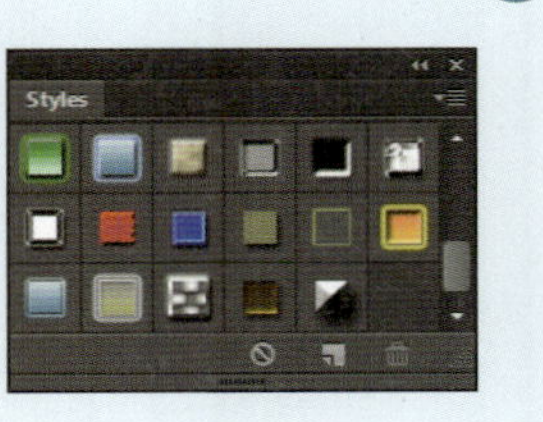

따라하기 04 레이어 스타일 수정하고 복제하기

'챕터3_샘플/UI.psd' 파일을 불러온 후 심플하고 깔끔한 스타일의 UI를 만들어 보자.

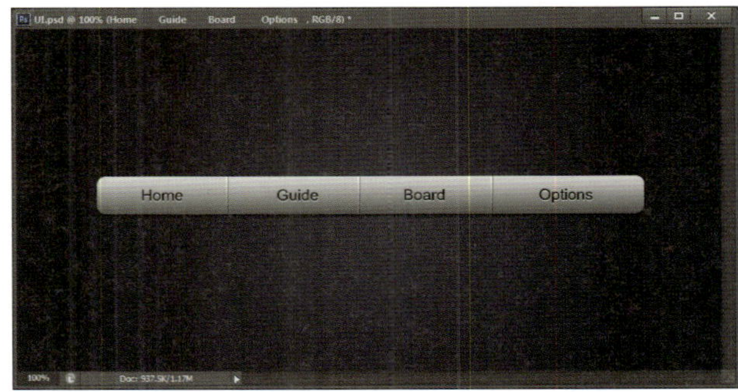

❶ 이동 툴( )을 선택하고 옵션 바에서 [Auto-Select]의 체크를 해제한다. 작업 창에서 Home을 마우스 오른쪽 버튼으로 클릭하면 클릭한 지점의 픽셀이 포함된 레이어가 표 시된다. [Rounded Rectangle 2]를 선택한다.

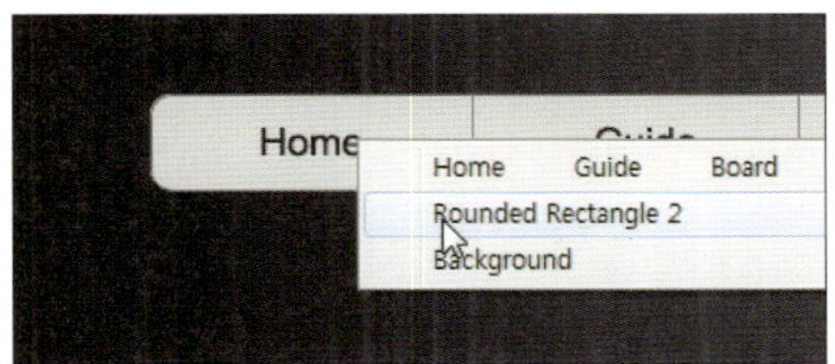

> 이동 툴이 아닌 다른 툴을 사용 중에는 **Ctrl** 을 누르고 마우스 오른쪽 버튼을 클릭 **tip** ➕
> 한다.

❷ [Layer]-[Layer Style]-[Gradient Overlay] 메뉴를 선택한다. [Layer Style] 대화
상자가 나타나면 ■■■■■■■■ 를 클릭하고 [Gradient Editor] 대화상자에서 'Neutral
Density'를 선택한 후 [OK] 버튼을 클릭한다.

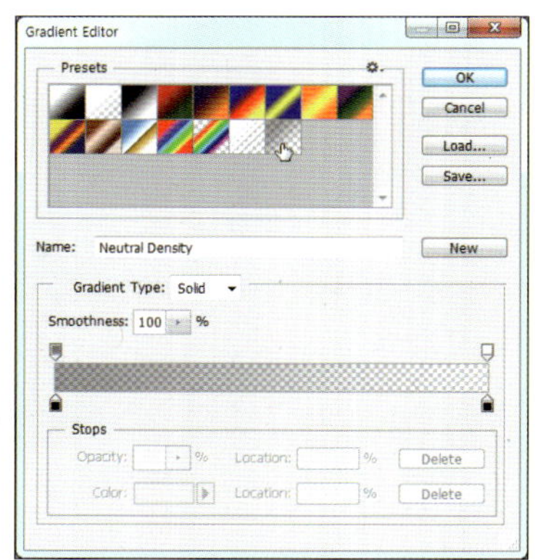 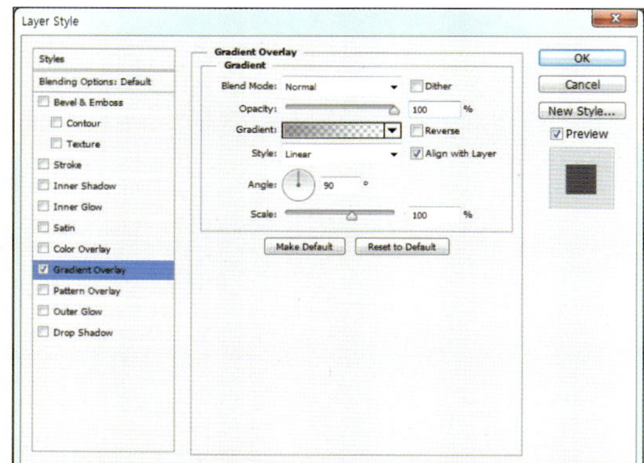

❸ 이번에는 [Drop Shadow]를 선택한다. [Angle]을 '90', [Distance]를 '2', [Spread]를
'0', [Size]를 '5'로 설정하고 [Use Global Light]에 체크한 후 [OK] 버튼을 클릭한다.

❹ 'Rounded Rectangle 2' 레이어에 적용된 'Drop Shadow'를 Alt 를 누른 채 텍스트
레이어로 드래그하면 그림자 효과가 복제된다.

❺ 텍스트 레이어에 적용된 'Drop Shadow'를 더블클릭하고 [Blend Mode]를 'Screen'으
로 변경한 후 색상을 '#e1e1e1'로 설정한다.

❻ [Opacity]를 '100', [Distance]를 '1', [Spread]를 '100', [Size]를 '0'으로 설정하고 [Use
Global Light]에 체크한 후 [OK] 버튼을 클릭한다.

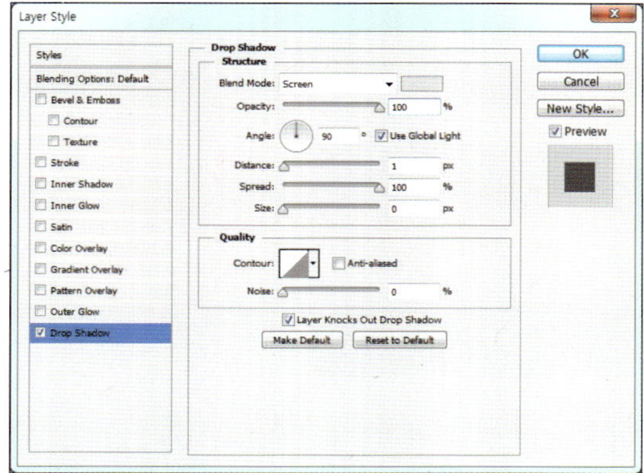

❼ 이번에는 'Shape 1' 레이어를 더블클릭한다. [Layer Style] 대화상자가 나타나면 [Drop Shadow]를 선택한다. [Blend Mode]를 'Normal'로 변경한 후 색상을 '#ffffff'로 설정한다. [Use Global Light]에 체크 해제하고 [Angle]을 '0', [Opacity]를 '100', [Distance]를 '1', [Spread]를 '100', [Size]를 '1'로 설정한 후 [OK] 버튼을 클릭한다.

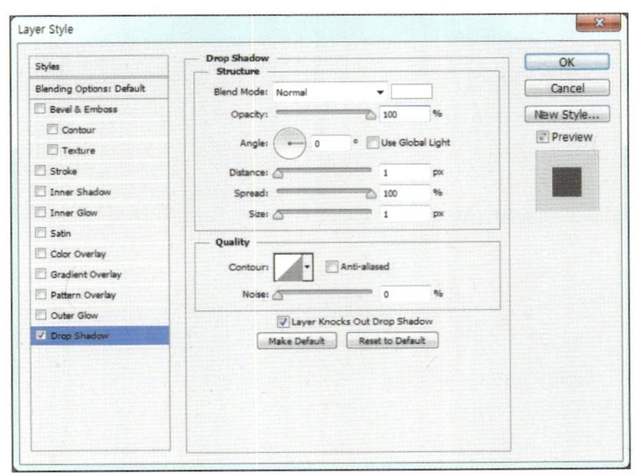

> ### [Use Global Light] 옵션 tip ➕
>
> Drop Shadow, Inner Shadow, Bevel & Emboss처럼 그림자를 만드는 효과에 포함된 옵션으로 [Use Global Light]에 체크하면 모든 레이어의 조명 각도를 통일하여 동일한 각도의 그림자를 만든다. 나중에 적용한 그림자 효과에서 [Use Global Light]에 체크하고 각도를 수정하면 먼저 적용된 그림자의 각도도 일괄 변경된다. 물론, [Use Global Light]의 체크를 해제하면 독립적인 조명을 사용하여 그림자 방향을 자유롭게 설정할 수 있다.

01 혼자해보기
'챕터3_샘플/등.jpg' 파일을 불러온 후 [Layer Style]로 등 주변으로 빛이 번지는 효과를 만들어 보자.

HINT | 툴 박스에서 자석 올가미 툴(🔲)을 선택하고 옵션 바에서 [Feather] '0', [Width] '10', [Contrast] '100', [Frequency] '80'으로 설정한다. 등의 외곽선을 따라 마우스를 이동하면 자동으로 기준점이 생성된다. 등을 선택 영역으로 지정하고 **Ctrl** + **J** 를 누른 후 [Layers] 패널 하단의 **fx.** 를 누르고 [Outer Glow]를 선택한다. [Layer Style] 대화상자가 나타나면 [Size]를 '40'으로 설정하고 [OK] 버튼을 클릭한다.

02 혼자해보기

'챕터3_샘플/네온사인.psd' 파일을 불러온 후 [Styles] 패널에 등록된 스타일로 흰색 배경을 벽돌 배경으로 바꿔 보자.

HINT | [Layers] 패널에서 배경 레이어를 더블클릭하고 [New Layer] 대화상자가 나타나면 [OK] 버튼을 클릭한다. [Styles] 패널에서 [Textures] 프리셋 그룹을 불러온 후 'Brick Wall'을 선택한다. 'Layer 0' 레이어에 적용된 효과 중 'Color Overlay'를 더블클릭하고 [Layer Style] 대화상자 옵션에서 색상을 '#702300'으로 변경한다. 왼쪽 창에서 [Gradient Overlay]를 클릭하고 [Angle]을 '-50'으로 설정한 후 [OK] 버튼을 클릭한다.

03 혼자해보기

앞선 예제에 이어서 'Rounded Rectangle 1' 레이어에 네온 효과를 적용해 보자.

HINT | 'Rounded Rectangle 1' 레이어를 더블클릭하고 [Layer Style] 대화상자에서 [Color Overlay]를 선택한다. 색상을 '#ff00de'로 지정하고 [Outer Glow]를 선택한다. 색상을 '#ff00de', [Opacity]를 '70', [Technique]를 'Precise', [Size]를 '15', [Contour]를 'Terraced', [Range]를 '60'으로 설정한다. 이번에는 [Inner Glow] 효과를 선택하고 [Opacity]를 '80'으로 설정한다. 마지막으로 [Drop Shadow]를 선택한 후 [Use Global Light]에 체크하고 [Angle]을 '130', [Distance]를 '19', [Spread]를 '28', [Size]를 '10'으로 설정한다. [OK] 버튼을 클릭한다.

다양한 방법으로 레이어 활용하기

레이어 마스크, 클리핑 마스크, 블렌딩 모드를 활용하여 이미지를 합성하고 색다른 분위기를 연출하는 방법에 대해 알아보자.

◐ 알아두기

- 블렌딩 모드란 하위 레이어와의 색상 혼합 방식을 설정하는 것으로 이미지에 손상을 주지 않으면서 다양한 분위기의 이미지를 연출할 수 있다.
- 레이어 마스크는 선택한 레이어에 마스크를 씌우고 검은색을 사용하여 이미지를 가려준다. 자연스럽게 이미지를 나타나게 하거나 합성할 때 주로 사용한다.
- 클리핑 마스크는 하위 레이어의 모양에 맞추어 상위 레이어의 이미지가 보이도록 만드는 것이다. 마치 이미지를 오려낸 것과 같은 효과를 만들 수 있다.

따라하기 01 **블렌딩 모드로 밝기 보정하기**

'챕터3_샘플/거리.jpg' 파일을 불러온 후 블렌딩 모드와 레이어 투명도를 이용하여 밝기를 보정해 보자.

❶ [Layers] 패널을 불러오고 배경 레이어를 선택한다. `Ctrl` + `J` 를 눌러 레이어를 복제한다.

❷ 블렌딩 모드를 'Overlay'로 선택하고 [Opacity]를 '80'으로 설정한다.

❸ 다시 `Ctrl` + `J` 를 눌러 레이어를 복제하고 블렌딩 모드를 'Screen', [Opacity]를 '60'으로 설정한다.

❹ `Shift` + `Ctrl` + `E` 를 눌러 보이는 레이어를 합친다.

블렌딩 모드(Blending Mode)

블렌딩 모드는 상위 레이어와 하위 레이어의 색상 혼합 방식을 결정한다. 앞의 예제처럼 같은 이미지를 겹쳐 밝고 어두운 부분을 강조하여 밝기를 보정하기도 하고 서로 다른 이미지를 혼합해 독특한 느낌을 연출하기도 한다. [Layers] 패널의 블렌딩 모드 옵션에서 선택할 수 있으며 총 27가지의 모드가 제공된다. 블렌딩 모드 옵션이 파란색으로 설정되었을 때 키보드의 상하 방향키를 누르면 블렌딩 모드가 차례대로 변경되어 모드를 쉽게 바꿀 수 있다.

▲ 상위 레이어　　　　　▲ 하위 레이어

❶ Normal : 기본 모드로 상위 레이어의 원본 이미지가 나타난다.

❷ Dissolve : 상위 레이어의 투명한 부분을 점으로 나타내며 Opacity 값이 낮을 때 표현이 잘 된다.

▲ Normal　　　　　▲ Dissolve (Opacity : 70%)

❸ Darken : 이미지의 어두운 부분만 나타나게 되어 전체적으로 어두워진다.

❹ Multiply : 상, 하위 레이어의 색상을 곱해서 색상을 표현하기 때문에 전체적으로 어둡게 나타나며 마커로 그린 느낌이 표현된다.

❺ Color Burn : 번 툴을 사용한 것처럼 대비를 증가시켜 나타내며 흰색은 변화가 없다.

❻ Linear Burn : Color Burn 보다 전체적으로 어둡게 표현된다.

❼ Darker Color : 두 이미지의 모든 채널의 명암을 비교하여 더 어두운 색상만 나타난다.

▲ Darken　　　　　▲ Multiply　　　　　▲ Color Burn

▲ Linear Burn

▲ Darker Color

❽ Lighten : 이미지의 색상이 더 밝은 색상이 나타나며 전체적으로 색상이 밝아진다.

❾ Screen : 혼합 색상과 기본 색상의 반전 색을 곱하기 때문에 항상 더 밝은 색상이 된다. 검은색으로 스크린(Screen)하면 색상에 변화가 없으며 어두운 이미지 보정에 효과적이다.

❿ Color Dodge : 기본 색상을 밝게 하여 이미지가 밝아진다. 검은색과 혼합하면 색상의 변화가 없다.

⓫ Linear Dodge(Add) : Color Dodge 보다 좀 더 강한 Dodge 효과가 적용되어 전체적으로 이미지가 밝아진다.

⓬ Lighter Color : 두 이미지의 모든 채널의 명암을 비교하여 더 밝은 색상만 나타난다.

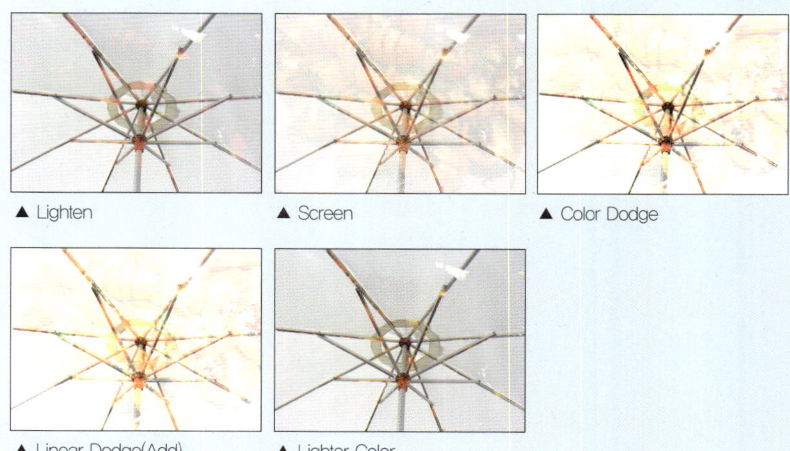

▲ Lighten

▲ Screen

▲ Color Dodge

▲ Linear Dodge(Add)

▲ Lighter Color

⓭ Overlay : 이미지 색상에 따라 Multiply나 Screen Mode로 적용된다. 밝은 영역과 어두운 영역은 제외하고 합성을 하며 채도와 명도 대비를 강하게 한다.

⓮ Soft Light : 혼합 색상이 50% 회색보다 밝은 영역은 밝게, 어두운 영역은 어둡게 적용되며 확산된 조명을 비추는 것과 유사하다.

⓯ Hard Light : 혼합 색상이 50% 회색보다 밝은 영역은 Screen 모드가 적용된 것처럼 밝게, 어두운 영역은 Multiply 모드가 적용된 것처럼 어둡게 적용된다.

⓰ Vivid Light : 밝은 부분은 Color Dodge 모드, 어두운 부분은 Color Burn 모드가 적용된 것처럼 이미지 윤곽이 선명하게 적용된다.

⓱ Linear Light : 전체적으로 고르게 강하게 Hard Light를 표현한다.

⓲ Pin Light : 혼합 색상이 50% 회색보다 밝으면 혼합 색상보다 어두운 픽셀은 대체되고 혼합 색상이 50% 회색보다 어두우면 혼합 색상보다 밝은 픽셀이 대체된다.

⑲ Hard Mix : 두 이미지의 색상이 매우 강하게 합성된다.

▲ Overlay   ▲ Soft Light   ▲ Hard Light   ▲ Vivid Light

▲ Linear Light   ▲ Pin Light   ▲ Hard Mix

⑳ Difference : 하위 이미지의 색상을 상위 이미지의 색상을 이용하여 반전시킨다.
㉑ Exclusion : Difference 모드와 유사하지만 대비가 더 낮다.
㉒ Subtract : 각 채널의 색상 정보를 보고 기본 색상에서 혼합 색상을 뺀다.
㉓ Divide : 각 채널의 색상 정보를 보고 기본 색상에서 혼합 색상을 나눈다.

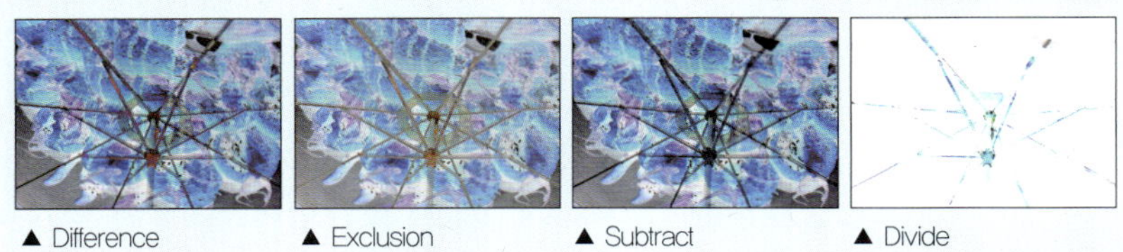

▲ Difference   ▲ Exclusion   ▲ Subtract   ▲ Divide

㉔ Hue : 채도와 명도는 그대로 유지되면서 하위 레이어의 색상이 상위 레이어의 색상으로 변경된다. 채도가 없는 영역(회색)을 페인트하면 색상 변화가 일어나지 않는다.
㉕ Saturation : 하위 이미지의 채도가 상위 레이어의 채도로 바뀌어 나타난다.
㉖ Color : 상위 이미지는 색상과 채도만 나타나고 하위 이미지는 광도만 남는다.
㉗ Luminosity : 상위 이미지는 광도, 하위 이미지는 색상과 채도만 남아 Color 모드의 반대 효과를 만든다.

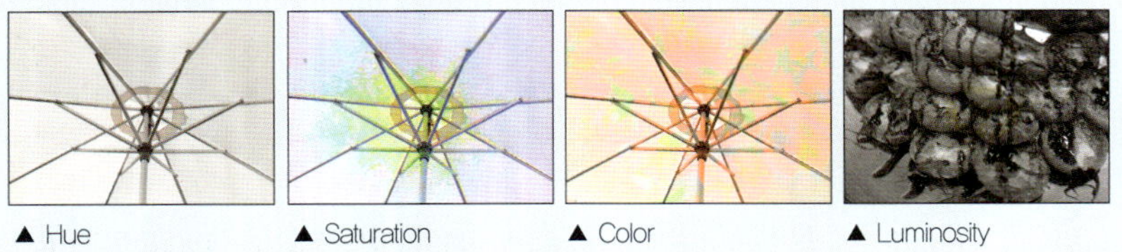

▲ Hue   ▲ Saturation   ▲ Color   ▲ Luminosity

따라하기 02 레이어 마스크로 자연스럽게 이미지 합성하기

'챕터3_샘플/지하철.jpg, 지하철2.jpg' 파일을 불러온 후 레이어 마스크를 만들어 두 이미지의 경계가 자연스럽게 합성해 보자.

❶ Ctrl + O 를 누르고 '챕터3_샘플/지하철.jpg, 지하철2.jpg' 파일을 불러온다.

❷ 이동 툴( )을 선택하고 '지하철2.jpg' 파일을 '지하철.jpg' 파일로 끌고 온다. 끌고 온 이미지를 오른쪽으로 이동시킨다.

❸ [Layers] 패널 하단의 █을 클릭하고 툴 박스에서 그레이디언트 툴(█)을 선택한다. 옵션 바에서 그레이디언트 피커(█)를 클릭한 후 'Black, White' 그레이디언트를 선택한다. █을 선택하고 [Mode]를 'Normal', [Cpacity]를 '100'으로 설정한다.

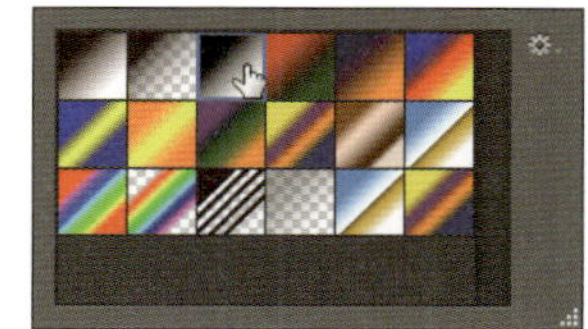

❹ 작업 창의 중앙에서 오른쪽으로 비스듬히 드래그한다.

❺ 검은색 그레이디언트 부분이 이미지를 가려 아래 이미지와
자연스럽게 합성된다.

레이어 마스크(Layer Mask)　　　　　　　　tip ➕

레이어 마스크는 작업 레이어의 이미지를 숨기거나 보여주기 위해 사용한다. 레이어에
마스크를 씌우고 레이어 마스크에 검은색을 칠하면 작업 레이어가 가려져서 하위 레이
어 이미지가 100% 보이도록 처리된다. 흰색으로 채워진 영역은 작업 레이어를 보이게
하며 회색 음영은 농도에 따라 가려지는 불투명도의 정도가 달라진다. 레이어 마스크는
여러 사진을 하나의 이미지로 합성하거나 색상을 교정할 때 유용하게 사용된다.

따라하기 03 　레이어 마스크와 투명도로 바닥에 비친 글씨 만들기

'챕터3_샘플/비침글씨.psd' 파일을 불러온 후 레이어를 복제하고 레이어 마스크와 투명도를
적용하여 바닥에 비친 글씨를 만들어 보자.

❶ [Layers] 패널에서 'METAL' 레이어를 선택한 후 Ctrl + J 를 눌러 레이어를 복제한다.

❷ 레이어를 마우스 오른쪽 버튼으로 클릭하고 [Rasterize Layer Style] 메뉴를 선택한다.

❸ Ctrl + T 를 누르고 윗면의 가운데 조절점을 Ctrl 을 누른 채 아래로 드래그한다. 글
자의 밑부분을 맞춰주고 Enter 를 누른다.

❹ [Layers] 패널에서 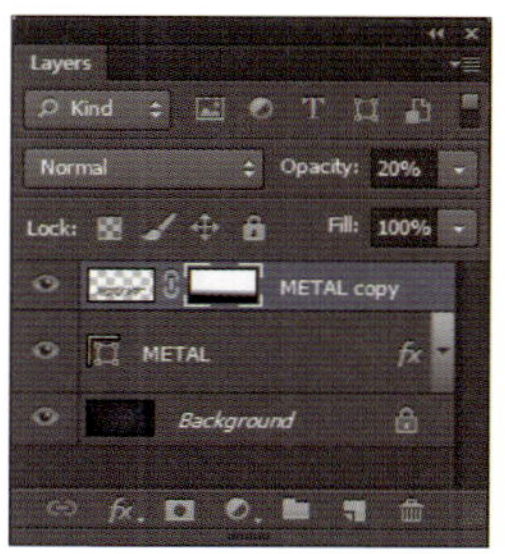 을 클릭하면 레이어에 레이어 마스크
가 적용된다.

❺ 툴 박스에서 그레이디언트 툴(■)을 선택한다. 옵션 바에서 그레이디언트 피커(▼)를 클릭
한 후 'Black, White' 그레이디언트를 선택한다. ■을 클릭하고 [Reverse]에 체크 표
시한 후 복제한 글씨 크기만큼 위에서 아래로 드래그한다.

❻ 원하는 만큼 글씨가 가려지면 [Layers] 패널 상단의 [Opacity]를 '20'으로 설정한다.

04 클리핑 마스크로 포토 앨범 만들기

새 문서를 만들고 앨범의 레이아웃을 잡은 후 [Create Clipping Mask] 명령으로 사진틀에 맞
춰 이미지를 삽입해 보자.

❶ [File]-[New] 메뉴를 선택하고 대화상자가 나타나면 [Width] '800Pixels', [Height]
'600Pixels', [Resolution] '72Pixels/Inch', [Background Contents]를 'White'로 설정
하고 [OK] 버튼을 클릭한다.

❷ 툴 박스에서 사각형 툴(■)을 선택하고 옵션 바에서 Shape 를 선택한 후 왼쪽에 큰
박스 한 개, 오른쪽에 작은 박스 두 개를 그려 넣는다.

> 도형의 색상은 중요하지 않다.　　　　　　　　　　　　tip ✚

❸ [File]-[Place] 메뉴를 선택하고 '챕터3_샘플/여행1.jpg' 파일을 불러온다. 왼쪽으로 이동하고 Enter 를 누른다. [Layers] 패널에서 '여행1' 레이어 위치를 'Rectangle 1' 레이어 위로 이동시키고 Alt 를 누른 채 '여행1' 레이어와 'Rectangle 1' 레이어 경계에 마우스 포인터를 가져간다. 커서의 모양이 으로 바뀌면 클릭한다.

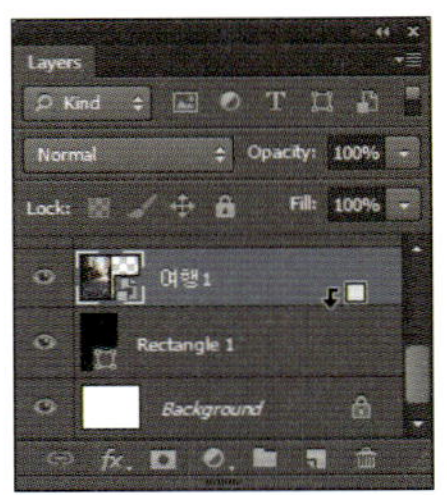 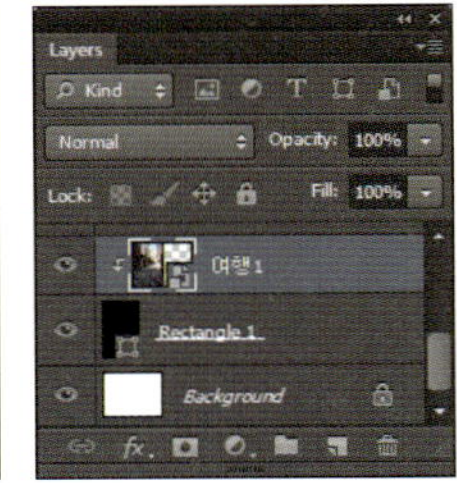

❹ 같은 방법으로 '챕터3_샘플/여행2.jpg, 여행3.jpg' 파일을 불러와 오른쪽 박스에 클리핑 처리한다.

클리핑 마스크 tip ➕

클리핑 마스크는 하위 레이어의 모양에 맞추어 상위 레이어의 이미지가 보이도록 만드는 것이다. 여러 개의 레이어를 클리핑 그룹으로 묶을 때도 위 방법대로 Alt 를 누른 채 레이어 사이의 경계를 클릭하면 된다. 다시 Alt 를 누른 채 레이어 경계를 클릭하면 클리핑 마스크가 해제된다.

---

01 혼자해보기

'챕터3_샘플/식당.jpg' 파일을 불러온 후 '챕터3_샘플/종이.jpg' 파일을 가져와 블렌딩 모드를 적용하여 구겨진 사진을 만들어 보자.

HINT | '챕터3_샘플/식당.jpg' 파일을 열고 [File]-[Place] 메뉴를 선택한다. '챕터3_샘플/종이.jpg' 파일을 불러온 후 Enter 를 누른다. [Layers] 패널 상단의 블렌딩 모드를 'Multiply'로 설정하고 [Opacity]를 '75'로 설정한다.

02 혼자해보기

'챕터3_샘플/세면대.jpg, 레몬.psd' 파일을 불러오고 블렌딩 모드를 이용하여 물에 잠긴 레몬 이미지를 만들어 보자.

HINT | [Layers] 패널에서 🔲을 눌러 새 레이어를 만들고 올가미 툴(🔍)로 세면대 안쪽 테두리를 따라 선택 영역을 만든다. 전경색을 클릭하고 색상을 '#4b545b'르 지정한 후 **Alt** + **Delete**, **Ctrl** + **D** 를 차례대로 누른다. 지우개 툴(🖾)을 선택하고 원형 브러시 모양의 크기 '65', [Hardness]가 '0'인 브러시를 설정한 후 세면대 모양을 참고하여 경계선과 안쪽을 자연스럽게 지워준다. 블렌딩 모드는 'Overlay'로 설정한다. 물에 잠긴 레몬을 만들기 위해 레몬 이미지를 가져온 후 'Layer 1' 레이어 밑으로 이동하고 **Ctrl** + **T** 를 눌러 크기를 조절한다. 레몬 이미지의 블렌딩 모드도 'Overlay'로 설정하고 🔳 을 눌러 [Drop Shadow] 효과를 적용한다.

03 혼자해보기

'챕터3_샘플/원목' 파일을 불러온 후 가운데 나무 조각에 돌을 합성하고 나뭇결이 자연스럽게 나타나도록 만들어 보자.

HINT | 다각형 올가미 툴(🔻)로 가운데 나무 조각을 선택한 후 **Ctrl** + **J** 를 눌러 새 레이어에 붙여 넣는다. '챕터3_샘플/돌' 파일을 원목 이미지 위로 드래그하고 **Enter** 를 누른다. **Alt** + **Ctrl** + **G** 를 눌러 'Layer 1' 레이어에 클리핑 처리하고 [Layers] 패널에서 블렌딩 모드를 'Hard Light'로 설정한다. [Layers] 패널 하단의 🔳 을 클릭하고 전경색을 검은색으로 설정한 후 브러시 툴(🖌)로 이미지 상단을 칠한다. 브러시의 투명도와 경도를 적당히 조절하여 빛에 반사된 느낌을 표현한다.

여러 개의 레이어 손쉽게 관리하기

관련된 레이어들을 그룹으로 묶거나 링크를 걸면 다수의 레이어들을 손쉽게 관리할 수 있고 레이어 정렬 기능으로 레이어들을 정렬하거나 일정한 간격으로 배분할 수 있다. [Layer Comps] 패널은 하나의 파일에서 레이어의 위치, 보기 설정 등을 달리하여 만든 여러 개의 레이아웃을 저장하고 볼 수 있다.

🔘 알아두기

- [Layer Comps] 패널을 이용하여 여러 버전의 레이아웃을 만들고 저장할 수 있다.

- 여러 개의 레이어를 묶어 그룹으로 관리하면 [Layers] 패널의 크기를 늘리지 않아도 되기 때문에 포토샵 화면을 넓게 사용할 수 있으며 이동, 크기 조절, 불투명도 등 그룹으로 묶은 레이어를 한 번에 수정할 수 있다.

- [Layer]-[Align], [Layer]-[Distribute] 메뉴와 이동 툴 옵션 바의 아이콘을 사용하여 레이어들을 정렬 및 배분할 수 있다.

- 연속 된 이미지를 자동으로 이어 붙여 파노라마 사진을 만들 때는 이동 툴(▶+)의 옵션 바에서 [Auto-Align Layers](🖼)를 클릭하거나 [Edit]-[Auto-Align Layers], [File]-[Automate]-[Photomerge] 메뉴를 이용한다.

따라하기 01 정렬 버튼 이용하여 정렬하기

'챕터3_샘플/순서/step1~9.jpg' 파일을 불러온 후 [Align] 기능과 [Distribute] 기능으로 레이어의 이미지들을 정렬해 보자.

❶ [File]-[Scripts]-[Load Files into Stack] 메뉴를 선택한다. [Load Layers] 대화상자가 나타나면 [Use]를 'Folder'로 설정하고 Browse... 를 클릭한다. [Choose Folder] 대

화상자에서 '챕터3_샘플' 폴더 안의 '순서' 폴더를 선택한 후 [OK] 버튼을 클릭한다. '순서' 폴더의 파일 목록이 불려오면 [OK] 버튼을 클릭한다.

❷ 새 작업 창으로 폴더 안의 파일이 레이어로 불려오면 전체 레이어를 선택한다. **Ctrl** +**T**를 누르고 옵션 바에서 ◎을 클릭한 후 [W]에 '20.5'를 입력한다. **Enter**를 눌러 크기 조절을 완료한다.

❸ 이동 툴(▶⊕)을 선택하고 'step1.jpg' 레이어는 작업 창 왼쪽 상단 모서리로, 'step5.jpg' 레이어는 오른쪽 상단 모서리로 이동시킨다.

> [View] 메뉴를 클릭하고 [Snap] 메뉴에 체크되어 있는지 확인한다. 체크되어 있지 않으 tip ➕
> 면 [Snap] 메뉴를 클릭한다.

❹ 'step2.jpg' 레이어와 'step4.jpg' 레이어의 위치를 바꾸고 'step1~step5.jpg' 레이어를 선택한다. 옵션 바에서 ▯▯와 ▮▮을 차례로 클릭한다.

> 같은 크기의 레이어가 겹쳐있는 경우 분배 명령을 실행하면 위에 위치한 레이어부터 오 tip ➕
> 른쪽에서 왼쪽, 아래에서 위쪽 방향으로 분배된다.

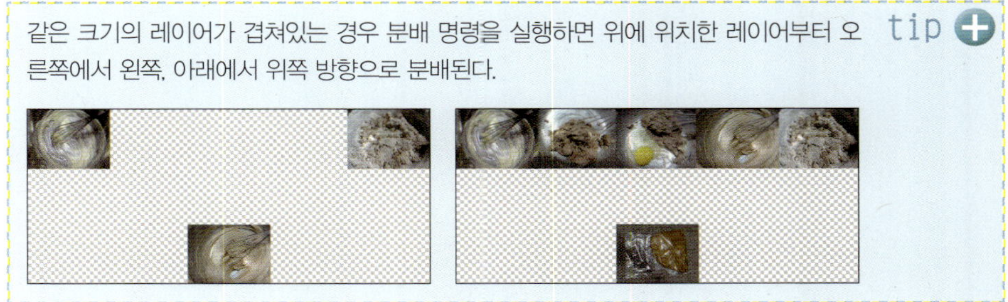

❺ 'step6.jpg' 레이어를 선택한다. 상단에 위치한 이미지와의 간격을 좁힌 후 'step1.jpg' 레이어를 추가 선택하고 옵션 바에서 ▤을 클릭한다. 이번에는 'step4.jpg'와 'step9.jpg' 레이어를 함께 선택하고 ▤을 클릭한다.

❻ 'step7.jpg' 레이어와 'step8.jpg' 레이어의 순서를 바꾸고 'step6~step9.jpg'를 선택한다. 옵션 바에서 ▯▯와 ▮▮을 차례로 클릭한다.

❼ 변경했던 레이어 순서를 다시 차례대로 변경한다.

레이어 그룹으로 묶고 관리하기

'챕터3_샘플/그룹.psd' 파일을 불러온 후 [Group Layers] 명령을 이용하여 레이어들을 그룹화하고 그룹 레이어에 효과를 적용해 보자.

❶ [Layers] 패널에서 'step1~3.jpg' 레이어를 선택하고 [Layer]-[Group Layers] 메뉴를 선택하면 'Group 1' 그룹 레이어가 생성된다. 그룹 레이어의 삼각형을 클릭하면 그룹 레이어가 확장되어 그룹에 속한 레이어들을 볼 수 있다.

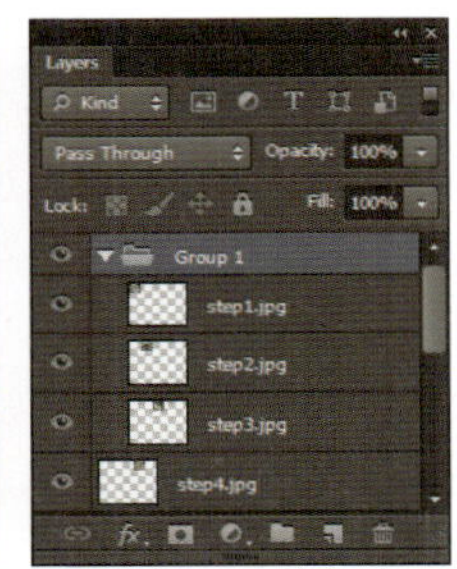

❷ 'step4~6.jpg' 레이어를 선택하고 [Layers] 패널 하단의 ▣ 위로 드래그하여 놓는다. 'step7~9.jpg' 레이어를 선택하고 **Ctrl** + **G** 를 눌러 그룹으로 묶는다.

❸ 그룹 레이어의 이름을 각각 '1~3단계', '4~6단계', '7~9단계'로 변경한다.

> 그룹 레이어의 이름을 변경하는 방법은 레이어의 이름을 변경하는 방법과 동일하다.　tip 

❹ '1~3단계' 그룹 레이어와 '4~6단계' 그룹 레이어를 확장하고 'step3.jpg' 레이어와 'step6.jpg' 레이어를 선택한 후 ▣ 을 클릭한다. 같은 방법으로 'step1.jpg' 레이어와 'step4.jpg' 레이어, 'step2.jpg' 레이어와 'step5.jpg' 레이어를 각각 선택하고 ▣ 을 클릭한다.

❺ 'step4~6.jpg' 레이어를 모두 선택하고 ▣ 을 클릭한 후 모든 그룹 레이어를 축소시킨다.

❻ 그룹 레이어를 모두 선택하고 ▣ 을 클릭하여 작업 창 왼쪽 가장자리에 정렬한다. '7~9단계' 그룹 레이어를 선택하고 **Shift** 를 누른 채 작업 창 중간쯤으로 이동시킨다.

❼ '1~3단계', '4~6단계' 그룹 레이어의 순서를 변경한다. 그룹 레이어를 모두 선택하고
　을 클릭한 후 ↓ 방향키를 눌러 아래로 이동시킨다.

❽ '1~3단계' 그룹 레이어를 더블클릭한다. [Layer Style] 대화상자에서 [Drop Shadow]
를 선택하고 [Opacity]를 '20', [Angle]을 '140', [Distance]를 '8', [Spread]를 '100',
[Size]를 '3'으로 설정한 후 [OK] 버튼을 클릭한다.

❾ '1~3단계' 그룹 레이어의 효과를 다른 그룹 레이어에 　Alt　를 누른 채 드래그하면 그
림자 효과가 복제된다.

[Layer Comps] 패널 이용하여 레이아웃 저장하기

'챕터3_샘플/베이킹.psd' 파일을 불러온 후 [Layer Comps] 명령을 이용하여 한 파일에 여러
버전의 레이아웃을 만들어 보자.

❶ [Window]-[Layer Comps] 메뉴를 선택하여 [Layer Comps] 패널을 불러온다.

❷ [Create New Layer Comp] 버튼(　)을 클릭하고 대화상자가 나타나면 이름을 '베이
킹 1'로 입력한다. [Visibility], [Position], [Appearance]에 체크한 후 [OK] 버튼을 클
릭하면 새 구성 요소가 만들어진다.

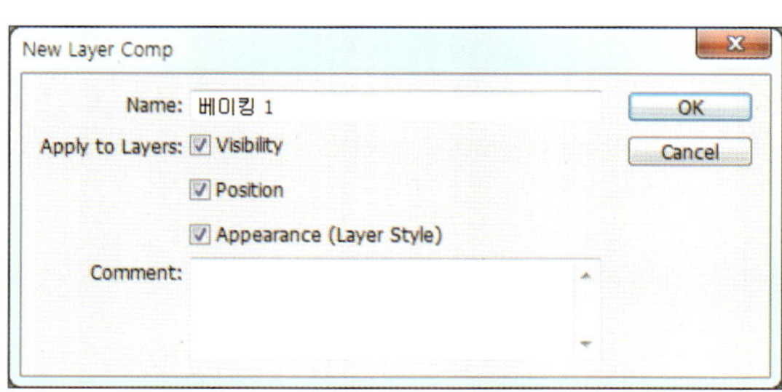

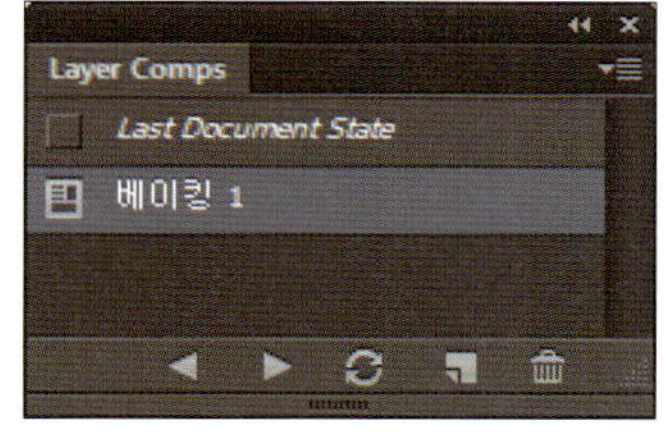

❸ 툴 박스의 이동 툴(▶+)을 선택한 후 '제목' 그룹 레이어를 확장하고 '제목' 레이어와 '제목 박스' 레이어를 선택한다. 작업 창으로 돌아온 후 Shift 를 누른 채 위로 드래그하여 레이어 내용을 이동시킨다. [Layer Comps] 패널에서 ▣을 클릭하고 이름을 '베이킹 2'로 입력한다. [Visibility], [Position], [Appearance]에 체크한 후 [OK] 버튼을 클릭한다.

❹ [Layer Comps] 패널에서 '베이킹 1' 구성 요소의 네모 박스를 클릭하여 '베이킹 1' 레이아웃을 불러온다. [Layers] 패널에서 '방법' 그룹 레이어를 선택하고 레이어 내용을 작업 창 하단으로 이동시킨다. '그림' 그룹 리이어와 '그림 순서' 레이어를 선택하고 작업 창 상단으로 이동시킨다. '그림 순서' 그룹 레이어의 눈 아이콘(◉)을 클릭하여 보이지 않게 설정한다.

❺ [Layer Comps] 패널에서 ▣을 클릭하고 이름을 '베이킹 3'으로 입력한다. [Visibility], [Position], [Appearance]에 체크한 후 [OK] 버튼을 클릭한다.

❻ [Layer Comps] 패널 하단의 ▶을 클릭하면 저장한 구성 요소가 순서대로 나타난다.

❼ '베이킹 3' 구성 요소를 선택하고 [Layers] 패널에서 '그림 순서' 그룹 레이어를 보이게 한다. '그림 순서' 그룹 레이어를 더블클릭하고 [Layer Style] 대화상자가 나타나면 [Color Overlay]를 선택한다. 색상을 '#ffa800'으로 변경하고 [OK] 버튼을 클릭한다.

❽ [Layer Comps] 패널 하단의 ↻을 클릭하면 '베이킹 3' 구성 요소가 변경된 내용으로 업데이트 된다.

따라하기 04 [Auto-Align Layers] 명령으로 이미지 자동으로 이어 맞추기

'챕터3_샘플/야경1~3.jpg' 파일을 불러온 후 [Auto-Align Layers] 명령으로 파노라마 사진을 만들어 보자.

❶ [File]-[Scripts]-[Load Files into Stack] 메뉴를 선택한다. [Load Layers] 대화상자가 나타나면 [Use]를 'Files'로 설정하고 **Browse…** 버튼을 클릭한다. [Open] 대화상자에서 '챕터3_샘플/야경1~3.jpg' 파일을 선택한 후 [OK] 버튼을 클릭한다. 다시 [OK] 버튼을 클릭한다.

❷ 새 작업 창에 '야경1~3.jpg' 파일이 레이어로 불러오면 [Layers] 패널에서 레이어를 모두 선택한다.

❸ 툴 박스에서 이동 툴( )을 선택하고 옵션 바의 [Auto-Align Layers] 버튼( )을 클릭한다.

❹ [Auto-Align Layers] 대화상자가 나타나면 [Auto]를 선택하고 [OK] 버튼을 클릭한다. 이미지의 겹친 부분이 자동으로 연결되고 작업 창의 크기가 조절된다.

❺ 툴 박스에서 자르기 툴(　)을 선택하고 여백을 자른다.

[Auto-Align Layers] 대화상자   tip ➕

❶ Projection

- Auto : 이미지를 분석하고 [Perspective]와 [Cylindrical] 중 더 나은 결과가 나오는 쪽으로 이미지를 정렬한다.
- Perspective : 이미지 중 하나를 기준으로 입체적인 이미지로 정렬한다.
- Collage : 레이어를 정렬하고 겹친 부분을 일치시키며 레이어를 회전하거나 비율을 조정한다.
- Cylindrical : 원 기둥 형태로 정렬한다.
- Spherical : 구형으로 정렬한다.
- Reposition : 레이어를 정렬하고 겹친 부분을 일치시키지만 이미지를 변형하지 않는다.

❷ Lens Correction : 렌즈 결함을 자동으로 교정한다.

- Vignette Removal : 렌즈 음영으로 인해 이미지 가장자리가 가운데에 비해 어둡게 나타나는 결함을 제거한다.
- Geometric Distortion : 렌즈 결함으로 인한 기하학적 왜곡을 보정한다.

---

01 혼자해보기

'챕터3_샘플/실습.psd' 파일을 불러온다. 정렬과 균등 분배 기능을 이용하여 다음과 같이 정렬하고 변경된 레이아웃을 저장해 보자.

HINT | [Layer Comps] 패널에서 ▣을 클릭하고 대화상자에서 [Position]에 체크한 후 [OK] 버튼을 클릭한다. [Layers] 패널에서 '7~9단계' 그룹 레이어를 선택하고 이동 툴(▶)을 클릭한 후 작업 창 오른쪽 하단으로 이동한다. 모든 그룹 레이어를 선택하고 ▤와 ▥을 차례대로 클릭하면 레이어의 내용이 수평, 수직으로 균등 분배된다. 다시 [Layer Comps] 패널에서 ▣을 클릭하고 [Position]에 체크한 후 [OK] 버튼을 클릭한다.

02 혼자해보기

'챕터3_샘플/역사1~3.jpg' 파일을 불러온 후 [File]-[Automate]-[Photomerge] 메뉴를 이용하여 파노라마 사진이 되도록 이미지를 정렬해 보자.

HINT | [File]-[Automate]-[Photomerge] 메뉴를 선택하고 대화상자가 나타나면 [Layout]을 'Auto'로 선택한다. [Source Files]에서 [Use]를 'Files'로 설정하고 Browse... 버튼을 클릭한다. [Open] 대화상자가 나타나면 '챕터3_샘플/역사1~3.jpg' 파일을 선택하고 [OK] 버튼을 클릭한다. 다시 [OK] 버튼을 클릭하면 자동으로 이미지들이 자연스럽게 연결되어 새 작업 창에 배열된다. 툴 박스의 자르기 툴(▣)로 여백을 잘라낸다.

1. 새 레이어 만들기

- [Layer]–[New], [Layer]–[Duplicate Layer] 메뉴와 [Create a new layer] 패널 옵션을 이용하여 레이어를 생성, 복제할 수 있다.
- [Layer Via Cut] 명령은 선택 영역을 오려내어 새로운 레이어를 만들고 [Layer Via Copy] 명령은 선택 영역이나 레이어를 복사하여 새로운 레이어에 붙여 넣는다.

2. 레이어의 종류

- 레이어의 속성에 따라 다양한 레이어가 있다. 새 파일을 불러왔을 때 [Layers] 패널 제일 하단에 있는 배경 레이어는 작업 창에 하나만 지정할 수 있고 [Layer]–[New]–[Layer From Background] 메뉴를 선택하여 일반 레이어로 변경할 수 있다.
- 래스터 이미지나 벡터 이미지가 들어있는 Smart Object 레이어는 원본 파일의 특성을 그대로 유지하면서 편집할 수 있다.

3. 레이어 활용하기

- [Layers] 패널의 블렌딩 모드 옵션은 상위 레이어와 하위 레이어의 색상 혼합 방식을 설정하여 자연스러운 이미지 합성은 물론 독특한 느낌의 분위기를 연출할 수 있다.
- 레이어 스타일은 레이어에 그림자, 테두리, 그레이디언트, 패턴 적용 등의 효과를 쉽게 적용할 수 있는 기능으로 [Layer]–[Layer Style]–[Blending Options] 메뉴를 선택하거나, [Layers] 패널에서 해당 레이어를 더블클릭한다.
- 레이어 마스크는 작업 레이어의 이미지를 숨기거나 보여주기 위해 사용한다. 레이어에 마스크를 씌우고 레이어 마스크에 검은색을 칠하면 작업 레이어가 가려져 하위 레이어 이미지가 100% 보이도록 처리된다.
- 클리핑 마스크는 '오려내다'라는 뜻으로, 하위 레이어의 모양에 맞추어 상위 레이어의 이미지가 보이도록 만든다. Alt 를 누른 채 레이어 사이의 경계를 클릭하여 클리핑 마스크를 적용할 수 있고, 다시 Alt 를 누른 채 레이어 경계를 클릭하면 클리핑 마스크가 해제된다.

4. 레이어 관리

- 레이어의 내용별로 그룹을 만들어 관리하면 이동, 크기 조절, 불투명도 등의 수정을 한 번에 적용할 수 있고 파일의 구성을 한 눈에 파악할 수 있어 효율적이다.
- [Layer]–[Align], [Layer]–[Distribute] 메뉴와 이동 툴(▶+) 옵션 바의 아이콘을 사용하여 레이어들을 정렬 및 배분할 수 있다.
- 연속 된 이미지를 자동으로 이어 붙여 파노라마 사진을 만들 때는 이동 툴(▶+)의 옵션 바에서 [Auto-Align Layers] 버튼(▦)을 클릭하거나 [Edit]–[Auto-Align Layers], [File]–[Automate]–[Photomerge] 메뉴를 이용한다.

종합실습 pointup

1. '챕터3_샘플/다이어리.psd' 파일을 불러온 후 레이어의 종류별로 레이어를 그룹화하고 레이어와 그룹에 효과를 적용한다. 또한, 외부 이미지를 불러와 사진틀 레이어에 클리핑 마스크를 적용해 보자.

[작업 준비물 : 챕터3_샘플/다이어리.psd, 산책.jpg 케익.jpg]

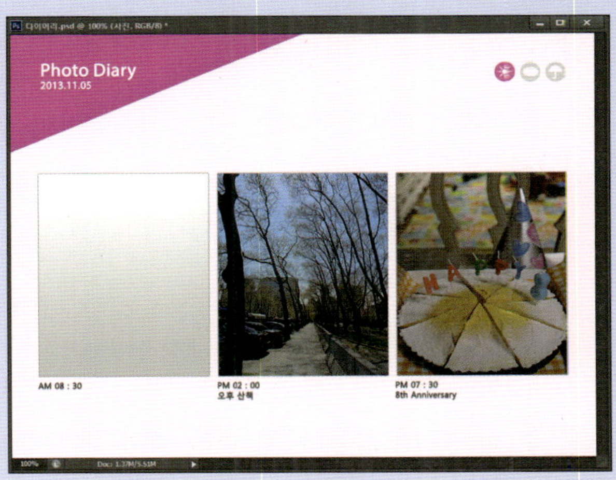

HINT | 1. 파일 열기 : [File]—[Open]

2. 날씨 표시 아이콘 정렬하고 효과 적용한 후 그룹화하기
- [Layers] 패널에서 `Kind`를 `로 정렬
- 해, 구름, 비 레이어 선택하고 이동 툴( ) 옵션 바에서 ,
- '해' 레이어에 효과 적용 : [Layer Style]에서 'Color Overlay' 효과 적용
- 날씨 레이어 그룹화 : `Ctrl` + `G`

3. 사진틀 효과 적용하고 이미지 삽입
- 'Rectangle 1' 레이어 효과를 '사진틀1' 레이어에 복제 후 'Stroke' 효과 적용, 'Gradient Overlay' 수정
- '사진틀1' 효과를 '사진틀2, 3' 레이어에 복제 : 효과 선택하고 `Alt` 누른 채 드래그
- 사진 이미지 불러오고 사진틀에 클리핑 마스크 : [File]—[Place], `Alt` + `Ctrl` + `G`
- 사진틀 레이어 그룹화 : `Ctrl` + `G`

4. '기록' 그룹 레이어에 효과 적용 : 'Photo Diary' 레이어의 'Drop Shadow' 효과 복제

5. 폴더 정렬 : [Layers] 패널

04
CHAPTER

페인팅과 드로잉

카메르로 촬영한 사진에 손 그림을 그려 넣거나 색상을 덧칠하는 브러시 툴과 연필 툴을
비롯해 패턴이나 원본 이미지로 선택 영역을 채우는 패턴 도장 툴이나 히스토리 브러시 툴,
또는 밝기, 선명도 등을 보정하는 리터칭 툴의 공통점은 모두 브러시 툴을 사용하는 것이다.
이번 장에서는 브러시가 어떤 속성을 가지고 있고 관련된 툴들을 어떻게 사용하는지에 대해
알아노자.

색상 선택과 페인팅 및 리터칭 관련 기능 파악하기

이미지에 그림을 그려넣거나 색을 채울 수 있는 페인팅 툴과 이미지의 명암, 채도, 선명도 등을 보정하는 리터칭 툴들은 매우 다양하다. 원하는 작업을 효과적으로 수행하기 위해 어떠한 툴을 선택하고 어떻게 사용해야 하는지 알아보자. 페인팅과 리터칭에 관련된 모든 툴은 브러시 속성에 영향을 받아 작업이 이루어진다.

01 색상을 선택하는 다양한 방법

포토샵 CS6에서는 색상을 선택할 수 있는 다양한 방법이 있다.

1. [Color Picker] 대화상자

툴 박스, [Color] 패널, 여러 툴과 옵션 등에서 색상 박스를 클릭하면 [Color Picker] 대화상자를 불러올 수 있다. 색상 스펙트럼과 색상 필드에서 직접 색상을 보면서 색상을 지정하거나 모드 별 수치, 혹은 색상 번호를 입력한다.

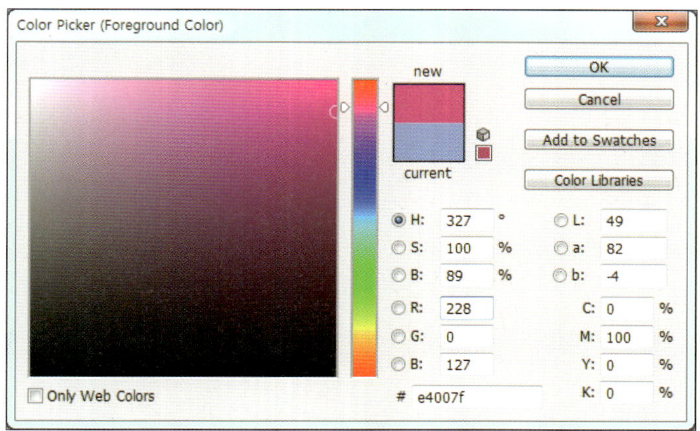

2. [Color] 패널

[Window]-[Color] 메뉴나 [Color] 패널 아이콘(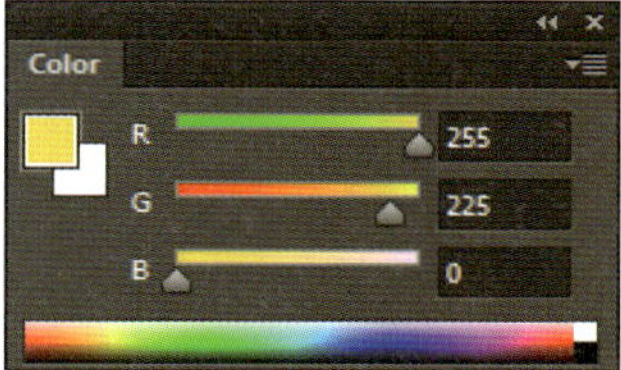)을 클릭하여 불러온다. 색상별 수치를 입력하거나 슬라이더를 움직이거나 하단의 스펙트럼에서 색상을 바로 선택할 수 있다. 전경색과 배경색을 클릭하면 [Color Picker] 대화상자가 나타난다.

3. [Swatches] 패널

[Window]–[Swatches] 명령이나 [Swatches] 패널 아이콘
(▦)을 클릭하여 불러온다. 기본으로 제공되는 색상이 저
장되어 있으며 자주 사용하는 색상을 추가하여 사용할 수
있다.

4. 스포이트 툴(🖊)

클릭한 지점의 색상을 추출하여 전경색으로 지정한다.
Alt를 누른 채 클릭하면 배경색으로 지정된다. 옵션 바
의 [show sampling ring]에 체크하면 윗부분에는 선택
색상이, 아랫부분에는 이전에 선택한 색상이 링으로 나
타난다.

5. HUD 색상 피커

페인팅 중에 **Shift** + **Alt** 를 누른 채 마우스 오른쪽 버튼을 클릭하면 HUD 색상 피커가
나타나 간편하게 색상을 선택할 수 있다. HUD 색상 피커의 모양은 [Edit]–[Preferences]–
[General] 메뉴에서 설정한다.

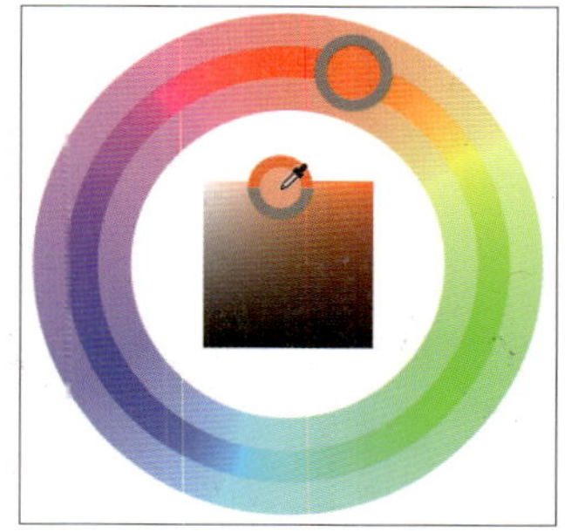

02 이미지 채우기

붓으로 그림을 그리듯 브러시 모양과 크기를 설정하고 이미지에 칠하는 툴과 선택 영역 혹
은 전체 이미지를 클릭, 드래그하여 색상으로 채우는 툴이 있다.

1. 페인팅 툴

브러시를 이용한 페인팅 툴은 브러시 툴(🖌)과 확장 툴인 연필 툴(✏), 믹서 브러시 툴
(🖌)이 있으며 전경색으로 칠해진다. 기본적으로 제공되는 브러시와 사용자 임의대로 만

들어 저장하는 여러 가지 형태의 브러시로 그림을 그릴 수도 색을 채워 넣을 수도 있다. 포토샵 CS6에 새롭게 추가된 부식 브러시와 에어 브러시로 더욱 다양한 느낌의 드로잉이 가능하다.

- 브러시 툴( ) : 부드러운 선을 드로잉할 때 사용한다.

- 연필 툴( ) : 브러시 툴( )과 달리 연필로 그린 듯한 딱딱하고 거친 느낌의 선을 드로잉 할 때 사용한다.

- 믹서 브러시 툴( ) : 포토샵 CS5에 새롭게 추가된 툴로 브러시로 드로잉을 하면 이미지의 색상이 물감처럼 혼합되어 나타난다.

▲ 브러시 툴

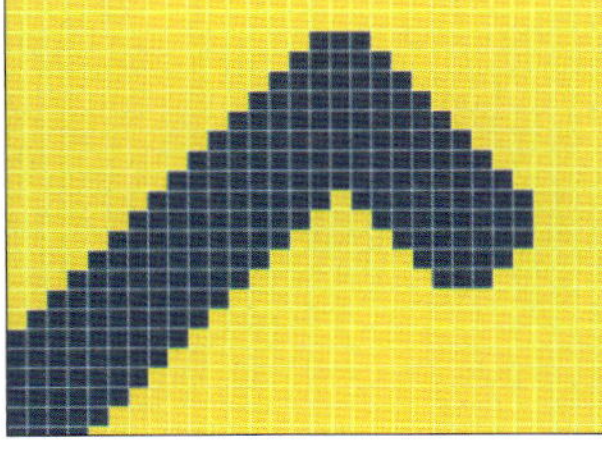

▲ 연필 툴

▲ 믹서 브러시 툴

2. 지우개 툴

- 지우개 툴( ) : 배경 레이어의 경우 드래그하는 영역의 이미지를 지워 배경색으로 채워지며 일반 레이어의 경우 투명하게 처리된다.

- 배경 지우개 툴( ) : 드래그하는 영역을 지워 투명하게 만들며 배경 레이어의 경우 자동으로 일반 레이어로 전환된다.

- 마술 지우개 툴( ) : 연결된 동일 색상을 한 번의 클릭으로 모두 지워 투명하게 만들며 배경 레이어의 경우 자동으로 일반 레이어로 전환된다.

▲ 지우개 툴

▲ 배경 지우개 툴

▲ 마술 지우개 툴

3. 히스토리 브러시 툴

- 히스토리 브러시 툴( ) : 마우스로 드래그 한 영역의 작업 내용을 지우고 원래 이미지로 되돌려준다.

- 아트 히스토리 브러시 툴( ) : 작업 내용을 지우고 원래 이미지로 되돌리면서 다양한 회화 효과를 적용한다.

▲ 원본 이미지

▲ 히스토리 브러시 툴

▲ 아트 히스토리 브러시 툴

4. 그레이디언트 툴

- 그레이디언트 툴( ) : 선택 영역 혹은 전체 이미지를 두 가지 이상의 색이 자연스럽게 혼합되어 변화하는 느낌으로 채울 수 있다.

- 페인트 통 툴( ) : 마술봉 툴과 같이 유사한 색으로 연결된 부분을 전경색이나 패턴으로 한 번에 채워준다.

▲ 그레이디언트 툴

▲ 페인트 통 툴

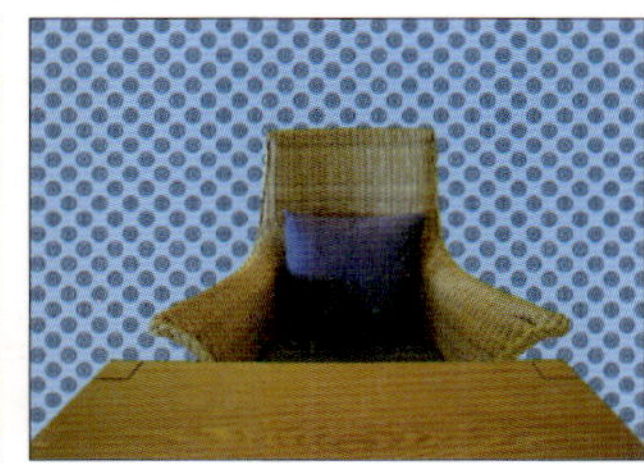

▲ 페인트 통 툴

5. 공통으로 들어가는 페인트 툴 옵션

- Mode : 페인트하는 색상과 기존 픽셀이 가진 색상을 혼합하는 방법을 설정한다. 툴 마다 사용 가능한 모드가 다르므로 툴을 사용할 때 사용할 수 있는 모드를 확인하도록 한다.

- Opacity : 칠하는 색상의 투명도를 설정하더 마우스 버튼을 누르고 있는 동안은 같은 지점을 반복해서 칠해도 설정한 불투명도를 넘지 않으나 마우스 버튼을 떼고 다시 그리면 설정된 불투명도 값의 색상이 겹쳐 칠해진다. 숫자키를 눌러 불투명도 값을 설정할 수 있다.

- Flow : 브러시로 작업 창을 그릴 때 색상이 적용되는 속도를 설정한다. 획을 그을 때 마우스 버튼을 누르고 있으면 플로우 속도를 기반으로 색상 양이 구성된다.

- Airbrush( ) : 브러시의 압력을 감지하여 마우스를 클릭하고 있으면 스프레이처럼 색상을 뿌려준다.

- 태블릿 압력 버튼(,) : 태블릿 압력 버튼을 선택하면 [Brush] 패널에서 설정한 불투명도 및 크기 값을 무시하고 타블렛 압력으로 투명도와 크기를 조절한다.

포토샵의 복원 툴로는 얼굴의 잡티, 점, 주름 등을 지우거나 수정할 수 있는 스팟 힐링 브러시 툴( )과 확장 툴인 힐링 브러시 툴( ), 패치 툴( ), 콘텐츠 인식 이동 툴( )이 있다. 콘텐츠 인식 이동 툴( )은 CS5에 새롭게 추가되었던 콘텐츠 인식 채우기 기능이 툴로 탑재된 것으로 콘텐츠 인식 채우기 기능을 더욱 간편하게 사용할 수 있다.

1. 스팟 힐링 브러시 툴( )

[Edit]−[Fill]−[Contents Aware] 명령이 큰 면적의 공백을 채우거나 수정할 때 효과적이라면 스팟 힐링 브러시 툴( )은 얼굴의 점과 같이 작은 부분의 흠을 수정할 때 효과적이다. 브러시를 사용하여 수정하려는 곳을 클릭하거나 문지르면 주변 픽셀을 자동으로 인식하여 수정해 준다.

2. 힐링 브러시 툴( )

복원할 부분과 유사한 부분을 복제 지점으로 지정한 후 복원할 부분을 브러시로 칠하면 주변 이미지와 어울리도록 자연스럽게 복원된다. 주로 좁은 영역을 보정할 때 사용하며 Alt 를 누른 채 클릭하면 복제 지점이 지정된다.

3. 패치 툴( )

넓은 영역을 보정할 때 주로 사용하며 영역을 선택하고 대치할 영역으로 드래그하여 보정한다. 옵션 바에서 'Source'를 선택하면 선택 영역이 대치 영역으로 복제되고 'Destination'을 선택하면 대치 영역이 선택 영역으로 복제된다.

4. 콘텐츠 인식 이동 툴( )

선택 영역을 지정하고 드래그하면 빛, 노이즈, 톤 등을 자동으로 인식하여 주변과 어울리도록 자연스럽게 채워준다. 선택 영역뿐만 아니라 옮긴 지점의 주변도 인식하여 선택 영역을 붙여 넣는다.

색상을 변경하는 툴에는 사진 촬영 시 인물 사진의 적목 현상을 제거해주는 레드 아이 툴( )과 순검정과 순흰색을 제외한 회색이나 색상이 있는 특정 부분의 색상을 변경해주는 색상 교체 툴( )이 있다.

05 특수한 기능의 페인팅 툴Ⅲ : 이미지 복제 툴

이미지를 복제하는 툴로는 도장 툴(⏚)과 확장 툴인 패턴 도장 툴(⏚)이 있다. 이미지를 그대로 복제해 주기 때문에 사진 편집 시 유용하게 사용할 수 있다.

1. 도장 툴(⏚)

선택한 이미지를 그대로 복제하거나 [Clone Source] 패널 옵션을 설정하여 크기, 각도를 다르게 복제할 수 있다.

2. 패턴 도장 툴(⏚)

이미지의 일부분이나 전체를 패턴으로 등록한 후 패턴 도장 툴(⏚)을 이용하여 선택 영역이나 전체 이미지를 등록한 패턴으로 채울 수 있다. [Edit]-[Fill] 메뉴로도 이미지를 패턴으로 채울 수 있다.

리터칭 툴로는 주제를 돋보이게 하기 위해 배경을 흐리게 하거나 주제를 선명히 조절하는 블러 툴( )과 그 확장 툴인 샤픈 툴( ), 스머지 툴( )을 비롯하여 이미지의 명암과 채도를 조절하는 닷지 툴( )과 그 확장 툴인 번 툴( ), 스펀지 툴( )이 있다.

1. 선명도를 변경하는 리터칭 툴

- 블러 툴( ) : 이미지를 흐리게 만든다.
- 샤픈 툴( ) : 이미지를 뚜렷하고 선명하게 만든다.
- 스머지 툴( ) : 손가락으로 문지르는 듯한 효과를 만든다.

2. 명암, 채도를 변경하는 리터칭 툴

- 닷지 툴( ) : 마우스로 드래그한 부분의 이미지를 밝게 만든다.
- 번 툴( ) : 마우스로 드래그한 부분의 이미지를 어둡게 만든다.
- 스펀지 툴( ) : 마우스로 드래그한 부분의 채도를 조절한다.

색상을 선택하는 방법

색을 칠하기 위해서는 색상을 먼저 선택하여야 한다. 색상을 선택하는 방법으로는 [Color Picker] 대화상자, [Color] 패널, [Swatches] 패널과 툴 박스의 스포이트 툴(🖋)을 이용하는 방법이 있다.

● 알아두기

- 툴 박스의 전경색이나 배경색을 클릭하면 [Color Picker] 대화상자가 나타나 색상을 선택할 수 있다.
- 스포이트 툴(🖋)은 클릭한 지점의 색상을 추출해서 전경색이나 배경색으로 지정해주며, 클릭하였을 때 컬러 샘플러 링이 나타나 선택된 색상과 이전에 선택된 색상을 보여준다.
- [Swatches] 패널의 빈 곳을 클릭하면 전경색이 패널에 등록된다. **Alt** 를 누른 채 등록된 색상을 클릭하거나 🗑 으로 드래그하면 삭제된다.

따라하기 `01` **전경색과 배경색 설정하기**

'챕터4_샘플/안경.jpg' 파일을 불러온 후 이미지에 색상을 칠해 보자.

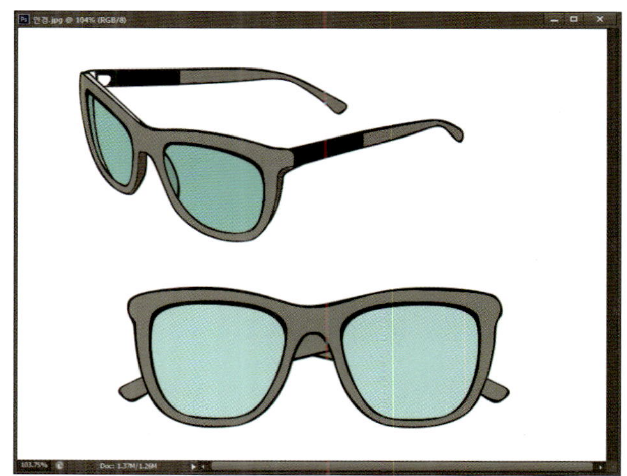

❶ 툴 박스의 마술봉 툴(🪄)을 선택하고 옵션 바에서 [Contiguous]에 체크한다. 밑에 있는 안경의 안경알을 모두 선택하고 툴 박스의 전경색을 클릭한다.

❷ [Color Picker] 대화상자에서 세로 막대 색상 스펙트럼을 이동하여 색상 계열을 선택하면 왼쪽 창이 해당 색상의 필드로 바뀐다. 색상 필드에서 원하는 명도와 채도를 가진 색상을 직접 고르거나 색상 코드를 입력 또는 모드 별 색상 값을 입력하고 [OK] 버튼을 클릭한다. 여기서는 [#]에 'bae4e2'를 입력한다.

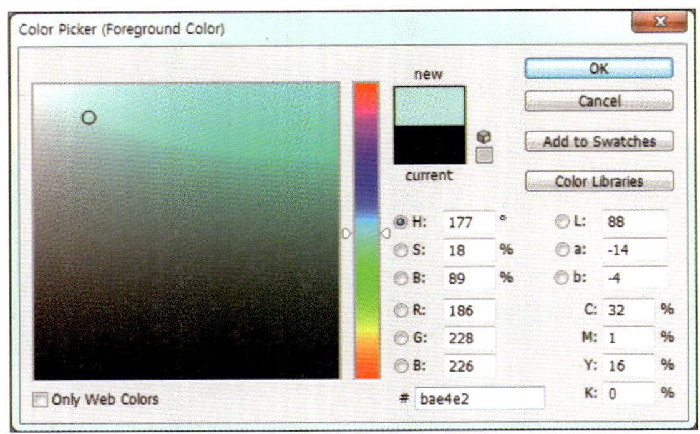

❸ 선택한 색상으로 전경색이 바뀐 것을 확인하고 [Alt]+[Delete]를 눌러 선택 영역을 전 경색으로 채운다. [Ctrl]+[D]를 눌러 선택 영역을 해제한다.

❹ 마술봉 툴(　)로 밑에 있는 안경의 다리를 선택한다. 이번에는 배경색을 클릭하고 [Color Picker] 대화상자가 나타나면 [C], [M], [Y], [K]에 차례대로 '0, 0, 0, 60'을 입 력한 후 [OK] 버튼을 클릭한다. [Ctrl]+[Delete]를 눌러 배경색으로 채우고 선택 영역을 해제한다.

❺ 위에 있는 안경의 안경알을 마술봉 툴(　)로 선택한 후 [Swatches] 패널에서 'Pastel Green Cyan' 색상을 선택한다. 선택한 색상으로 전경색이 변경되면 [Alt]+[Delete]를 눌러 전경색으로 채우고 선택 영역을 해제한다.

❻ 안경알의 안쪽을 선택하고 전경색을 클릭한다. [Color Picker] 대화상자가 나타나면 색상 필드에 서 현재 위치보다 밑을 클릭하고 [OK] 버튼을 클 릭한다. [Alt]+[Delete]를 누르면 안경알과 같은 색상이지만 어두운 색상으로 채워진다. 나머지 부 분도 편한 방법으로 색상을 선택하고 채워준다.

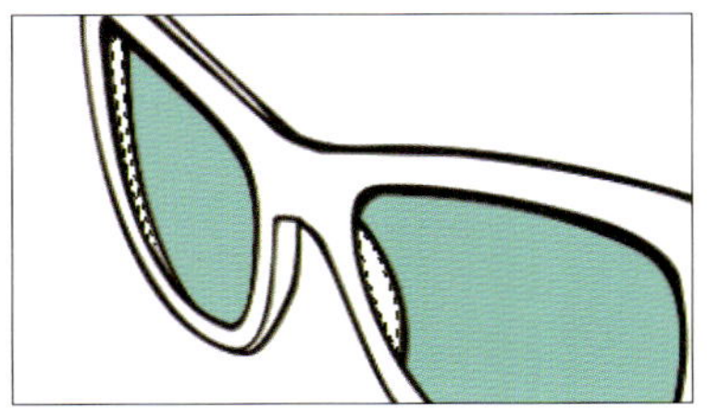

툴 박스의 전경색과 배경색　　　　　　　　　　tip ✚

❶ 기본색 : 클릭하면 기본 설정 색상으로 바뀐다. 기본 전경 색은 검은색이고 기본 배경색은 흰색이다. 알파 채널에서 는 기본 전경색이 흰색이고 기본 배경색이 검은색이다.

❷ 색상 전환 : 전경색과 배경색이 전환된다. 단축키 [X]를 눌러 바꿀 수도 있다.

❸ 전경색 : 클릭하면 [Color Picker] 대화상자가 나타나 전경색을 설정할 수 있으 며 [Alt]+[Delete]를 눌러 선택 영역이나 전체 이미지를 전경색으로 채울 수 있다.

❹ 배경색 : 클릭하면 [Color Picker] 대화상자가 나타나 배경색을 설정할 수 있으 며 [Ctrl]+[Delete]를 눌러 선택 영역이나 전체 이미지를 배경색으로 채울 수 있다.

[Color Picker] 대화 상자   tip +

색상을 선택할 수 있는 [Color Picker] 대화상자는 전경색, 배경색, 문자 및 도형의 색
상, 그레이디언트 등 여러 툴과 옵션의 대상 색상을 설정한다. 세로 막대의 색상 스펙
트럼으로 색상을 선택하고 왼쪽의 색상 필드에서 원하는 명도와 채도의 색상을 선택
하거나 색상 값을 직접 입력하여 색상을 설정할 수 있다.

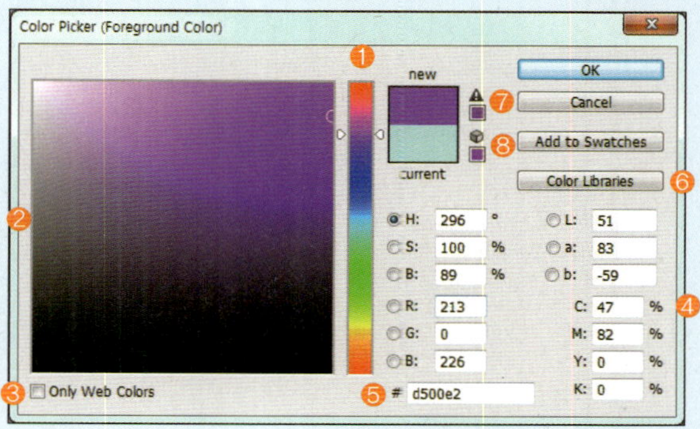

❶ 색상(Hue) : 색상을 나타내는 색상 스펙트럼으로 삼각 슬라이더를 이동하여 색
  상을 선택할 수 있다.

❷ 색상 Field : 스펙트럼으로 선택한 색상의 필드를 나타낸다. 위쪽으로 갈수록 명
  도가 높이지고 오른쪽으로 갈수록 채도가 높아진다.

❸ Only Web Colors : 웹에서만 표현되는 색을 표시한다.

❹ HSB, RGB, Lab, CMYK : 색상 필드에서 색을 선택하면 자동으로 해당 색상의
  색상 값이 표시된다. 색상 값을 직접 입력하여 색상을 선택할 수도 있다.

❺ # : HTML 코드에 사용되는 색상 값이 표시된다.

❻ Color Libraries : [Color Libraries] 대화상자가 나타나 컬러 차트를 통해 색상
  을 선택할 수 있다.

❼ 인쇄시 제대로 표현되지 않는 색상이 선택되었을 때 나타나며 클릭하면 안전한
  색상으로 변경된다.

❽ 웹에서 제대로 표현되지 않는 색상이 선택되었을 때 나타나며 클릭하면 안전한
  색상으로 변경된다.

'챕터4_샘플/볼풀.jpg' 파일을 불러온 후 스포이트 툴로 특정 부분의 색을 추출하여 선택 영역을 채워 보자.

❶ 툴 박스에서 원형 선택 툴(◯)을 선택하고 이미지 가운데에 위치한 빨간 공을 선택한다. 스포이트 툴(✐)을 선택하고 옵션 바에서 [Sample Size]를 'Point Sample'로 설정한다. [Show Sampling Ring]에 체크한 후 뒤 쪽의 초록색 공을 클릭한다.

> 공의 크기와 위치에 맞춰 선택이 힘들면 선택 영역을 만들고 [Select]–[Transform Selection] 메뉴를 선택한다. 선택 영역 가장자리에 바운딩 박스가 나타나 크기와 위치를 조절할 수 있다. **tip ➕**

❷ 클릭한 지점의 색상이 전경색으로 지정되면 **Alt** + **Delete** 를 눌러 빨간 공을 초록색으로 채운다.

❸ 다시 원형 선택 툴(◯)로 옆의 파란 공을 선택 영역으로 지정한 후 스포이트 툴(✐)을 선택한다. **Alt** 를 누른 채 빨간 공을 클릭하여 배경색으로 지정한다.

❹ **Ctrl** + **Delete** 를 눌러 선택 영역을 빨간색으로 채운다.

스포이트 툴의 옵션 바　tip ➕

❶ Sample Size : 색상을 추출하는 지점의 크기를 설정한다.

▲ Point Sample　　▲ 51 by 51 Average　　▲ 101 by 101 Average

❷ Sample : 현재 선택된 레이어에서만 색상 샘플을 추출할 것인지 작업 창에 보이는 모든 레이어에서 추출할 것인지 설정한다.

❸ Show Sampling Ring : 지금 추출하는 색과 직전에 추출한 색 혹은 전경색을 보여주는 링을 표시한다. 링이 보이지 않을 경우 [Edit]–[Preferences]–[Performances]–[Graphics Processor settings]에서 [Use Graphics Processor] 항목에 체크한 후 포토샵을 다시 시작한다.

따라하기 **03** **[Color] 패널로 색상 지정하고 [Swatches] 패널에 등록하기**

[Color] 패널로 전경색을 지정하고 [Swatches] 패널에 등록해 보자.

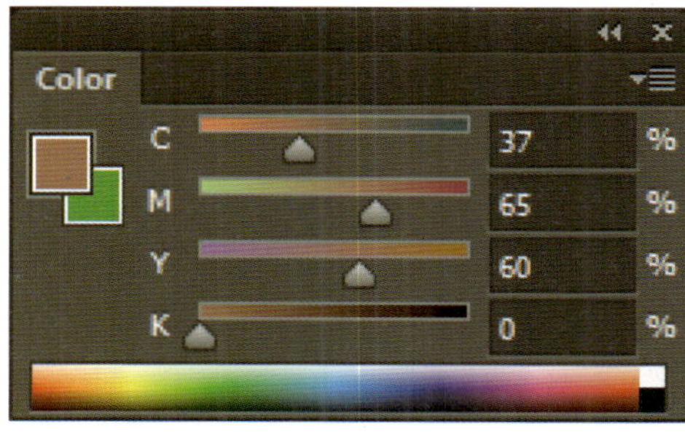

❶ [Color] 패널을 불러온 후 ▼≡을 누르고 팝업 창에서 [CMYK Sliders]와 [CMYK Spectrum]을 선택한다. 각 색상 값을 '37, 65, 60, 0'이라고 입력한다.

❷ [Swatches] 패널의 빈 공간에 마우스 포인터를 가져가서 페인트 통 모양으로 바뀌면 패널을 클릭한다

❸ [Color Swatch Name] 대화상자가 나타나면 색상의 이름을 'new'라고 입력하고 [OK] 버튼을 클릭한다.

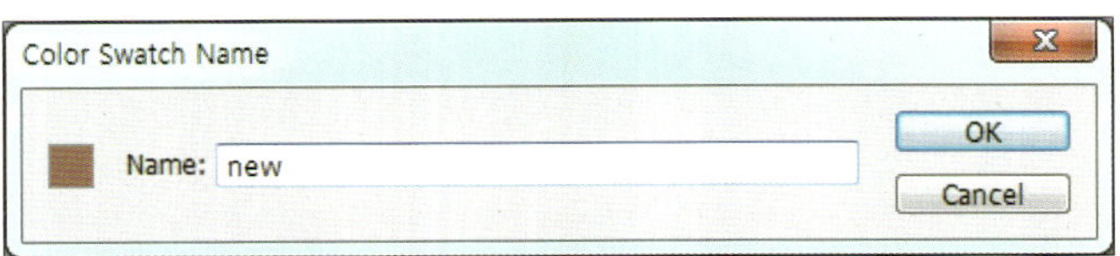

01 혼자해보기   '챕터4_샘플/방울토마토.jpg' 파일을 불러온 후 방울토마토와 꼭지의 색상을 스포이트 툴로 선택하고 [Swatches] 패널에 등록해 보자.

HINT | 툴 박스에서 스포이트 툴()을 선택하고 옵션 바에서 [Show Sampling Ring]에 체크한 후 주황색 방울토마토를 클릭한다. 컬러 샘플러 링으로 선택색상을 확인하고 [Swatches] 패널로 마우스 포인터를 가져가 마우스 포인터가 페인트 통 모양으로 변경되면 클릭한다. [Color Swatch Name] 대화상자가 나타나면 색상의 이름을 입력하고 [OK] 버튼을 눌러 패널에 등록한다. 같은 방법으로 노란색 방울토마토와 꼭지의 색상을 [Swatches] 패널에 등록한다.

이미지 한 번에 채색하기

단축키를 눌러 선택 영역이나 전체 이미지에 전경색이나 배경색을 채웠던 것처럼 클릭 한 번이나 드래그로 색상을 채울 수 있는 툴과 메뉴가 있다. 단축키처럼 한 가지 색상으로 채울 수도 있고 두 가지 이상의 색을 조합하여 채우거나 패턴, 이미지로 채울 수도 있다.

● 알아두기

- 그레이디언트 툴(■)는 두 가지 이상의 색상을 선택하고 작업 창을 드래그하여 사용한다. 선택한 색상들이 점진적으로 혼합되어 이미지를 채우며 드래그 길이, 방향, 각도에 따라 색상 분포가 달라진다.
- 페인트 통 툴(■)은 마술봉 툴처럼 [Tolerance] 수치에 따라 허용 범위가 정해지며 클릭 한 번으로 전경색이나 패턴으로 이미지를 채운다.
- [Edit]-[Fill] 메뉴는 선택 영역 혹은 이미지 전체를 전경색, 배경색, 패턴, 원본 이미지로 채운다.
- 작업 중에 이미지에서 색상을 추출하여 전경색이나 배경색으로 지정하려면 **Alt** 를 누른다.

따라하기 | 01

그레이디언트 툴로 이미지 채색하기

'챕터4_샘플/횡단보도.jpg' 파일을 불러온 후 그레이디언트 툴로 횡단보도를 채워 보자.

❶ 툴 박스에서 마술봉 툴(■)을 선택하고 옵션 바에서 [Tolerance]를 '20'으로 설정한 후 [Contiguous]의 체크를 해제한다. 작업 창에서 횡단보도를 클릭한다. 이번에는 [Contiguous]에 체크 표시하고 횡단보도를 클릭하여 선택 영역을 확장한다.

❷ 툴 박스에서 그레이디언트 툴(■)을 선택하고 옵션 바의 그레이디언트 피커(▼)를 누

른 후 'Violet, Green, Orange'를 선택한다. 그레이디언트 스타일을 ▣, [Mode]를 'Linear Burn', [Opacity]를 '65'로 설정한다.

❸ 이미지의 위에서 아래로 드래그하면 선택 영역이 그레이디언트로 채워진다.

tip ➕

그레이디언트 툴(▣)의 옵션 바

❶ Edit the Gradient : 클릭하면 [Gradient Editor] 대화상자가 나타나 그레이디 언트를 편집할 수 있다. 피커(▾)를 클릭하면 기본적으로 제공되는 그레이디언트 와 새로 생성하거나 편집한 그레이디언트 목록이 나타난다.

❷ Style : 선형, 원형, 원뿔형, 원통형, 다이아몬드형의 그레이디언트를 선택할 수 있다.

❸ Mode : 블렌딩 모드를 설정한다.

❹ Opacity : 그레이디언트의 불투명도를 설정한다.

❺ Reverse : 그레이디언트 시작점과 끝점의 설정 색 순서를 반대로 바꾼다.

❻ Dither : 색상의 경계를 부드럽게 처리한다.

❼ Transparency : 투명 영역이 포함된 그레이디언트 스타일을 적용할 때 투명 영 역을 반영할 것인지 설정한다. 체크하면 투명 영역이 반영되고 체크하지 않으면 투명 영역은 가장 자리 색으로 채워진다.

따라하기 02 새 그레이디언트 만들기

앞에서 변경한 '챕터4_샘플/고원.jpg' 파일을 불러온 후 새로운 색상의 가장자리가 선명한 무지개를 넣어보자.

❶ 툴 박스에서 그레이디언트 툴(■)을 선택하고 옵션 바의 를 클릭하여 [Gradient Editor] 대화상자를 불러온다.

❷ [Presets]에서 'Transparent Rainbow'를 선택한다. 그레이디언트 조절 막대에 선택한 그레이디언트와 컬러 스톱이 나타난다.

❸ 조절막대 아래의 가장 오른쪽 컬러 스톱(🔺)을 클릭하고 [Color]의 색상 박스를 클릭한다. [Color Picker] 대화상자가 나타나면 빨간색을 선택하고 [OK] 버튼을 클릭한다. [Location]에는 '100'을 입력한다.

> 현재 선택된 컬러 스톱은 삼각형이 회색으로 표시된다. 컬러 스톱을 두 번 클릭하여 tip 
> [Color Picker(Stop Color)] 대화상자를 불러올 수 있다.

❹ 같은 방법으로 파란색 컬러 스톱을 선택하고 색상을 노란색, [Location]을 '97'로 설정한다. 하늘색 컬러 스톱은 클릭한 후 아래로 드래그하여 제거한다.

❺ 초록색, 노란색, 빨간색의 컬러 스톱을 각각 선택하고 [Location]을 '94', '91', '88'로 설정한다.

❻ 이번에는 조절막대 위의 양옆에 있는 회색 스톱을 클릭하고 드래그하여 제거한다.

> 조절막대의 위에 있는 스톱은 투명도를 조절하고 아래에 있는 스톱은 색상을 조절한다. tip
> 투명도 스톱은 투명도에 따라 스톱의 색상이 표시된다.

❼ 오른쪽에 있는 검은색 스톱을 선택하고 [Location]을 '100'으로 설정한다. 왼쪽 검은색 스톱과 흰색 스톱의 [Location]은 '88'로 설정한다.

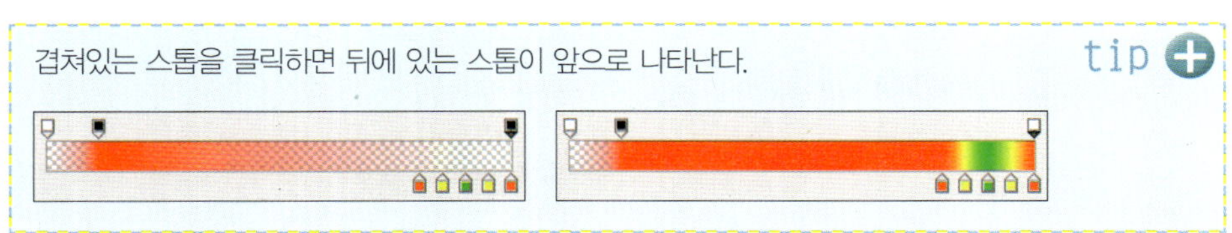

❽ [Name]에 'New'라고 입력한 후 [New] 버튼을 클릭하면 [Presets]에 등록된다. [OK] 버튼을 클릭한다.

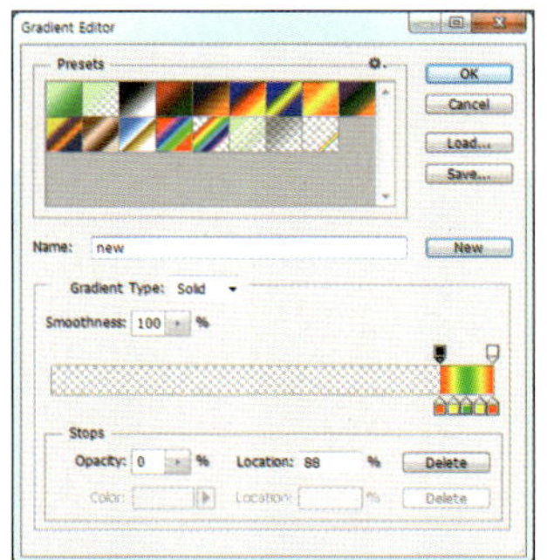

❾ 옵션 바에서 새로 만든 그레이디언트와 🔲을 선택하고 [Opacity]를 '40'으로 설정한 후 [Dither]와 [Transparency]에 체크한다. [Layers] 패널에서 🔲을 눌러 새 레이어를 만들고 작업 창 아래에서 위로 드래그하여 무지개를 그려 넣는다.

❿ [Layers] 패널에서 🔲을 눌러 레이어 마스크를 적용한 후 옵션 바에서 'Black, White' 와 🔲을 선택하고 [Opacity]를 '100'으로 설정한다. 작업 창을 아래에서 위로 드래그하여 무지개가 나무 뒤로 자연스럽게 사라지도록 만든다.

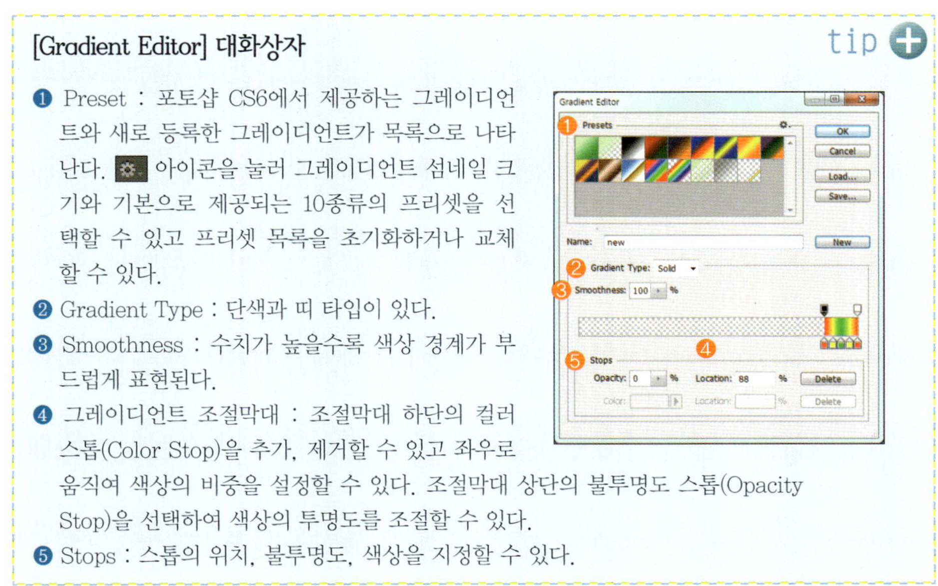

[Gradient Editor] 대화상자　　　　　　　　tip

❶ Preset : 포토샵 CS6에서 제공하는 그레이디언트와 새로 등록한 그레이디언트가 목록으로 나타난다. 🔧 아이콘을 눌러 그레이디언트 섬네일 크기와 기본으로 제공되는 10종류의 프리셋을 선택할 수 있고 프리셋 목록을 초기화하거나 교체할 수 있다.

❷ Gradient Type : 단색과 띠 타입이 있다.

❸ Smoothness : 수치가 높을수록 색상 경계가 부드럽게 표현된다.

❹ 그레이디언트 조절막대 : 조절막대 하단의 컬러 스톱(Color Stop)을 추가, 제거할 수 있고 좌우로 움직여 색상의 비중을 설정할 수 있다. 조절막대 상단의 불투명도 스톱(Opacity Stop)을 선택하여 색상의 투명도를 조절할 수 있다.

❺ Stops : 스톱의 위치, 불투명도, 색상을 지정할 수 있다.

따라하기 03 페인트 통 툴로 이미지 채색하기

'챕터4_샘플/꼬꼬.jpg' 파일을 불러온 후 페인트 통 툴로 패턴과 색상을 채워 보자.

❶ 툴 박스에서 페인트 통 툴( )을 선택하고 옵션 바에서 'Pattern'을 선택한다. 패턴 피커( )를 클릭하고 을 눌러 팝업 메뉴를 불러온다. 팝업 메뉴에서 [Patterns]를 클릭한 후 'Tiles-Smooth'를 선택한다. [Tolerance]는 '30'으로 설정한다.

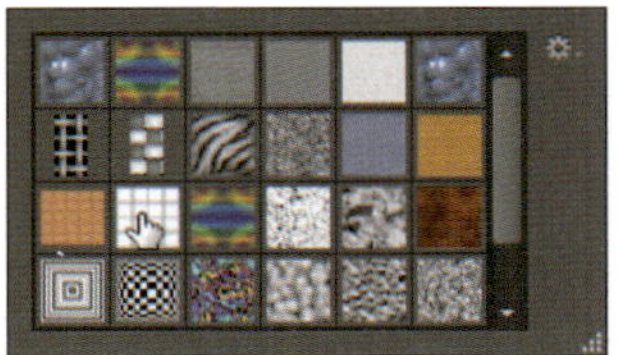

> [OK] 버튼을 클릭하면 선택한 패턴 목록만 나타나고 [Append] 버튼을 클릭하면 현재 패턴 목록에 선택한 패턴 리스트를 추가하여 나타낸다. 포토샵 CS6에는 11종류의 패턴 프리셋이 제공된다.
>
> tip ➕

❷ 이미지의 배경을 클릭하면 지정한 타일 패턴으로 배경이 채워진다. 빈 곳도 클릭하여 나머지 배경도 패턴으로 채운다.

❸ 옵션 바에서 'Foreground'를 선택하고 전경색을 '#01d1ff'로 설정한다. 타일을 군데군데 클릭하여 전경색으로 채운다. 같은 방법으로 색상을 바꿔가며 다른 곳도 채워준다.

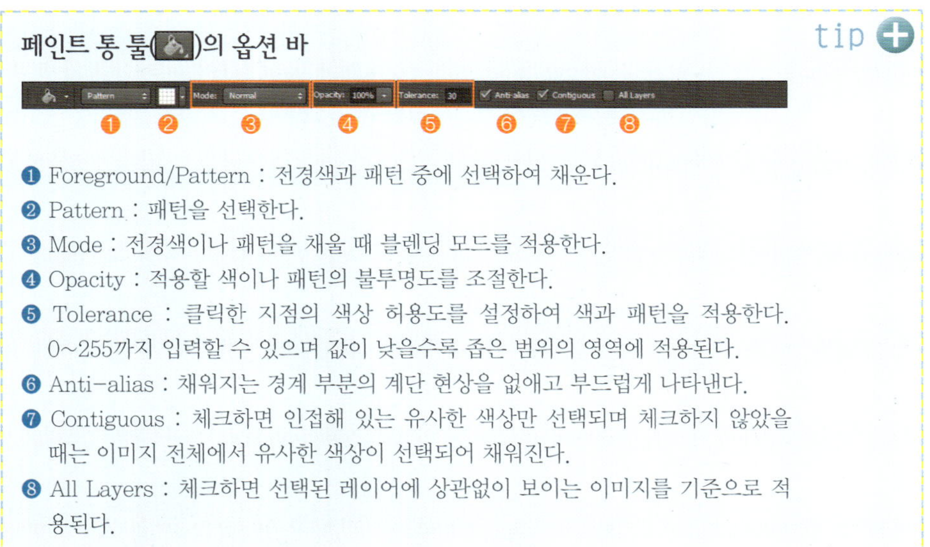

❶ Foreground/Pattern : 전경색과 패턴 중에 선택하여 채운다.
❷ Pattern : 패턴을 선택한다.
❸ Mode : 전경색이나 패턴을 채울 때 블렌딩 모드를 적용한다.
❹ Opacity : 적용할 색이나 패턴의 불투명도를 조절한다.
❺ Tolerance : 클릭한 지점의 색상 허용도를 설정하여 색과 패턴을 적용한다.
  0~255까지 입력할 수 있으며 값이 낮을수록 좁은 범위의 영역에 적용된다.
❻ Anti-alias : 채워지는 경계 부분의 계단 현상을 없애고 부드럽게 나타낸다.
❼ Contiguous : 체크하면 인접해 있는 유사한 색상만 선택되며 체크하지 않았을
  때는 이미지 전체에서 유사한 색상이 선택되어 채워진다.
❽ All Layers : 체크하면 선택된 레이어에 상관없이 보이는 이미지를 기준으로 적
  용된다.

따라하기 **04** ## 이미지를 패턴으로 저장하기

가로, 세로 '3cm', 해상도 '72Pixels/Inch', 배경이 투명한 새 파일을 만들고 모양을 그린 후 패
턴으로 저장해 보자.

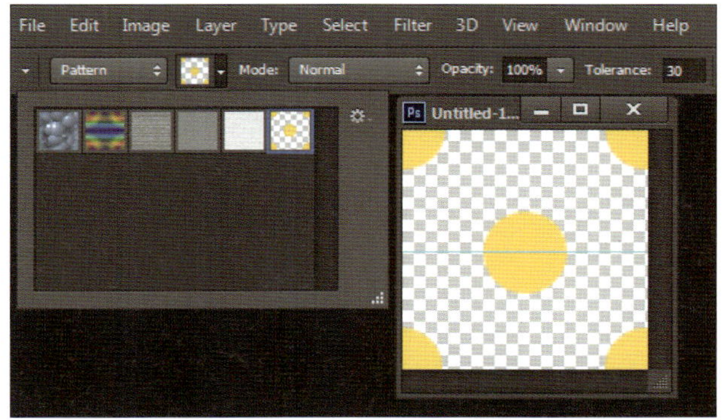

❶ **Ctrl** + **N** 을 눌러 새 창을 만들고 툴 박스에서 원형 선택 툴(◯)을 선택한다. 작업
창의 1/9 정도 되는 크기의 정 원을 만든다.

작업 창을 클릭하고 **Shift** 를 누른 채 드래그하면 정 원을 만들 수 있다.   tip

❷ 전경색을 '#ffd940'으로 지정하고 **Alt** + **Delete** 를 눌러 선택 영역을 채운다. **Ctrl** +
A 를 눌러 레이어를 전체 선택하고 **Ctrl** + **R** 을 눌러 눈금자를 표시한다.

❸ **Ctrl** + **T** 를 눌러 바운딩 박스가 나타나면 바운딩 박스의 중심에 맞춰 가로 눈금자를
드래그하여 안내선을 만든다. 같은 방법으로 세로 안내선을 추가하고 **Enter** 를 누른다.

안내선을 바운딩 박스 가운데 점에 맞출 때 [View]-[Snap To]-[Guides] 메뉴를 선택하면 쉽게 맞출 수 있다.

④ Ctrl 을 누른 채 레이어의 섬네일을 클릭한다. 원이 선택되면 Ctrl + T 를 누르고 원의 위치를 작업 창 중심으로 이동한 후 더블클릭한다.

⑤ Ctrl + Alt 를 누르고 왼쪽 상단 모서리로 원을 복사한다. 원의 중심과 모서리가 맞도록 Ctrl + T 를 눌러 위치를 잡아준 후 더블클릭한다.

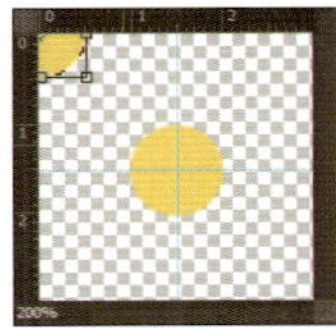

⑥ 같은 방법으로 나머지 모서리에도 원을 복사하여 배치한다. [Edit]-[Define Pattern] 메뉴를 선택하고 패턴 이름을 '도트패턴'으로 입력한 후 [OK] 버튼을 클릭한다.

따라하기 05 [Fill] 메뉴와 [Stroke] 메뉴로 채색하기

'챕터4_샘플/머그컵.psd' 파일을 불러온다. [Edit]-[Fill] 메뉴로 앞서 등록한 패턴으로 배경을 채운 후 [Stroke] 메뉴로 테두리를 만들어 보자.

① 배경색을 '#4298cc'로 지정하고 [Select]-[Load Selection] 메뉴를 선택한다. [Channel]을 '머그컵'으로 설정하고 [Invert]에 체크 표시한 후 [OK] 버튼을 클릭하면 선택 영역이 지정된다.

❷ [Edit]−[Fill] 메뉴를 선택하고 [Fill] 대화상자에서 [Contents]의 [Use]를 'Pattern', [Custom Pattern]을 '도트패턴'으로 설정한다.

❸ [Scripted Patterns]에 체크 표시하고 [Script]를 'Brick Fill'로 설정한 후 [OK] 버튼을 클릭한다. 패턴의 모양이 재조합되어 배경색과 함께 선택 영역을 채운다.

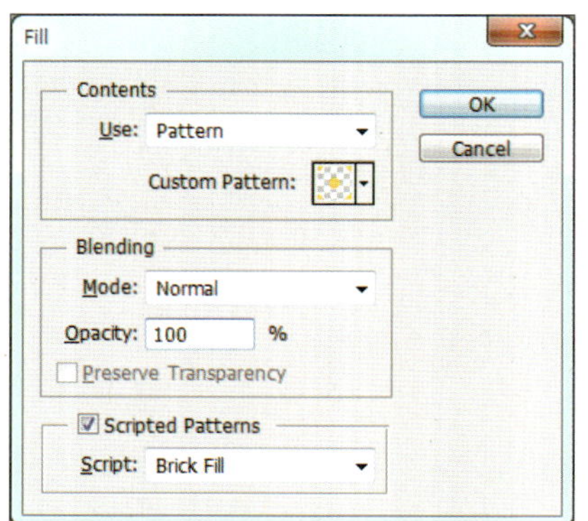

❹ Shift + Ctrl + I 를 눌러 선택 영역을 반전시키고 [Edit]−[Stroke] 메뉴를 선택한다. [Stroke] 대화상자가 나타나면 [Width] '15px', [Color] '흰색', [Location] 'Outside'로 설정하고 [OK] 버튼을 클릭한다.

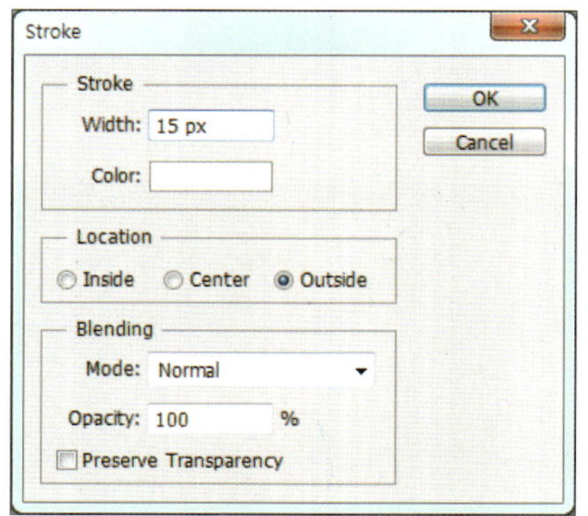

❺ [Select]−[Modify]−[Expand] 메뉴를 선택하고 [Expand By]를 '15'로 입력한 후 [OK] 버튼을 클릭한다. Ctrl + J 를 눌러 선택 영역을 새 레이어로 복사한 후 더블클릭한다. [Layer Style] 대화상자가 나타나면 [Drop Shadow]에 체크하고 [OK] 버튼을 클릭한다.

[Fill] 대화상자 tip +

레이어나 선택 영역을 채울 수 있다. 배경 레이어에 선택 영역을 지정하고 **Delete** 를 누르면 [Fill] 대화상자가 나타난다.

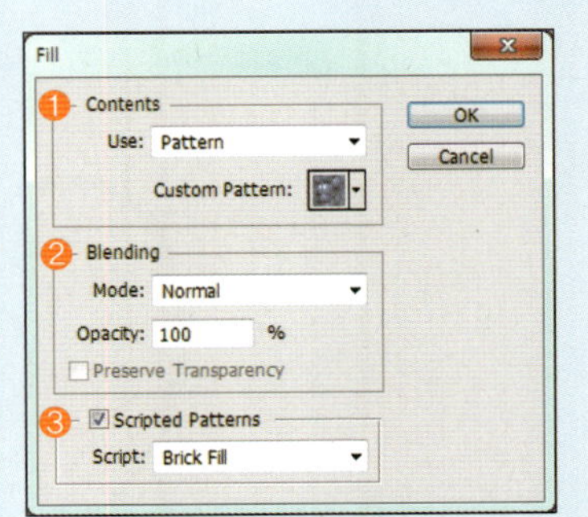

❶ Contents : 색, 내용 인식, 패턴, 원본 이미지 등 선택 영역을 무엇으로 채울지 지정한다.
❷ Blending : 블렌딩 모드와 불투명도를 지정한다.
　• Preserve Transparency : 레이어의 투명 부분은 보호하고 나머지 영역에 색상을 채운다.
❸ Scripted Patterns : 새롭게 추가된 기능이다. 선택한 패턴을 다섯 가지 방법으로 재조합하여 새로운 기하학적 패턴을 만든다. 패턴의 투명한 영역은 배경색으로 채워진다.

[Stroke] 대화상자 tip +

배경 레이어를 제외한 레이어나 선택 영역에 테두리를 적용한다.

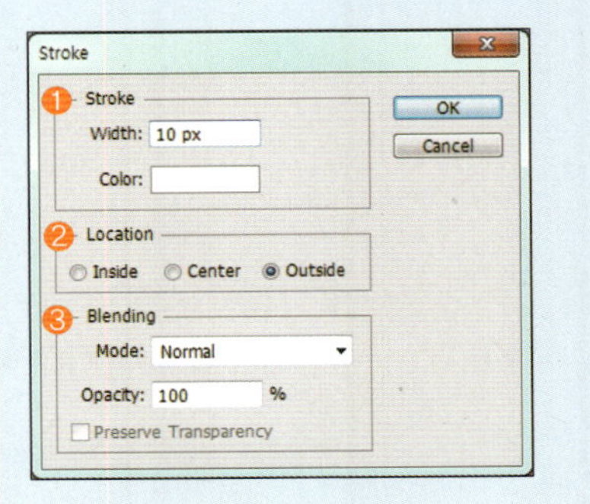

❶ Stroke : 테두리 색상과 크기를 지정한다.
❷ Location : 선택 영역 가장자리를 기준으로 테두리의 위치를 설정한다.
❸ Blending : 블렌딩 모드와 테두리 색상의 불투명도를 지정한다.

01 혼자해보기

'챕터4_샘플/가방.jpg' 파일을 불러온 후 이미지에 워터마크를 삽입해 보자.

HINT | '챕터4_샘플/워터마크.psd' 파일을 불러오고 [Edit]–[Define Pattern] 메뉴를 선택한 후 [OK] 버튼을 클릭한다. **Ctrl** + **O** 를 눌러 '챕터4_샘플/가방.jpg' 파일을 불러온 후 [Layers] 패널에서 새 레이어를 만든다. [Edit]–[Fill] 메뉴를 선택하고 대화상자가 나타나면 [Use]를 'Pattern', [Custom Pattern]을 '워터마크.psd', [Opacity]를 '30'으로 설정한 후 [OK] 버튼을 클릭한다.

'챕터4_샘플/사과.jpg' 파일을 불러온 후 사과와 배경을 색과 패턴으로 채워보자.

HINT | 페인트 통 툴(🪣)을 선택한다. 옵션 바에서 Foreground 를 선택하고 원하는 색상으로 전경색을 지정한 후 배경과 사과 씨를 클릭한다. 이번에는 마술봉 툴로 사과 안을 클릭하고 **Alt** 를 누른 채 사각형 선택 툴로 사과의 오른쪽을 드래그하여 선택 영역에서 제외시킨다. 선택 영역을 빨간색으로 채운 후 **Ctrl** + **D** 를 눌러 선택을 해제한다. '챕터4_샘플/사과패턴.jpg' 파일을 불러온 후 [Edit]–[Define Pattern] 메뉴를 선택하고 패턴으로 등록한다. 다시 페인트 통 툴(🪣)을 선택하고 옵션 바에서 Pattern 를 선택한 후 패턴 피커(▪)를 클릭한다. 패턴 목록에서 사과패턴을 선택하고 남은 반쪽을 클릭한다.

가로 800Pixels, 세로 800Pixels, 해상도 72Pixels/Inch인 새 작업창을 만들고 [Fill] 메뉴를 이용하여 여러 가지 배경을 만들어 보자.

HINT | 새 작업창을 만들고 [Edit]–[Fill] 메뉴를 선택한다. [Fill] 대화상자에서 [Contents]의 [Use]를 'Pattern', [Custom Pattern]을 사전 등록된 패턴 중에 'Optical Checkerboard'으로 설정한다. [Scripted Patterns]에 체크 표시하고 [Script]를 'Spiral'로 설정한 후 [OK] 버튼을 클릭한다. 같은 방법으로 패턴과 Script 옵션을 달리하여 여러 가지 배경을 만들어 본다.

브러시 툴과 연필 툴로 일러스트 그리기

브러시 툴( )은 부드럽게 칠해지는 반면 연필 툴( )은 브러시의 윤곽이 계단 모양으로 거칠게 칠해진다. 따라서 연필 툴( )은 웹상에서 사용하는 아이콘이나 클립아트 같은 작은 사이즈의 이미지 작업에 적합하다. 간단한 손 그림부터 흩날리는 눈을 그리는 방법까지 브러시와 관련된 기능에 대해 알아보자.

❍ 알아두기

- 브러시 툴( )과 연필 툴은( ) 전경색으로 칠하고 믹서 브러시 툴( )은 전경색과 캔버스의 색상을 혼합하여 칠한다. 색상 교체 툴( )은 브러시로 이미지를 드래그하여 이미지의 색상이나 채도, 명도를 교체할 수 있다.
- [Brush] 패널에서 브러시 모양의 일부 설정을 달리하여 새로운 브러시 모양을 만들 수 있다. 새로 만든 브러시 모양은 [Brush Presets] 패널에서 등록한다.
- [Edit]–[Define Brush Preset] 메뉴를 선택하면 선택 영역을 브러시로 등록한다.

따라하기 01

브러시 툴로 그림 그리기

'챕터4_샘플/찐빵.jpg' 파일을 불러온 후 브러시 툴로 이미지에 귀여운 손 그림을 그려보자.

❶ 배경 레이어에 바로 그리면 수정이 힘들기 때문에 [Layers] 패널 하단의   을 클릭하여 새로운 레이어를 만든다.

❷ 전경색을 '#2f0d0d'로 지정하고 툴 박스에서 브러시 툴( )을 선택한다. 옵션 바에서 브러시 프리셋 피커( )를 클릭하고 원형 브러시 모양을 선택한 후 [Size]를 '4px', [Hardness]를 '100%'로 설정한다.

❸ 작업 창으로 이동하고 찐빵 위에 표정을 그려 넣는다. 전경색을 더블클릭하거나 **Shift** + **Alt** +마우스 오른쪽 버튼을 눌러 색상을 변경하고 자유자재로 그림을 그려본다.

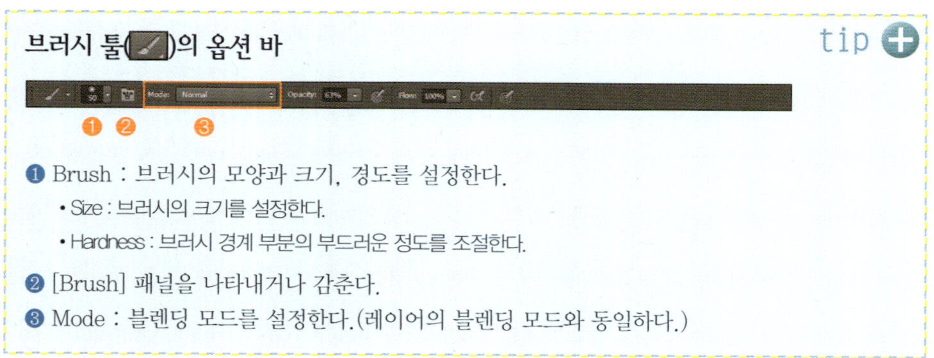

 브러시 옵션 설정하고 분필로 쓴 글씨 만들기

'챕터4_샘플/soup.psd' 파일을 불러온 후 [Brush] 패널에서 이중 브러시 설정하여 분필로 쓴 글자를 만들어 보자.

❶ [Layers] 패널에서 'Ellipse 1' 레이어의 섬네일을 **Ctrl** 을 누른 채 클릭하여 선택 영역으로 지정하고 눈 아이콘 (　)을 클릭한다. [Layers] 패널 하단의 　을 클릭해 새로운 레이어를 만들고 [Paths] 패널로 이동한다.

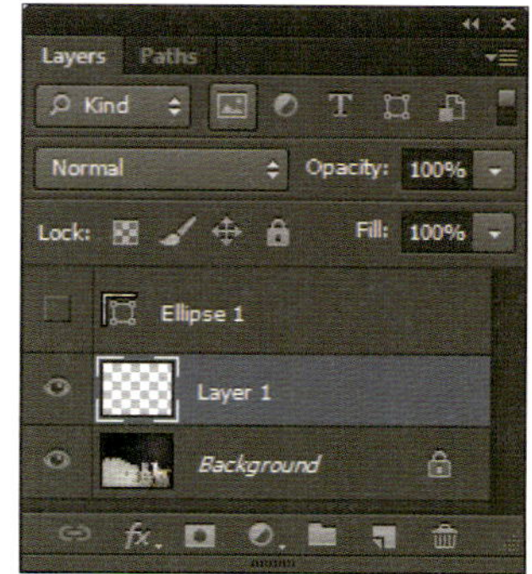

❷ [Paths] 패널 하단의 ⬡을 클릭하여 선택 영역을 패스로 만든다.

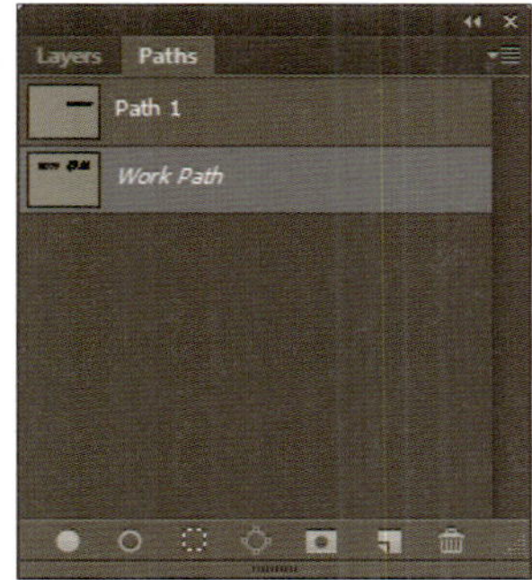

❸ 브러시 툴(🖌)을 선택하고 F5 를 눌러 [Brush] 패널을 불러온다. [Brush Tip Shape] 옵션 창에서 브러시 모양을 🍀로 선택한다. [Shape Dynamics] 옵션을 선택하고 [Size Jitter]를 '100', [Minimum Diameter]를 '55', [Angle Jitter]를 '0', [Roundness Jitter]를 '100', [Minimum Roundness]를 '1'로 설정한다. [Dual Brush] 옵션에 체크하고 [Mode]를 'Darken', 브러시 모양을 🔳로 선택한 후 [Spacing]을 '55'로 설정한다.

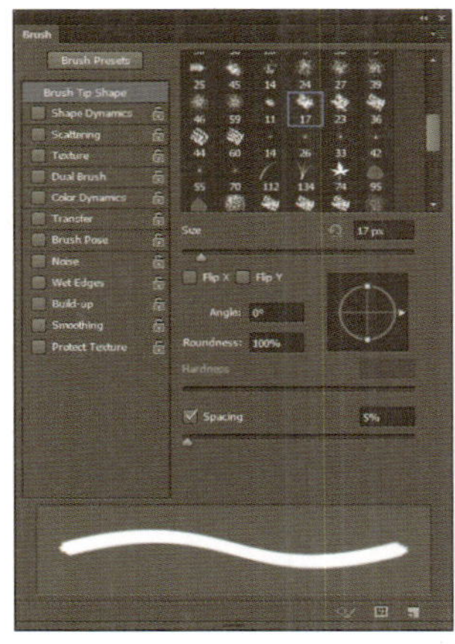
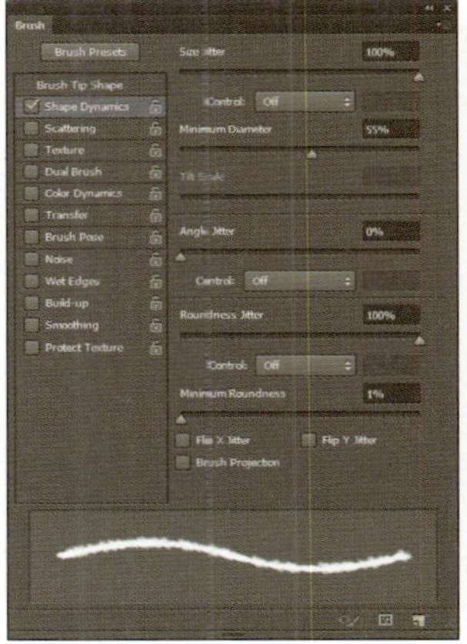
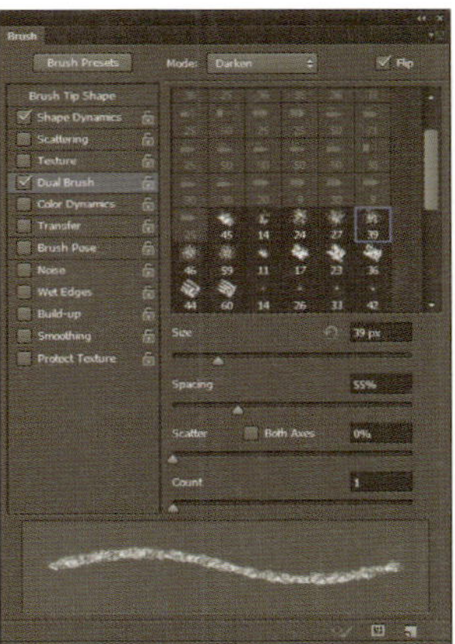

❹ 전경색을 흰색으로 지정한 후 [Paths] 패널 하단의 ⬤을 클릭하여 패스 모양대로 브러시 획을 그린다. 'Path 1' 패스에도 브러시를 적용한다.

[Brush] 패널 tip ⊕

사전 등록된 브러시를 선택하거나 브러시의 일부 설정을 달리하여 새로운 브러시 모양을 만들고 등록할 수 있다.

포토샵 CS6에는 강모 브러시에 이어 부식 브러시, 에어 브러시가 추가되었다. 부식 브러시는 연필을 계속 사용하다보면 자연스럽게 심의 끝이 닳는 것처럼 사용할수록 끝이 마모된다. 에어 브러시는 스프레이로 뿌리는 것과 같은 효과를 적용할 수 있다. 강모 브러시와 부식 브러시, 에어 브러시를 선택하면 작업 창에 미리 보기 창이 나타나 브러시 끝을 표시한다.

각 항목을 선택하면 세부 옵션이 나타난다. [Noise] 항목부터는 세부 옵션 없이 선택만으로 효과를 적용할 수 있다. 패널 하단의 미리 보기 창에서 현재 설정된 옵션이 적용된 브러시 획을 미리 볼 수 있다.

❶ Brush Tip Shape : 기본 브러시의 끝 모양을 설정한다.

 a. Brush Presets : [Brush Presets] 패널을 불러온다.

 b. 각 항목별로 옵션을 설정하여 브러시 모양에 효과를 더할 수 있다.

 c. 프리셋 목록에 있는 브러시를 보여준다. 브러시 모양을 미리보고 고를 수 있다.

 d. Size : 브러시의 크기를 조절한다.

 e. X 혹은 Y 축으로 뒤집는다.

 f. Angle : 브러시의 긴축과 수평선 사이의 각도를 조절한다.

 g. Roundness : 브러시의 긴축과 짧은 축의 비율을 조절한다.

 h. Hardness : 브러시 경계 부분의 부드러운 정도를 조절한다.

 i. Spacing : 브러시 자국의 간격을 조정한다.

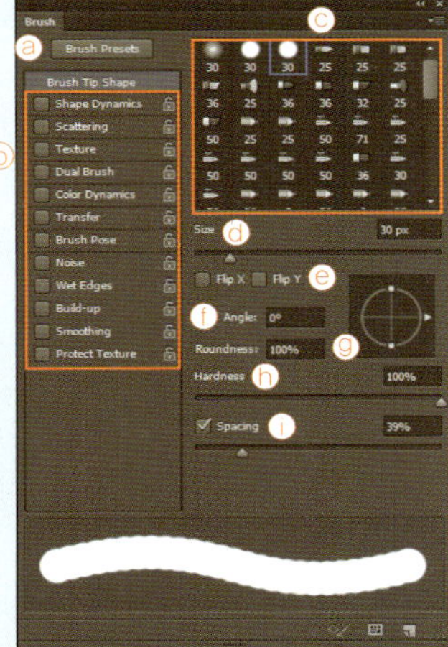

❷ Shape Dynamics : 브러시 자국마다 크기를 변경하여 브러시 자국 간격이 좁을 때는 브러시 획의 테두리가 울퉁불퉁하게 표현된다.

 a. Size jitter : 크기가 변하는 정도를 조절한다.

 b. Minimum Diameter : 크기 변화 시 브러시 자국의 최소 크기를 지정한다.

 c. Tilt Scale : 타블렛 작업 시 펜의 기울기에 따라 브러시 크기를 조절한다.

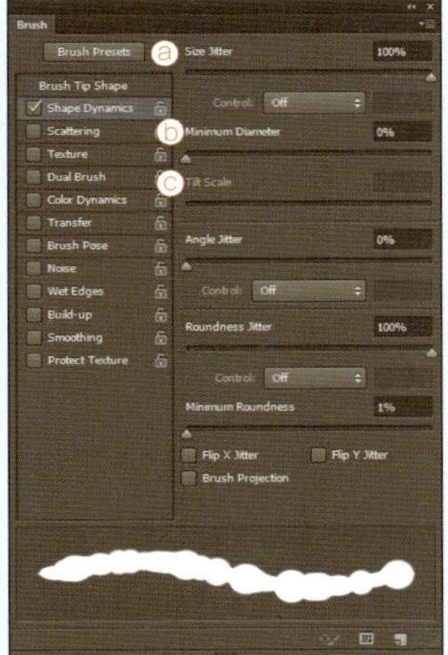

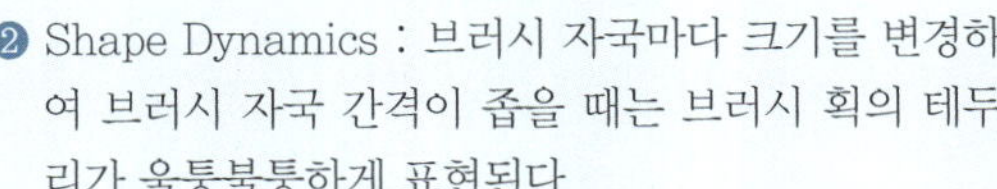

tip ➕

❸ Scattering : 브러시 자국이 뿌려진 듯 분산된 형태를 만든다. 옵션으로 브러시 획에 나타나는 브러시 자국의 수와 위치를 조절한다.

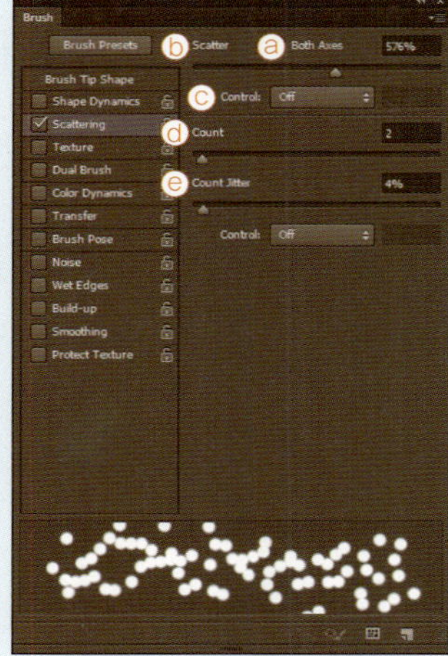

  a. Both Axes : 선택하면 방사형으로 분산된다.

  b. Scatter : 분산 정도를 조절한다.

  c. Control : 설정한 분산 정도가 브러시 획을 그을수록 변화한다. 분산 변화를 조절하는 방법을 지정한다.

  d. Count : 간격마다 적용되는 브러시 자국의 수를 조절한다.

  e. Count Jitter : 간격마다 나타나는 브러시 자국 수의 변화를 조절한다.

❹ Texture : 브러시 자국에 텍스처나 무늬를 넣어 질감을 추가한다.

- 텍스처를 불러온다. [Invert]에 체크 표시하면 무늬가 반전된다.
- 새로 만든 텍스처를 등록한다.
- Scale/Brightness/Contrast : 텍스처의 크기, 밝기, 대비를 조절한다.

❺ Dual Brush : [Brush Tip Shape]에서 설정한 브러시에 다른 브러시를 추가 한다.

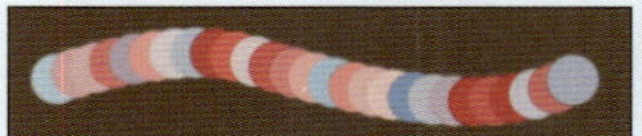

❻ Color Dynamics : 툴 박스의 전경색과 배경색을 기반으로 다양한 색상을 적용한다.

- Apply Per Tip : 체크하면 브러시 자국 하나하나에 각기 다른 색상을 적용한다.
- Foreground/Background Jitter : 전경색과 배경색의 사용 빈도를 조절한다. 작업 창을 드래그 할 때마다 색상이 바뀐다.

❼ Transfer : 브러시 자국의 불투명도를 조절한다.

❽ Brush Pose : 브러시 자국의 기울기와 위치를 조절한다.

- Tilt X/Y : 브러시를 가로와 세로로 기울인다.
- Rotation : 브러시의 회전 각도를 조절한다.
- Pressure : 브러시 압력을 조절한다.

❾ Noise : 브러시 획 가장자리에 노이즈를 추가하여 거친 느낌을 준다.

❿ Wet Edges : 브러시 획 가운데보다 가장자리에 페인트가 더 적용되게 하여 수채화 느낌을 준다.

⓫ Build-up : 에어 브러시 효과를 적용한다.

⓬ Smoothing : 곡선을 더 부드럽게 만든다.

⓭ Protect Texture : 텍스처를 사용하는 모든 브러시에 같은 패턴과 비율을 적용한다.

'챕터4_샘플/빵.psd' 파일을 불러온 후 문자 브러시를 만들고 손쉽게 배경을 꾸며보자.

❶ **Ctrl** 을 누른 채 'bakery' 레이어 섬네일을 클릭하여 선택 영역을 지정한다.

❷ [Edit]-[Define Brush Preset] 메뉴를 선택하고 [Brush Name] 대화상자가 나타나면 '베이커리'를 입력하고 [OK] 버튼을 클릭한다.

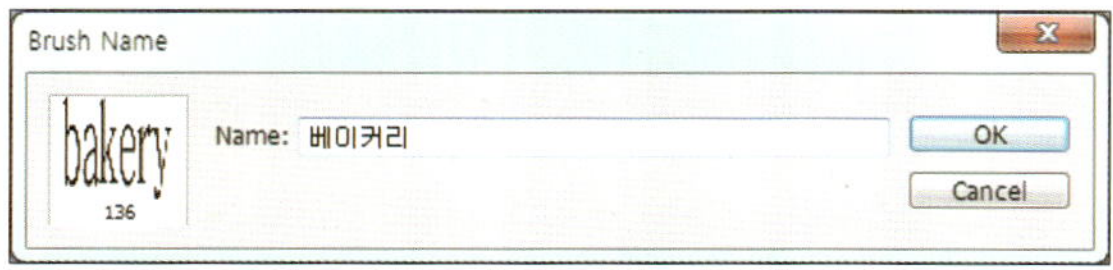

❸ **Ctrl** + **D** 를 누르고 **Delete** 를 눌러 레이어를 삭제한 후 [Select]-[Load Selection] 메뉴를 선택한다. [Channel]을 '빵'으로 설정하고 [Invert]에 체크 표시한 후 [OK] 버튼을 클릭한다.

❹ 브러시 툴(　)을 선택하고 **F5** 를 눌러 [Brush] 패널을 불러온다. [Brush Tip Shape] 옵션 창에서 브러시 모양을 앞서 등록한 '베이커리'로 선택하고 [Spacing]을 '50'으로 설정한다.

> [Brush] 패널에서 등록한 브러시 모양을 찾기 어렵다면 옵션 바의 브러시 피커(　)나　　tip ➕
> [Brush Presets] 패널의 브러시 목록을 확인한다. 브러시 목록 가장 끝에서 쉽게 찾을
> 수 있다.

❺ [Shape Dynamics] 옵션을 선택하고 [Size Jitter]를 '100', [Minimum Diameter]를 '30', [Roundness Jilter]를 '0'으로 설정한다. [Scattering] 옵션에 체크하고 [Both Axes]에 체크한 후 [Scatter]를 '1000'으로 설정한다.

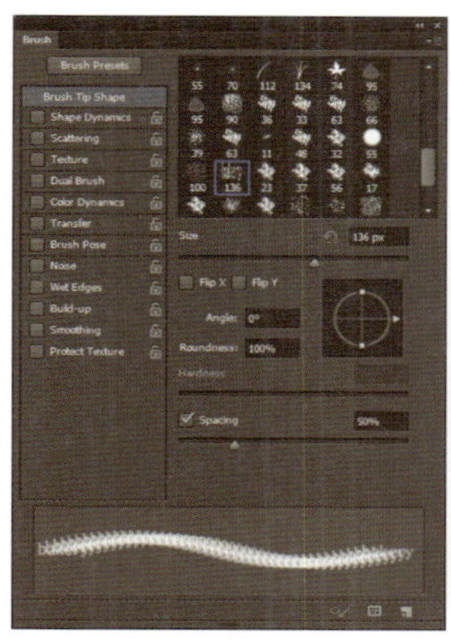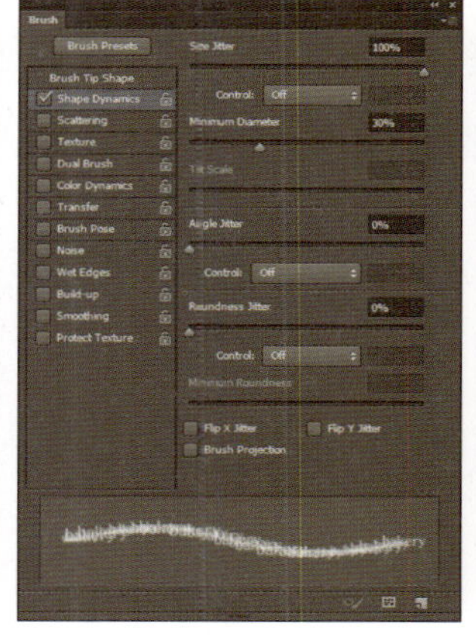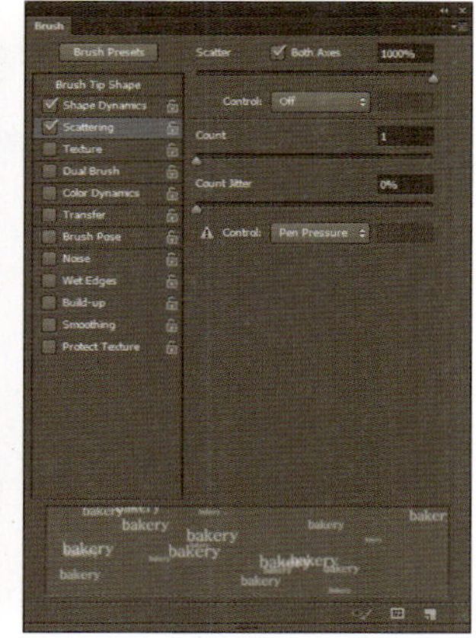

⑥ [Color Dynamics] 옵션을 선택하고 [Apply Per Tip]을 체크 표시한 후 [Transfer] 옵션을 선택한다. [Opacity Jitter]를 '60', [Flow Jitter]를 '60'으로 설정한다.

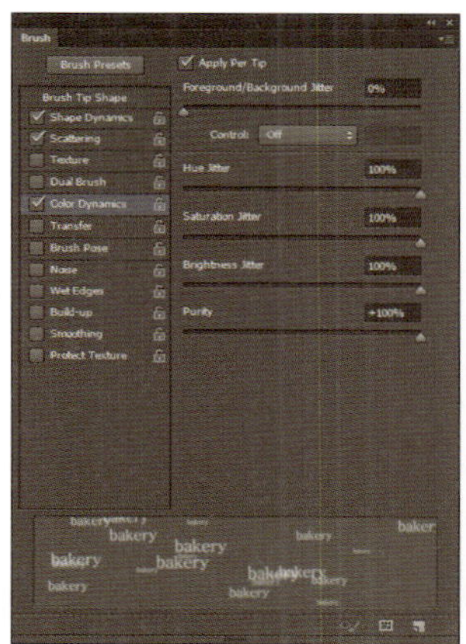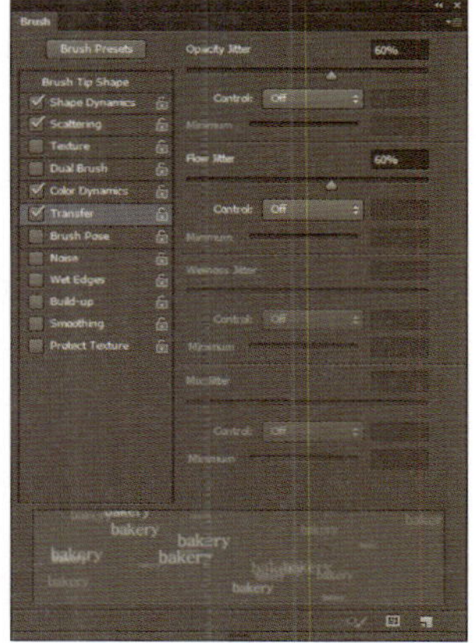

⑦ 전경색을 흰색으로 지정하고 작업 창을 드래그한 후 Ctrl + D 를 눌러 선택을 해제한다.

'**챕터4_샘플/주황꽃.jpg**' 파일을 불러온 후 주황색 꽃의 색상을 다른 색으로 교체해 보자.

❶ 색상 교체 툴(　)을 선택하고 전경색을 '#00bdff'로 설정한다. 옵션 바에서 크기가 100 px인 원형 브러시를 선택하고 [Mode]를 'Color', [Sampling]을 'Once(　)', [Limits]를 'Contiguous', [Tolerance]를 '50'으로 설정한다.

❷ 가운데 주황색 꽃을 클릭하고 이미지 전체를 드래그한다.

> 경계 부분은 브러시 크기를 작게 조절하여 색상이 삐져나가지 않게 드래그한다. 브러시 tip ➕
> 크기는 [[ ], [ ]]를 누르면 빠르게 조절할 수 있다.

색상 교체 툴의 옵션 바　　tip ➕

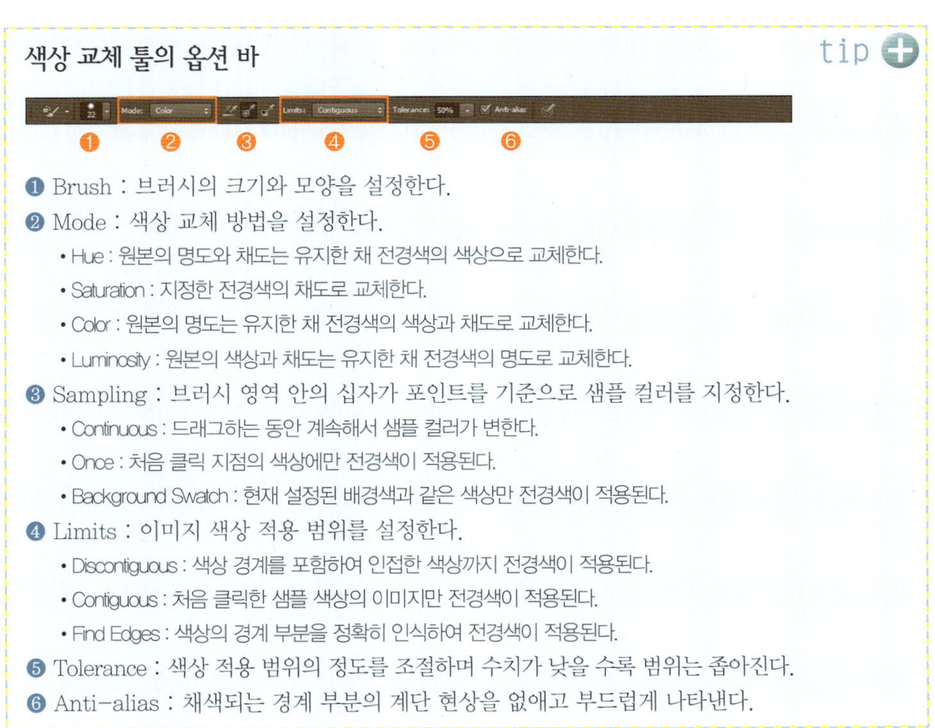

❶ Brush : 브러시의 크기와 모양을 설정한다.

❷ Mode : 색상 교체 방법을 설정한다.
  • Hue : 원본의 명도와 채도는 유지한 채 전경색의 색상으로 교체한다.
  • Saturation : 지정한 전경색의 채도로 교체한다.
  • Color : 원본의 명도는 유지한 채 전경색의 색상과 채도로 교체한다.
  • Luminosity : 원본의 색상과 채도는 유지한 채 전경색의 명도로 교체한다.

❸ Sampling : 브러시 영역 안의 십자가 포인트를 기준으로 샘플 컬러를 지정한다.
  • Continuous : 드래그하는 동안 계속해서 샘플 컬러가 변한다.
  • Once : 처음 클릭 지점의 색상에만 전경색이 적용된다.
  • Background Swatch : 현재 설정된 배경색과 같은 색상만 전경색이 적용된다.

❹ Limits : 이미지 색상 적용 범위를 설정한다.
  • Discontiguous : 색상 경계를 포함하여 인접한 색상까지 전경색이 적용된다.
  • Contiguous : 처음 클릭한 샘플 색상의 이미지만 전경색이 적용된다.
  • Find Edges : 색상의 경계 부분을 정확히 인식하여 전경색이 적용된다.

❺ Tolerance : 색상 적용 범위의 정도를 조절하며 수치가 낮을 수록 범위는 좁아진다.

❻ Anti-alias : 채색되는 경계 부분의 계단 현상을 없애고 부드럽게 나타낸다.

따라하기

05 믹서 브러시 툴로 회화 느낌의 이미지 만들기

'챕터4_샘플/머그컵2.jpg' 파일을 불러온 후 믹서 브러시 툴로 회화 느낌의 이미지를 만들어 보자.

❶ 툴 박스에서 믹서 브러시 툴(　)을 선택한다. 옵션 바에서 브러시 프리셋 피커(　)를 클릭하고 브러시 모양은 'Round Point Stiff', 크기는 '80px'로 설정한다. 　를 선택하고 [Blending Brush]를 'Wet', [Flow]를 '20'으로 설정한다.

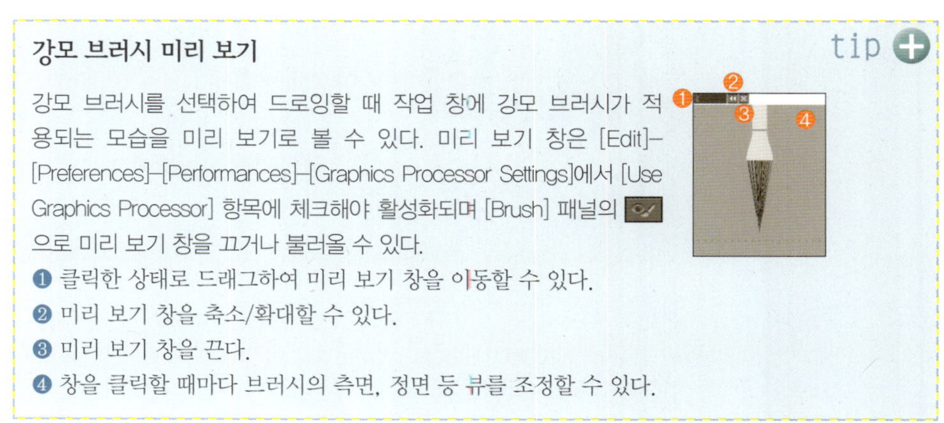

❷ 이미지를 드래그하면 이미지의 색상이 혼합되어 칠해진다. 이미지의 부위에 따라 브러시 크기와 형태, [Flow]를 변경해 가며 채색한다.

강모 브러시 미리 보기　　　　　　　　tip ➕

강모 브러시를 선택하여 드로잉할 때 작업 창에 강모 브러시가 적용되는 모습을 미리 보기로 볼 수 있다. 미리 보기 창은 [Edit]–[Preferences]–[Performances]–[Graphics Processor Settings]에서 [Use Graphics Processor] 항목에 체크해야 활성화되며 [Brush] 패널의 　으로 미리 보기 창을 끄거나 불러올 수 있다.

❶ 클릭한 상태로 드래그하여 미리 보기 창을 이동할 수 있다.
❷ 미리 보기 창을 축소/확대할 수 있다.
❸ 미리 보기 창을 끈다.
❹ 창을 클릭할 때마다 브러시의 측면, 정면 등 뷰를 조정할 수 있다.

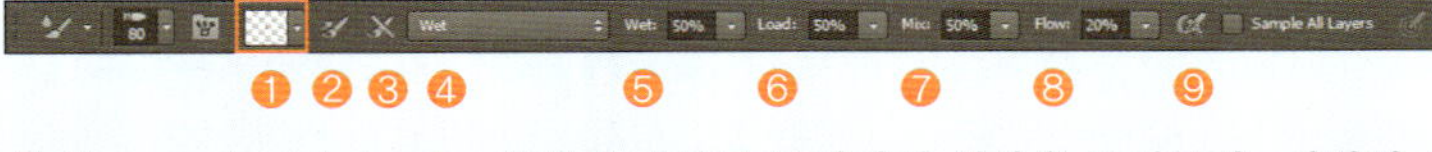

❶ Current brush load : 설정된 페인트 브러시의 색상을 보여준다. 설정된 색상을 소스로 사용하여 드래그할 때 캔버스 색상과 믹스되어 칠해진다. [Alt]를 누른 채 이미지를 클릭하면 해당 이미지를 페인트 브러시로 설정한다.

· Load Brush : 전경색을 페인트 브러시로 불러온다.
· Clean Brush : 브러시 색상을 제거한다.

❷ 선택하면 설정된 색상과 혼합하여 칠해지며 선택하지 않을 경우 이미지의 색상만 가지고 칠해진다.

❸ 선택하면 한 획을 그은 후 색상을 제거한다. 선택하지 않을 경우 획을 그을 때마다 색상이 혼합된다.

❹ 캔버스와 페인트의 설정 조합이 등록되어 있다.

❺ Wet : 캔버스에서 선택하는 페인트의 양을 조절한다.

❻ Load : Load Brush에 설정한 페인트의 양을 조절한다.

❼ Mix : 캔버스의 색과 페인트의 혼합 양을 조절한다. 100%일 때 캔버스에서 모든 페인트를 선택하고, 0%일 때는 Load Brush에 설정한 페인트에서 모든 페인트를 불러온다. 이 옵션은 [Wet] 옵션에 따라 결정된다.

❽ Flow : 브러시의 색상이 흘러나오는 정도를 설정한다.

❾ 작업 창에서 보이는 모든 레이어에서 캔버스 색상을 선택한다.

---

01 혼자해보기

'챕터4_샘플/마카롱.psd' 파일을 불러온 후 브러시 툴로 자유롭게 채색을 해보자.

HINT | 전경색을 '#a6f8f'로 지정하고 툴 박스에서 브러시 툴( )을 선택한다. 옵션 바에서 브러시 프리셋 피커( )를 클릭하고 원형 브러시 모양을 선택한 후 [Size]를 '90px', [Hardness]를 '0%'으로 설정한다. 배경 레이어를 선택하고 작업 창을 드래그하여 접시를 채색한다. 색상과 브러시 크기를 바꿔 마카롱을 채색한다.

02 혼자해보기

'챕터4_샘플/칠판.jpg' 파일을 불러온 후 브러시 옵션을 설정하여 분필로 쓴 글씨를 만들어 보자.

HINT | 전경색을 '흰색'으로 지정하고 [Layers] 패널 하단의 ▣을 클릭하여 새로운 레이어를 만든다. 브러시 툴(✎)을 선택하고 [Brush Presets] 패널에서 브러시 모양을 'Airbrush Hard High Density Grainy'로 선택한다. 브러시 크기를 '40px'으로 설정하고 칠판 위에 글씨를 쓴다. 색과 크기를 조절하고 나머지 글씨도 써 본다.

03 혼자해보기

'챕터4_샘플/불가사리.jpg' 파일을 불러온 후 색상 교체 툴로 배경의 채도를 변경해 보자.

HINT | 색상 교체 툴(✎)을 선택하고 전경색을 '#0C0000'으로 설정한다. 옵션 바에서 크기가 150px인 원형 브러시를 선택하고 [Mode]를 'Saturation', [Sampling]을 'Once(✎)', [Limits]를 'Contiguous', [Tolerance]를 '50'으로 설정한다. 왼쪽 상단의 배경을 클릭하고 이미지 전체를 드래그한다.

Section 4

특수한 기능의 페인팅 툴 사용하기 I

히스토리 브러시 툴( )은 작업한 이미지를 원본 상태 또는 [History] 패널에서 설정한 상태로 되돌릴 때 사용한다. 브러시를 사용하여 드래그한 곳만 되돌리며 이미지의 해상도나 모드가 변경된 경우는 되돌리기를 할 수 없다.

◐ 알아두기

- 히스토리 브러시 툴( )은 복구하고 싶은 영역을 브러시로 직접 드래그하여 원본으로 되돌리며 아트 히스토리 브러시 툴( )은 원래 이미지로 돌아가되 회화적인 효과를 추가한다.
- 배경 지우개 툴( )은 마우스 포인터의 가운데 포인트가 지정한 색상이 샘플 색상으로 추출되어 그와 유사한 색상을 지운다.
- 도장 툴( )은 도장으로 찍듯 원본의 이미지를 그대로 복제하며, 패턴 도장 툴( )은 패턴 이미지를 사용하여 원하는 영역을 채운다.
- 스팟 힐링 브러시 툴( )은 점과 같은 작은 부분을 세밀하게 복원할 때 사용한다. 힐링 브러시 툴( )은 복사할 지점을 설정하고 수정할 이미지에 클릭이나 드래그하여 복원한다.
- 콘텐츠 인식 이동 툴( )은 선택 영역을 지정하고 드래그하면 빛, 노이즈, 톤 등을 자동으로 인식하여 주변과 어울리도록 자연스럽게 채워준다.
- 패치 툴( )은 복원할 영역이나 소스 영역을 설정하여 이미지를 수정한다.

따라하기 01 히스토리 브러시 툴로 이미지 복원하기

'챕터4_샘플/주전부리.jpg' 파일을 불러온 후 이미지를 흑백으로 바꾸고 히스토리 브러시 툴과 아트 히스토리 브러시 툴을 이용하여 복구해 보자.

❶ [Image]−[Adjustments]−[Desaturate] 메뉴를 선택하여 이미지를 흑백으로 변경한다.

❷ 툴 박스에서 히스토리 브러시 툴(＊)을 클릭하고 옵션 바에서 [Brush Size]를 '50px', [Hardness]를 '0'으로 설정한다.

❸ 왼쪽 상단의 과자와 오른쪽 하단의 절편을 드래그하면 원래의 이미지로 복구된다.

❹ 이번에는 툴 박스에서 아트 히스토리 브러시 툴(＊)을 선택하고 옵션 바에서 브러시 크기를 '7px', [Hardness]를 '0', [Style]은 'Tight Short', [Area]는 '10'으로 설정한다.

❺ 이미지를 드래그하면 원본의 색상이 나오면서 회화적인 이미지로 바뀌는 것을 확인할 수 있다.

아트 히스토리 브러시 툴(＊)의 옵션 바   tip ➕

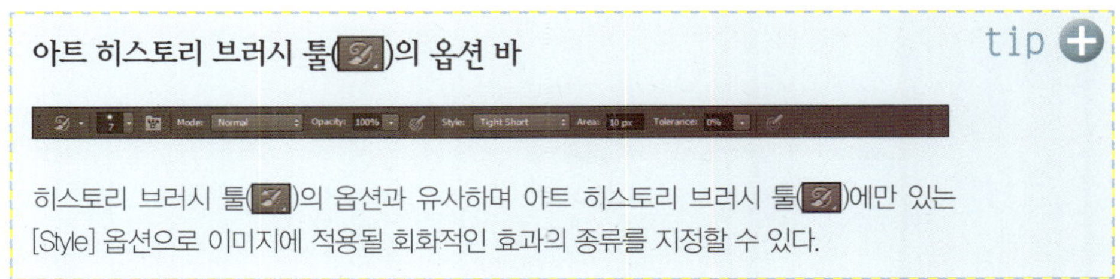

히스토리 브러시 툴(＊)의 옵션과 유사하며 아트 히스토리 브러시 툴(＊)에만 있는 [Style] 옵션으로 이미지에 적용될 회화적인 효과의 종류를 지정할 수 있다.

따라하기 **02** **불필요한 부분을 지울 수 있는 지우개 툴 사용하기**

'챕터4_샘플/녹차밭.jpg' 파일을 불러온 후 마술 지우개 툴로 배경을 지우고 다른 배경과 합성해 보자.

❶ 툴 박스에서 마술 지우개 툴(＊)을 선택하고 옵션 바에서 [Tolerance]를 '40'으로 설정한 후 [Contiguous]에 체크한다. 이미지의 하늘을 클릭하면 하늘이 지워지고 배경 레이어가 일반 레이어로 바뀐다.

❷ [Layers] 패널 하단의 을 클릭해 새로운 레이어를 만든다. 전경색을 검은색으로 지정하고 **Alt** + **Delete** 를 눌러 검은색으로 채운다.

tip

❸ [Layer]-[Arrange]-[Send backward] 메뉴를 선택하여 'Layer 1' 레이어의 순서를 밑으로 이동시킨다.

❹ [File]-[Place] 메뉴를 선택하여 '챕터4_샘플/우도.jpg' 파일을 불러오고 위치를 잡은 후 **Enter** 를 누른다.

❺ 'Layer 0' 레이어를 선택하고 **Ctrl** 을 누른 채 ↓를 눌러 녹차밭을 아래로 이동시킨다. **Ctrl** 을 누른 채 'Layer 0' 레이어의 섬네일을 클릭한다.

❻ 그레이디언트 툴(□)을 선택하고 옵션 바에서 그레이디언트 피커(▼)를 누른 후 'Violet, Orange'를 선택한다. 그레이디언트 스타일을 □, [Mode]를 'Soft Light', [Opacity]를 '25'로 설정한다.

❼ 이미지를 위에서 아래로 드래그하여 그레이디언트를 적용한다.

지우개 툴(▨)의 옵션 바
tip

지우개 툴(▨)을 일반 레이어에 적용하면 삭제 영역이 투명하게 처리되나 배경 레이어에 적용하면 배경색이 나타난다.

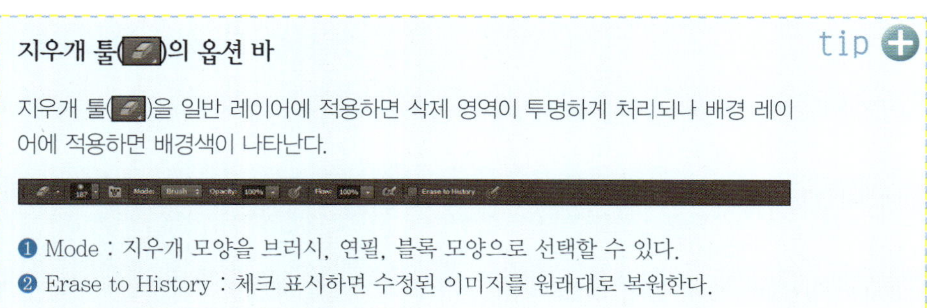

❶ Mode : 지우개 모양을 브러시, 연필, 블록 모양으로 선택할 수 있다.
❷ Erase to History : 체크 표시하면 수정된 이미지를 원래대로 복원한다.

배경 지우개 툴(▨)의 옵션 바
tip

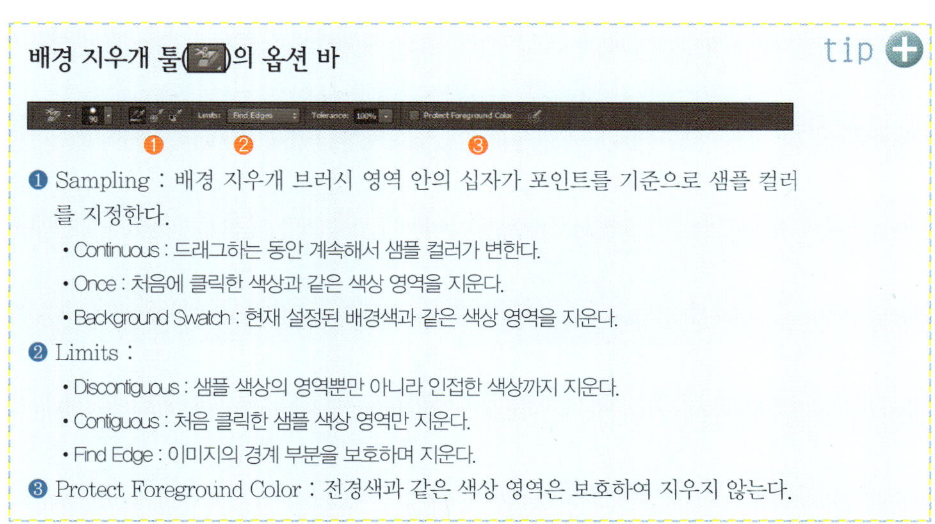

❶ Sampling : 배경 지우개 브러시 영역 안의 십자가 포인트를 기준으로 샘플 컬러를 지정한다.
  • Continuous : 드래그하는 동안 계속해서 샘플 컬러가 변한다.
  • Once : 처음에 클릭한 색상과 같은 색상 영역을 지운다.
  • Background Swatch : 현재 설정된 배경색과 같은 색상 영역을 지운다.
❷ Limits :
  • Discontiguous : 샘플 색상의 영역뿐만 아니라 인접한 색상까지 지운다.
  • Contiguous : 처음 클릭한 샘플 색상 영역만 지운다.
  • Find Edge : 이미지의 경계 부분을 보호하며 지운다.
❸ Protect Foreground Color : 전경색과 같은 색상 영역은 보호하여 지우지 않는다.

따라하기 03 복구 툴로 이미지 복구하기

'챕터4_샘플/후지애플.jpg' 파일을 불러온 후 패치 툴과 힐링 브러시 툴을 이용하여 라벨 위치를 바꾸고 흠집이 있는 곳은 복구해 보자.

❶ 패치 툴(￼)을 선택하고 옵션 바에서 [Patch]를 'Normal'로 설정한 후 [Destination]을 선택한다.

❷ 라벨을 드래그하여 선택하고 옆으로 이동하면 이동한 곳의 질감을 반영하여 복제된다.

❸ 다시 처음의 라벨을 선택하고 옵션 바에서 [Source]를 선택한다. 선택 영역을 아래쪽으로 이동하면 선택 영역이 이동한 곳의 이미지로 대체된다.

❹ 이번에는 라벨이 처음 위치했던 자리를 좀 더 자연스럽게 만들어 보기로 한다. 힐링 브러시 툴(￼)을 선택하고 원형 모양 브러시 크기를 '20px'로 설정한다.

❺ Alt 를 누른 채 과일의 아래쪽에 대치할
부분을 클릭하여 기준을 설정하고 처음 라
벨이 있던 부분을 드래그한다.

❻ 과일에 있는 흠집도 힐링 브러시 툴(✐)로 자연스럽게 제거해 보자.

스팟 힐링 브러시 툴의 옵션 바   tip ➕

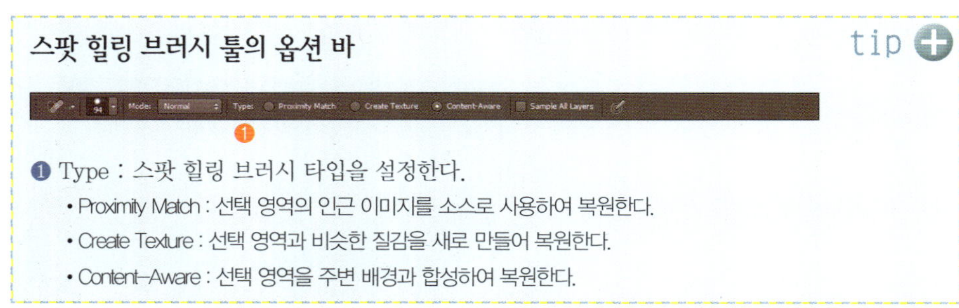

❶ Type : 스팟 힐링 브러시 타입을 설정한다.

- Proximity Match : 선택 영역의 인근 이미지를 소스로 사용하여 복원한다.
- Create Texture : 선택 영역과 비슷한 질감을 새로 만들어 복원한다.
- Content-Aware : 선택 영역을 주변 배경과 합성하여 복원한다.

패치 툴의 옵션 바   tip ➕

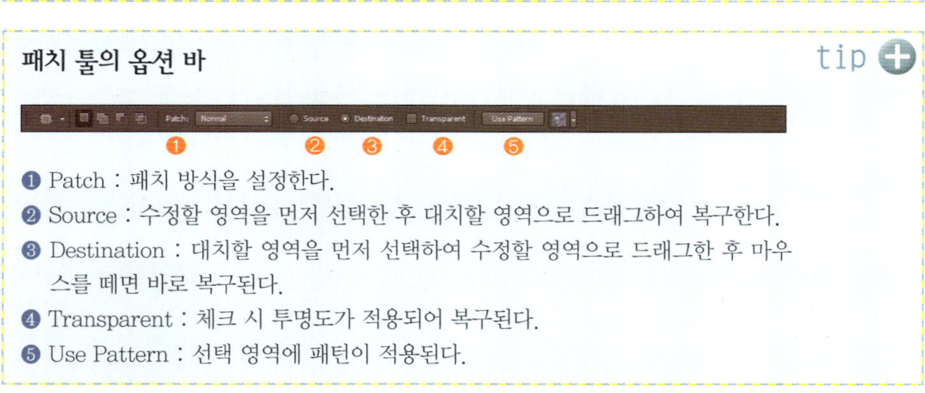

❶ Patch : 패치 방식을 설정한다.
❷ Source : 수정할 영역을 먼저 선택한 후 대치할 영역으로 드래그하여 복구한다.
❸ Destination : 대치할 영역을 먼저 선택하여 수정할 영역으로 드래그한 후 마우
스를 떼면 바로 복구된다.
❹ Transparent : 체크 시 투명도가 적용되어 복구된다.
❺ Use Pattern : 선택 영역에 패턴이 적용된다.

힐링 브러시 툴의 옵션 바   tip ➕

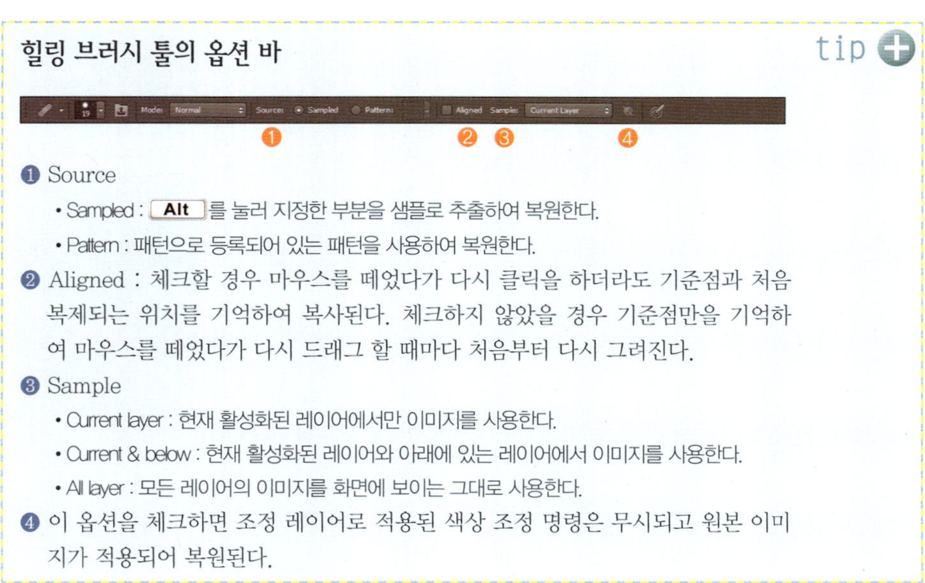

❶ Source
- Sampled : Alt 를 눌러 지정한 부분을 샘플로 추출하여 복원한다.
- Pattern : 패턴으로 등록되어 있는 패턴을 사용하여 복원한다.

❷ Aligned : 체크할 경우 마우스를 떼었다가 다시 클릭을 하더라도 기준점과 처음
복제되는 위치를 기억하여 복사된다. 체크하지 않았을 경우 기준점만을 기억하
여 마우스를 떼었다가 다시 드래그 할 때마다 처음부터 다시 그려진다.

❸ Sample
- Current layer : 현재 활성화된 레이어에서만 이미지를 사용한다.
- Current & below : 현재 활성화된 레이어와 아래에 있는 레이어에서 이미지를 사용한다.
- All layer : 모든 레이어의 이미지를 화면에 보이는 그대로 사용한다.

❹ 이 옵션을 체크하면 조정 레이어로 적용된 색상 조정 명령은 무시되고 원본 이미
지가 적용되어 복원된다.

'챕터4_샘플/캠핑.jpg' 파일을 불러온 후 콘텐츠 인식 툴로 의자를 옮기고 복제 툴로 주변을 자연스럽게 수정해 보자.

❶ 콘텐츠 인식 이동 툴(   )을 선택하고 옵션 바에서 [Mode]를 'Move', [Adaptation]을 'Medium'으로 설정한다. 의자 가장자리를 따라 드래그하고 빈 공간으로 이동한다.

❷ 의자가 복제되고 원래 자리는 잔디로 메꿔진다. 의자 윗부분의 자연스럽지 못한 부분은 힐링 브러시 툴(   )로 자연스럽게 수정한다.

'챕터4_샘플/제주.jpg' 파일을 불러온 후 도장 툴과 [Clone Source] 패널로 아기를 복제해 보자.

❶ 도장 툴(□)을 선택한다. 옵션 바에서 원형 모양 브러시 [Size]를 '50px', [Hardness] 를 '0'으로 설정하고 [Aligned Sample]에 체크한 후 Alt 를 누른 채 아기를 클릭한다.

❷ 아기를 복제하려는 위치를 드래그하면 아기가 복제되어 나타난다.

❸ 옵션 바에서 □을 클릭하고 [Clone Source] 패널이 나타나면 두 번째 □ 아이콘을 클 릭한다. □을 클릭하고 [W]와 [H]에 '70%'를 입력한다.

❹ 다시 Alt 를 누른 채 아기를 클릭한 후 배경의 뒤 쪽을 드래그하면 좌우가 바뀌고 크 기가 작아진 아기가 복제되어 나타난다.

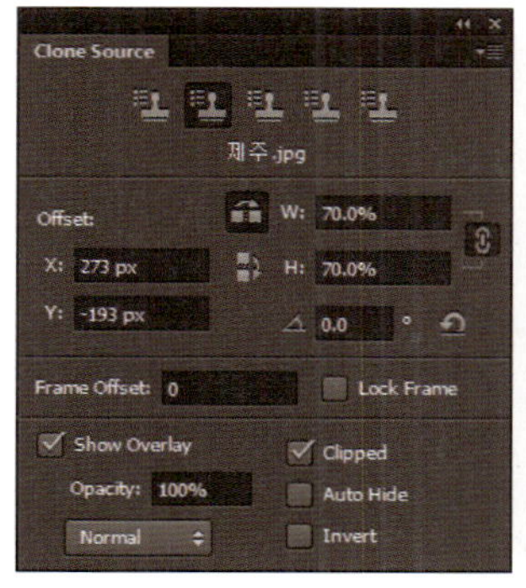

[Clone Source] 패널

❶ 최대 5개까지 복제 소스를 등록하고 선택하여 사용한다.

❷ X, Y : 복제 소스의 위치를 나타낸다.

❸ 붙여 넣을 복제 소스의 상/하, 좌/우를 뒤집는다.

❹ W, H : 붙여 넣을 복제 소스의 크기를 조절한다.

❺ Rotate the clone source : 붙여 넣을 복제 소스의 각도를 조절한다.

❻ Reset transform : 설정값을 초기화한다.

❼ Frame offset : 애니메이션에서 원본 애니게이션과 복제 소스 프레임의 관계를 설정한다.

❽ Show overlay : 체크하면 원하는 영역에 마우스가 위치하였을 때 복제되는 모습을 미리 볼 수 있다.

01
혼자해보기

'챕터4_샘플/모과.jpg' 파일을 불러온 후 모과 표면의 흠집을 제거해 보자.

HINT | 돋보기 툴( )로 모과를 확대한다. 스팟 힐링 브러시 툴( )을 선택하고 흠집의 크기에 맞춰 브러시 크기를 조절한 후 흠집을 클릭한다. 오른쪽의 패인 흠집은 힐링 브러시 툴( )의 브러시 크기를 '20px', [Hardness]를 '0'으로 설정한 후 흠집이 없는 부분을 **Alt** 를 누른 채 클릭하고 드래그한다.

'챕터4_샘플/형부.jpg' 파일을 불러온 후 복구 툴과 복제 툴을 적절히 사용하여 얼굴의
주름과 점을 제거해 보자.

HINT | 돋보기 툴(🔍)로 얼굴을 확대한다. 스팟 힐링 브러시 툴(🖊)을 선택하고 점의 크기에 맞춰 브러
시 크기를 조절한 후 점을 클릭한다. 티셔츠 근처의 점은 도장 툴(🏺)로 근처의 피부를 복제하여 제거한다.
힐링 브러시 툴(🖊)을 선택하고 브러시 크기를 '15px', [Hardness]를 '0'으로 설정한다. 광대 근처를 **Alt**
를 누른 채 클릭하여 복구 지점을 만들고 눈가 주름을 드래그한다. 같은 방법으로 볼과 목의 주름도 제거
한다.

'챕터4_샘플/케익.jpg' 파일을 불러온 후 복제 툴과 복구 툴로 케이크의 글씨를
자연스럽게 제거하고 큐빅을 추가해 보자.

HINT | 돋보기 툴(🔍)로 케이크를 확대한다. 도장 툴(🏺)을 선택하고 브러시 크기를 '30px', [Hardness]
를 '0'으로 설정한다. 케익의 글씨 아래 부분을 **Alt**를 누른 채 클릭하고 글씨가 쓰인 부분을 드래그한다.
글씨의 위, 아래 부분을 복제 지점으로 정의하면서 글씨를 제거한다. 글씨를 대충 제거하고 패치 툴(▥)을
선택한다. 옵션 바에서 [Patch]를 'Normal', 'Source'로 설정한 후 글씨가 있던 곳을 선택, 드래그하여 자연
스럽게 다듬는다. 옵션 바에서 'Destination'을 선택하고 큐빅을 복제한다.

특수한 기능의 페인팅 툴 사용하기 II

블러 툴()과 닷지 툴( ) 및 확장 툴들은 이미지의 선명도를 조절할 수 있다. 이미지 전체에 적용하는 필터나 보정 메뉴와 달리 필요한 부분만을 브러시로 섬세하게 보정할 수 있어 이미지 보정에 유용한 툴이다.

◐ 알아두기

- 블러 툴( )은 이미지를 흐리게 하며 샤픈 툴( )은 이미지의 윤곽을 또렷하게 한다. 스머지 툴( )은 손가락으로 문지는 것처럼 픽셀을 뭉개어 이미지를 부드럽게 만든다.
- 닷지 툴( )은 이미지를 밝게 조절하며 번 툴( )은 이미지를 어둡게 만든다. 스펀지 툴( )은 채도를 조절하며 옵션 바의 [Mode] 설정에 따라 채도를 높이거나 낮출 수 있다.

따라하기 01 스머지 툴로 픽셀 뭉개기

'챕터4_샘플/당나귀.jpg' 파일을 불러온 후 스머지 툴을 이용하여 배경의 구겨진 부분을 부드럽게 만들어 보자.

❶ 툴 박스에서 스머지 툴( )을 선택하고 옵션 바에서 브러시 크기를 '70px', [Hardness]를 '0', [Strength]를 '50%'로 설정한다.

❷ 왼쪽 상단의 구겨진 부분을 손가락으로 문지르는 것처럼 좌우로 드래그한다. 구겨진 부분의 픽셀이 뭉개져 매끄럽게 수정이 된다.

> 한 번 문지르는 길이를 길게 하면 밀린 픽셀이 티가 나므로 길이를 짧게 해서 문지른다. tip 

❸ 브러시의 크기와 강도를 조절하며 다른 부분의 구겨진 배경도 매끄럽게 수정한다.

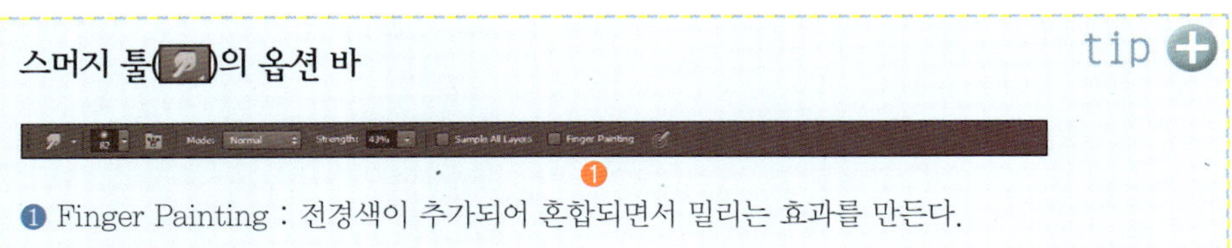

02 블러 툴과 샤픈 툴로 선명도 조절하기

'챕터4_샘플/꽃게.jpg' 파일을 불러온 후 블러 툴과 샤픈 툴로 꽃게에 초점을 맞춘 아웃포커싱
효과를 만들어 보자.

❶ 툴 박스에서 샤픈 툴( )을 선택한다. 브러시 크기를 '100px', [Hardness]를 '0',
[Mode]를 'Normal', [Strength]를 '50'으로 설정하고 [Protect Detail]에 체크한다.

❷ 꽃게의 몸통과 다리를 드래그 할수록 색과 명암이 뚜렷해진다.

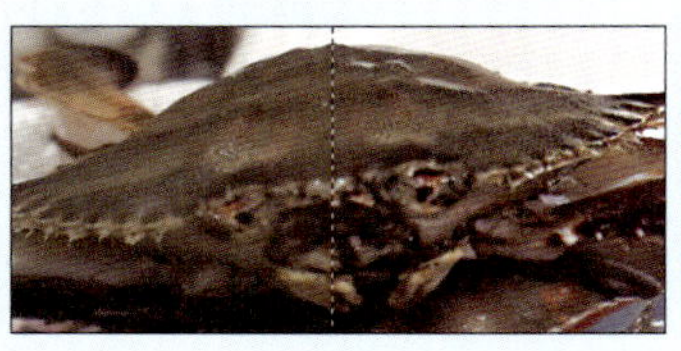

❸ 이번에는 블러 툴( )을 선택하고 브러시 크기를 '200px', [Hardness]를 '0', [Mode]를
'Normal', [Strength]를 '100'으로 설정한다.

❹ 이미지의 가장자리를 드래그하여 충분히 흐려지면 브러시 크기와 강도를 작게 조절하
고 꽃게 주변을 드래그하여 적당히 흐리게 만든다.

닷지 툴과 번 툴로 밝기 조절하기

'챕터4_샘플/곰돌이.jpg' 파일을 불러온 후 닷지 툴과 번 툴로 밝기 조절하고 비네팅 효과를
적용해 보자.

❶ 툴 박스의 닷지 툴(🔍)을 선택한다. 옵션 바에서 브러시 크기를 '225px', [Hardness]
를 '0', [Range]를 'Midtones', [Exposure]를 '15%'로 설정하고 [Protect Tones]에 체크
한다.

❷ 아기의 뒷모습을 중심으로 바깥쪽으로 원을 그리며 드래그한다. 옵션 바의 [Range]를
'Highlights', [Exposure]를 '5%'로 변경하고 아기의 뒷모습만 살짝 드래그한다.

❸ 이번에는 툴 박스의 번 툴(🖐)을 선택한다. 옵션 바에서 브러시 크기를 '250px',
[Hardness]를 '0', [Range]를 'Midtones', [Exposure]를 '20%'로 설정하고 [Protect
Tones]에 체크한다.

❹ 이미지의 가장자리를 둥글게 드래그한다. 가장자리에서부터 자연스럽게 어두워지도록
모서리 부분을 추가로 드래그한다. 자연스러운 비네팅 효과를 만들기 위해서 옵션 바의
브러시 크기와 [Exposure] 값을 조절해가며 추가로 드래그한다.

04 스펀지 툴로 채도 조절하기

'챕터4_샘플/스팽글.jpg' 파일을 불러온 후 스펀지 툴로 스팽글과 배경의 채도를 조절하여 스
팽글이 부각되도록 만들어 보자.

❶ 툴 박스의 스펀지 툴(　)을 선택한 후 옵션 바에서 브러시 크기를 '130px', [Hardness]
를 '0', [Mode]를 'Saturate', [Flow]를 '50%'로 설정하고 [Vibrance]에 체크 표시한다.

❷ 스팽글 부분을 드래그한다. 브러시가 지나갈수록 채도가 높아진다.

❸ 옵션 바에서 [Mode]를 'Desaturate'로 변경한 후 배경 부분을 드래그하여 채도를 낮춘다.

01 혼자해보기

'챕터4_샘플/파운드케익.jpg' 파일을 불러온 후 빵에 박힌 견과류를 제거하고 빵이 더 돋보일 수 있도록 수정해 보자.

> **HINT** | 돋보기 툴( )로 빵을 확대하고 도장 툴( )을 선택한다. 브러시 크기를 '30px', [Hardness]를 '0'으로 설정하고 빵의 빈 공간을 **Alt** 로 지정한 후 견과류를 드래그하여 제거한다. 손바닥 툴( )을 더블클릭하고 스펀지 툴( )을 선택한다. 브러시 크기를 '130px', [Hardness]를 '0', [Mode]를 'Saturate', [Flow]를 '20%'로 설정하고 [Vibrance]에 체크 표시한다. 빵을 드래그하여 채도를 높인 후 블러 툴( )을 선택한다. 브러시 크기를 '200px', [Hardness]를 '0', [Mode]를 'Normal', [Strength]를 '100'으로 설정한다. 이미지의 가장자리를 드래그한다.

02 혼자해보기

'챕터4_샘플/지연.jpg' 파일을 불러온 후 바닥의 종이를 제거하고 이미지의 밝기를 수정해 보자.

> **HINT** | 돋보기 툴( )로 바닥의 종이가 있는 부분을 확대한다. 도장 툴( )을 선택하고 브러시 크기를 '13px', [Hardness]를 '100'으로 설정한다. 바닥의 빈 공간을 **Alt** 로 지정한 후 종이를 드래그하여 제거한다. 손바닥 툴( )을 더블클릭하고 닷지 툴( )을 선택한다. [Size]를 '290px', [Hardness]를 '0', [Range]를 'Shadows', [Exposure]를 '25%'로 설정하고 [Protect Tones]에 체크한다. 이미지를 전체적으로 드래그하고 [Range]를 'Midtones'로 바꾼 후 꽃과 인물을 서너 번 추가로 드래그한다. 다시 [Range]를 'Highlights', [Exposure]를 '10%'로 변경한 후 꽃과 인물을 드래그한다.

1. 색상 선택하여 칠하기

- 색상은 [Color Picker] 대화상자, [Color] 패널, [Swatches] 패널과 툴 박스의 스포이트 툴(　)을 이용하여 선택할 수 있다.

- **Alt**＋**Delete**를 누르면 전경색이 칠해지고 **Ctrl**＋**Delete**를 누르면 배경색이 칠해진다.

- 스포이트 툴(　)은 클릭한 지점의 색상을 추출해서 전경색이나 배경색으로 지정해 주며, 환경 설정에서 GPU Setting에 체크하면 클릭하였을 때 컬러 샘플러 링이 나타나 현재 선택한 색상과 이전에 선택한 색상을 보여준다.

2. 이미지 한 번에 채색하기

- 그레이디언트 툴(　)과 페인트 통 툴(　)은 한 번의 명령으로 색상을 칠할 수 있다. 그레이디언트 툴(　)은 두 가지 이상의 색이 점진적으로 혼합되어 칠해지며 페인트 통 툴(　)은 클릭 한 번으로 단색이나 패턴으로 칠해진다.

- 그레이디언트 툴(　) 사용 시 드래그 길이, 각도에 따라 적용된 그레이디언트의 색상이 달라진다. **Shift**를 누른 채 드래그하면 0°, 45°, 90° 각도로 드래그된다.

- 페인트 통 툴(　), 패턴 도장 툴(　), 힐링 브러시 툴(　) 및 패치 툴(　)은 옵션 바에서 'Pattern'을 선택하고 새로 등록한 패턴이나 사전 등록된 패턴으로 그릴 수 있다.

- [Edit]–[Fill] 메뉴를 선택하면 선택 영역이나 전체 이미지를 색, 패턴, 원본 이미지로 한 번에 채울 수 있고, [Edit]–[Stroke] 메뉴로는 선택 영역에 테두리를 만들 수 있다.

3. 브러시 툴과 연필 툴로 그리기

- 브러시 툴(　)과 연필 툴(　)은 전경색으로 칠해지고 믹서 브러시 툴은 전경색과 캔버스의 색상을 혼합하여 칠해진다.

- 부드러운 선을 드로잉 할 때는 브러시 툴(　)을 사용하고 획의 가장자리가 계단처럼 그려지는 연필 툴(　)은 웹상에서 사용하는 아이콘이나 클립아트 이미지 작업에 적합하다. 페인팅 도중 전경색을 선택하려면 **Alt**를 눌러 스포이트 툴(　)을 불러온다.

- [Edit]–[Define Brush Preset] 메뉴는 선택 영역을 새 브러시 모양으로 등록해준다. 등록한 브러시는 [Brush Presets] 목록 하단에 표시된다.

- 레드 아이 툴(　)은 사진 촬영 시 눈동자가 빨갛게 보이는 적목 현상을 없앨 수 있으며 눈동자의 크기와 어두운 정도를 조절할 수 있다.

- 특정 부분의 색상을 변경하고자 할 때 따로 영역을 설정하지 않아도 색상 교체 툴을 이용하면 간단히 색상 변경을 할 수 있다. 자동으로 원본의 색상을 감지하여 이미지의 질감, 음영은 유지한 채 지정한 색상으로 교체한다.

4. 특수한 기능의 페인팅 툴 사용하기

- 히스토리 브러시 툴(　)은 복구하고 싶은 영역을 브러시로 직접 드래그하여 원본이나 [History] 패널에 등록한 스냅샷으로 상태를 되돌린다. 브러시의 모양과 크기를 조절하여 섬세한 작업을 할 수 있다.

- 아트 히스토리 브러시 툴(　)은 히스트리 브러시 툴(　)에 회화적인 효과를 추가한 툴이다.

- 배경 레이어를 지우개 툴(　)로 지우면 지운 곳은 배경색으로 채워진다. 배경 지우개 툴(　)은 마우스 포인터의 가운데 포인트가 지정한 색상이 샘플 색상으로 추출되어 그와 유사한 색상을 지울 수 있고, 마술 지우개 툴(　)은 유사한 색상을 감지하여 단번에 투명하게 지울 수 있다.

- 스팟 힐링 브러시 툴(　)은 작은 부분의 흠을 수정할 때 효과적이다. 힐링 브러시 툴(　)은 Alt 를 누른 채 이미지를 클릭하여 복사할 지점을 설정하고 수정할 이미지를 클릭이나 드래그하여 수정한다.

- 패치 툴(　)은 영역을 선택하고 대치할 영역으로 드래그하여 보정한다. 옵션 바에서 'Source'를 선택하면 선택 영역이 대치 영역으로 복제되고 'Destination'을 선택하면 대치 영역이 선택 영역으로 복제된다.

- 콘텐츠 인식 이동 툴(　)은 선택 영역을 지정하고 드래그하면 빛, 노이즈, 톤 등을 자동으로 인식하여 주변과 어울리도록 자연스럽게 채워준다.

- 도장 툴(　)은 Alt 를 누른 상태에서 복제하려는 곳을 클릭하여 기준점을 설정하고 원하는 위치에 드래그하면 기준점의 이미지가 복제된다. 작업 창 내에서 뿐만 아니라 열려있는 다른 작업 창에서도 이미지 복제가 가능하다.

- 패턴 도장 툴(　)은 등록되어 있는 패턴 이미지 혹은 새롭게 등록한 패턴 이미지를 선택한 후 원하는 곳에 드래그하여 이미지를 채워준다.

5. 선명도를 조절하는 리터칭 툴

- 얼굴이나 특정 부위의 밝기를 조절한다던지 울퉁불퉁한 피부결을 매끈하게 보정할 때는 섬세한 작업이 가능한 리터칭 툴을 사용한다.

- 이미지를 밝게 만드는 닷지 툴(　)과 어둡게 만드는 번 툴(　)은 밝기 영역을 선택하여 효과를 적용할 수 있다. 스펀지 툴(　)은 채도를 조절해주며 옵션 바의 [Mode] 설정에 따라 채도를 높이거나 낮춘다.

- 이미지를 흐리게 하는 블러 툴(　)과 윤곽을 또렷하게 하여 주제를 선명하게 부각시키는 샤픈 툴(　)은 옵션 바에서 [Mode]를 설정하고 사용하면 더 효과적으로 주제를 돋보이게 보정할 수 있다.

- 픽셀을 뭉개어 부드럽고 매끄럽게 보정하는 스머지 툴(　)은 인물 보정 시에 자주 사용한다.

1. 눈에 덮여 바닥이 보이지 않게 수정을 하고 함박눈이 펑펑내리는 풍경을 만들어 보자.

[작업 준비물 : 챕터4_샘플/첫눈.jpg]

HINT | 1. 이미지 열기 : [File]—[Open]
 2. 바닥 메꾸기 : 도장 툴(　)
 3. 눈 밝게 하게 : 닷지 툴(　)
 4. 어깨에 쌓인 눈 : 브러시 툴(　)의 'Watercolor Spatter Fine Drops' 브러시, Scattering 옵션
 5. 내리는 눈 : 브러시 툴(　)의 'Watercolor Spatter Big Drops' 브러시, Scattering 옵션
 6. 인물 채도 낮추기 : 스펀지 툴(　)의 'Desaturate'
 7. 얼굴 밝게 하기 : 닷지 툴(　)
 8. 작업 과정 되돌리기 : 히스토리 브러시 툴(　)

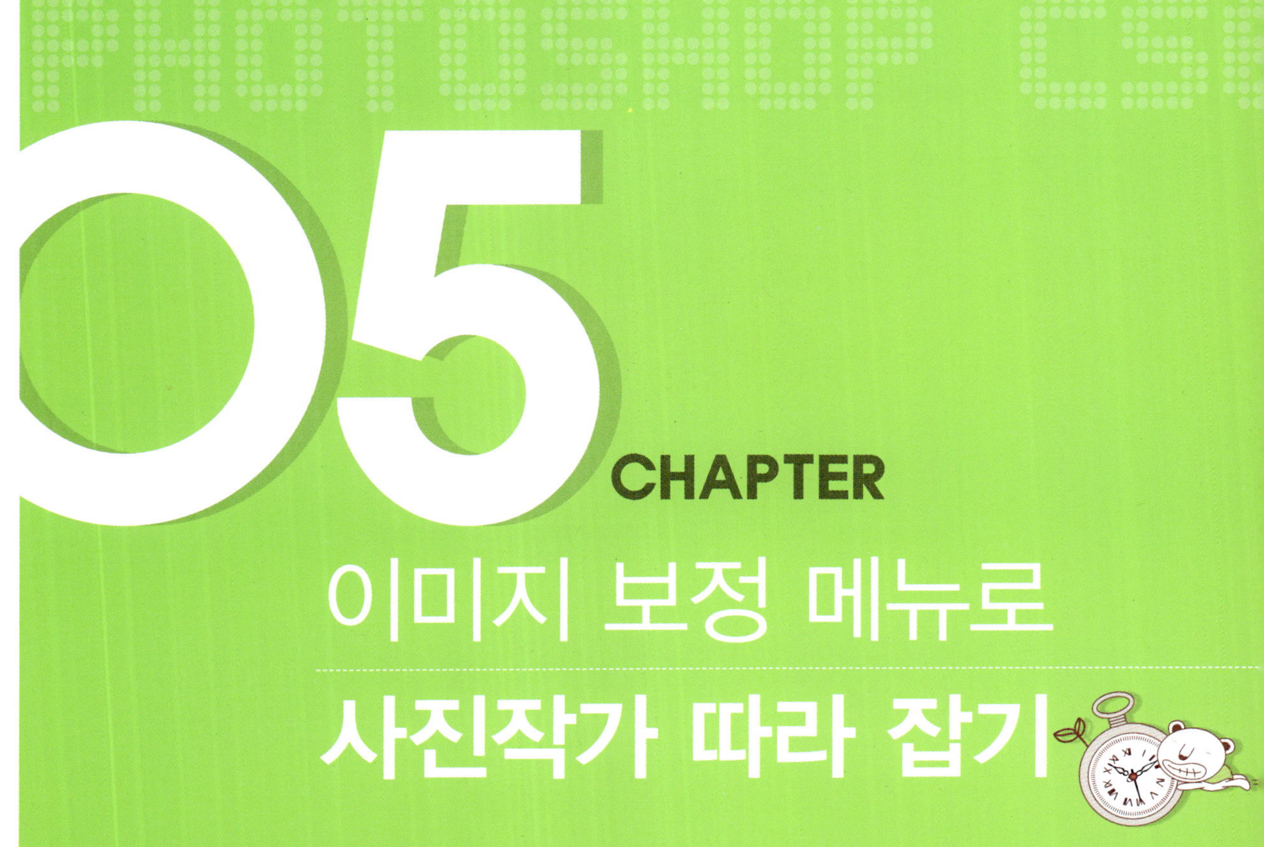
CHAPTER
05
이미지 보정 메뉴로
사진작가 따라 잡기

이미지 편집 프로그램의 대명사라는 타이틀답게 포토샵에서는 디지털 카메라로 촬영한 사진이나 스캔한 이미지를 사용자 의도대로 다룰 수 있는 여러 가지 메뉴를 제공한다. 색, 명암, 채도 등을 보정하는 기본 메뉴부터 비현실적인 색감의 HDR 이미지를 만들 수 있는 메뉴까지 다양한 보정 기능이 있다. 화이트 밸런스가 맞지 않는 사진을 보정하거나 컬러 사진보다 시선을 사로잡는 흑백 이미지를 만드는 방법에 대해 알아보자.

이미지를 보정하는 다양한 방법

앞서 국소 부위 보정 작업에 사용하는 리터칭 툴에 대해 알아봤다면 이번 장에서는 이미지 전체나 넓은 영역을 보정하는 [Adjustments] 명령에 대해 알아본다. [Image] 메뉴와 [Adjustments] 패널에서 적용할 수 있으며 패널을 이용하면 선택한 명령이 별개의 레이어로 만들어져 원본 이미지의 훼손 없이 작업이 가능하다.

01 색상 모드 이해하기

포토샵에는 총 8가지 색상 모드가 있으며 결과물의 사용 목적에 따라 색상 모드 설정이 필요하다.

• RGB Color(가산 혼합)

RGB 모드는 모니터의 색상에 기초하여 색을 구현하는 모드로 빛의 삼원색인 빨강(Red), 초록(Green), 파랑(Blue)가 기본 색상이다. 각각의 색상을 혼합하여 눈으로 확인할 수 있는 모든 컬러를 만들 수 있으며, 세 색상 값이 최대인 255, 255, 255일 때 겹쳐 보이는 부분이 흰색이 되고 이를 가산 혼합이라 한다. 포토샵에서 RGB 모드는 모든 기능, 모든 메뉴, 모든 필터를 적용할 수 있다. 디지털 카메라로 사진을 찍어서 스캔한 후 이미지로 변환할 때나 모니터로 결과물을 확인하는 컬러 이미지는 RGB 모드로 설정해야 한다.

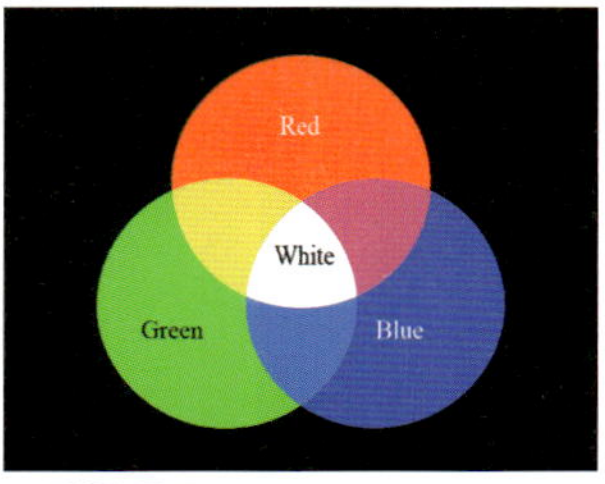

▲ RGB 모드

• CMYK Color(감산 혼합)

CMYK 모드는 출력이나 인쇄가 목적일 때 사용하는 모드로 물감의 삼원색 청록(Cyan), 자주(Magenta), 노랑(Yellow)과 검정(Black)이 기본색이다. C, M, Y 세 가지색을 혼합 할수록 원래의 색보다 어두워지기 때문에 감산 혼합이라고 하며 이 삼원색을 모두 합치면 검정에 가까운 색이 된다. 이런 CMYK 모드는 신문이나 잡지 같은 인쇄물을 제작할 때 사용하며, 포토샵의 대부분의 기능과 메뉴를 사용할 수 있으나 일부 필터는 사용할 수 없다.

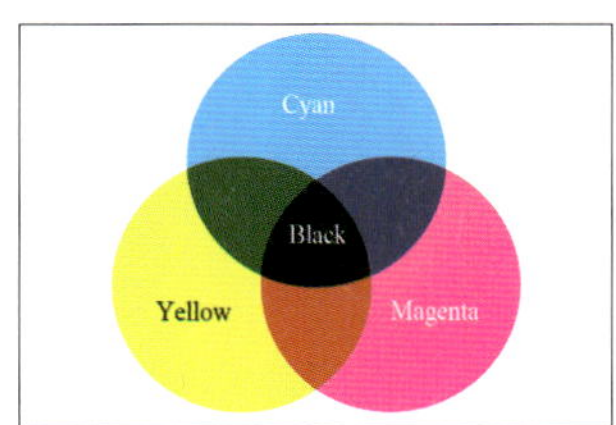

▲ CMYK 모드

• Bitmap

이미지를 Bit 단위로 나누어 표현하는 모드로 1비트는 0과 1의 정보만을 가지기 때문에 검은색과 흰색 두 가지의 정보만을 가진다. 픽셀간의 거리에 의해 명암등은 판별할 수 있으며 흑백 신문의 이미지 같은 저 품질의 흑백 사진과 유사하다. 컬러 이미지는 먼저 Grayscale로 변환해야 Bitmap 모드로 변환할 수 있다.

• Grayscale

일반적으로 흑백이라고 부르며 검은색과 흰색 그리고 그 사이에 있는 회색들로 구성된 255단계의 음영으로 이미지를 표현한다.

• Indexed Color

최대 256개의 색상으로만 이미지를 표현하여 RGB나 CMYK 보다는 거칠지만 파일 용량이 작아서 웹용으로 많이 쓴다. GIF로 저장하기 위해서는 반드시 Indexed Color 모드를 사용해야 한다.

• Lab Color

색상 모드의 호환성을 높이기 위해 CIE(Commission Internationale de l'Eclairage)라는 국제기구가 개발한 색상 모드이다. 밝기를 표현하는 Lightness Channel, Green에서 Magenta 사이의 색상 단계에 대한 정보를 가지는 a Channel, Blue에서 Yellow 사이의 색상 단계에 대한 정보를 가지는 b Channel로 구성되어 있다. 모든 컬러의 표현 범위가 RGB나 CMYK보다 넓으므로 RGB 모드에서 CMYK 모드로의 전환보다 Lab Color를 거쳐 CMYK 모드로 전환하는 것이 색상의 손실을 줄일 수 있다.

02 빠른 보정의 노하우

[Image]의 자동 보정 메뉴를 사용하면 이미지의 전체적인 밝기, 대비, 색상 등을 특별한 설정 없이 자동으로 보정할 수 있다. 자동 보정 명령은 이미지의 가장 어두운 영역과 밝은 영역을 찾아 클리핑한 후 가장 밝거나 어두운 픽셀을 처리하는 방식으로 이미지를 보정한다.

• 자동 톤 보정

[Image]-[Auto Tone] 메뉴를 선택한다. 이 명령은 채널 별로 색조 범위를 최대화하여 세밀하게 교정하므로 색조가 제거되거나 추가될 수 있다.

• 자동 대비 보정

[Image]-[Auto Contrast] 메뉴를 선택하면 이미지 대비를 조정한다. 전체 색상은 그대로 유지하면서 밝은 영역은 더 밝게, 어두운 영역은 더 어둡게 보정한다.

• 자동 색상 보정

[Image]-[Auto Color] 메뉴를 선택하면 이미지에서 어두운 영역, 중간 영역 및 밝은 영역을 찾아서 이미지의 대비와 색상을 조정한다.

▲ 자동 톤 보정　　　　　　　　▲ 자동 대비 보정　　　　　　　　▲ 자동 색상 보정

- **[Auto Color Correction Options] 대화상자**

  자동 보정 또한 원본 이미지의 훼손 없이 적용시키거나 기본 값을 변경할 수 있다. [Adjustments] 패널의 [Levels](▦)나 [Curves](▨)를 클릭하고 [Properties] 패널에 세부 옵션이 나타나면 **Alt** 를 누른 상태로 **Auto** 를 클릭한다. [Auto Color Correction Options] 대화상자가 나타나면 자동 보정 옵션을 설정한다.

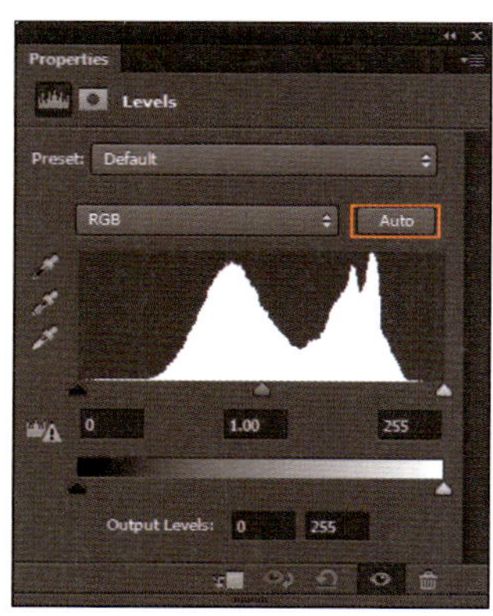
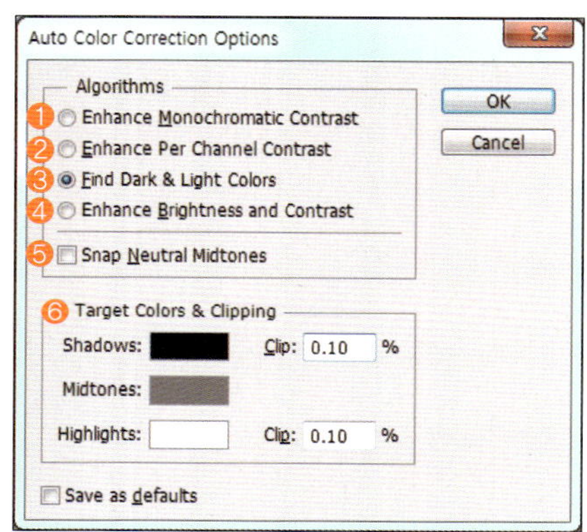

❶ 자동 대비 옵션으로 단색 대비를 향상시킨다.

❷ 자동 톤 옵션으로 채널별 대비를 향상시킨다.

❸ 자동 색상 옵션으로 어두운 색상과 밝은 색상을 찾는다.

❹ 밝기와 대비를 향상시킨다.

❺ 자동 색상 명령의 옵션으로 이미지의 중간 색상을 찾아 보정하고 중간색으로 만든다.

❻ 이미지의 가장 어두운 영역, 중간 영역, 가장 밝은 영역의 색상을 지정하고 클리핑 할 검은색 픽셀과 흰색 픽셀의 양을 설정한다.

- **[Image]−[Adjustments]−[Equalize] 메뉴**

  이미지에 사용된 가장 어두운 픽셀 값은 검은색, 가장 밝은 값은 흰색으로 나타내고 중간 값은 이미지 전체에 고르게 분포하는 명령으로 이미지의 전체 톤을 고르게 한다. 주로 스캔한 이미지가 원본보다 어둡게 나왔을 때 사용하며 메뉴를 선택하면 이미지에 바로 적용된다.

[Histogram] 패널에서 원본 이미지와 [Equalize] 명령을 실행한 이미지를 비교해 보면 이미지 전체의 명도가 균일해진 것을 확인할 수 있다.

▲ 원본 이미지

▲ 이미지 전체로 균일화

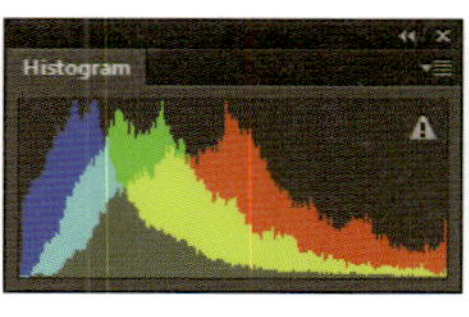
▲ 원본 이미지의 색상 분포

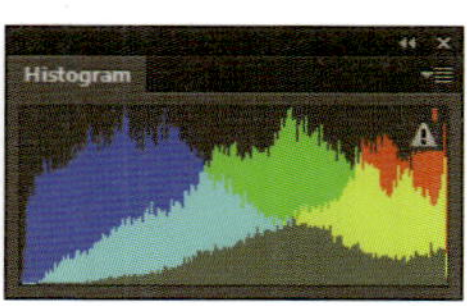
▲ 균일화 후 색상 분포

03 레이어를 만들어 보정하는 [Adjustments] 패널

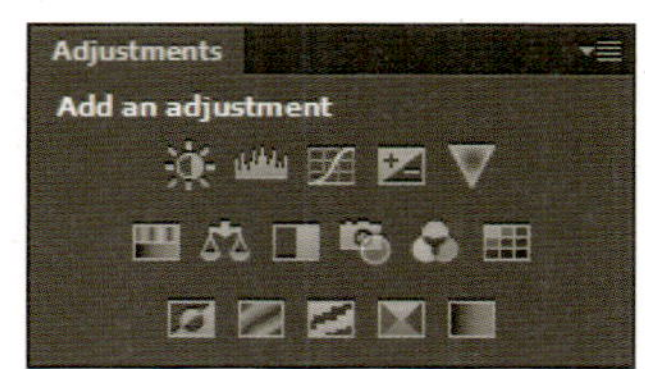

이미지 보정 명령은 [Image]-[Adjustments] 메뉴나 [Adjustments] 패널에서 선택할 수 있는데 [Image] 메뉴를 사용할 경우 원본 이미지에 효과가 바로 적용되는 반면 [Adjustments] 패널을 이용하면 보정 레이어가 자동으로 생성되어 적용되기 때문에 원본 이미지를 보호하며 작업할 수 있고 적용한 효과의 수정이 가능하다. 또한, 보정 레이어의 불투명도를 조절하거나 레이어 마스크를 사용하여 적용한 효과에 대한 편집이 가능하고 적용한 효과에 다른 설정을 중복 적용할 수 있다.

[Adjustments] 패널에서 보정 명령을 선택하고 [Properties] 패널에서 선택한 보정 명령의 세부 옵션을 설정한다.

❶ Brightness/Contrast(⬚) : 밝기와 명도 다비를 조절한다.

❷ Levels(⬚) : 전체 채널, 색상 채널 별 밝은 영역, 중간 영역, 어두운 영역을 슬라이더로 조절한다.

❸ Curves(⬚) : 감마 곡선을 움직여 이미지의 밝기와 대비를 조절한다. 채널을 설정한 후 감마 곡선을 움직이면 색상 조절도 가능하다.

❹ Exposure(⬚) : 빛의 노출 정도를 조절하여 이미지의 밝기, 명도 대비를 조절한다.

❺ Vibrance(⬚) : 채도를 조절한다.

❻ Hue/Saturation(⬚) : 색상, 채도, 명도를 조절한다.

❼ Color Balance(⬚) : 어두운 톤, 중간 톤, 밝은 톤 별로 색상 혼합 정도를 조절한다.

❽ Black/White(⬚) : 색상 별로 명암을 조절하여 흑백 이미지를 만들 수 있다.

❾ Photo Filter(⬚) : 카메라 렌즈에 필터를 끼워 촬영한 것과 같은 효과를 낼 수 있다.

❿ Channel Mixer(⬚) : 각각의 색상 채널을 수정할 수 있다.

⓫ Color Lookup(⬚) : 3DLUT File, Abstract, Device Link 항목에서 사전 설정된 값을 선택하거나 파일을 불러와 새로운 색감을 적용한다.

⑫ Invert(   ) : 이미지의 명도를 반전시킨다.

⑬ Posterize(   ) : 이미지의 색상을 단순화하여 독특한 느낌을 만들 수 있다.

⑭ Threshold(   ) : 픽셀을 0~255단계의 명도로 구분하고 중간 값을 기준으로 흰색과 검은색으로만 표현하여 흑백 이미지를 만든다.

⑮ Selective Color(   ) : 특정한 색상 영역에서 이미지에 사용된 색상 별로 색상 비율을 조정한다.

⑯ Gradient Map(   ) : 그레이디언트 효과를 적용한다.

04 [Properties] 패널

❶ 선택한 보정 아이콘이 표시된다.

❷ 보정 레이어에 마스크를 추가하거나 옵션을 설정한다.

❸ 보정 레이어 밑에 있는 모든 레이어에 보정 효과를 적용할지 바로 밑에 있는 레이어에만 적용할지 선택한다.

❹ W 를 누르거나 아이콘을 클릭한 동안 바로 이전의 효과가 적용된 이미지를 볼 수 있다.

❺ 설정한 보정 옵션 값을 초기화한다.

❻ 보정 레이어를 보이거나 숨긴다.

❼ 보정 레이어를 삭제한다.

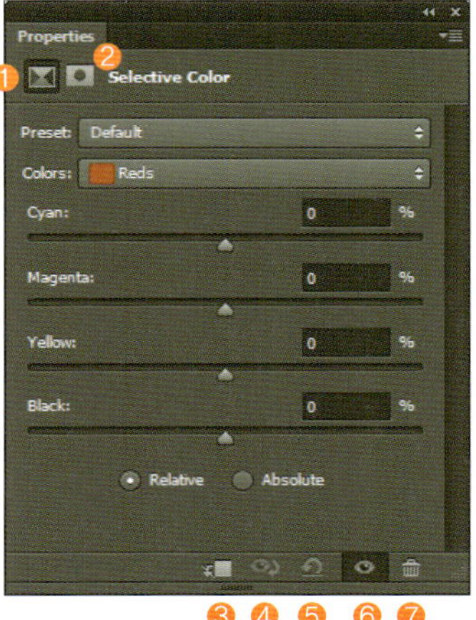

05 이미지 보정에 사용하는 메뉴

❶ Shadows/Highlights : 이미지에 노출이 과다하거나 부족한 영역이 있는 경우 전체적인 균형을 유지하면서 대비를 조정한다.

❷ HDR Toning : 다양한 노출 값을 주어 이미지의 색감을 보다 풍부하게 만든다.

❸ Variations : 색상, 밝기, 채도 별로 보정값을 적용한 결과를 미리 보기 창으로 확인할 수 있으며 [Fine]과 [Coarse] 옵션으로 효과의 적용 정도를 조절할 수 있다.

❹ Desaturate : 다른 옵션 설정 없이 채도를 낮추어 흑백 이미지로 변환한다.

❺ Match Color : 소스 이미지의 색상 통계를 참고하여 원본 이미지에 소스 이미지 색상을 적용함으로써 서로 다른 톤의 이미지를 같은 톤으로 만든다.

❻ Replace Color : 이미지의 특정 색상을 다른 색상으로 변경한다.

❼ Equalize : 이미지의 전체적인 톤을 균일화한다.

색상 모드 이용하기

포토샵에는 총 8가지의 색상 모드가 있으며 사용 목적에 따른 색상 모드의 설정이 필요하다. 대표적인 색상 모드로는 웹용 이미지 작업 시 사용하는 RGB 모드와 인쇄용 작업 시 사용하는 CMYK 모드가 있다. 그 밖에도 비트맵, 듀오톤, 인덱스 모드 등이 있다.

알아두기

- 비트맵 모드는 검은색과 흰색의 2가지 값으로 이미지를 표현하며 비트맵 이미지로 변환하기 위해서는 먼저 Grayscale 모드로 변경해야 한다.
- 인덱스 모드는 최대 256개의 색상으로만 이미지를 표현하여 RGB나 CMYK 보다는 거칠지만 파일 용량이 작다.
- 인덱스 모드로 변환하려면 Grayscale 모드로 먼저 변환해야 하며 보이는 레이어는 모두 배경으로 병합되고 숨겨진 레이어는 버려진다.

따라하기 **01**

비트맵 모드 이미지 만들기

'챕터5_샘플/말.jpg' 파일을 불러온 후 이미지를 비트맵 이미지로 만들어 보자.

❶ [Image]-[Mode]-[Grayscale] 메뉴를 선택하여 그레이스케일 모드로 변경한다.

색상 정보를 잃더라도 흑백으로 전환하겠냐는 데시지가 나타나면 [Discard]를 선택하여 흑백 이미지로 만든다. **tip** ➕

❷ Ctrl + L 을 누르고 [Levels] 대화상자
가 나타나면 [Input Levels]를 ʻ26, 1.22,
177ʼ로 설정하고 [OK] 버튼을 클릭한다.

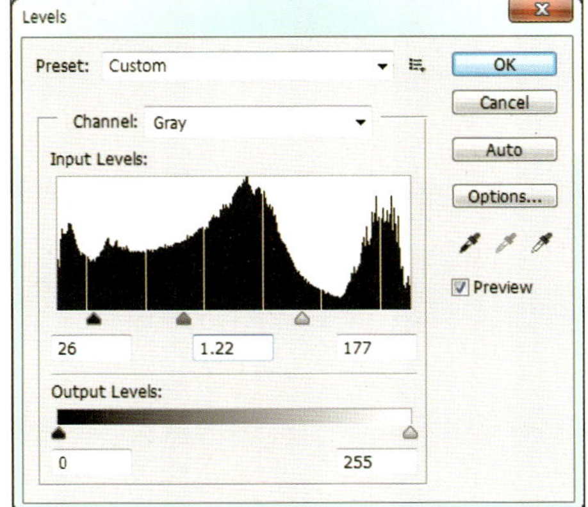

❸ [Image]-[Mode]-[Bitmap] 메뉴를 선
택하고 대화상자에서 [Use]를 ʻHalftone
Screenʼ으로 선택한 후 [OK] 버튼을 클
릭한다.

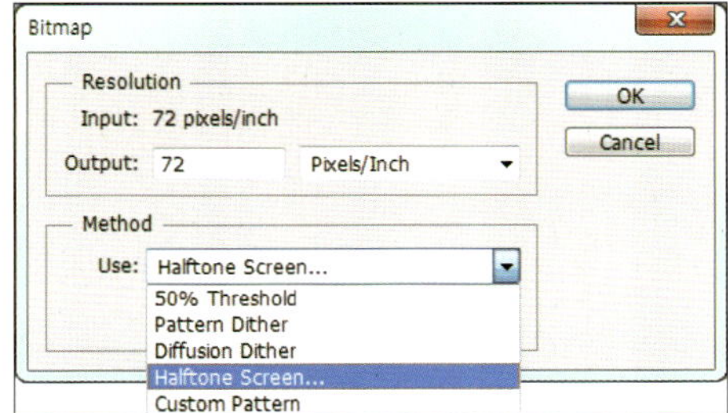

❹ [Halftone Screen] 대화상자가 나타나면
[Frequency]를 ʻ10Lines/Inchʼ, [Angle]
을 ʻ45ʼ, [Shape]를 ʻRoundʼ로 설정하고
[OK] 버튼을 클릭한다.

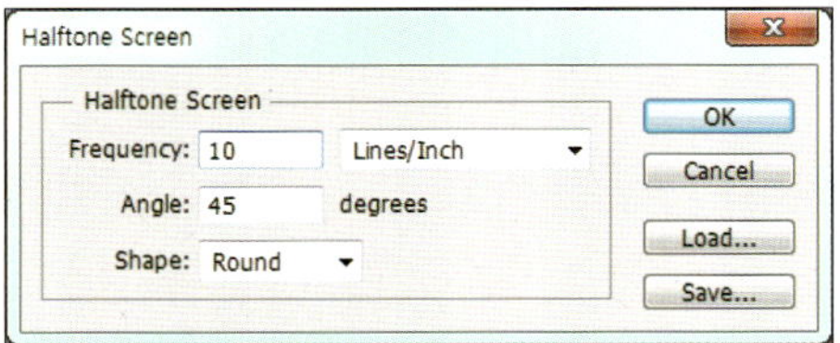

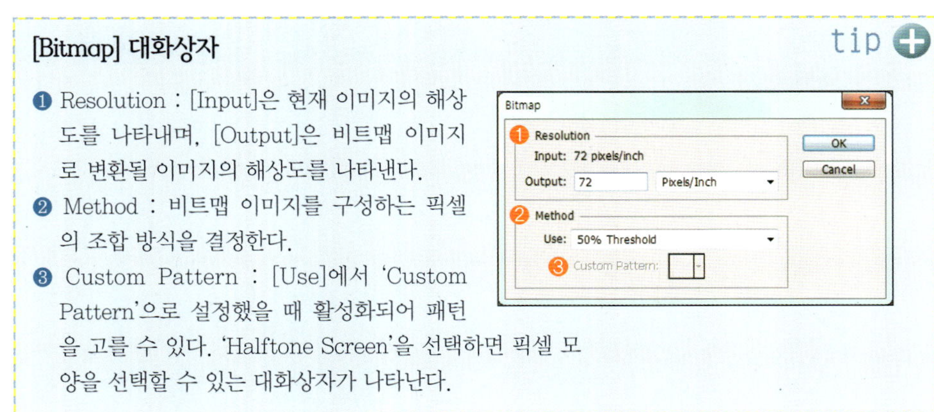

[Bitmap] 대화상자   tip

❶ Resolution : [Input]은 현재 이미지의 해상
  도를 나타내며, [Output]은 비트맵 이미지
  로 변환될 이미지의 해상도를 나타낸다.
❷ Method : 비트맵 이미지를 구성하는 픽셀
  의 조합 방식을 결정한다.
❸ Custom Pattern : [Use]에서 ʻCustom
  Patternʼ으로 설정했을 때 활성화되어 패턴
  을 고를 수 있다. ʻHalftone Screenʼ을 선택하면 픽셀 모
  양을 선택할 수 있는 대화상자가 나타난다.

'챕터5_샘플/풍경.jpg' 파일을 불러온 후 흑백 이미지로 변경하고 듀오톤 이미지를 만들어 보자.

❶ [Image]–[Mode]–[Grayscale] 메뉴를 선택하여 흑백 이미지로 만든다.

❷ [Image]–[Mode]–[Duotone] 메뉴를 선택한 후 [Duotone Options] 대화상자에서 [Preset]을 'cyan bl 2'로 선택하면 사전 설정된 값이 옵션 창에 나타난다.

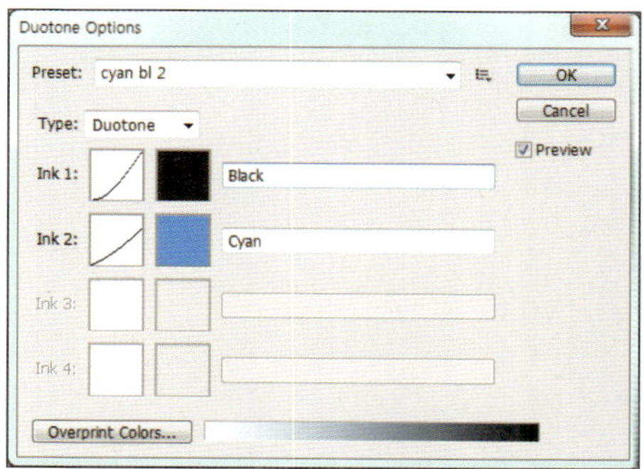 

[Preview]에 체크하면 설정한 값이 적용된 결과물을 미리 볼 수 있다. tip ➕

❸ [Type]을 'Tritone'으로 변경하면 'Ink 3' 항목이 활성화된다. 'Ink 3' 항목의 색상 박스를 클릭하고 [Color Picker] 대화상자에서 색상을 '#ffea00'으로 지정한다. 커브 곡선을 클릭한 후 커브를 움직여 명도와 대비를 조절하고 원하는 느낌의 이미지가 만들어지면 [OK] 버튼을 클릭한다. 색상 이름을 입력한 후 [OK] 버튼을 클릭한다.

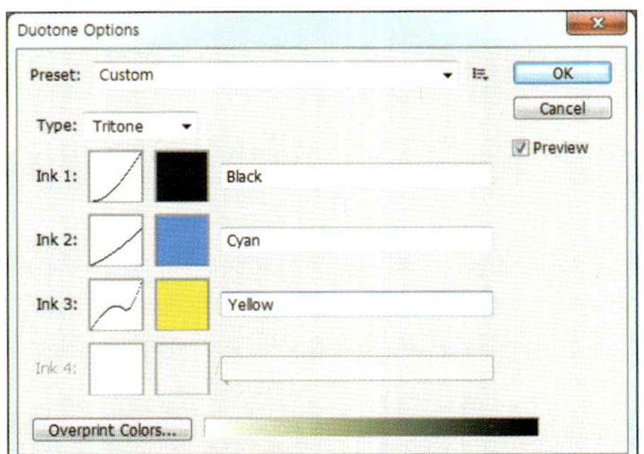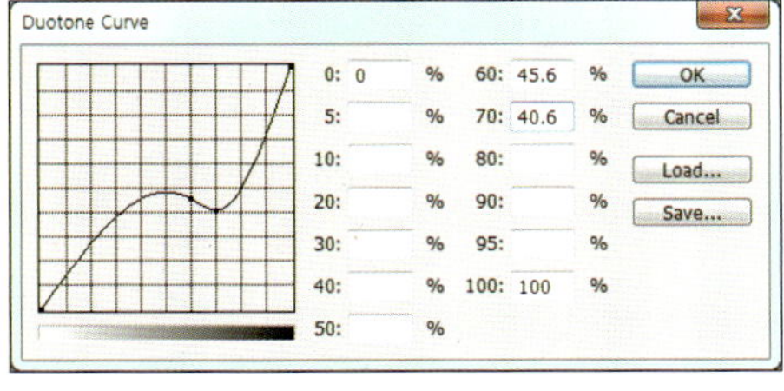

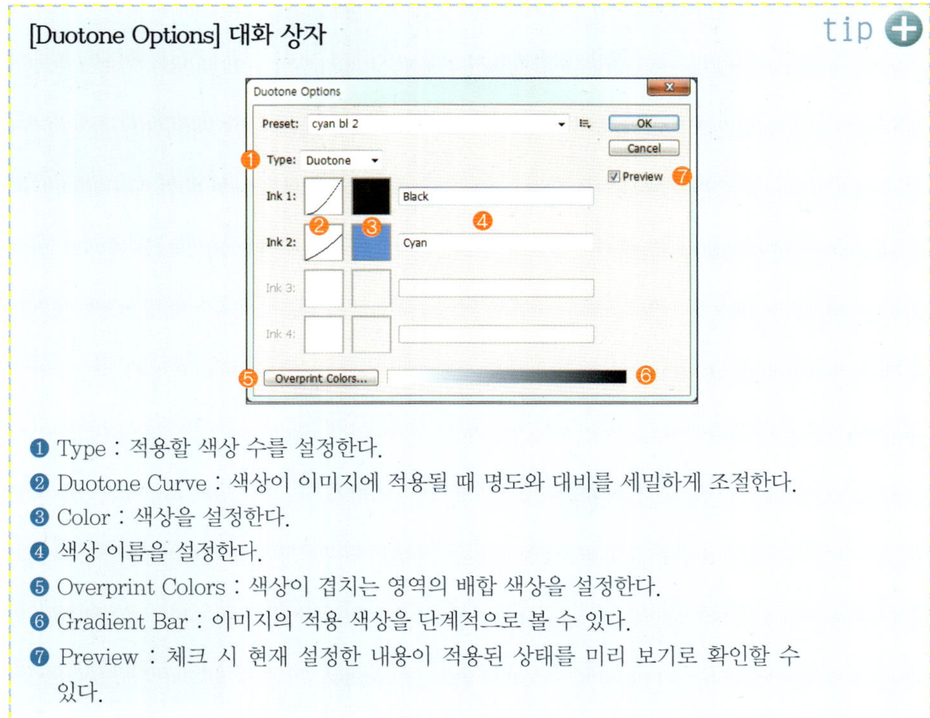

[Duotone Options] 대화 상자 tip ➕

❶ Type : 적용할 색상 수를 설정한다.

❷ Duotone Curve : 색상이 이미지에 적용될 때 명도와 대비를 세밀하게 조절한다.

❸ Color : 색상을 설정한다.

❹ 색상 이름을 설정한다.

❺ Overprint Colors : 색상이 겹치는 영역의 배합 색상을 설정한다.

❻ Gradient Bar : 이미지의 적용 색상을 단계적으로 볼 수 있다.

❼ Preview : 체크 시 현재 설정한 내용이 적용된 상태를 미리 보기로 확인할 수 있다.

'챕터5_샘플/다리.jpg' 파일을 불러온 후 흑백 이미지로 변경하고 지정한 색상 단계의 인덱스 이미지로 만들어 보자.

❶ [Image]-[Mode]-[Grayscale] 메뉴를 선택하여 흑백 이미지로 만든다.

❷ [Image]-[Mode]-[Indexed Color] 메뉴를 선택한다.

> 보이는 레이어는 모두 배경으로 병합되고 숨겨진 레이어는 버려진다.   tip ➕

❸ [Image]-[Mode]-[Color Table] 메뉴를 선택한 후 [Color Table] 대화상자에서 [Table]을 'Custom'으로 설정하고 색상 단계 8줄을 드래그하여 선택한다.

❹ [Color Picker] 대화상자가 나타나면 색상을 '#0f3c03', '#fcca00'로 설정한다. 선택한 두 색상의 점진적 색상 변화를 토대로 128단계의 색상이 지정된다.

❺ 나머지 8줄도 선택하고 색상을 '#fcca00', '#ffffff'으로 설정한 후 [OK] 버튼을 클릭한다.

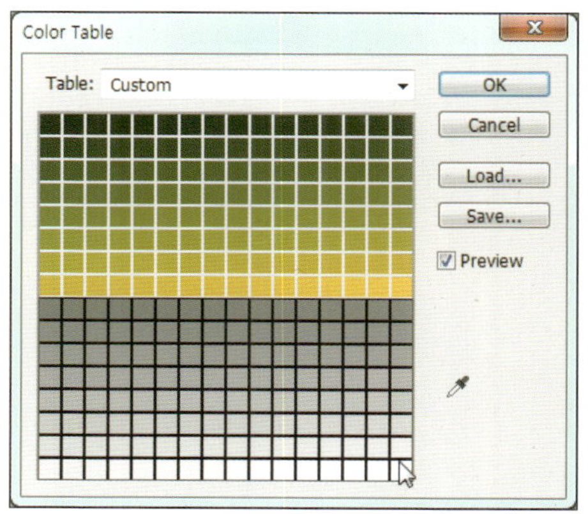 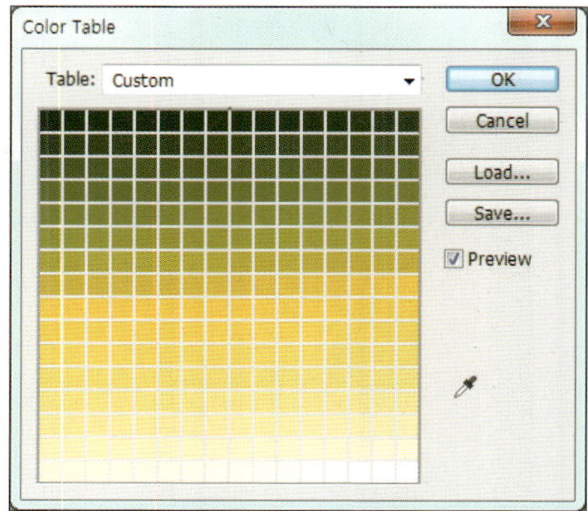

‘챕터5_샘플/공원.jpg’ 파일을 불러온 후 흑백으로 변환하고 50% Threshold의 비트맵 이미지로 만들어 보자.

HINT | [Image]–[Mode]–[Grayscale] 메뉴를 선택하여 이미지를 흑백으로 변경한다. [Image]–[Mode]–[Bitmap] 메뉴를 선택하고 대화상자에서 [Use]를 '50% Threshold'로 선택한 후 [OK] 버튼을 클릭한다.

‘챕터5_샘플/공원.bmp’ 파일을 불러온 후 푸른색의 모노톤 이미지로 만들어 보자.

HINT | [Image]–[Mode]–[Grayscale] 메뉴를 선택하고 대화상자가 나타나면 [Size ratio]를 '1'로 설정한 후 [OK] 버튼을 클릭한다. 다시 [Image]–[Mode]–[Duotone] 메뉴를 선택하고 [Duotone Options] 대화상자에서 [Type]을 'Monotone'으로 설정한다. [Ink 1]의 색상을 '#41787e'로 설정하고 이름을 입력한 후 [OK] 버튼을 클릭한다.

이미지 보정 명령으로 선명도 보정하기

[Image]–[Adjustments] 메뉴와 [Adjustments] 패널에 있는 명령으로 이미지의 명도, 채도, 색상 및 대비를 보정할 수 있다. 그 중에서도 밝기, 채도, 대비 등의 선명도 보정을 위해 사용하는 명령들에 대해 알아보자.

◑ 알아두기

- [Adjustments] 패널을 이용하면 보정 레이어가 자동으로 생성되어 적용되기 때문에 원본 이미지를 보호하며 작업할 수 있다.
- [Levels]와 [Curves] 명령은 개별 색상 채널의 밝은 영역, 중간 영역, 어두운 영역을 슬라이더와 곡선으로 조절하며 세밀한 보정을 할 수 있다.
- 노출이 부족하거나 오버된 사진을 보정할 때는 [Exposure] 명령을 사용한다.

따라하기 01

[Brightness/Contrast] 명령으로 밝기 대비 보정하기

'챕터5_샘플/연못.jpg' 파일을 불러온 후 [Brightness/Contrast] 명령으로 흐리고 탁한 이미지를 밝고 선명하게 보정해 보자.

❶ [Image]–[Adjustments]–[Brightness/Contrast] 메뉴를 선택한다.

❷ [Brightness/Contrast] 대화상자가 나타나면 [Use Legacy]의 체크를 해제하고 [Brightness]를 '25', [Contrast]를 '95'로 설정한 후 [OK] 버튼을 클릭한다.

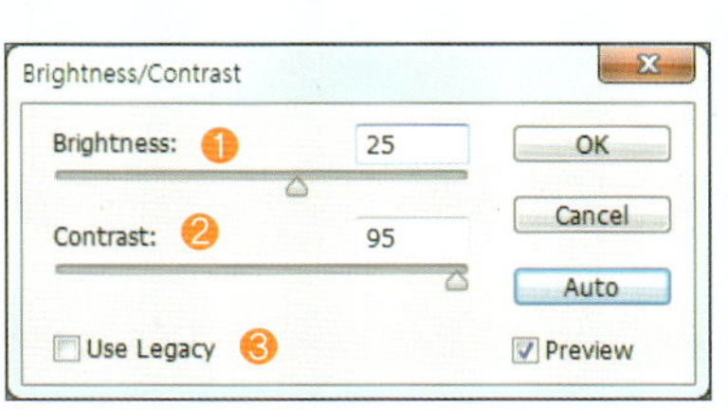

따라하기 02 [Levels] 명령으로 화이트 밸런스와 밝기 보정하기

'챕터5_샘플/피자.jpg' 파일을 불러온 후 [Levels] 명령으로 화이트 밸런스를 맞추고 먹음직스
럽게 보정해 보자.

❶ [Window]-[Adjustments] 메뉴를 선택하여 [Adjustments] 패널을 불러온다.

❷ [Adjustments] 패널에서 [Levels]
  (▦)를 클릭한다. [Properties] 패
  널에 Levels 세부 옵션이 나타나
  고 [Layers] 패널에는 'Levels 1'
  보정 레이어가 생성된다.

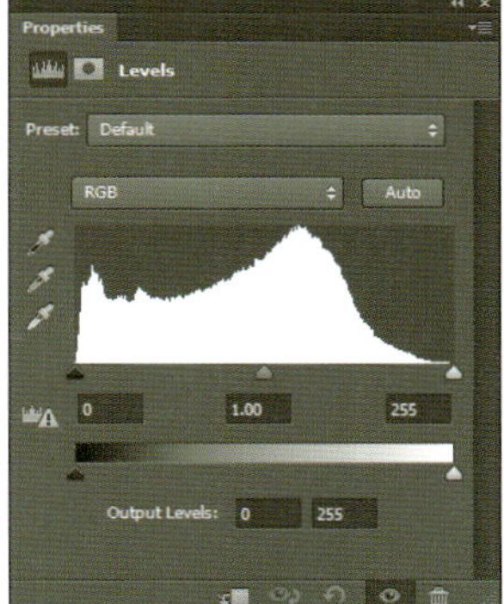

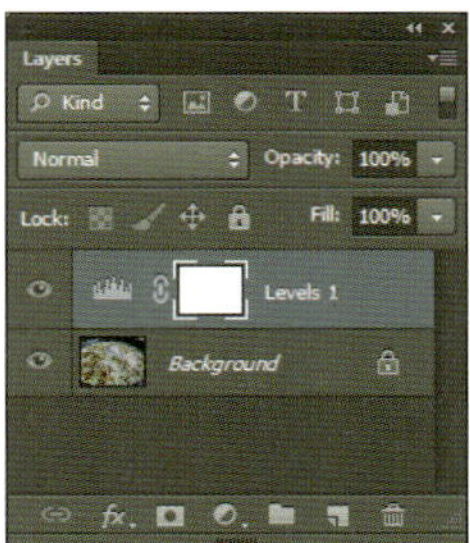

❸ Auto 를 클릭하면 자동으로 슬라이더 값이 적용되어 이미지가 보정된다.

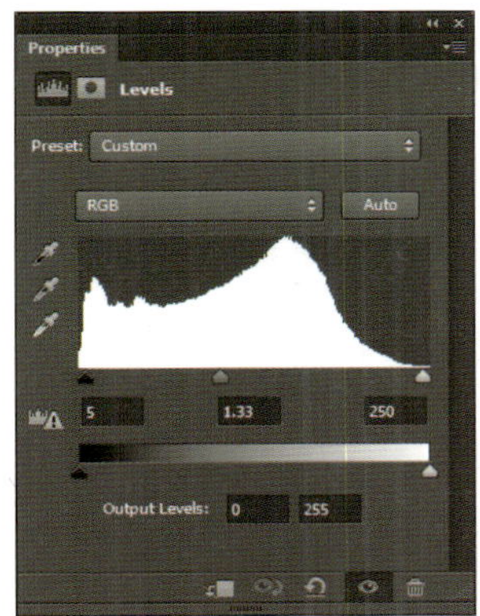

❹ 색상 스포이트로 가장 어두운 톤과 가장 밝은 톤을 지정하여 보정할 수도 있다. 를 누르고 이미지에서 가장 밝은 톤으로 지정할 부분을 클릭한다. 클릭한 지점보다 밝은 부분은 모두 밝게 보정된다.

> 스포이트 툴을 사용하면 이전에 설정한 값이 모두 취소되므로 스포이트를 먼저 사용한 tip ➕
> 후 옵션을 설정하는 것이 좋다.

❺ 같은 방법으로 를 누르고 가장 어두운 톤으로 지정할 부분을 클릭한다.

❻ [Input Levels]를 '0, 1.12, 245'로 설정한다.

Levels 세부 옵션　　　　　　　　　　　　　　　　　　tip ➕

이미지의 어두운 톤과 중간 톤, 밝은 톤 별로 명도와 대비를 조절할 수 있어 이미지 보정 시 많이 사용하는 명령이다. 또한, 채널 별로 색조 보정도 할 수 있어 섬세한 보정이 가능하다.

❶ Presets : 간단한 보정 명령 값이 저장되어 있다.

❷ Channel : 채널을 선택하여 해당 채널의 색조를 보정한다.

❸ Auto : 자동으로 레벨을 보정한다.

❹ Input Levels : 이미지의 명도 대비를 조절한다. 왼쪽의 검은 슬라이더가 가장 어두운 영역을, 오른쪽 슬라이더가 가장 밝은 영역, 중간의 회색 슬라이더가 증간 영역을 표시한다.

❺ 색상 스포이트 : 각각의 스포이트를 더블클릭하고 [Color Picker] 대화상자에서 색상을 지정할 수 있다. 기본으로 검은색, 회색, 흰색이 지정되어 있다.

- 🖋 : 클릭한 지점을 기준으로 클릭한 지점보다 더두운 부분은 어두워진다.
- 🖋 : 클릭한 지점을 기준으로 이미지 전체의 중간 톤을 조절한다.
- 🖋 : 클릭한 지점을 기준으로 클릭한 지점보다 낡은 부분은 밝아진다.

❻ Output Levels : 전체 이미지의 명암 단계를 절대적인 수치로 조절한다.

'챕터5_샘플/터미널.jpg' 파일을 불러온 후 [Curves] 명령으로 이미지를 밝게 보정해 보자.

❶ [Window]−[Adjustments] 메뉴를 선택하여 [Adjustments] 패널을 불러온다.

❷ [Adjustments] 패널에서 [Curves](▨)를 클릭한다. [Properties] 패널에 Curves 세부 옵션이 나타나고 [Layers] 패널에는 'Curves 1' 보정 레이어가 생성된다.

❸ 직선의 오른쪽을 클릭하고 위쪽으로 드래그한다.

> 직선의 오른쪽으로 갈수록 이미지의 밝은 영역을 보정할 수 있다. 선분 위를 클릭하면 **tip ➕**
> 포인트가 생성되고 대각선을 기준으로 위쪽으로 드래그하면 밝게, 아래쪽으로 드래그
> 하면 어둡게 보정된다.

❹ 이미지가 전체적으로 어둡기 때문에 어두운 영역도 위쪽으로 드래그하여 밝게 보정한다. 이미지를 확인하며 곡선을 조절한다.

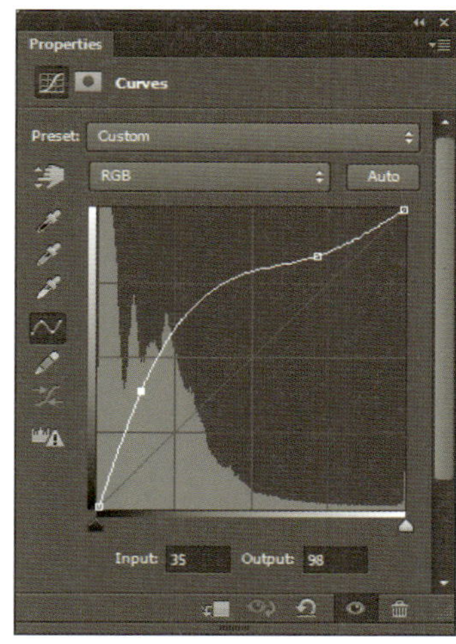

Curves 세부 옵션

tip +

곡선을 이용하여 명도와 대비를 조절하며 세밀한 보정이 가능하다. 곡선의 경사가 심할수록 대비가 높아진다. [Curves] 명령은 CMYK, LAB, Grayscale 모드에서도 적용할 수 있다.

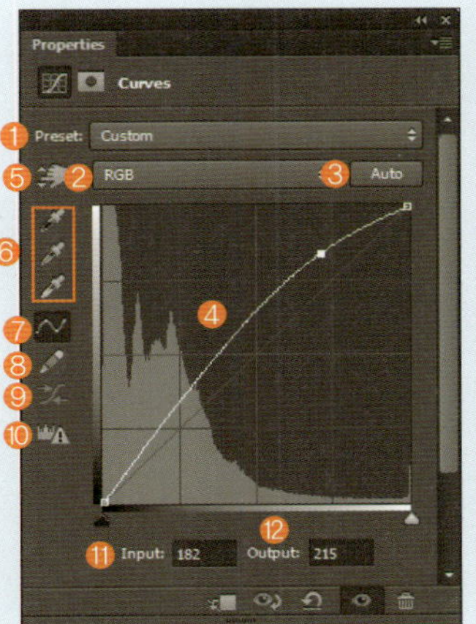

❶ Presets : 미리 저장된 기본 설정값을 선택한다.
❷ Channel : 채널을 선택하여 해당 채널의 색조를 보정한다.
❸ Auto : 자동으로 커브를 조절한다.
❹ 커브 : 감마 곡선을 조절하여 이미지의 색조를 조절한다. 기준선 위로 선을 조절하면 밝게, 아래로 조절하면 어둡게 보정된다. 선 위를 클릭하면 조절점이 추가되어 더욱 세밀한 보정이 가능하다. 조절점을 제거하려면 그래프 밖으로 드래그하거나 조절점을 선택하고 **Delete** 를 누른다.
❺ 마우스로 이미지를 직접 클릭하고 드래그하여 보정할 수 있다.
❻ 색상 스포이트 : 각각의 스포이트로 이미지를 클릭하여 추출한 픽셀 값을 기준으로 가장 어두운 톤, 중간 톤, 가장 밝은 톤을 설정할 수 있다.
❼ 조절점을 추가하거나 제거하고 조절점을 이동하여 감마 곡선을 조절할 수 있다.
❽ 연필처럼 직접 감마 곡선을 그려서 이미지를 보정한다.
❾ 클릭 할수록 선의 구부러진 정도를 완만하게 만든다.
❿ 클릭하면 히스토그램을 보다 정확하게 표시한다.
⓫ 가로축 값을 나타내며 원본 이미지의 색조를 표시한다.
⓬ 세로축 값을 나타내며 보정된 색조를 표시한다.

따라하기 **04**

[Exposure] 명령으로 노출 보정하기

'챕터5_샘플/정원.jpg' 파일을 불러온 후 [Exposure] 명령으로 노출 값을 조절하여 밝기를 보정해 보자.

❶ [Window]−[Adjustments] 메뉴를 선택하여 [Adjustments] 패널을 불러온다.

❷ [Adjustments] 패널에서 [Exposure](■)를 클릭한다. [Properties] 패널에 Exposure 세부 옵션이 나타나고 [Layers] 패널에는 'Exposure 1' 보정 레이어가 생성된다.

❸ [Exposure]를 '1.32' [Offset]을 '−0.0015', [Gamma Correction]을 '1.48'로 설정한다.

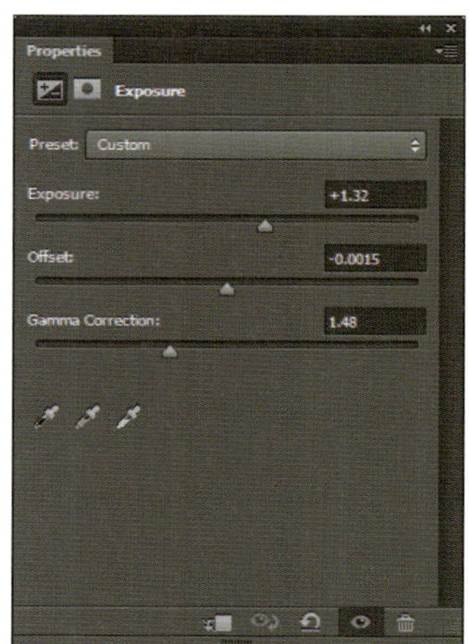

❹ 보정되면서 노출 값이 과하게 적용된 부분은 [Layers] 패널에서 보정 레이어의 레이어 마스크를 선택하고 전경색을 검은색으로 지정한 후 브러시로 칠해준다.

> 브러시 경계를 흐리게 하여 가장자리가 자연스럽게 처리한다. tip ➕

❺ 다시 [Adjustments] 패널에서 [Exposure](■)를 클릭하고 [Exposure]를 '0.61' [Offset]을 '0', [Gamma Correction]을 '1.08'로 설정한다.

Exposure 세부 옵션　　tip ➕

빛의 양이 적어 어둡게 나오거나 빛이 양이 과하여 너무 밝게 나온 사진을 보정할 때 사용한다.

❶ Exposure : 빛의 양을 조절한다. 오른쪽으로 갈수록 밝아진다.
❷ Offset : 대비를 강하게 또는 약하게 조절한다.
❸ Gamma Correction : 대비를 조절한다. 왼쪽으로 갈수록 밝아진다.

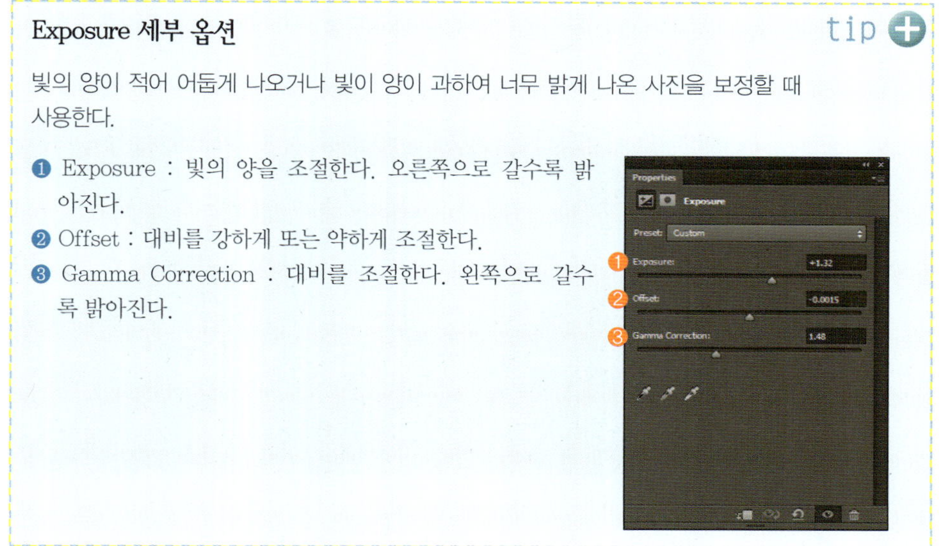

01
혼자해보기

'챕터5_샘플/태윤.jpg' 파일을 불러온 후 화이트 밸런스를 맞추고 밝게 보정해 보자.

HINT | [Adjustments] 패널에서 [Curves]( )를 클릭한다. [Properties] 패널에서 를 클릭하고 이미지에서 가장 밝은 톤으로 지정할 부분을 클릭한다. 같은 방법으로 를 클릭하고 가장 어두운 톤으로 지정할 부분을 클릭한 후 직선의 오른쪽을 클릭하고 위쪽으로 드래그한다. 인물의 톤이 전체적으로 어둡기 때문에 곡선의 왼쪽을 클릭하고 위쪽으로 드래그하여 밝게 보정한다.

02
혼자해보기

'챕터5_샘플/배.jpg' 파일을 불러온 후 어두운 이미지를 밝고 선명하게 보정해 보자.

HINT | [Adjustments] 패널에서 [Exposure]( )를 클릭한다. [Properties] 패널에서 [Exposure]를 '2.00' [Offset]을 '-0.0020', [Gamma Correction]을 '1.09'로 설정한다.

이미지 보정 명령으로 색상 보정하기 ㅣ

이번 Section에서는 이미지의 전체 색상을 보정할 때 주로 사용하는 명령에 대해 알아보자.

> **○ 알아두기**
>
> - [Vibrance] 명령은 클리핑이 최소화되도록 색상 채도를 보정한다.
> - [Color Balance] 명령은 이미지에 포함된 전체 색상의 균형을 조절한다.
> - [Photo Filter] 명령은 카메라 렌즈에 필터를 끼우는 효과를 적용한다.
> - [Channel Mixer] 명령은 색상 채널을 수정한다.
> - [Match Color] 명령은 서로 다른 색상 톤의 이미지를 같은 톤으로 변경하여 같은 분위기를 연출할 수 있다.

따라하기 01 [Vibrance] 명령으로 사진에 생동감 주기

'챕터5_샘플/풀.jpg' 파일을 불러온 후 [Vibrance] 명령으로 색상과 채도를 보정하여 활기 넘치는 사진을 만들어 보자.

❶ [Window]-[Adjustments] 메뉴를 선택하여 [Adjustments] 패널을 불러온다.

❷ [Adjustments] 패널에서 [Vibrance](▼)를 클릭한다. [Properties] 패널에 Vibrance 세부 옵션이 나타나고 [Layers] 패널에는 'Vibrance 1' 보정 레이어가 생성된다.

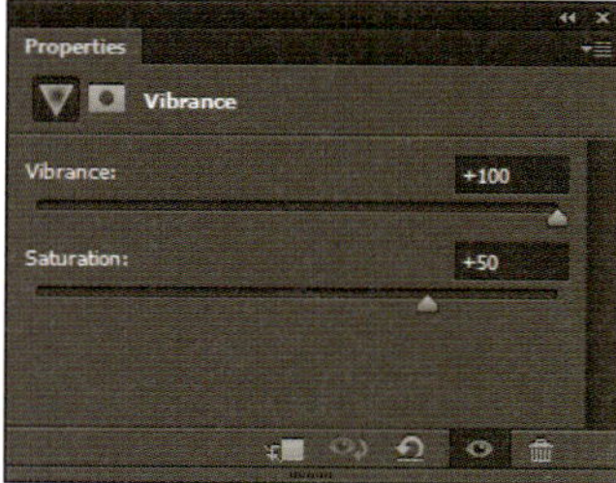

❸ [Vibrance]를 '100', [Saturation]을 '50'으로 설정한다.

> **Vibrance 세부 옵션** tip ⊕
>
> Vibrance는 색상이 완전 순색에 도달할 때 클리핑이 최소화되도록 채도를 조정하기 때문에 이미지 손실을 최소화한다. 채도가 낮은 색상의 채도는 최대로, 채도가 높은 색상은 최소한으로 조정하여 Saturation 보다 맑고 경쾌하게 보정하며, 피부 톤의 채도가 지나치게 높아지는 것도 방지한다.

따라하기 **02** ## [Color Balance] 명령으로 색상 조절하기

'챕터5_샘플/진열장.jpg' 파일을 불러온 후 [Color Balance] 명령으로 톤 별 색상 균형을 맞춰보자.

❶ [Window]–[Adjustments] 메뉴를 선택하여 [Adjustments] 패널을 불러온다.

❷ [Adjustments] 패널에서 [Color Balance](⚖)를 클릭한다. [Properties] 패널에 Color Balance 세부 옵션이 나타나고 [Layers] 패널에는 'Color Balance 1' 보정 레이어가 생성된다.

❸ [Tone]을 [Midtones]로 설정하고 차례대로 '–15, 0, 30'을 입력한다. [Tone]의 설정을 [Highlights]로 변경한 후 '–16, –3, 0'을 입력한다.

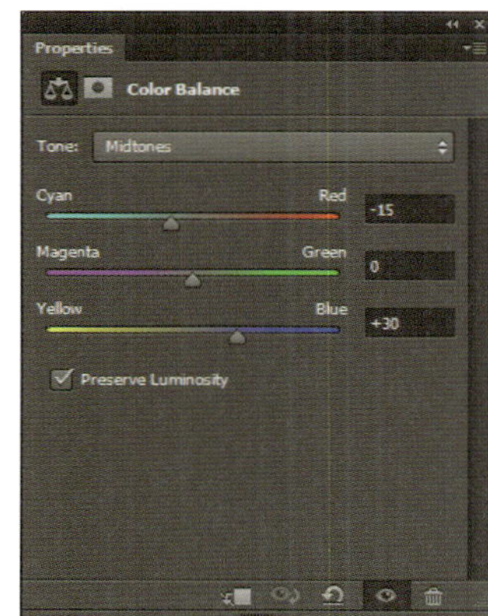 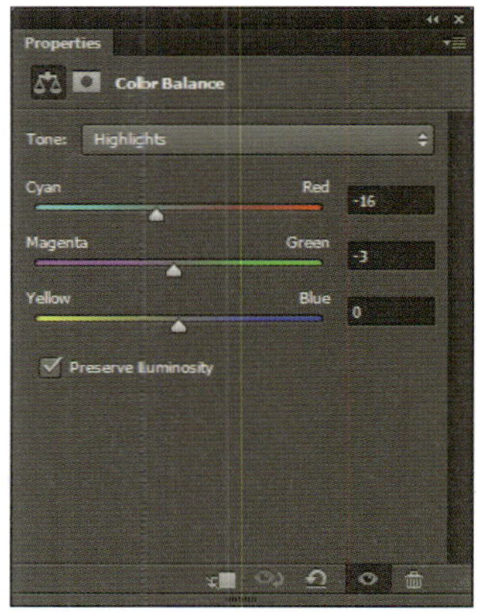

❹ [Adjustments] 패널에서 [Levels](▨)를 클릭하고 [Properties] 패널에서 [Input Levels]를 '7, 1.06, 214'로 설정한다.

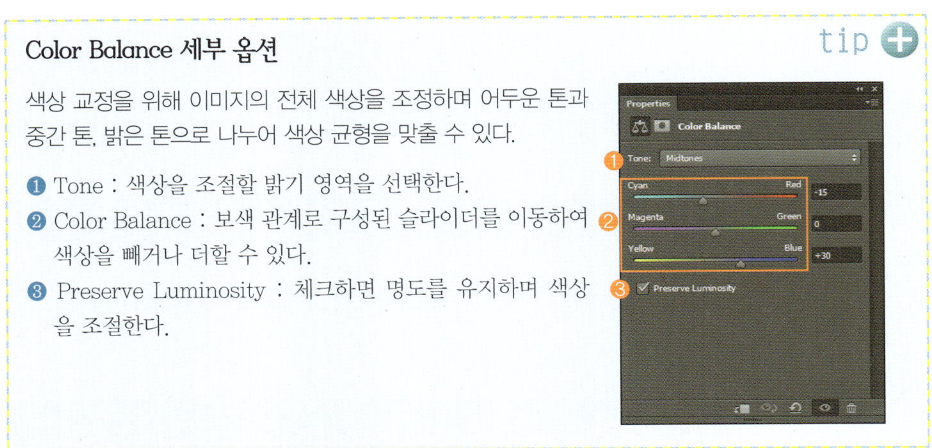

Color Balance 세부 옵션

색상 교정을 위해 이미지의 전체 색상을 조정하며 어두운 톤과 중간 톤, 밝은 톤으로 나누어 색상 균형을 맞출 수 있다.

❶ Tone : 색상을 조절할 밝기 영역을 선택한다.

❷ Color Balance : 보색 관계로 구성된 슬라이더를 이동하여 색상을 빼거나 더할 수 있다.

❸ Preserve Luminosity : 체크하면 명도를 유지하며 색상을 조절한다.

[Photo Filter] 명령으로 사진 필터 효과 적용하기

'챕터5_샘플/토끼.jpg' 파일을 불러온 후 [Photo Filter] 명령으로 빛바랜 느낌의 세피아 이미지를 만들어 보자.

❶ [Window]-[Adjustments] 메뉴를 선택하여 [Adjustments] 패널을 불러온다.

❷ [Adjustments] 패널에서 [Photo Filter](▨)를 클릭한다. [Properties] 패널에 Photo Filter 세부 옵션이 나타나고 [Layers] 패널에는 'Photo Filter 1' 보정 레이어가 생성된다.

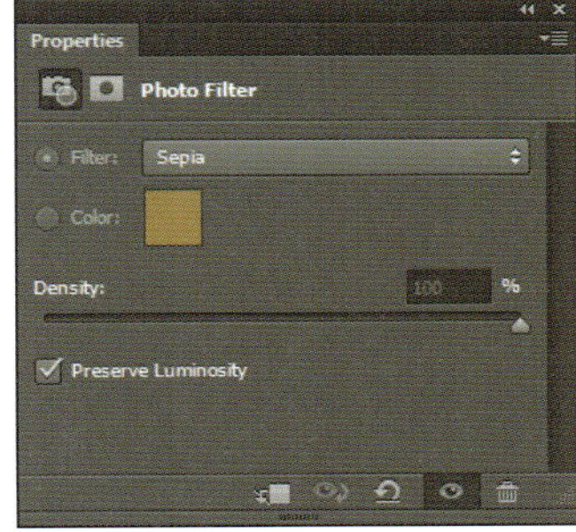

❸ [Filter]를 'Sepia'로 설정한 후 [Density]를 '100'으로 설정한다.

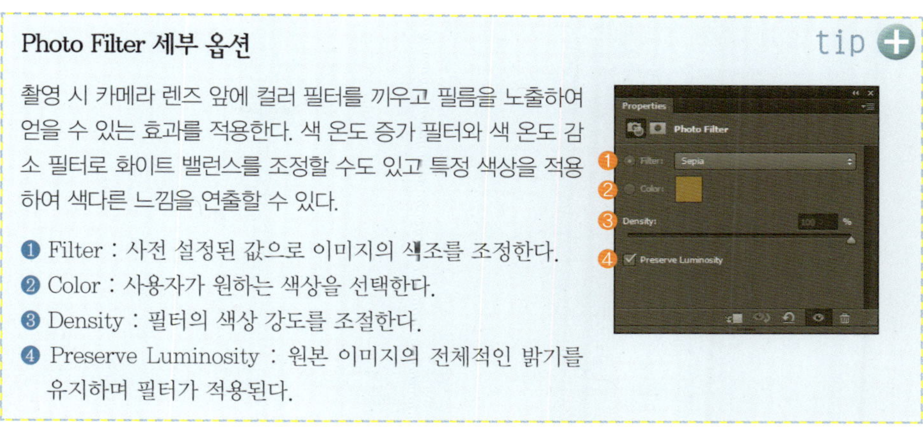

Photo Filter 세부 옵션

촬영 시 카메라 렌즈 앞에 컬러 필터를 끼우고 필름을 노출하여 얻을 수 있는 효과를 적용한다. 색 온도 증가 필터와 색 온도 감소 필터로 화이트 밸런스를 조정할 수도 있고 특정 색상을 적용하여 색다른 느낌을 연출할 수 있다.

❶ Filter : 사전 설정된 값으로 이미지의 색조를 조정한다.
❷ Color : 사용자가 원하는 색상을 선택한다.
❸ Density : 필터의 색상 강도를 조절한다.
❹ Preserve Luminosity : 원본 이미지의 전체적인 밝기를 유지하며 필터가 적용된다.

따라하기 04 [Match Color] 명령으로 색상 맞추기

'챕터5_샘플/카약.jpg, 돌담.jpg' 파일을 불러온 후 [Match Color] 명령을 이용하여 돌담 이미지에 카약 이미지 색상 톤을 입혀 보자.

❶ '챕터5_샘플/카약.jpg, 돌담.jpg' 파일을 불러온 후 '돌담.jpg' 파일을 선택하고 [Image]–[Adjustments]–[Match Color] 메뉴를 선택한다.

❷ [Match Color] 대화상자가 나타나면 [Image Statistics]에서 [Source]를 '카약.jpg' 파일로 설정한다.

❸ 원본 이미지가 소스 이미지 톤으로 변경되면 [Image Options]에서 [Luminance]를 '160', [Color Intensity]를 '90', [Fade]를 '20'으로 조절하고 [OK] 버튼을 클릭한다.

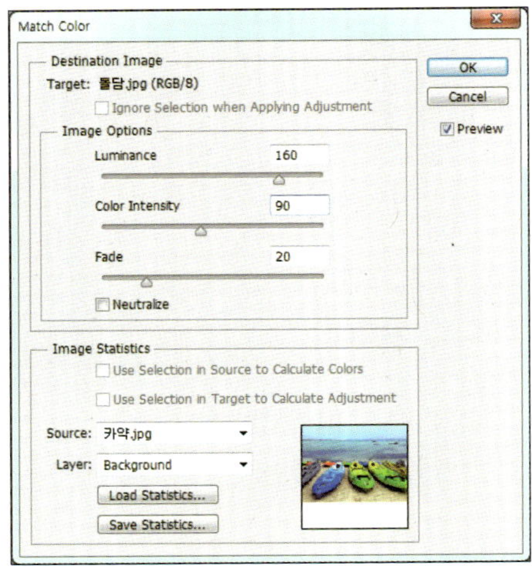

[Match Color] 대화상자

소스 이미지의 색상 통계를 참고하여 원본 이미지에 소스 이미지 색상을 적용함으로 써 서로 다른 톤의 이미지를 같은 톤으로 만들어준다. 소스로는 파일, 레이어, 선택 영 역 중의 하나를 사용한다.

❶ Destination Image : 이미지 톤이 변경될 원본 이미 지에 대한 설정이다. 이미지에 선택 영역을 지정했을 때 [Ignore Selection when Applying Adjustment] 옵션이 활성화되며 체크할 경우 선택 영역을 무시하 고 효과가 적용된다.

❷ Image Options : Luminance(광도), Color Intensity (색상 강도), Fade(사라짐), Neutralize(중화) 옵션을 조절한다.

❸ Image Statistics : 소스 이미지의 적용 설정을 정 한다.

- Use Selection in Source to Calculate Colors : 체크하면 소스 이미지의 선택 범위에서 계산된 색상을 사용한다.
- Use Selection in Target to Calculate Adjustment : 체크하면 원본 이미지의 선택 범위에서 계산된 보정값을 사용한다.
- Source/Layer : 소스가 될 이미지나 레이어를 선택한다.
- Load Statistics/Save Statistics : 설정값을 불러오거나 저장한다.

 ## [Channel Mixer] 명령으로 색상 조절하기

'챕터5_샘플/꽃.jpg' 파일을 불러온 후 [Channel Mixer] 명령으로 이미지에서 붉은 톤을 적당히 제거해 보자.

❶ [Window]−[Adjustments] 메뉴를 선택하여 [Adjustments] 패널을 불러온다.

❷ [Adjustments] 패널에서 [Channel Mixer](◉)를 클릭한다. [Properties] 패널에 Channel Mixer 세부 옵션이 나타나고 [Layers] 패널에는 'Channel Mixer 1' 보정 레이어가 생성된다.

❸ [Output Channel]을 'Red'로 설정하고 이미지 전체의 붉은 기를 없애기 위해 [Constant]를 '−15'로 입력한다.

❹ 이번에는 약간의 노란 기를 없애기 위해 [Output Channel]을 'Blue'로 설정하고 [Red]를 '10', [Green]을 '−5', [Blue]를 '95'로 입력한다.

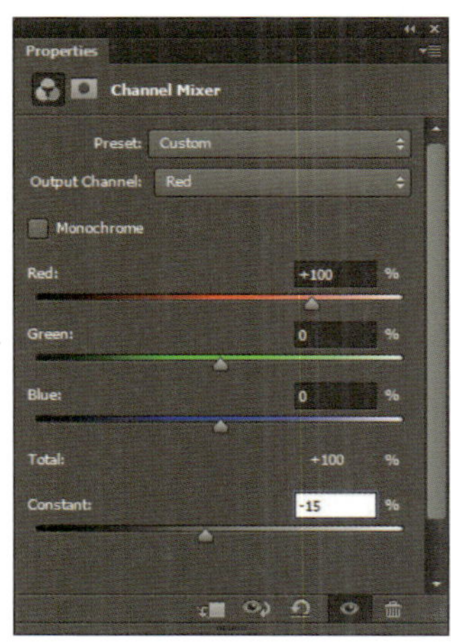
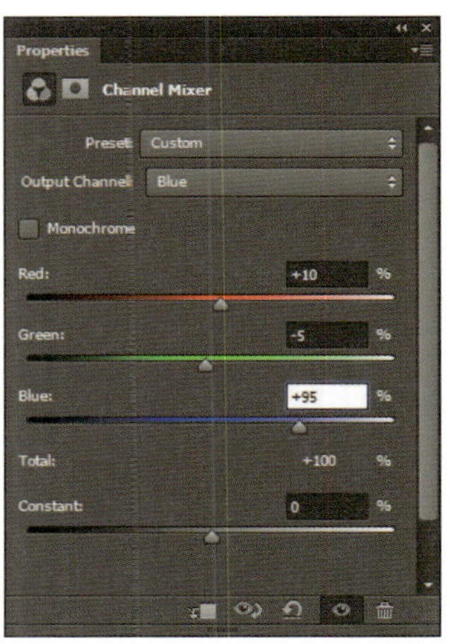

Channel Mixer의 세부 옵션

각각의 색상 정보를 담고 있는 채널을 슬라이더로 수정할 수 있다.

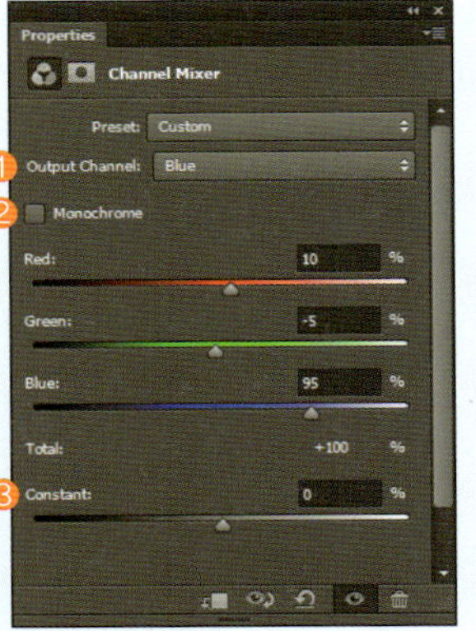

❶ Output Channel : 수정할 채널을 선택하고 각 채널의 Red, Green, Blue 수치를 조절하여 색상을 보정한다.

❷ Monochrome : 체크하면 이미지가 그레이 스케일로 변환된다.

❸ Constant : 선택한 채널의 명암 대비를 조절한다.

[Image]–[Adjustments]–[Variations] 메뉴로 결과 확인하며 보정하기

메뉴를 선택하면 나타나는 [Variations] 대화상자에서 클릭만으로 색상, 밝기 등을 확인하며 보정할 수 있다.

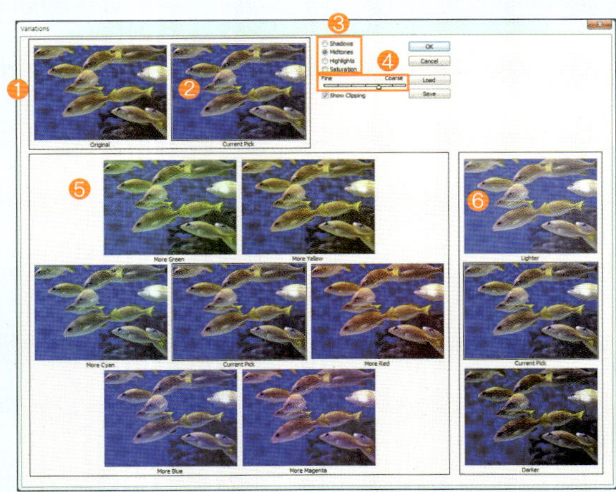

❶ Original : 원본 이미지를 보여준다. 보정 작업 중에 Original의 섬네일을 클릭하면 원본 이미지로 되돌아간다.

❷ Current Pick : 보정된 결과 이미지를 보여준다.

❸ Shadows/Midtones/Highlight/Saturation : 이미지의 어두운 톤, 중간 톤, 밝은 톤 영역, 채도를 선택하여 보정할 수 있다.

❹ Fine & Coarse : 보정값이 적용되는 양을 조절한다. Fine으로 갈수록 섬세하게 보정한다.

❺ 색상 조정 창 : 섬네일을 클릭할 때마다 해당 색상이 추가된다.

❻ 명암 조정 창 : 클릭할 때마다 밝기와 어둡기가 조절된다.

01 혼자해보기

'챕터5_샘플/연등.jpg' 파일을 불러온 후 이미지의 색감을 활기 있고 선명하게 보정해 보자.

HINT | [Adjustments] 패널에서 [Vibrance](▼)를 클릭하고 [Properties] 패널에서 [Vibrance]를 '100', [Saturation]을 '8'로 설정한다.

02 혼자해보기

'챕터5_샘플/유모차.jpg' 파일을 불러온 후 이미지의 색감을 변경하여 빈티지한 느낌을 연출해 보자.

HINT | [Adjustments] 패널에서 [Photo Filter](⊙)를 클릭한다. [Properties] 패널에서 [Filter]를 'Dark Emerald'로 설정한 후 [Density]를 '45'로 설정한다. 다시 [Adjustments] 패널에서 [Levels](▦)를 클릭한다. [Properties] 패널에서 [Input Levels]를 '12, 0.83, 216', [Output Levels]를 '23, 255'로 설정한다.

이미지 보정 명령으로 색상 보정하기 II

이번 Section에서는 이미지의 특정 색상을 선택하여 보정할 때 주로 사용하는 명령에 대해 알아보자.

◐ 알아두기

- [Hue/Saturation] 명령으로 전체 이미지 또는 개별 색상의 색조, 채도 및 밝기를 보정할 수 있으며, [Colorize] 옵션에 체크하면 단색 톤의 이미지를 만들 수 있다.
- [Black & White] 명령을 이용하면 이미지에 사용된 각각의 색상 계열 별로 회색 색조를 조절할 수 있어 보다 강렬한 흑백 이미지를 만들 수 있다.
- [Replace Color] 명령은 스포이트로 선택한 색상을 다른 색상으로 변경할 수 있으며 [Fuzziness] 옵션으로 선택 영역의 범위를 조절한다.
- [Selective Color] 명령은 개별 색상의 원색량을 조절한다.

따라하기 01 [Hue/Saturation] 명령으로 색상 변경하기

'챕터5_샘플/계곡.jpg' 파일을 불러온 후 [Hue/Saturation] 명령으로 특정 색상만 다른 색상으로 변경해 보자.

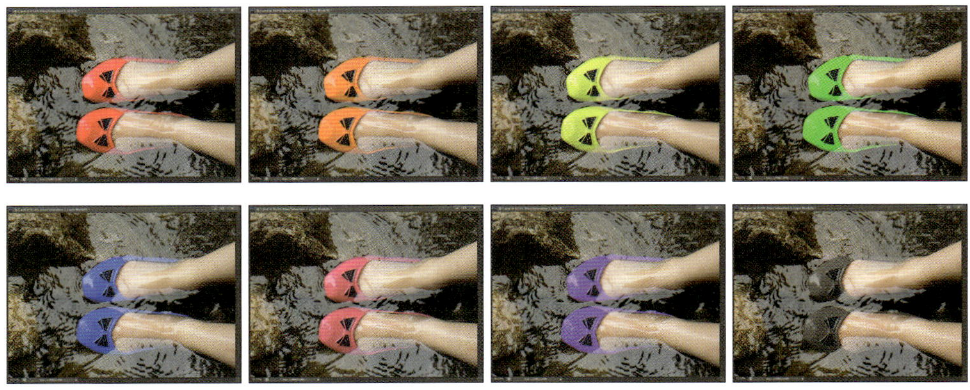

❶ [Window]–[Adjustments] 메뉴를 선택하여 [Adjustments] 패널을 불러온다.

❷ [Adjustments] 패널에서 [Hue/Saturation](▦)을 클릭한다. [Properties] 패널에 Hue/Saturation 세부 옵션이 나타나고 [Layers] 패널에는 'Hue/Saturation 1' 보정 레이어가 생성된다.

❸ 신발의 색상을 바꾸기 위해 [Properties] 패널 옵션에서 신발의 원래 색상인 'Reds'로 색상 영역을 설정한다. 패널 하단 색상 막대에 'Reds' 색상의 범위가 조정 슬라이더와 수치로 표시된다.

❹ 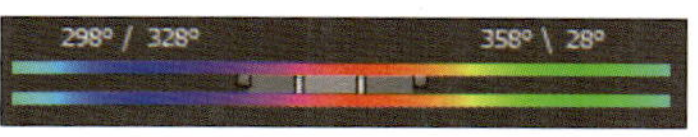를 선택하고 신발을 클릭하면 정확한 신발 색상이 반영되어 조정 슬라이더와 수치가 미세하게 바뀐 것을 확인할 수 있다.

❺ [Hue]를 '-130'으로 설정하면 설정한 값이 반영되어 이미지의 색상이 변경된다. 불필요한 곳의 색상 
변경을 제한하기 위해 조정 슬라이더 가장 오른쪽에 위치한 슬라이더를 왼쪽으로 이동시킨다.

Hue/Saturation 세부 옵션 tip ➕

6개의 색상 영역 별로 색상, 채도, 명도를 조절할 수 있고 모노톤의 이미지도 쉽게 만들 수 있다. 색상 범위를 지정하여 색상을 조절할 수도 있고 이미지 전체를 조절할 수 있어 많이 사용하는 명령이다.

❶ Presets : 간단한 보정 명령 값이 저장되어 있다.

❷ 마우스로 이미지를 직접 클릭하고 좌우로 드래그하면 클릭한 지점의 채도를 변경한다. Ctrl 을 누르고 클릭한 후 드래그하면 클릭한 지점의 색상을 변경한다.

❸ 작업할 색상 영역을 선택한다.

❹ Hue : 슬라이더를 이동하거나 수치를 입력하여 색상을 변경할 수 있다.

❺ Saturation : 슬라이더를 이동하거나 수치를 입력하여 채도를 변경할 수 있다. 왼쪽으로 이동하면 채도가 낮아지고 오른쪽으로 이동하면 채도가 높아진다.

❻ Lightness : 슬라이더를 이동하거나 수치를 입력하여 명도를 변경할 수 있다. 왼쪽으로 이동하면 명도가 낮아지고 오른쪽으로 이동하면 명드가 높아진다.

❼ Colorize : 체크하면 이미지를 한 가지 색상 톤으로 만들며 위의 슬라이더를 이동하여 색상, 채도, 명도를 조절할 수 있다.

❽ Master 외에 다른 색상을 선택하면 활성화되며 이미지를 클릭하면 클릭한 지점을 작업 영역으로 지정한다.

❾ 위쪽 색상 막대는 원래 이미지의 색상 스펙트럼을 나타내고 아래는 변경된 색상의 스펙트럼을 나타낸다. A라는 색상을 B라는 색상으로 변경할 때 조정 슬라이더의 안쪽에 있는 수직 슬라이더로 A의 색상 범위를 정의하고 바깥쪽의 슬라이더로는 A에서 B로 색상이 점진적으로 변하는 범위를 정의한다.

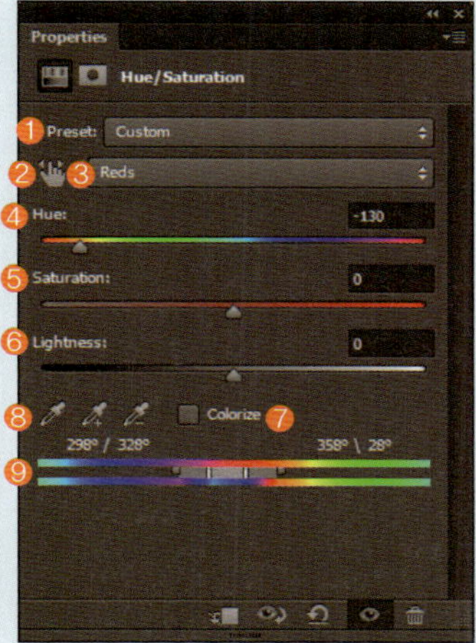

[Black & White] 명령으로 흑백 사진 만들기

'챕터5_샘플/랍스타.jpg' 파일을 불러온 후 [Black & White] 명령으로 깊이 있는 흑백 이미지를 만들고 세피아 톤으로 변경해 보자.

❶ [Window]-[Adjustments] 메뉴를 선택하여 [Adjustments] 패널을 불러온다.

❷ [Adjustments] 패널에서 [Black & White](■)를 클릭하면 [Properties] 패널에 Black & White 세부 옵션이 나타난다. [Layers] 패널에 'Black & White 1' 보정 레이어가 생성되고 이미지가 흑백 이미지로 바뀐다.

❸ [Reds]를 '-20', [Yellow]를 '121', [Cyans]를 '-70'으로 설정한다. 흑백 이미지에 음영이 더해져 좀 더 깊이 있는 흑백 이미지가 만들어진다.

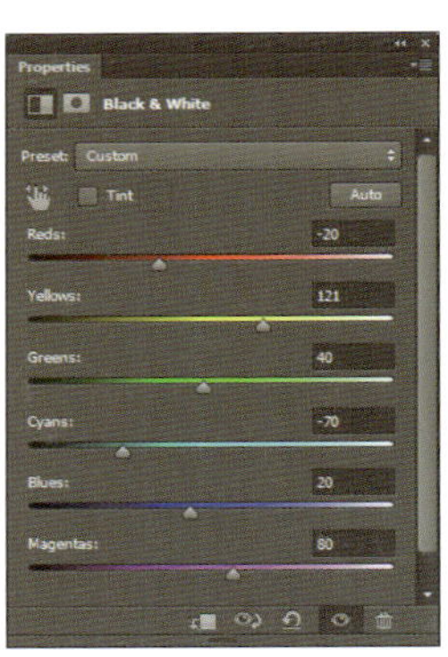  

❹ [Tint]에 체크를 하면 기본 설정으로 설정되어 있는 색상이 더해져 세피아 톤으로 변경된다.

색상 박스를 클릭하면 [Color Picker] 대화상자가 나타나 다른 색상으로 변경할 수 있다. tip 

Black & White 세부 옵션　tip ➕

컬러 이미지를 흑백으로 만들고 각 색상 별로 색조를 조절할 수 있어 깊이 있는 흑백 이미지를 만들 수 있다.

❶ Preset : 미리 저장된 기본적인 설정값을 선택할 수 있다.

❷ 을 선택하면 마우스로 이미지를 직접 클릭하고 드래 그하여 색상의 회색 색조를 설정할 수 있다.

❸ Tint : 체크하면 특정 색상의 모노톤 이미지로 만들 수 있다.

❹ Auto : 이미지 색상 값을 기반으로 회색 음영 혼합을 자 동으로 설정한다.

❺ 이미지를 구성하는 각 색상의 회색 색즈를 조정한다. 슬 라이더를 왼쪽으로 이동하면 어둡게, 오른쪽으로 이동하 면 밝게 조절할 수 있다.

따라하기 03 [Selective Color] 명령으로 선명한 색감 만들기

'챕터5_샘플/볼풀.jpg' 파일을 불러온 후 [Selective Color] 명령으로 각각의 색상의 순도를 높 여 밝고 화사하게 보정해 보자.

❶ [Window]-[Adjustments] 메뉴를 선택하여 [Adjustments] 패널을 불러온다.

❷ [Adjustments] 패널에서 [Selective Color](▨)를 클릭한다. [Properties] 패널에 Selective Color 세부 옵션이 나타나고 [Layers] 패널에는 'Selective Color 1' 보정 레이 어가 생성된다.

❸ [Absolute]를 선택하고 [Colors]를 'Reds'로 설정한다. [Cyan]을 '-100', [Magenta]를 '20', [Yellow]를 '0', [Black]을 '10'으로 설정한다.

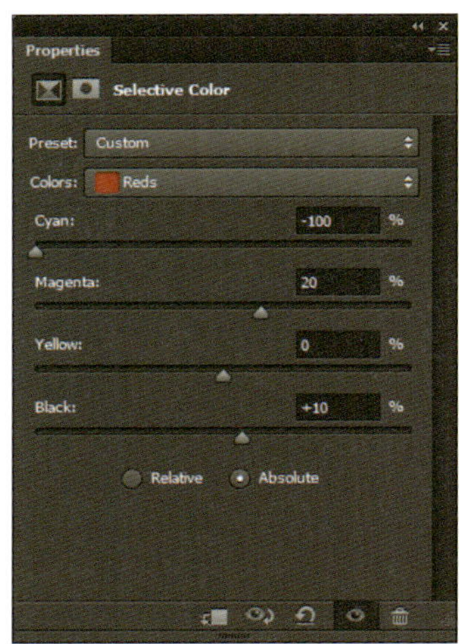

❹ 같은 방법으로 [Yellows]는 [Cyan]을 '−100', [Magenta]를 '−27', [Yellow]를 '0', [Black]을 '0'으로, [Greens]는 [Cyan]을 '100', [Magenta]를 '−20', [Yellow]를 '100', [Black]을 '−10'으로, [Cyans]는 [Cyan]을 '100', [Magenta]를 '50', [Yellow]를 '−100', [Black]을 '0'으로, [Blues]는 [Cyan]을 '0', [Magenta]를 '20', [Yellow]를 '−92', [Black]을 '40'으로, [Magentas]는 [Cyan]을 '−100', [Magenta]를 '0', [Yellow]를 '−100', [Black]을 '60'으로 설정한다.

> 이미지를 확인하면서 수치를 조절하여 가장 적합한 값을 찾아본다.   tip ➕

Selective Color 세부 옵션   tip ➕

CMYK 색상을 사용하여 이미지를 교정하는 명령으로 다른 기본 색상에 영향을 주지 않고 원색의 양을 수정한다.

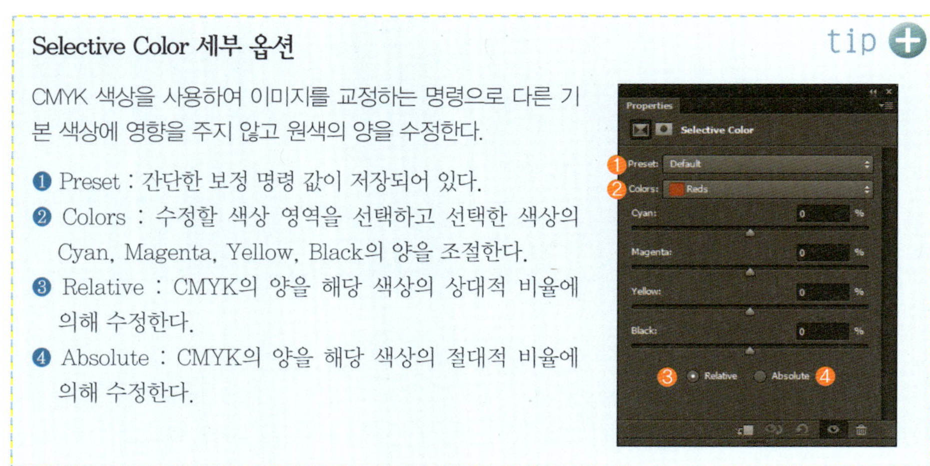

❶ Preset : 간단한 보정 명령 값이 저장되어 있다.
❷ Colors : 수정할 색상 영역을 선택하고 선택한 색상의 Cyan, Magenta, Yellow, Black의 양을 조절한다.
❸ Relative : CMYK의 양을 해당 색상의 상대적 비율에 의해 수정한다.
❹ Absolute : CMYK의 양을 해당 색상의 절대적 비율에 의해 수정한다.

따라하기 04

[Replace Color] 명령으로 색상 대체하기

'챕터5_샘플/햄버거.jpg' 파일을 불러온 후 [Replace Color] 대화상자를 이용하여 초록색을 보라색으로 변경해 보자.

❶ [Image]-[Adjustments]-[Replace Color] 메뉴를 선택한다.

❷ 대화상자가 나타나면 [Localized Color Clusters]의 체크를 해제하고 [Selection]을 선택한다. 첫 번째 스포이트로 작업 창의 야채를 클릭한 후 [Fuzziness]를 '40'으로 설정한다.

❸ 야채가 정확히 선택되도록 선택 영역 추가 스포이트(🖉)로 선택되지 않은 영역을 클릭한다.

> 대화상자의 미리 보기 창에 선택된 영역이 흰색으로 표시된다. 미리 보기 창을 확인하 **tip ➕** 며 작업 창의 이미지를 클릭하거나 미리 보기 창을 클릭한다. 드래그하면 빠르게 선택 할 수 있지만 의도하지 않은 영역까지 선택될 수 있다.

❹ 선택이 완료되면 [Hue]를 '-150'으로 설정하고 [Result] 의 색상을 확인한 후 [OK] 버튼을 클릭한다.

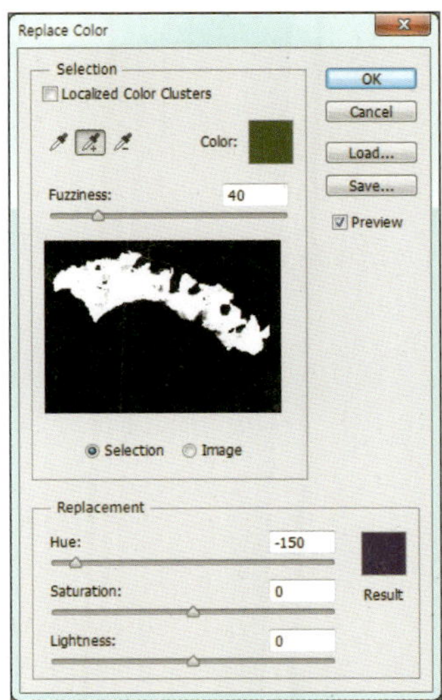

[Replace Color] 대화상자

이미지의 특정 색상 영역을 다른 색상으로 변경한다. [Hue/Saturation] 명령보다 유연성
은 낮지만 간편하게 색상을 대체할 수 있다.

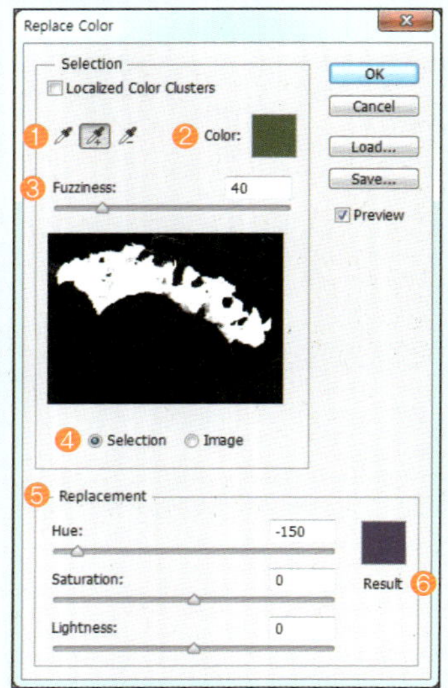

❶ 스포이트 툴 : 이미지를 클릭하여 변경할 색상을 추출한다. 로 선택 영역을
추가하거나 로 선택 영역을 줄일 수 있다.

❷ Color : 미리 보기 창을 통해 이미지에서 추출한 색상을 볼 수 있다.

❸ Fuzziness : 슬라이더를 조절하여 선택한 색상의 허용 범위를 조절할 수 있다.

❹ Selection/Image : Selection을 선택하면 이미지가 흑백 이미지로 나타나며 선
택된 색상 영역만 하얗게 보인다.

❺ Replacement : 선택 영역의 색상, 채도, 명도를 조절한다.

❻ Result : 보정값이 적용된 색상을 미리 확인할 수 있다.

01 혼자해보기

‘챕터5_샘플/사과.jpg’ 파일을 불러온 후 빨간색 사과의 색상을 바꿔 풋사과로 만들어 보자.

HINT | [Adjustments] 패널에서 [Hue/Saturation](▦)을 클릭하고 [Properties] 패널 옵션에서 'Reds'로 색상 영역을 설정한다. ▨를 선택하고 사과의 빨간색을 클릭한 후 [Hue]를 '77'로 설정한다. 조정 슬라이더의 가장 오른쪽에 있는 슬라이더를 오른쪽으로 확대하여 변경된 색상이 반영되는 범위를 넓히면 주변 색상까지 자연스럽게 연두색으로 변경된다.

02 혼자해보기

‘챕터5_샘플/나무.jpg’ 파일을 불러온 후 잎의 색을 변경하여 여름에 촬영한 이미지로 만들어 보자.

HINT | [Adjustments] 패널에서 [Selective Color](▨)를 클릭한다. [Properties] 패널에서 [Relative]를 선택하고 [Colors]를 'Reds'로 설정한다. [Cyan]을 '36', [Magenta]를 '–74', [Yellow]를 '0', [Black]을 '35'로 설정한다. [Yellows]는 [Cyan]을 '59', [Magenta]를 '–62', [Yellow]를 '0', [Black]을 '79'로, [Neutrals]는 [Cyan]을 '0', [Magenta]를 '0', [Yellow]를 '24', [Black]을 '0'으로, [Blacks]는 [Cyan]을 '47', [Magenta]를 '0', [Yellow]를 '0', [Black]을 '17'로 설정한다.

특수 보정 명령 이해하기

평범한 이미지에 색감을 더해 새로운 분위기를 연출하거나 다양한 노출 값을 적용하여 비현실적인 느낌의 이미지를 만들 수 있는 특수 보정 명령에 대해 알아본다.

> ### ◑ 알아두기
>
> - [Color Lookup] 명령은 포토샵 CS6에 새롭게 추가된 기능으로 다른 기능 없이도 사진에 새로운 색감을 적용하고 LUT를 지원하는 다른 프로그램에서도 사용할 수 있다.
> - [Shadows/Highlights] 명령은 이미지에 노출이 과다하거나 부족한 영역이 있을 때 어두운 영역이나 밝은 영역의 주위 픽셀을 기반으로 밝거나 어둡게 보정할 수 있다.
> - [Gradient Map] 명령은 이미지의 명암 분포에 따라 그레이디언트 색상을 맵핑한다.
> - [HDR Toning] 명령을 사용하여 일반 이미지 사진을 HDR 이미지로 손쉽게 만들 수 있다.

따라하기 01 **[Color Lookup] 명령으로 빛바랜 사진 만들기**

'챕터5_샘플/조화.jpg' 파일을 불러온 후 [Color Lookup] 명령으로 평범한 이미지를 빛바랜 듯한 감성적인 이미지로 만들어 보자.

❶ [Window]-[Adjustments] 메뉴를 선택하여 [Adjustments] 패널을 불러온다.

❷ [Adjustments] 패널에서 [Color Lookup](▦)을 클릭한다. [Properties] 패널에 Color Lookup 세부 옵션이 나타나고 [Layers] 패널에는 'Color Lookup 1' 보정 레이어가 생성된다.

❸ [3DLUT File]을 선택하고 'Bleach Bypass.look' 프리셋으로 설정한 후 [Layers] 패널에서 'Color Lookup 1' 보정 레이어의 [Opacity]를 '65'로 설정한다.

❹ 다시 [Adjustments] 패널에서 [Color Lookup](⌗)을 클릭하고 [Properties] 패널에서 [Abstract]를 선택한 후 'Sienna-Blue' 프리셋으로 설정한다.

Color Lookup

tip ➕

새롭게 추가된 Color Lookup 명령은 다른 기능이나 액션 없이 전문 사진작가의 작품 같은 효과를 적용한다. 원래 비디오 산업에서 필름, 스크린 등 다른 장치들 간의 색상을 맞추는데 사용되던 기능이다.

3DLUT File, Abstract, Device Link 항목에서 사전 설정된 값을 선택하거나 새로운 파일을 불러와 이미지에 새로운 색감을 적용할 수 있다.

• 3DLUT File : 1920~1950년대 영화에서 자주 접할 수 있었던 레트로 컬러를 만들 수 있는 2Strip.look, 3Strip.look이나 채도와 명도를 낮추는 FuturisticBleak 등의 프리셋이 제공된다.

▲ 2Strip.look   ▲ 3Strip.look   ▲ Bleach Bypass.look   ▲ Candlelight.CUBE

▲ Crisp_Warm.look   ▲ Crisp_Winter.look   ▲ DropBlues.3DL   ▲ EdgyAmber.3DL

▲ FallColors.look   ▲ filmstock_50.3dl   ▲ FoggyNight.3DL   ▲ FuturisticBleak.3DL

▲ HorrorBlue.3DL   ▲ LateSunset.3DL   ▲ Moonlight.3DL   ▲ NightFromDay.CUBE

▲ Soft_Warming.look   ▲ TealOrangePlusContrast.3DL   ▲ TensionGreen.3DL

• Abstract : 듀오톤 이미지를 만들 수 있는 프리셋이 등록되어 있다.

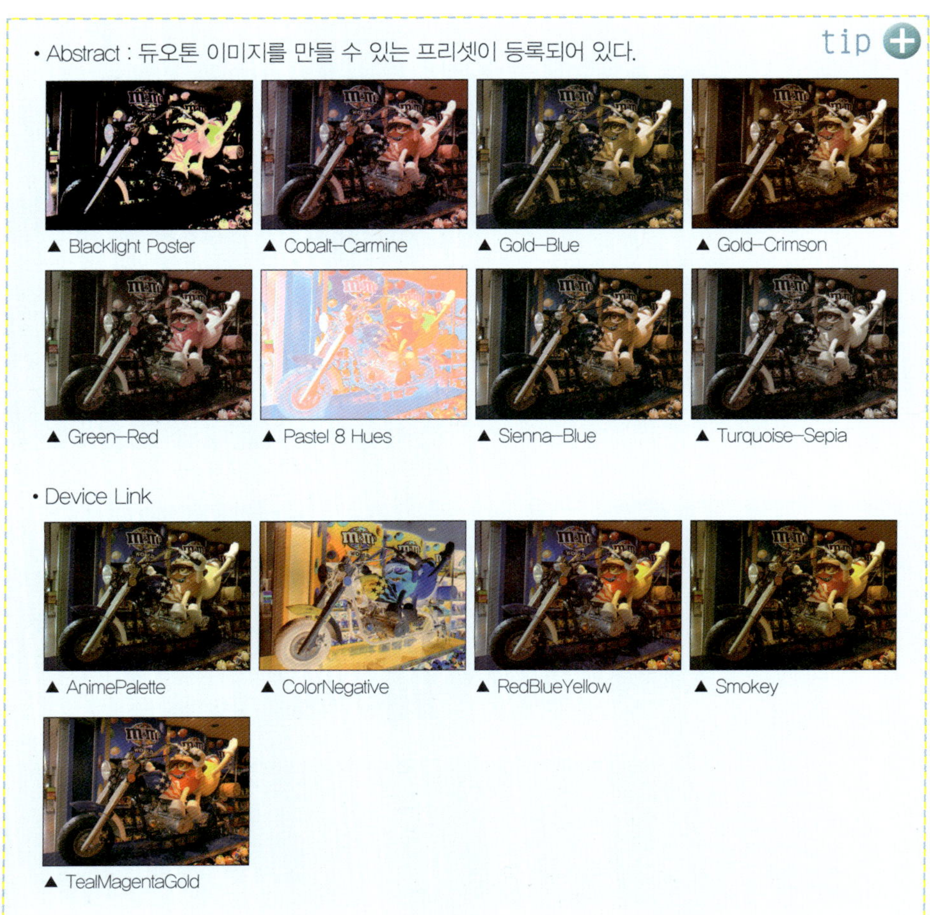

• Device Link

 [Shadows/Highlights] 명령으로 부분 밝기 조절하기

'챕터5_샘플/조개.jpg' 파일을 불러온 후 [Shadows/Highlights] 명령으로 역광 사진을 밝게 보정해 보자.

❶ [Image]-[Adjustments]-[Shadows/Highlights] 메뉴를 선택한다.

❷ [Shadows/Highlights] 대화상자가 나타나면 [Shadows]의 [Amount]를 '28', [Tonal Width]를 '100', [Radius]를 '134'르 설정한다. 역광으로 어둡게 나온 부분을 밝게 보정하는 작업이므로 [Highlights] 옵션은 기본값을 적용한다.

❸ [Adjustments]의 [Color Correction]을 '40', [Midtone Contrast]를 '20'으로 설정하여 채도와 중간 톤의 대비를 조절한 후 [OK] 버튼을 클릭한다.

[Shadows/Highlights] 대화상자   tip ➕

이미지에 노출이 과다하거나 부족한 영역이 있을 때 어두운 영역이나 밝은 영역의 주위 픽셀을 기반으로 밝거나 어둡게 보정한다. 메뉴를 선택했을 때 적용되는 기본값은 역광 이미지를 보정하는 값이다.

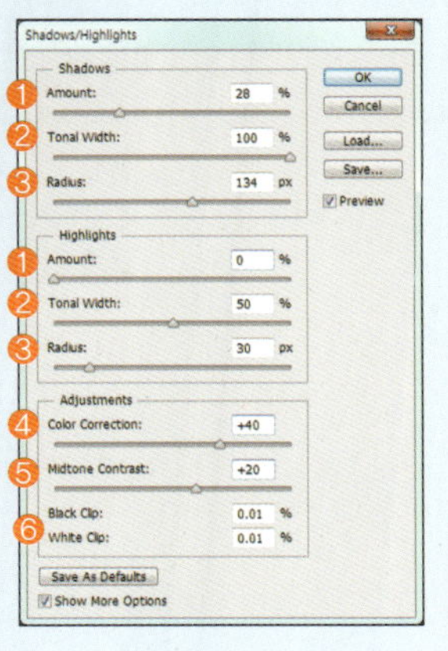

❶ Amount : 밝은 영역과 어두운 영역의 수정할 양을 설정한다.

❷ Tonal Width : 수정할 어두운 영역 또는 밝은 영역의 색조 범위를 조절한다. 색조 너비가 클수록 조정될 색조의 범위가 증가하여 중간 색조에 가까워진다.

❸ Radius : 각 픽셀의 보정 반경을 설정한다. 주변 픽셀은 픽셀이 어두운 영역에 있는지 드는 밝은 영역에 있는지를 판별할 때 사용된다.

❹ Color Correction : 색상을 보정한다. 오른쪽으로 갈수록 채도가 증가한다. 마스크 영역은 'Brightness' 항목으로 대체된다.

❺ Midtone Contrast : 중간 톤의 대비를 조정한다. 왼쪽으로 갈수록 대비가 감소하고 오른쪽으로 갈수록 대비가 증가한다.

❻ Black Clip/White Clip : 순검정과 순흰색의 양을 지정한다. 높은 값일수록 이미지 대비가 커지고 어두운 영역이나 밝은 영역의 세부 묘사가 생략된다.

'챕터5_샘플/브룩클린브릿지.jpg' 파일을 불러온 후 [Gradient Map] 명령으로 색상을 조절하고 불투명도를 변경해 보자.

❶ [Window]–[Adjustments] 메뉴를 선택하여 [Adjustments] 패널을 불러온다.

❷ [Adjustments] 패널에서 [Gradient Map](■)을 클릭한다. [Properties] 패널에 Gradient Map 세부 옵션이 나타나고 [Layers] 패널에는 'Gradient Map 1' 보정 레이어가 생성된다.

❸ [Properties] 패널에서 그레이디언트 피커(■)를 누르고 목록이 나타나면 'Blue, Red, Yellow'를 선택한다.

❹ [Layers] 패널에서 'Gradient Map 1' 보정 레이어의 블렌딩 모드를 'Screen'으로 설정하고 [Opacity]를 '60'으로 입력한다.

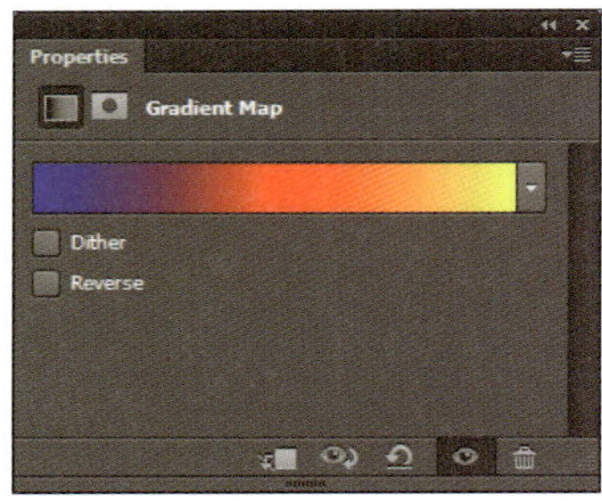 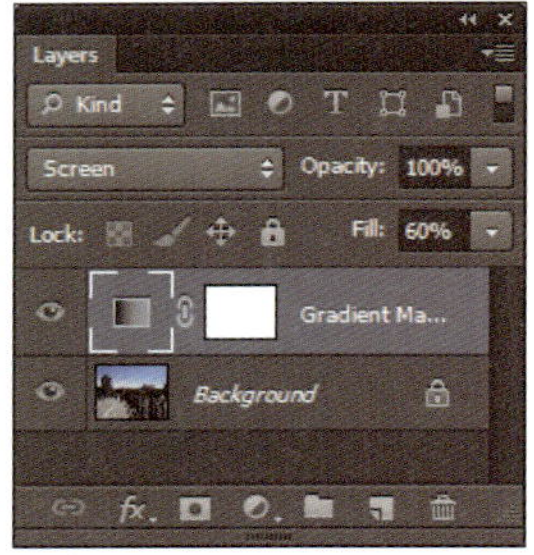

[Image]–[Adjustments]–[Gradient Map] 메뉴를 실행하면 원본 이미지에 그레이디언트 효과가 바로 적용되기 때문에 불투명도를 조절할 수 없다. **tip** ➕

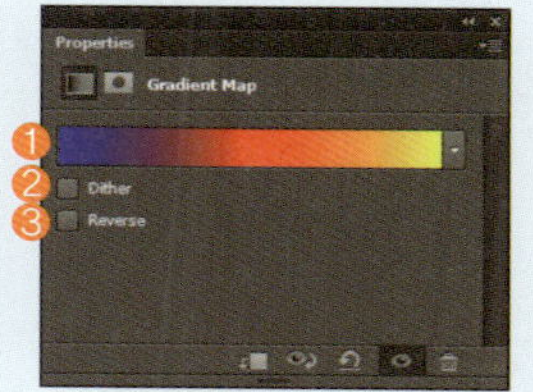

Gradient Map 세부 옵션   tip +

명암이 있는 이미지를 그레이디언트 색상으로 채우는데 이미지를 완전히 채우는 것이 아니라 그레이디언트의 시작색은 이미지의 어두운 영역, 끝색은 이미지의 밝은 영역에 적용된다.

① 그레이디언트 바 : 그레이디언트 맵핑 색을 보여주며 클릭하면 [Gradient Editor] 대화상자가 나타난다. 오른쪽의 피커 ▣를 클릭하면 프리셋에 등록된 그레이디언트 목록이 나타난다.
② Dither : 색상의 끊어짐을 완화한다.
③ Reverse : 그레이디언트의 시작색과 끝색을 바꾸어 그레이디언트 맵을 반전시킨다.

따라하기

04 [HDR Toning] 명령으로 HDR 사진 만들기

'챕터5_샘플/눈오는밤.jpg' 파일을 불러온 후 [HDR Toning] 명령을 이용하여 HDR 느낌의 사진으로 보정해 보자.

❶ [Image]-[Adjustments]-[HDR Toning] 메뉴를 선택한다.

❷ [HDR Toning] 대화상자가 나타나면 [Method]를 'Local Adaptation'으로 설정하고 [Radius] '22', [Strength] '1.40', [Gamma] '1.47', [Exposure] '0.23', [Detail] '150', [Shadow] '-100', [Highlight] '30', [Vibrance] '0', [Saturation] '20'으로 설정한다. 작업창으로 설정값이 반영된 이미지를 확인하면서 토닝 곡선을 움직여 추가 보정을 한 후 [OK] 버튼을 클릭한다.

[HDR Toning] 대화상자

HDR(High Dynamic Range)란 어두운 영역과 밝은 영역 간의 비(Ratio)가 높은 것을 말하며, [HDR Toning] 명령으로 모든 범위의 HDR 대비 및 노출 설정을 이미지에 적용할 수 있다.

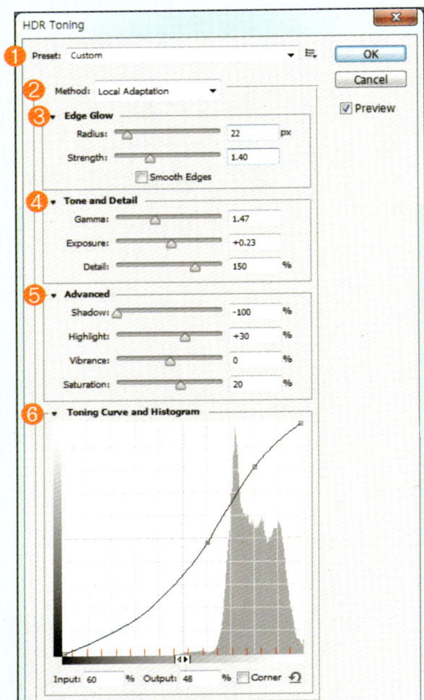

❶ Presets : 미리 저장된 설정값을 불러온다.

❷ Method :
- Exposure and Gamma : HDR 이미지 전체의 노출과 대비를 조절한다.
- Highlight Compression : HDR 이미지의 밝은 영역 값을 압축하여 동적 범위가 낮은 이미지의 값 범위 안에 해당 값이 포함되도록 한다.
- Equalize Histogram : 일정한 분포의 명암 값을 가진 이미지로 조정한다.
- Local Adaptation : 이미지 전체의 로컬 밝기 영역을 조정하여 HDR 색조를 보정한다.

❸ Edge Glow : [Radius]는 로컬 밝기 영역의 크기를 조절하고, [Strength]는 픽셀 간의 색조 값 차이를 조절한다.

❹ Tone and Detail : [Gamma]는 왼쪽 값으로 갈수록 밝은 영역과 어두운 영역이 강조되고 오른쪽으로 갈수록 중간 영역이 강조된다. [Exposure]는 빛의 양을 조절하며 [Detail]은 선명도를 조절한다. 이미지의 밝기는 [Shadow]와 [Highlight]로 조절할 수 있다.

❺ Color : [Vibrance]와 [Saturation]으로 생동감과 채도를 조절한다.

❻ Toning Curve and Histogram : 원본 32비트 HDR 이미지의 광도 값을 보여주는 막대 그래프 위에 토닝 곡선을 표시하며 곡선을 움직여 이미지를 보정한다.

[Image]–[Adjustments] 메뉴의 그 외 명령들

tip +

[Image] 메뉴에는 앞서 소개한 메뉴 외에도 색상을 반전하거나 이미지 톤을 양극화 하는 등의 다양한 명령이 있다.

▲ Original

❶ Invert : 이미지의 명도가 반전되어 검은색은 흰색, 흰색은 검은색으로 변하고 색상은 보색관계의 색상으로 변한다.

▲ Invert

❷ Posterize : [Posterize] 대화상자에서 [Levels] 값을 지정하면 각 채널의 색조 레벨 수가 지정되므로 값이 작을수록 색상 표현이 단순화되어 포스터 효과를 적용할 수 있다.

▲ Posterize

❸ Threshold : 색상 이미지를 고대비 흑백 이미지로 변환한다. 픽셀을 0~255단계의 명도로 구분하여 막대 그래프로 나타내고 옵션에서 지정한 값을 기준으로 기준값보다 밝은 픽셀은 모두 흰색으로, 어두운 픽셀은 검은색으로 표현한다.

▲ Threshold

❹ Desaturate : [Hue/Saturation] 명령에서 채도를 '–100'으로 설정한 것과 같은 효과로 색상 모드의 값은 유지하고 채도 값을 감소시켜 흑백 이미지를 만든다.

▲ Desaturate

01 ‘챕터5_샘플/다리입구.jpg’파일을 불러온 후 고대비의 흑백 이미지로 변환하고 그레이디언트 맵을 적용시켜 일러스트 느낌의 이미지를 만들어 보자.

HINT | [Adjustments] 패널에서 Threshold(⬚) 아이콘을 클릭한 후 [Properties] 패널에서 [Threshold Levels]를 '79'로 설정한다. 다시 [Adjustments] 패널을 열고 [Gradient Map](⬚)을 클릭한다. [Properties] 패널에서 그레이디언트 피커(⬚)를 누르고 목록에서 'Violet, Orange'를 선택한다. [Layers] 패널에서 'Gradient Map 1' 보정 레이어의 [Opacity]를 '60'으로 설정한다.

02 ‘챕터5_샘플/운하.jpg’ 파일을 불러온 후 노출 값을 조절하여 다이내믹한 색감의 이미지를 만들어 보자.

HINT | [Image]-[Adjustments]-[HDR Toning] 메뉴를 선택한다. [HDR Toning] 대화상자가 나타나면 [Method]를 'Local Adaptation'으로 설정하고 [Radius] '50', [Strength] '1.2', [Gamma] '2.40', [Exposure] '−0.50', [Detail] '50', [Shadow] '60', [Highlight] '20', [Vibrance] '50', [Saturation] '50'으로 설정한 후 [OK] 버튼을 클릭한다.

1. 색상 모드 선택하기

- 대표적인 색상 모드로는 웹용 이미지 작업 시에 사용하는 RGB 모드와 인쇄용 작업 시에 사용하는 CMYK 모드가 있다. 그 밖에도 비트맵, 듀오톤, 인덱스 등의 색상 모드가 있다.

- 다른 색상 모드로 변경하면 이미지의 색상값이 영구적으로 변경되기 때문에 원래의 색상 모드에서 모든 편집 작업을 진행한 후 변경하는 것이 좋다.

- 레이어가 지원되지 않는 멀티채널, 비트맵, 인덱스 색상 모드로 변경 시에는 모든 레이어가 배경으로 병합된다.

- 비트맵 이미지는 검은색과 흰색의 2가지 값으로 이미지를 표현하며 비트맵 이미지로 변환하기 위해서는 먼저 Grayscale 모드로 변경해야 한다.

2. 이미지 보정 메뉴

- 리터칭 툴이 국소 부위를 보정할 때 유용한다면 [Image]-[Adjustments] 메뉴와 [Adjustments] 패널은 이미지 전체를 보정할 때 유용하다.

- [Adjustments] 패널에서 보정 명령을 선택하면 새로 추가된 [Properties] 패널이 확장되고 해당 명령의 세부 옵션이 표시된다. [Layers] 패널에는 보정 레이어가 추가되며 보정 레이어를 선택하면 적용된 내용을 수정할 수 있다.

- [Image]-[Auto Tone], [Auto Contrast], [Auto Color], [Equalize] 메뉴는 이미지를 자동 보정할 수 있으나 이미지의 픽셀 값을 영구적으로 변형한다. 보정 레이어로 자동 보정을 실행할 때는 [Adjustments] 패널에서 [Levels]나 [Curves]를 선택하고 Alt 를 누른 상태로 Auto 를 클릭한다.

3. 선명도 보정하기

- [Levels]와 [Curves] 명령은 이미지의 어두운 톤과 중간 톤, 밝은 톤 별로 명도와 대비를 세밀하게 조절할 수 있어 이미지 보정 시 많이 사용하는 명령이다.

- [Exposure] 명령은 노출이 부족하거나 오버된 사진을 보정할 때 사용하며 간단히 명도와 대비를 보정할 때는 [Brightness/Contrast] 명령을 사용한다.

- [Shadows/Highlights] 명령은 노출이 과다하거나 부족한 영역의 대비를 전체 균형을 유지하며 보정할 수있다 .

4. 색상 보정하기

- [Color Balance] 명령은 어두운 톤과 중간 톤, 밝은 톤으로 나누어 색상 균형을 맞출 수 있다.

- [Hue/Saturation] 명령은 이미지의 색상, 채도, 밝기를 보정하며 [Colorize] 옵션으로 단색 톤의 이미지를 만들 수 있다. 색상 스펙트럼의 조정 슬라이더로 보정 영역을 설정할 수 있다.

- [Photo Filter] 명령은 카메라 렌즈에 필터를 끼우는 원리이며 기본적으로 제공되는 필터를 사용하거나 사용자가 원하는 색상을 정하여 효과를 적용할 수 있다.

- [Channel Mixer] 명령은 슬라이더 바를 움직여 각각의 색상 채널에 색상을 추가하거나 감소시킨다.

- [Selective Color] 명령은 개별 색상의 원색량을 조절할 수 있고 [Match Color] 명령은 서로 다른 색상 톤의 이미지를 같은 톤으로 변경하여 유사한 분위기를 연출할 수 있다.

- [Replace Color] 명령을 이용하면 스포이트로 선택한 색상을 다른 색상으로 변경할 수 있다. [Fuzziness] 옵션으로 선택 영역의 범위를 조절한다.

5. 기타 보정 명령 이해하기

- [Black & White] 명령을 이용하면 이미지에 사용된 각각의 색상 계열 별로 회색 색조를 조절할 수 있어 보다 강렬한 흑백 이미지를 만들 수 있다.

- [Gradient Map] 명령은 명암이 있는 이미지를 그레이디언트 색상으로 변경한다.

- 포토샵 CS5에 새롭게 추가된 [HDR Toning] 명령으로 일반 이미지 사진을 HDR 이미지로 손쉽게 만들 수 있다.

- [Variations] 명령은 색상, 밝기, 채도 보정 결과값을 미리 보기를 통해 확인하며 보정한다. [Fine]과 [Coarse] 옵션으로 효과의 적용 정도를 조절한다.

- 새롭게 추가된 [Color Lookup] 명령은 서로 다른 소프트웨어나 시스템에서 색상을 맞추는 기능으로 별도의 조작 없이 이미지에 다양한 색감을 적용할 수 있다.

- 이 밖에도 [Image] 메뉴에는 이미지의 명도를 반전시키는 [Invert], 색조 레벨 수를 지정하여 색상을 단순화 시키는 [Posterize], 색상 이미지를 고대비 흑백 이미지로 변환하는 [Threshold], 채도 값을 감소시켜 흑백 이미지를 만드는 [Desaturate]가 있다.

1. 원본 이미지를 보호하면서 밝기가 균일하고 색감이 선명하도록 이미지 전체를 보정한 후 60년대 빛바랜 신문 느낌의 이미지를 만들어 보자.

[작업 준비물 : 챕터5_샘플/종합실습.jpg]

HINT | 1. 파일 열기 : [File]-[Open]
2. 자동 보정 : ☑, **Alt** + Auto , 오른쪽 상단 모서리 일부분 마스크 처리
3. 오른쪽 상단 모서리만 밝기 보정 : ☑, 왼쪽 하단 영역(전체 이미지의 1/2 정도) 마스크 처리
4. 오른쪽 상단 모서리만 밝기 보정 : ☑, 왼쪽 하단 영역(전체 이미지의 3/4 정도) 마스크 처리
5. 전체 밝기 및 색상 보정 : ☑, [Green] 채널, [RGB] 채널
6. 오래된 사진 느낌 적용 : ☑, 'Photographic Toning' 프리셋 그룹의 'Gold-Selenium 1'

PHOTOSHOP CS3
06
CHAPTER
문자와 벡터 오브젝트
만들기

포토샵은 비트맵 타입의 그래픽 프로그램이지만 펜 툴과 도형 툴을 이용하면 해상도에 구애받지 않는 벡터 타입의 그래픽 작업이 가능하다. 펜 툴과 도형 툴을 이용하여 벡터 오브젝트를 만들고 수정하는 방법과 문자를 입력하고 디자인하는 방법에 대해 자세히 알아보자.

문자와 도형의 벡터 이미지 만들기

포토샵 CS6에는 일러스트레이터 기능이 추가되어 벡터 작업이 더욱 수월해졌다. 특히 선의 옵션을 따로 설정할 수 있어 기존의 여러 작업을 거쳐서 만들어야 했던 점선을 벡터 방식으로 쉽게 그릴 수 있다. 더불어 문자 스타일과 단락 스타일을 관리하는 패널도 추가되어 다소 약했던 문자 기능이 보완되었다. 벡터 방식과 비트맵 방식의 차이점을 이해하고 벡터 이미지를 관리하는 툴과 메뉴의 사용법에 대해 알아보자.

01 벡터(Vector)와 비트맵(Bitmap)

그래픽 이미지를 표현하는 방식은 크게 비트맵 방식과 벡터 방식으로 구분할 수 있다.

비트맵 방식은 여러 개의 픽셀(Pixel)이 모여서 하나의 이미지를 만드는 방식을 말한다. 일반적으로 레스터라이징(Resterizing) 방식이라고 하며, 이미지를 이루는 각각의 픽셀은 색상과 위치정보를 담고 있어 사진처럼 정밀한 색 묘사가 필요한 이미지에 적합하다. 그러나 확대하면 이미지가 깨져 보이고, 고해상도일수록 파일의 용량이 커지는 단점이 있다. 비트맵 방식의 대표적인 이미지 포맷으로는 JPG, GIF, PNG, BMP, TIF 등이 있다.

벡터 방식은 선과 면으로 이루어진 개체의 시작점과 끝점의 좌표(x,y)값과 두 점을 연결하는 직선 또는 곡선의 기울기 정보, 채워질 면의 색상 정보를 저장하여 수학적 연산을 통해 이미지를 표현하는 방식이다. 수학적 연산에 의해 만들어지기 때문에 해상도에 구애받지 않아 확대, 축소 시에도 이미지의 변화가 없으며 저장 용량도 작고 가장자리가 선명하게 유지된다. 그러나 비트맵 이미지에 비해 사실적인 표현이 불가능하기 때문에 사진과 같은 이미지 표현보다는 문자, 로고, 캐릭터, 클립아트 등과 같은 이미지 제작에 적합하다. 벡터 방식의 대표적인 포맷으로는 AL, SWF, WMF, EMF 등이 있다.

비트맵 방식에서는 네모난 픽셀이 보이는 반면 벡터 방식에서는 깔끔한 선이 보인다.

▲ (좌)비트맵(우)벡터

02 문자 입력에 사용하는 도구

포토샵 CS6에는 이전 버전에는 없던 [Type] 메뉴가 추가되었다. 문자 툴의 옵션 바나 패널에서 제공하던 메뉴와 새롭게 추가된 메뉴를 게뉴 바에서 쉽게 접근할 수 있다.

문자 입력 툴에는 가로 문자 툴(T)과 확장 툴인 세로 문자 툴(IT), 가로 문자 마스크 툴(T), 세로 문자 마스크 툴(IT)이 있다. 가로 문자 툴(T)과 세로 문자 툴(IT)은 작업 창에 문자를 입력하면 벡터 속성을 가진 문자 레이어가 생성된다. 가로 문자 마스크 툴(T)과 세로 문자 마스크 툴(IT)은 현재 보이는 비트맵 속성의 일반 레이어 위에 선택 영역이 만들어진다.

문자 레이어는 [Type]-[Extrude to 3D] 메뉴를 선택하여 3D 오브젝트로 변환할 수 있고 패스를 만들거나 스마트 오브젝트, 일반 레이어로도 변환할 수 있다. 단, 일반 레이어로 전환한 문자는 다시 벡터 속성으로 돌릴 수 없다.

- 가로 문자 툴(T) : 가로로 문자를 입력한다.
- 세로 문자 툴(IT) : 세로로 문자를 입력한다.
- 가로 문자 마스크 툴(T) : 가로로 작성한 문자 모양을 선택 영역으로 만든다.
- 세로 문자 마스크 툴(IT) : 세로로 작성한 문자 모양을 선택 영역으로 만든다.

03 문자를 정리하는 툴

글의 가독성을 높이거나 일부분을 강조하고자 할 때는 [Character] 패널과 [Paragraph] 패널을 이용한다.

[Character] 패널에서는 행간, 자간, 문자의 가로, 세로 비율 조정, 기준선 조정 및 기울기, 밑줄 긋기 등의 옵션이 제공되어 텍스트의 일부분을 강조할 때 유용하다.

[Paragraph] 패널에서는 문장과 문단의 정렬, 들여쓰기, 앞/뒤 단란 간격 조정 등의 옵션이 제공되어 문단의 모양을 한 눈에 보기 좋게 정리할 수 있다.

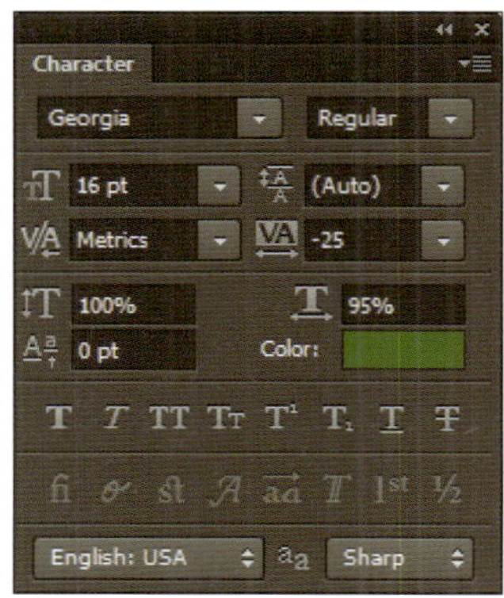
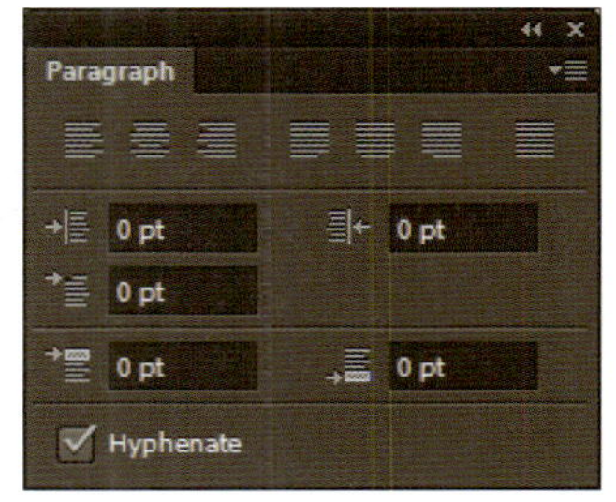

새롭게 추가된 [Character Styles]와 [Paragraph Styles] 패널은 자주 사용하는 문자 서식이나 단락의 속성을 저장해 두고 선택한 문자 레이어 혹은 선택한 문자나 단락에 바로 적용할 수 있도록 해준다. 다소 약했던 문서 편집 기능이 점차 추가되어 앞으로 포토샵의 작업 영역이 확대될 것으로 예상된다.

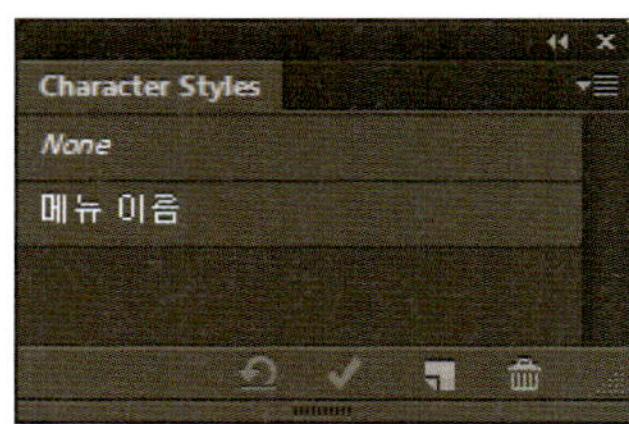
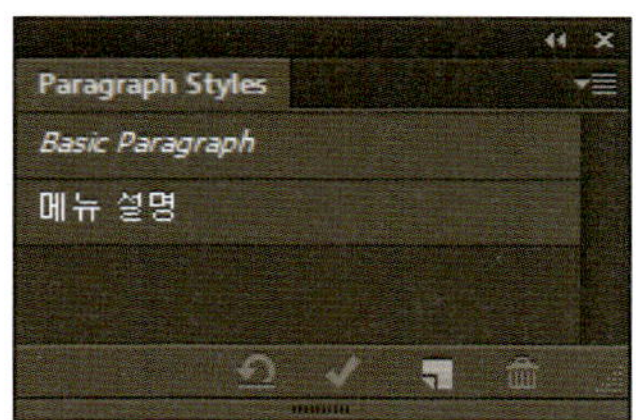

04 그리기 모드

포토샵에서는 도형 툴, 펜 툴/자유 형태 펜 툴을 사용하여 원하는 형태로 모양을 그릴 수 있다. 그리기를 시작하기에 앞서 옵션 바에서 먼저 그리기 모드를 설정한다. 선택한 모드에 따라 레이어가 생성되거나 현재 레이어에 색이 칠해진다. 선택할 수 있는 모드는 다음과 같다.

❶ Shape : 셰이프 레이어를 생성하고 모양과 패스를 포함한다. 포함된 패스는 [Paths] 패널에 나타난다. 셰이프 도형은 이동, 변형, 정렬 등 관리가 용이하고 현재의 모양에 새로운 모양을 추가하거나 삭제할 수 있다.

❷ Path : 패스를 그리면 따로 레이어를 만들지 않고 실선과 기준점으로 윤곽선을 표시한다. 그린 패스는 [Paths] 패널에 나타나며 패스로 선택 영역을 만들거나 마스크, 셰이프로 변환할 수 있다.

❸ Pixels : 페인팅 툴을 사용하는 것처럼 배경 레이어나 일반 레이어에 그리는 모양대로 전경색을 채운다. 이 모드는 도형 툴만 사용할 수 있다.

05 정형화된 도형 만들기

정형화된 형태의 도형을 만들 때는 도형 툴을 사용하여 손쉽게 만들 수 있고, 사용자 임의의 자유로운 형태를 만들 때는 펜 툴을 사용하여 만들 수 있다. 도형 툴에는 사각형 툴(■), 둥근 사각형 툴(▢), 원형 툴(◯), 다각형 툴(⬟), 직선 툴(╱), 사용자 정의 도형 툴(✿)이 있으며 사용자 정의 툴의 옵션 바에는 305가지의 다양한 도형이 등록되어 있다. 또한, 원하는 형태의 도형을 만들어 저장하고 불러올 수도 있다. 셰이프 모드로 만든 도형들은 벡터 방식으로 만들어져 펜 툴(✐)이나 패스 직접 선택 툴(▶)로 도형의 패스를 선택하고 수정할 수 있다.

• 포토샵 CS6에서 제공하는 [Custom Shape Tool]

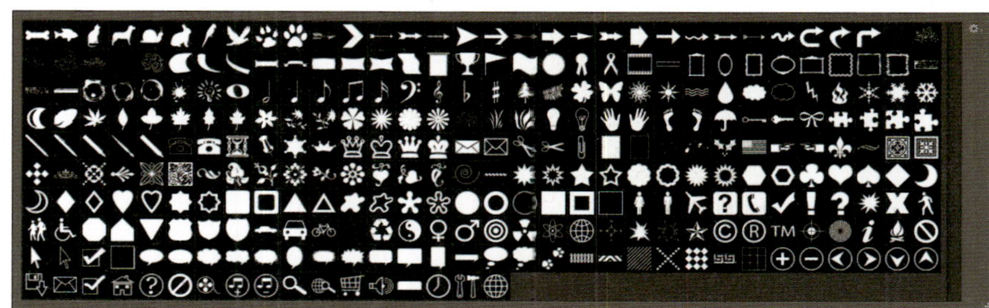

06 패스의 구조

셰이프 모드로 도형을 그리거나 패스 모드로 그렸을 때 생성되는 패스는 도형의 가장자리를 정의하며 벡터 속성을 가지고 있어 확대, 축소해도 손상이 없다.

패스 선은 두 개 이상의 점과 그 두 개의 점들 사이를 수학적으로 연결하는 선인 베지어 곡선의 형태로 이루어져 있다. 패스는 완전한 도형의 형태인 닫힌 패스와 선과 같은 열린 패스로 나눌 수 있다.

❶ 패스(Path) : 여러 개의 선분이 연결된 선이다.

❷ 선분(Segment) : 두 개의 기준점을 연결한 하나의 선을 말한다.

❸ 기준점(Anchor Point) : 선과 선을 연결하는 하나의 고정점으로 선택된 기준점은 검은색 박스로 나타나고 선택되지 않은 기준점은 흰 박스로 나타난다.

❹ 방향선(Direction Line) : 곡선의 형태를 조절하는 선이다.

❺ 방향점(Direction Point) : 방향선 끝에 있는 점으로 방향선의 각도와 길이를 조절한다.

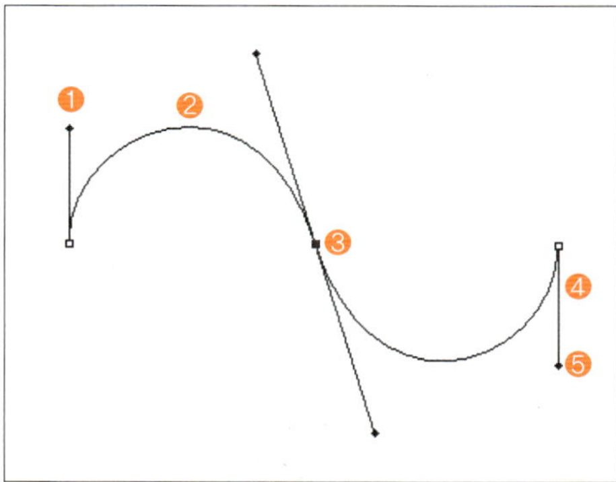

앞서 말한바와 같이 세이프 모드와 패스 모드일 때 도형 툴과 펜 툴로 만든 직선이나 곡선을 패스(Path)라고 한다. 특히, 펜 툴은 직선과 곡선을 자유자재로 만들 수 있고 손상이 없는 패스를 만들므로 선택 툴로는 선택하기 어려운 복잡한 이미지의 선택도 가능하다.

- 펜 툴( ) : 원하는 형태를 클릭이나 드래그하여 패스를 만든다.
- 자유 형태 펜 툴( ) : 자유롭게 드래그하여 패스를 만든다.

- 포인트 추가 툴( ) : 패스 위에 기준점을 추가한다.
- 포인트 삭제 툴( ) : 패스 위에 생성되어 있는 기준점을 삭제한다.
- 포인트 변환 툴( ) : 기준점의 속성을 바꾸어 패스의 형태를 변환한다. 곡선을 직선으로 바꿀 때는 기준점을 클릭하고, 직선을 곡선으로 바꿀 때는 기준점을 드래그한다.

- 패스 선택 툴( ) : 전체 패스를 선택하여 이동, 크기 변형, 회전할 수 있다.
- 패스 직접 선택 툴( ) : 기준점과 방향점을 선택하여 수정할 수 있다.

문자 입력하기

가로 문자 툴(T)과 세로 문자 툴(IT)은 문자 레이어를 만들고 글을 입력한 후에 수정도 가능하다. 벡터 방식이기 때문에 크기를 변형하더라도 변질이 없으며 일반 레이어로 전환도 가능하다. 가로 문자 마스크 툴(T)과 세로 문자 마스크 툴(IT)은 일반 레이어에 입력한 문자 모양의 선택 영역을 만들기 때문에 문자의 수정이 어렵다.

◐ 알아두기

- 가로 문자 툴(T)과 세로 문자 툴(IT)로 문자를 입력하면 벡터의 속성을 가진 문자 레이어가 생성된다.
- 가로 문자 마스크 툴(T)과 세로 문자 마스크 툴(IT)로 문자를 입력하면 현재 선택된 레이어에 입력한 문자의 선택 영역이 만들어진다.
- 입력한 문자는 [Free Transform] 메뉴나 옵션 바의 [Warp Text] 명령으로 변형, 왜곡할 수 있다.
- 새롭게 추가된 [Paste Lorem Ipsum] 메뉴로 레이아웃용 텍스트 박스를 빠르게 채울 수 있다.

따라하기 01 가로 문자 툴로 입력하기

'챕터6_샘플/초대장.psd' 파일을 불러온 후 한 쪽에는 가로 문자 툴로 일시와 초대 제목을 입력하고 반대편에는 텍스트 박스를 만들고 자리표시자 텍스트를 붙여 넣어 보자.

❶ 툴 박스에서 가로 문자 툴(T)을 선택하그 옵션 바에서 [글꼴] 'Arial', [글꼴 크기] '20 px', [글꼴 색상] '#005079', [문자 정렬]은 '왼쪽 정렬'로 설정한다.

❷ 이미지의 왼쪽 상단을 클릭하고 문자 입력 커서가 깜빡이면 'INVITATION 2012.07.14 SAT 6:00PM'을 입력한 후 **Enter** 를 누른다.

❸ 옵션 바에서 [글꼴]을 'Baskerville BT'로, [크기]는 '39px'로 변경하고 'TAE YOON'S 1st'를 입력한다. 다시 **Enter** 를 누른 후 'BIRTHDAY PARTY'도 입력한다.

❹ 위치를 조정하고 옵션 바의 동의 버튼()을 클릭해 문자 입력을 완료한다.

> **tip** ➕
> • **Ctrl** 을 누른 채 있으면 마우스 포인터가 ▶ 모양으로 변경되어 위치를 조정할 수 있다.
> • 키패드의 **Enter** 를 누르거나 **Ctrl** + **Enter** 를 눌러 문자 입력 혹은 수정을 완료할 수 있다.

❺ 오른쪽 상단을 드래그하여 텍스트 박스가 지정되면 [글꼴]을 '한컴바탕'으로, [크기]는 '11px', [색상]은 '#6a6a6a'로 설정하고 [Type]-[Paste Lorem Ipsum] 메뉴를 선택한다.

문자 툴의 옵션 바   tip ➕

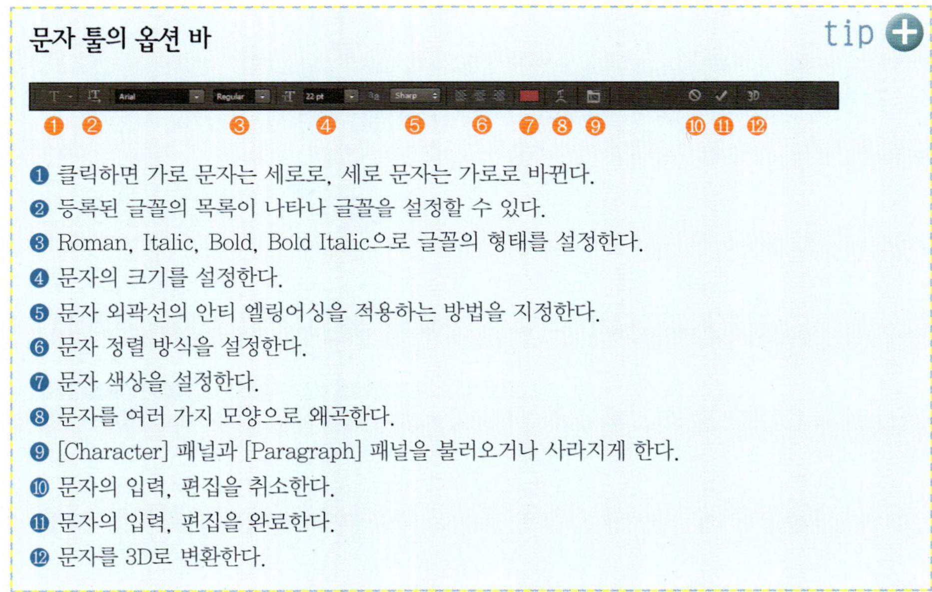

❶ 클릭하면 가로 문자는 세로로, 세로 문자는 가로로 바뀐다.
❷ 등록된 글꼴의 목록이 나타나 글꼴을 설정할 수 있다.
❸ Roman, Italic, Bold, Bold Italic으로 글꼴의 형태를 설정한다.
❹ 문자의 크기를 설정한다.
❺ 문자 외곽선의 안티 엘링어싱을 적용하는 방법을 지정한다.
❻ 문자 정렬 방식을 설정한다.
❼ 문자 색상을 설정한다.
❽ 문자를 여러 가지 모양으로 왜곡한다.
❾ [Character] 패널과 [Paragraph] 패널을 불러오거나 사라지게 한다.
❿ 문자의 입력, 편집을 취소한다.
⓫ 문자의 입력, 편집을 완료한다.
⓬ 문자를 3D로 변환한다.

문자를 입력하는 세 가지 방법   tip ➕

문자를 입력하는 방법으로는 텍스트 박스를 만들어 입력하는 방법과 특정 점에서 입력하는 방법, 패스를 따라 흐르게 입력하는 방법이 있다.

간단한 단어를 입력할 때는 이미지의 특정 점을 클릭해서 입력하는 방법이 유용하고 긴 문장을 입력할 때는 문단을 관리할 수 있는 텍스트 박스를 만들어 입력하는 방법이 유용하다. 텍스트 박스를 설정하면 설정된 박스 영역 안에서만 문자가 보이며 텍스트 박스의 조절점을 이용하여 텍스트 박스 크기, 기울기를 조절할 수 있다.

문자 입력 도중에는 다른 작업을 실행할 수 없으므로 다른 작업을 하기 위해서는 문자 입력을 마쳐야 한다.

 02 세로 문자 툴로 한자 입력하기

'챕터6_샘플/공보가주.jpg' 파일을 불러온 후 세로 문자 툴로 '孔寶家酒'라고 입력해 보자.

❶ 툴 박스에서 세로 문자 툴(T)을 선택하고 옵션 바에서 [글꼴] '한양해서', [글꼴 크기] '48px', [글꼴 색상]을 '검은색'으로 설정한다.

❷ 입력할 위치에 마우스를 클릭하고 문자 입력커서가 깜빡거리면 '공' 을 입력한 후 한자 를 누른다. 화면 하단에 [한자] 패널이 열리면 입력 하려는 한자를 클릭하거나 한자의 번호를 눌러 한자로 변환한다.

❸ 나머지 문자들도 한 자씩 한글로 입력 후 한자 를 눌러 원하는 한자로 변환한다.

❹ Ctrl 을 눌러 마우스 포인터가 ▶ 모양으로 바뀌면 위치를 잡아준다. 옵션 바의 동의 버튼(✓)을 클릭하여 문자 입력을 완료한다.

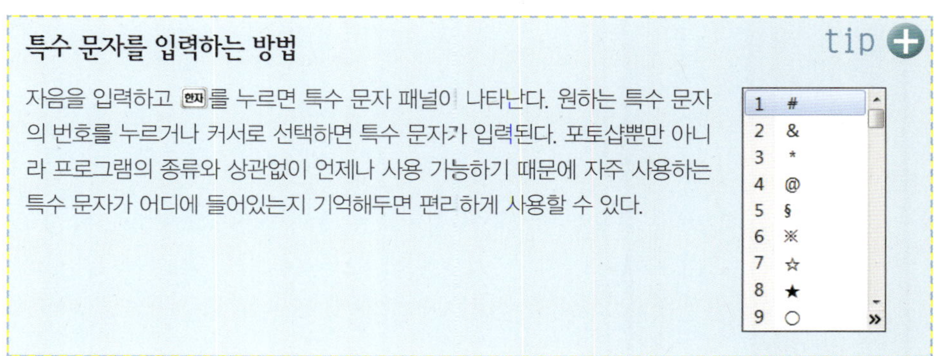

특수 문자를 입력하는 방법 tip ➕

자음을 입력하고 한자 를 누르면 특수 문자 패널이 나타난다. 원하는 특수 문자 의 번호를 누르거나 커서로 선택하면 특수 문자가 입력된다. 포토샵뿐만 아니 라 프로그램의 종류와 상관없이 언제나 사용 가능하기 때문에 자주 사용하는 특수 문자가 어디에 들어있는지 기억해두면 편리하게 사용할 수 있다.

'챕터6_샘플/수영장.jpg' 파일을 불러온다. 가로 문자 마스크 툴로 'swimming pool'이라고 입력 한 후 선택 영역을 옮기고 색상을 변경해 보자.

❶ 툴 박스에서 가로 문자 마스크 툴(　)을 선택하고 옵션 바에서 [글꼴] 'HY견고딕', [글꼴 크기] '110px'로 설정한다.

❷ 이미지 위를 클릭하여 화면이 붉은 색으로 바뀌고 문자 입력 커서가 깜빡이면 'swimming pool'이라고 입력한다.

❸ [Enter]를 눌러 입력한 문자가 선택 영역으로 변경되면 이동 툴(　)을 선택하고 커서가 　 모양으로 바뀌면 왼쪽 위로 이동시킨다.

문자가 이동한 자리는 배경색으로 채워진다.   tip 

❹ 선택 영역이 활성화된 상태에서 [Image]-[Adjustments]-[Hue/Saturation] 메뉴를 선택한다. 대화상자가 나타나면 'Colorize'에 체크하고 [Saturation]을 '50', [Hue]를 '360'으로 설정한 후 [OK] 버튼을 클릭한다.

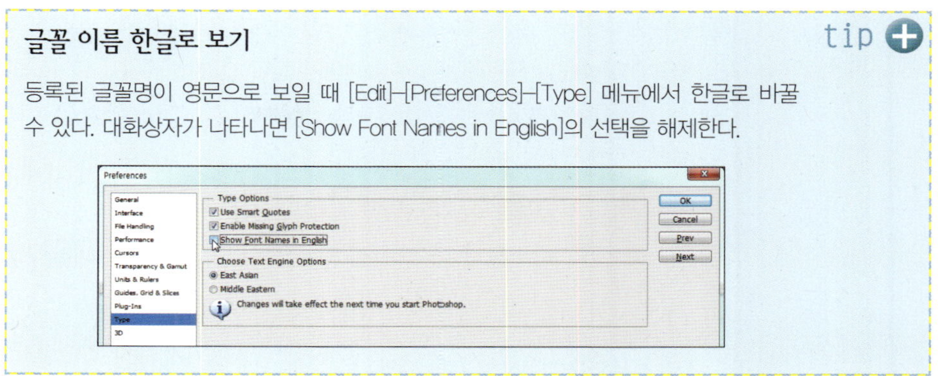

따라하기 **04** **패스를 따라 흐르는 문자 만들기**

'챕터6_샘플/꼬리.jpg' 파일을 불러온 후 펜 툴로 패스를 만들고 꼬리를 따라 흐르는 문자를
만들어 보자.

❶ 툴 박스에서 펜 툴( )을 선택하고 옵션 바에서 Path 를 선택한다.

❷ 꼬리 끝 쪽을 클릭하여 시작점을 만든 후 꼬리의 외곽을 따라 몸통 직전까지 패스를 만
든다.

❸ 툴 박스에서 가로 문자 툴(T)을 선택하고 옵션 바에서 [글꼴]을 'HY견고딕', [글꼴 크기]를 '36px', [글꼴 색상]을 '노란색', [문자 정렬]은 '왼쪽 정렬'로 설정한다.

❹ 마우스 포인터를 패스로 가져가서 커서가 모양으로 바뀌면 패스의 시작점을 클릭한다. 문자 입력 커서가 깜빡이면 '나는 누구의 꼬리일까요? 알아 맞혀보세요!'를 입력하고 옵션 바의 을 눌러 문자 입력을 완료한다.

❺ 패스가 짧아 텍스트가 다 보이지 않을 때는 직접 선택 툴로 패스의 길이와 모양을 수정한다.

tip ➕

패스 길이는 충분한데 입력한 문자가 다 보이지 않을 땐 문자가 끝나는 지점에 있는 동그라미를 확인한다. 보이지 않는 문자가 더 있을 땐 동그라미 안에 X 표시가 생긴다. 문자 편집 모드에서 Ctrl 을 누르고 동그라미 표시로 커서를 가져가서 커서가 모양으로 변하면 드래그하여 문자 입력 공간을 조절할 수 있다. 커서를 패스 아래로 드래그하면 문자를 뒤집을 수 있다.

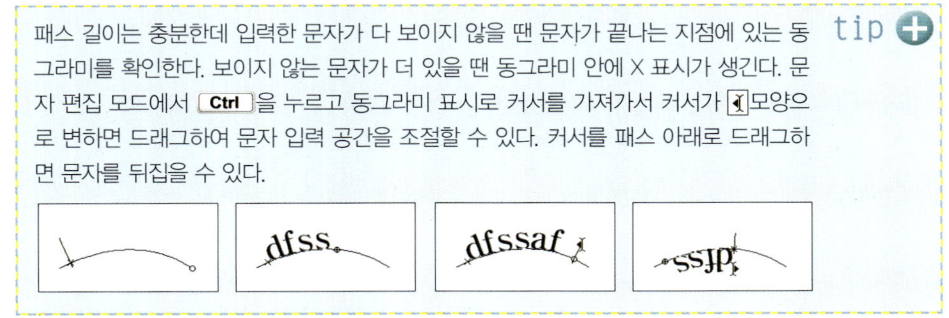

01 혼자해보기

‘챕터6_샘플/수심.jpg’ 파일을 불러온 후 문자를 입력하고 문자에 볼록하게 나온 입체감과 질감을 표현해 보자.

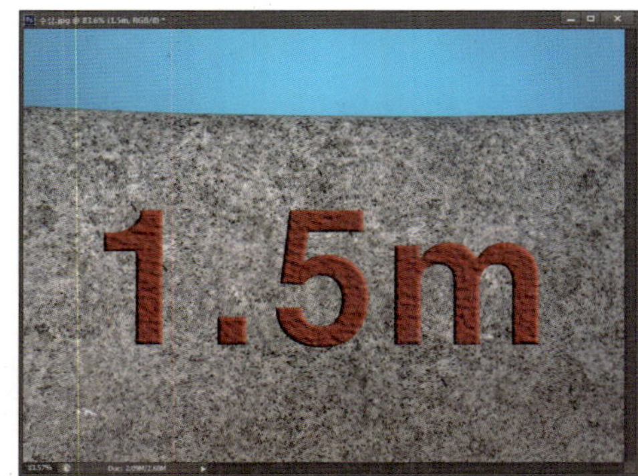

> **HINT** | 툴 박스에서 가로 문자 툴(T)을 선택하고 옵션 바에서 [글꼴] 'HY견고딕', [글꼴 크기] '300px', [글꼴 색상] '#a00400'으로 설정한 후 '1.5m'라고 입력한다. [Layers] 패널에서 문자 레이어를 더블클릭한 후 [Layer Style] 대화상자가 나타나면 'Bevel & Emboss', 'Texture' 효과를 적용한다. 효과 값은 각자의 느낌대로 설정해본다.

02 혼자해보기

‘챕터6_샘플/향신료.jpg’ 파일을 불러온 후 제목을 입력하고 본문 자리에는 자리표시자 텍스트를 붙여 넣어 보자.

> **HINT** | 전경색을 '#19100e'로 설정하고 사각형 툴(□)를 선택한다. 옵션 바에서 Shape 를 선택하고 왼쪽 상단에 박스를 만든 후 [Layers] 패널에서 투명도를 '75%'로 설정한다. [Layers] 패널 빈 공간을 클릭하여 셰이프 레이어 선택을 해제하고 가로 문자 툴(T)을 선택한다. 옵션 바에서 [글꼴] 'HY헤드라인M', [글꼴 크기] '34px', [글꼴 색상] '#f1c62c'로 설정한 후 문구를 입력한다. 다시 옵션 바에서 [글꼴 크기] '67px', [글꼴 색상] '#c42117'로 설정한 후 문구를 추가 입력한다. 키패드의 **Enter** 를 눌러 제목 입력을 완료하고 박스 하단을 드래그하여 텍스트 박스를 만든다. 옵션 바에서 [글꼴 크기] '14px', [글꼴 색상] '#ffffff'로 설정한 후 [Type]–[Paste Lorem Ipsum] 메뉴를 선택한다.

'챕터6_샘플/제주올레.jpg' 파일을 불러온 후 리본에 맞춰 영문을 세로로 입력해 보자.

HINT | 툴 박스에서 세로 문자 툴(T)을 선택하고 옵션 바에서 [글꼴] 'Times New Roman', [글꼴 크기] '65px', [글꼴 색상] '검은색'으로 설정한 후 'JEJU OLLE'라고 입력한다. Ctrl + A 를 눌러 모두 선택한 후 [Character] 패널에서 ▼를 누르고 [Standard Vertical Roman Alignment]를 선택한다. Ctrl + T 를 누르고 리본에 맞춰 모양을 변형한다.

'챕터6_샘플/조개.jpg' 파일을 불러온 후 조개의 외곽선을 따라 패스를 만들고 그 위에 문자를 입력해 보자.

HINT | 툴 박스에서 펜 툴(✎)을 선택하고 옵션 바에서 Pixels 를 선택한 후 조개의 외곽선을 따라 패스를 만든다. 가로 문자 툴(T)을 선택하고 옵션 바에서 [글꼴] '맑은 고딕', [글꼴 크기] '24px', [글꼴 색상] '흰색'으로 설정한다. 패스의 시작점을 클릭하여 원하는 글을 입력하고 모두 입력한 후 글의 뒷부분을 드래그하고 옵션 바에서 [글꼴 색상]을 '노란색'으로 바꿔준다. Ctrl + Enter 를 눌러 문자 입력을 완료한다.

문자 디자인하고 가독성 높이기

중요 단어를 강조할 때는 문자의 모양을 설정할 수 있는 [Character] 패널을 이용하며 문단의 정렬, 들여쓰기 등의 문단 모양을 가다듬어 가독성을 높일 때는 [Paragraph] 패널을 이용한다. 새롭게 추가된 [Character Styles] 패널과 [Paragraph Styles] 패널은 자주 사용하는 서식을 등록하고 적용할 수 있어 작업 시간을 단축시켜 준다.

◐ 알아두기

- [Character] 패널을 이용하여 글꼴 크기, 문자의 가로, 세로 비율, 자간, 행간, 기준선, 색상, 속성을 변경할 수 있다. 텍스트 일부분을 변경할 때는 해당 텍스트를 드래그하여 설정한다.
- [Paragraph] 패널을 이용하여 문자, 문단 정렬 및 들여쓰기, 단락 앞/뒤 간격을 조절할 수 있다. 문단 정렬을 사용할 때는 텍스트 박스를 만들어 텍스트를 입력한다.
- 문자 스타일은 문자 서식 특성을 포함하며 문자, 특정 단락 또는 여러 단락에도 적용할 수 있다.
- 단락 스타일은 문자 서식 특성과 단락 서식 특성을 모두 포함하며, 단락이나 여러 단락에 적용할 수 있다.

따라하기 01 [Character] 패널로 문자 편집하기

'챕터6_샘플/초대장2.psd' 파일을 불러온 후 [Character] 패널로 문자를 편집해 보자.

❶ 가로 문자 툴(T.)로 왼쪽의 초대장 제목을 클릭하여 문자 편집 모드가 되면 옵션 바의 ▦을 눌러 [Character] 패널을 불러온다.

❷ **Ctrl** + **A** 를 눌러 문자 전체를 선택하고 [Character] 패널에서 [자간]을 '-50', [장평]을 '95%'로 설정한다.

❸ 'INVITATION'을 다시 드래그하고 [색상]을 '#c92455'로 설정한다. 같은 방법으로 '1st' 의 색상도 변경한다.

❹ 이번에는 'BIRTHDAY PARTY'를 드래그하고 '행간'을 '34pt'로 설정한다.

❺ `Ctrl` 을 누른 상태에서 커서의 모양이 화살표로 바뀌면 `Shift` 를 누른 채 바운딩 박스 모서리를 드래그한다. 적당한 크기로 조절하고 키패드의 `Enter` 를 눌러 편집을 완료한다.

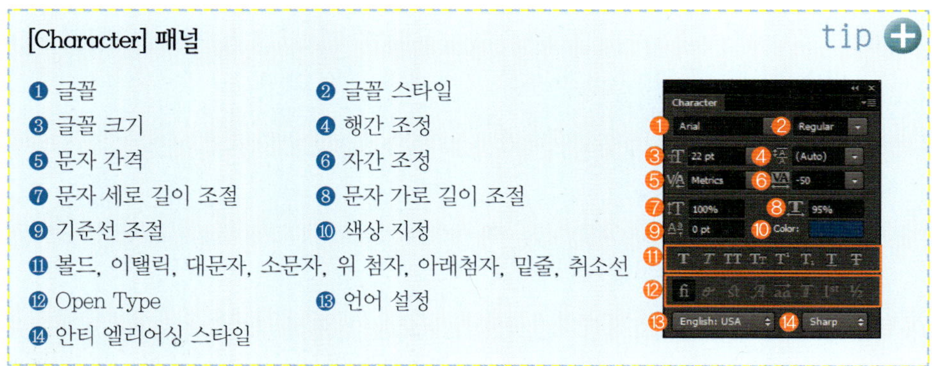

[Character] 패널   tip +

❶ 글꼴   ❷ 글꼴 스타일
❸ 글꼴 크기   ❹ 행간 조정
❺ 문자 간격   ❻ 자간 조정
❼ 문자 세로 길이 조절   ❽ 문자 가로 길이 조절
❾ 기준선 조절   ❿ 색상 지정
⓫ 볼드, 이탤릭, 대문자, 소문자, 위 첨자, 아래첨자, 밑줄, 취소선
⓬ Open Type   ⓭ 언어 설정
⓮ 안티 엘리어싱 스타일

 ## [Character Styles] 패널에 스타일 등록하기

'챕터6_샘플/초대문구.psd' 파일을 불러온 후 본문의 중요 문자를 강조하고 스타일로 등록해 보자.

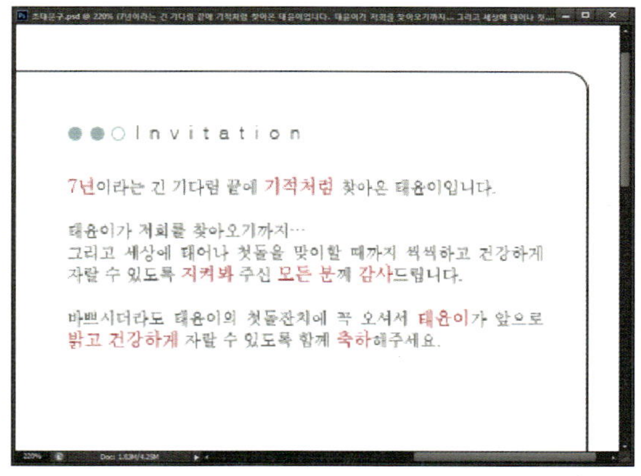

❶ 가로 문자 툴(T)을 선택하고 오른쪽의 텍스트 박스를 클릭한다. `Ctrl`+`A`를 눌러 전체 선택한 후 [Character] 패널에서 [글꼴]을 'HY신명조', [행간]을 '14', [자간]을 '–25', [장평]을 '95'로 설정한다.

❷ '7년'을 드래그하고 [Character] 패널에서 [글꼴 크기]를 '12px', [글꼴 색상]을 '#c92455'로 설정한다. 이번에는 [Character Styles] 패널을 불러오고 하단의 ▣ 을 클릭하여 새 문자 스타일을 만든다.

❸ [Character Styles] 패널에서 'Character Style 1' 레이어를 더블클릭하고 대화상자가 나타나면 [Style Name]에 '강조문자'를 적고 [OK] 버튼을 클릭한다.

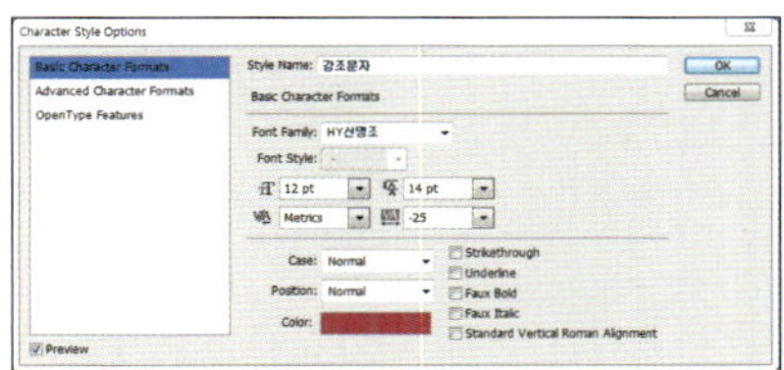

❹ '기적처럼'을 드래그하고 [Character Styles] 패널에서 '강조문자' 스타일 레이어를 클릭하면 스타일 이름 뒤에 '+'가 표시된다. 하단의 ↺ 을 클릭하면 선택한 문자에 강조문자로 정의한 서식이 적용되고 '+' 표시가 사라진다. 나머지 강조하고 싶은 단어도 같은 방법으로 스타일을 적용한다.

❺ 텍스트 박스의 오른쪽 가운데 조절점을 움직여 텍스트 박스 크기를 조절한 후 키패드의 Enter 를 눌러 문자 입력을 완료한다.

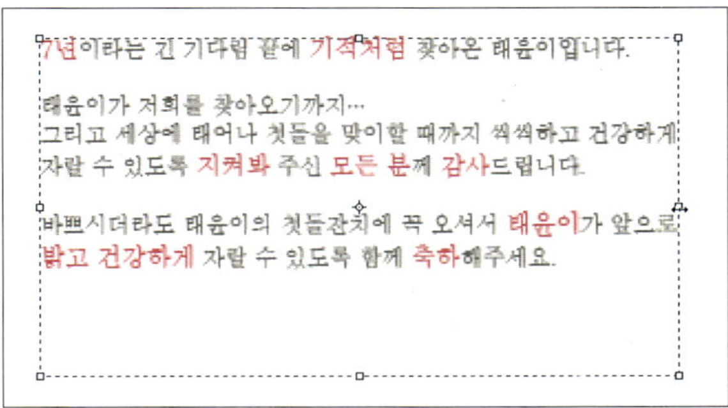

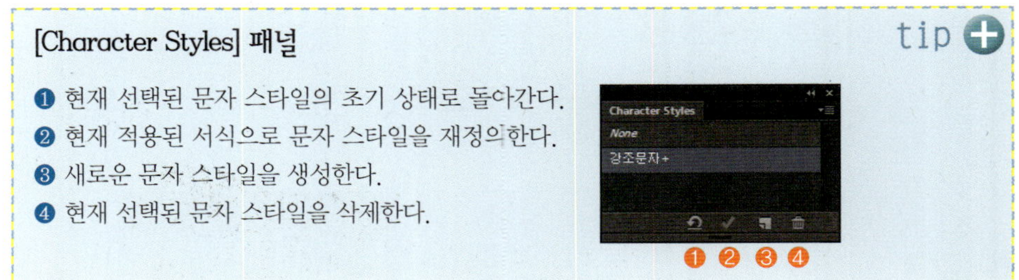

[Paragraph] 패널로 문장 정렬하고 스타일 등록하기

'챕터6_샘플/나라.psd' 파일을 불러온 후 포인트 문자를 단락 문자로 바꾸고 문장의 정렬과 들여쓰기를 편집해 보자. 또한, 편집한 내용을 단락 스타일로 등록하고 적용해 보자.

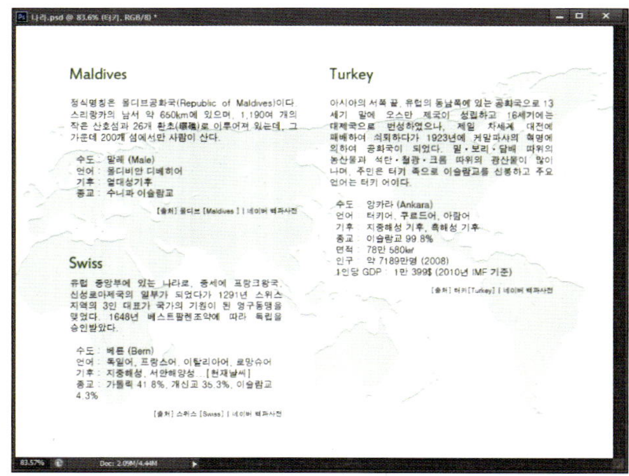

❶ [Layers] 패널에서 문자 레이어를 모두 선택하고 [Type]-[Convert to Paragraph Text] 메뉴를 선택한다. 포인트 문자가 모두 단락 문자로 바뀐다.

> [Layers] 패널에서 가장 위의 문자 레이어를 클릭하고 **Shift** 를 누른 상태에서 가장 아래 문자 레이어를 클릭하면 모두 선택할 수 있다. tip ➕

❷ 가로 문자 툴(**T**)로 '몰디브' 레이어의 나라 설명 부분을 드래그하고 [Paragraph] 패널에서 마지막 줄 왼쪽 강제 정렬( )을 선택한다.

❸ [Paragraph Styles] 패널 하단의 을 클릭하여 새 단락 스타일을 만든다. 텍스트 박스로 돌아와 단이 나뉜 부분은 **Back Space** 를 눌러 연결한다.

❹ 이번에는 나라 현황 부분을 선택하고 [Paragraph] 패널에서 들여쓰기 란에 '10px'를 입력한 후 나라 현황의 첫 줄만 다시 선택한다. [Paragraph Styles] 패널 하단의 을 클릭하여 새 단락 스타일을 만든다.

❺ 마지막 줄은 오른쪽 정렬( )을 선택하고 앞 단락 간격 '15px'를 입력한 후 같은 방법으로 단락 스타일에 등록한다.

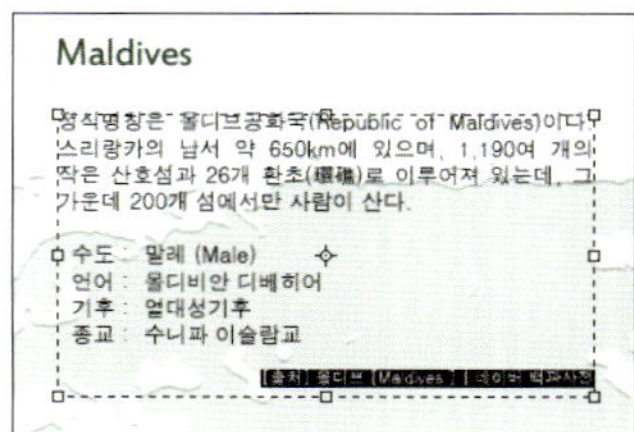
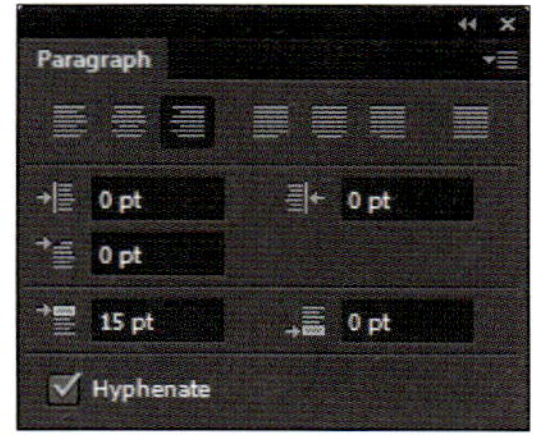

❻ 옵션 바에서 (✔)을 클릭하여 문자 편집을 완료한다.

❼ '터키' 문자 레이어를 선택하고 나라 설정 문장에 커서를 위치시킨다. [Paragraph Styles] 패널에서 'Paragraph Style 1' 단락 스타일을 선택하면 단락 스타일이 적용된다.

❽ 같은 방법으로 나머지 문장과 '스위스' 문자 레이어에도 단락 스타일을 적용한다.

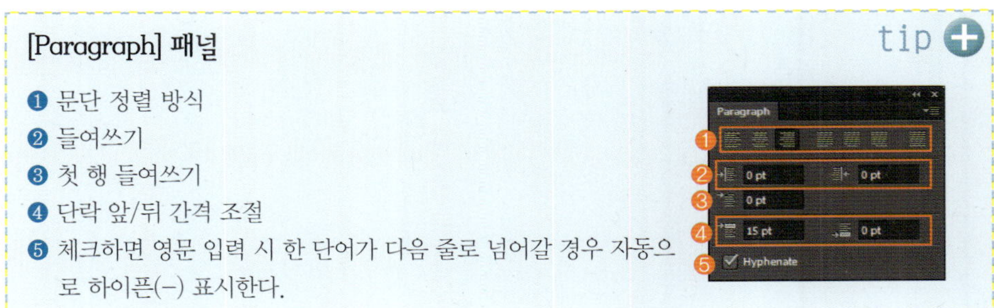

[Paragraph] 패널   tip ➕

❶ 문단 정렬 방식
❷ 들여쓰기
❸ 첫 행 들여쓰기
❹ 단락 앞/뒤 간격 조절
❺ 체크하면 영문 입력 시 한 단어가 다음 줄로 넘어갈 경우 자동으로 하이픈(−) 표시한다.

따라하기 04 [Warp Text] 명령으로 문자 디자인하기

'챕터6_샘플/초콜렛.jpg' 파일을 불러온 후 문자를 입력하고 [Warp Text] 대화상자를 이용하여 문자를 디자인해 보자.

❶ 툴 박스에서 가로 문자 툴(T)을 선택하고 옵션 바에서 [글꼴]을 'Freehand591 BT', [글꼴 크기]를 '72px', [글꼴 색상]을 '검은색'으로 설정한다.

❷ 입력할 위치에 마우스를 클릭하여 문자 입력 커서가 깜빡거리면 'Caramelia'라고 입력한다.

❸ 키패드의 Enter 를 눌러 문자 입력을 완료한 후 옵션 바에서 ⬆을 클릭한다. 대화상자가 나타나면 [Style]을 'Arch'로 선택하그 'Horizontal'에 체크한다. [Bend]를 '−14', [Vertical Distortion]을 '−7'로 설정하고 [OK] 버튼을 클릭한다.

❹ 설정한 값으로 문자가 왜곡되면 **Ctrl** + **T** 를 누르고
이름표의 모양에 맞추어 문자의 모양을 조절한다.

[Warp Text] 대화상자 tip ➕

❶ Style : 왜곡 스타일을 지정한다. 15가지의 스타일
이 제공된다.

❷ Horizontal/Vertical : 가로/세로의 굴절 방향을
선택한다.

❸ Bend : 휘는 정도를 조절한다.

❹ Horizontal Distortion : 좌우로 왜곡되는 정도를 조
절한다.

❺ Vertical Distortion : 상하로 왜곡되는 정도를 조절한다.

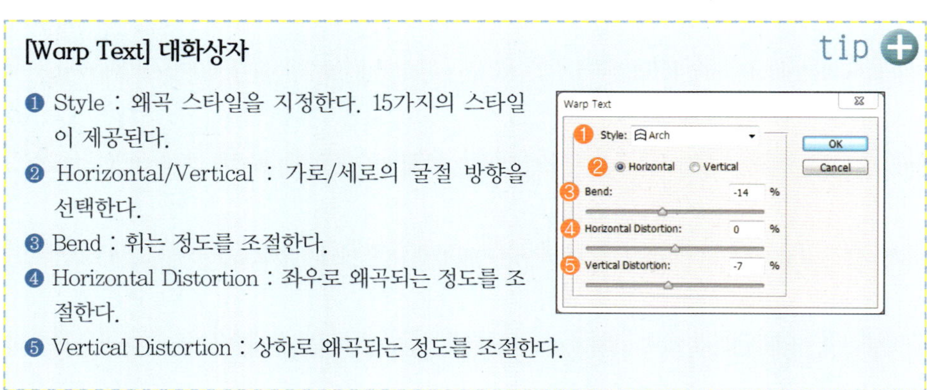

[Warp Text] 대화상자의 다양한 왜곡 스타일 tip ➕

옵션 바의 🔲 을 클릭하면 문자나 문단을 여러 가지 스타일로 변형
할 수 있는 대화상자가 나타난다. 문자 레이어 상태에서만 적용되며
[Faux Bold](**T**)를 적용한 문자는 제외된다.

▲ Arc 　　　　▲ Arc Lower 　　　　▲ Arc Upper 　　　　▲ Arch

▲ Bulge 　　　　▲ Shell Lower 　　　　▲ Shell Upper 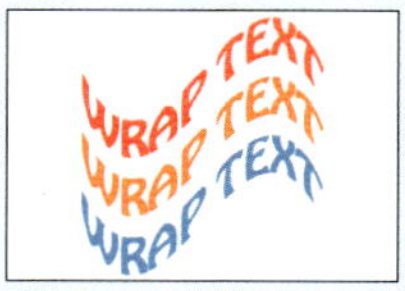　　　　▲ Flag

▲ Wave 　　　　▲ Fish 　　　　▲ Rise 　　　　▲ Fisheye

▲ Inflate 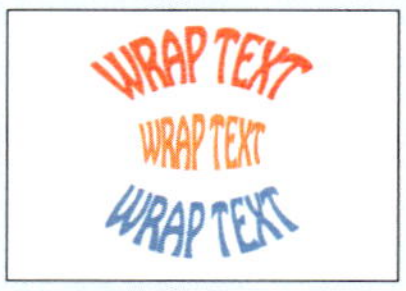　　　　▲ Squeeze 　　　　▲ Twist

포토샵 CS6

01 혼자해보기

‘챕터6_샘플/베이커리.psd’ 파일을 불러온다. 메뉴 이름과 메뉴 설명을 꾸미고 각각의 스타일로 등록한 후 나머지 메뉴에 적용해 보자.

HINT | 가로 문자 툴(T)로 제일 위에 있는 메뉴 이름을 선택하고 [Character] 패널에서 원하는 서식으로 설정한다. [Character Styles] 패널을 불러오고 하단의 1 을 클릭하여 새 문자 스타일을 만든다. [Character Styles] 패널에서 ‘Character Style 1’ 레이어를 더블클릭하고 스타일 이름을 ‘메뉴 이름’으로 변경한다. 이번에는 메뉴 설명을 드래그하고 [Character] 패널에서 문자 서식을, [Paragraph] 패널에서 문장 정렬 방식을 설정한 후 [Paragraph Styles] 패널에서 새 단락 스타일로 등록한다. 나머지 메뉴의 이름과 설명을 각각 선택하고 등록한 문자 스타일과 단락 스타일을 클릭하여 적용한다.

02 혼자해보기

‘챕터6_샘플/여름.jpg’ 파일을 불러온 후 문자를 입력하고 둥근 선에 맞춰 문자 모양을 변형해 보자.

HINT | 가로 문자 툴(T)을 선택하고 옵션 바에서 [글꼴]을 ‘Eras Demi ITC’, [글꼴 크기]를 ‘46px’, [글꼴 색상]을 ‘흰색’으로 설정한다. ‘Welcome to the SUMMER’라고 입력한 후 옵션 바에서 ⊥을 클릭한다. 대화상자가 나타나면 [Style]을 ‘Arc’로 선택하고 ‘Horizontal’에 체크한다. [Bend]를 ‘−76’, [Horizontal Distortion]을 ‘+41’, [Vertical Distortion]을 ‘+23’으로 설정하고 [OK] 버튼을 클릭한다. ‘SUMMER’를 노란색으로 변경하고 Ctrl 을 누른 상태에서 문자의 각도와 위치를 조절한 후 키패드의 Enter 를 누른다.

도형 툴로 다양한 도형 만들기

도형 툴은 펜 툴과 마찬가지로 벡터의 속성을 갖기 때문에 펜 툴과 같은 맥락의 기능이라고 할 수 있다. 도형 툴은 정형화된 모양의 도형과 다양한 모양의 도형이 제공되기 때문에 쉽게 도형을 그릴 수 있으며, 패스 선택 툴과 패스 직접 선택 툴로 변형이 가능하다. 또한, 새로운 도형을 만들어 추가할 수도 있다.

● 알아두기

- 옵션 바의 Shape 는 패스 선을 포함한 도형을 만든다. [Layers] 패널에 셰이프 레이어가 생성되며 패스 선을 포함했기 때문에 벡터 속성을 갖는다.
- Path 는 패스 선만 만들어지기 때문에 색상, 스타일이 적용되지 않으며 [Paths] 패널에 'Work Path'가 만들어진다.
- Pixels 는 선택된 레이어에 전경색으로 채워진 비트맵 방식의 도형이 만들어진다.

따라하기 01 기본 도형 툴로 약도 그리기

'챕터6_샘플/약도.psd' 파일을 불러온 후 기본 도형 툴을 이용해 약도를 그려보자.

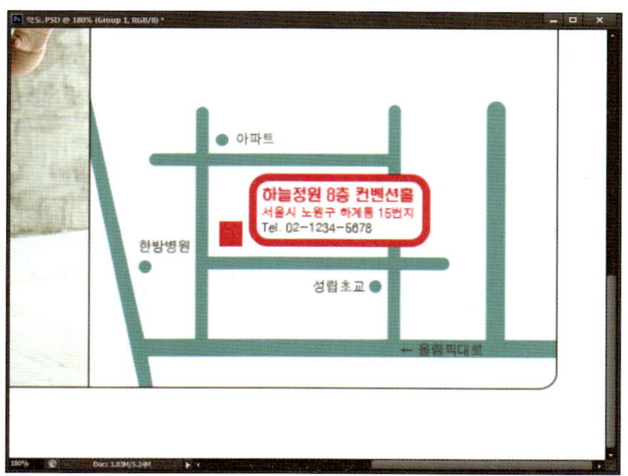

❶ 스포이트 툴(　)로 아기 이미지의 바지를 클릭해 전경색을 지정한다. 둥근 사각형 툴(　)을 선택하고 옵션 바에서 Shape 를 선택한다. [Fill]은 '전경색', [Stroke]는 '색없음'으로 설정하고 작업 창을 클릭한다.

> 스포이트 툴(　)로 색상을 추출할 때 옵션 바에 [All Layers]로 설정되어있는지 확인한다. tip ➕

❷ [Create Rounded Rectangle] 대화상자가 나타나면 [Width]를 '450px', [Height]를 '15px', [Radius]를 '30px' 로 설정하고 [OK] 버튼을 클릭한다.

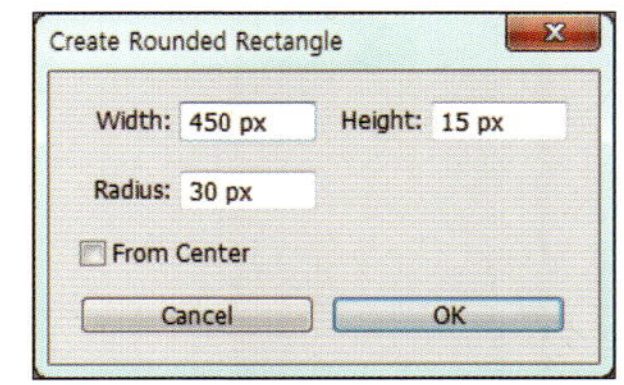

❸ 위치를 오른쪽 하단으로 옮기고 다시 작업 창을 클릭한다. [Width] '15px', [Height] '200px', [Radius] '30px' 인 도형을 만들고 위치를 조절한다. 도형을 이동할 때는 Ctrl 을 누른 채 드래그한다.

❹ 이번에는 [Width] '10px', [Height] '200px', [Radius] '30px'인 도형을 만들고 Alt + Ctrl 을 누른 채 드래그하여 도형을 복제한다. 도형을 3개 복제한 후 각각의 도형을 Ctrl 을 누른 채 클릭하고 Ctrl + T 명령으로 각도와 위치를 아래처럼 정렬한다.

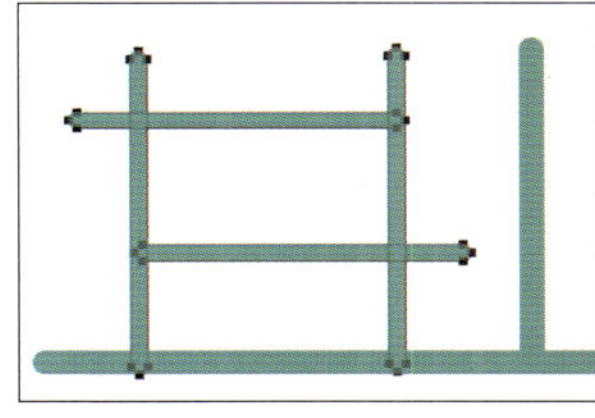

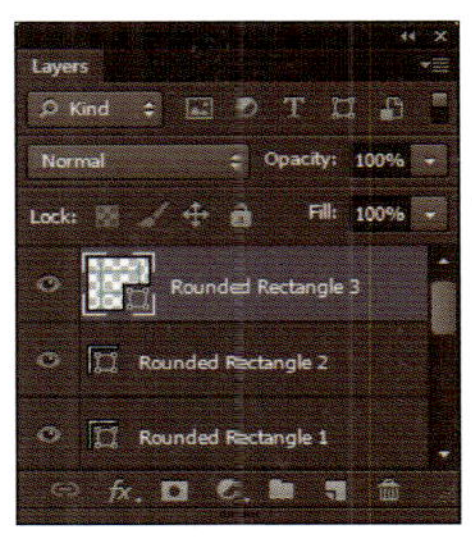

> 도형을 복제할 때 Alt 를 누르면 새로운 레이어에 복제하지 않고 현재 레이어에 복제할 수 있다.
> tip ➕

❺ 사각형 툴(▢)로 세로로 긴 막대를 그리고 적당히 기울여 도형 왼쪽에 배치한다.

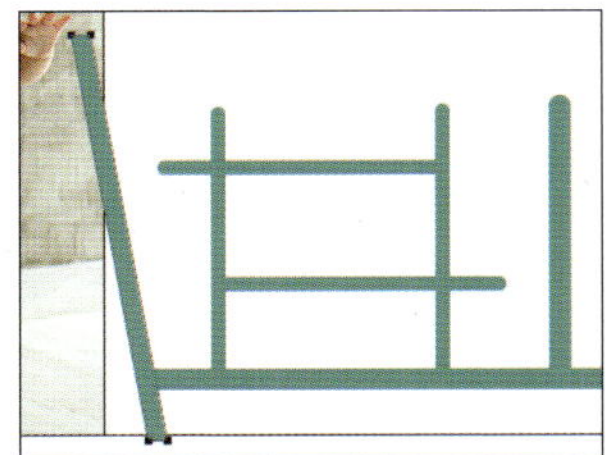

❻ [Layers] 패널에서 지금까지 만든 셰이프 레이어를 모두 선택하고 Ctrl + E 를 눌러 하나의 레이어로 합친다. 옵션 바의 ▢ 을 클릭하고 [Merge Shape Components]를 실행한 후 레이어의 위치를 '오른쪽' 레이어 바로 위로 옮긴다. Alt + Ctrl + G 를 눌러 클리핑 마스크를 적용한다.

❼ 'Group 1' 레이어를 클릭한 후 다시 둥근 사각형 툴(▢)을 선택한다. 옵션 바에서 Shape ◆ , [Fill]은 '흰색', [Stroke]는 'Pure Magenta Red', [Stroke Width]는 '6px', [Stroke Type]은 실선으로 설정하고 작업 창을 클릭한다.

❽ 대화상자가 나타나면 [Width] '140px', [Height] '58px', [Radius] '74px'으로 설정하고 [OK] 버튼을 클릭한다.

❾ 같은 방법으로 위치 표시 도형과 텍스트를 추가하고 작업을 완료한다.

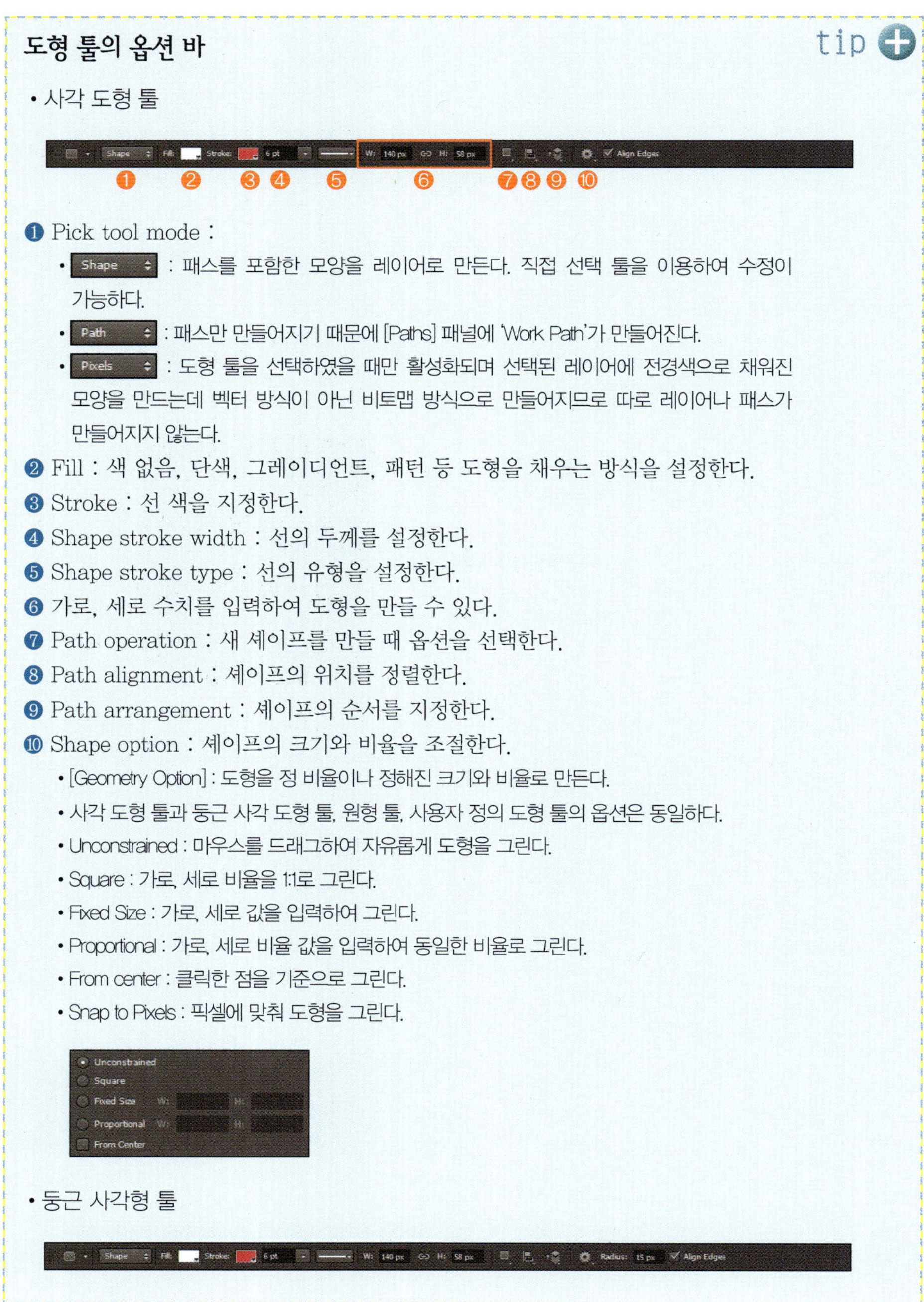

도형 툴의 옵션 바   tip ➕

• 사각 도형 툴

❶ Pick tool mode :
- Shape : 패스를 포함한 모양을 레이어로 만든다. 직접 선택 툴을 이용하여 수정이 가능하다.
- Path : 패스만 만들어지기 때문에 [Paths] 패널에 'Work Path'가 만들어진다.
- Pixels : 도형 툴을 선택하였을 때만 활성화되며 선택된 레이어에 전경색으로 채워진 모양을 만드는데 벡터 방식이 아닌 비트맵 방식으로 만들어지므로 따로 레이어나 패스가 만들어지지 않는다.

❷ Fill : 색 없음, 단색, 그레이디언트, 패턴 등 도형을 채우는 방식을 설정한다.

❸ Stroke : 선 색을 지정한다.

❹ Shape stroke width : 선의 두께를 설정한다.

❺ Shape stroke type : 선의 유형을 설정한다.

❻ 가로, 세로 수치를 입력하여 도형을 만들 수 있다.

❼ Path operation : 새 셰이프를 만들 때 옵션을 선택한다.

❽ Path alignment : 셰이프의 위치를 정렬한다.

❾ Path arrangement : 셰이프의 순서를 지정한다.

❿ Shape option : 셰이프의 크기와 비율을 조절한다.
- [Geometry Option] : 도형을 정 비율이나 정해진 크기와 비율로 만든다.
- 사각 도형 툴과 둥근 사각 도형 툴, 원형 툴, 사용자 정의 도형 툴의 옵션은 동일하다.
- Unconstrained : 마우스를 드래그하여 자유롭게 도형을 그린다.
- Square : 가로, 세로 비율을 1:1로 그린다.
- Fixed Size : 가로, 세로 값을 입력하여 그린다.
- Proportional : 가로, 세로 비율 값을 입력하여 동일한 비율로 그린다.
- From center : 클릭한 점을 기준으로 그린다.
- Snap to Pixels : 픽셀에 맞춰 도형을 그린다.

• 둥근 사각형 툴

tip +

• Radius : 모서리의 둥근 정도를 조절한다.

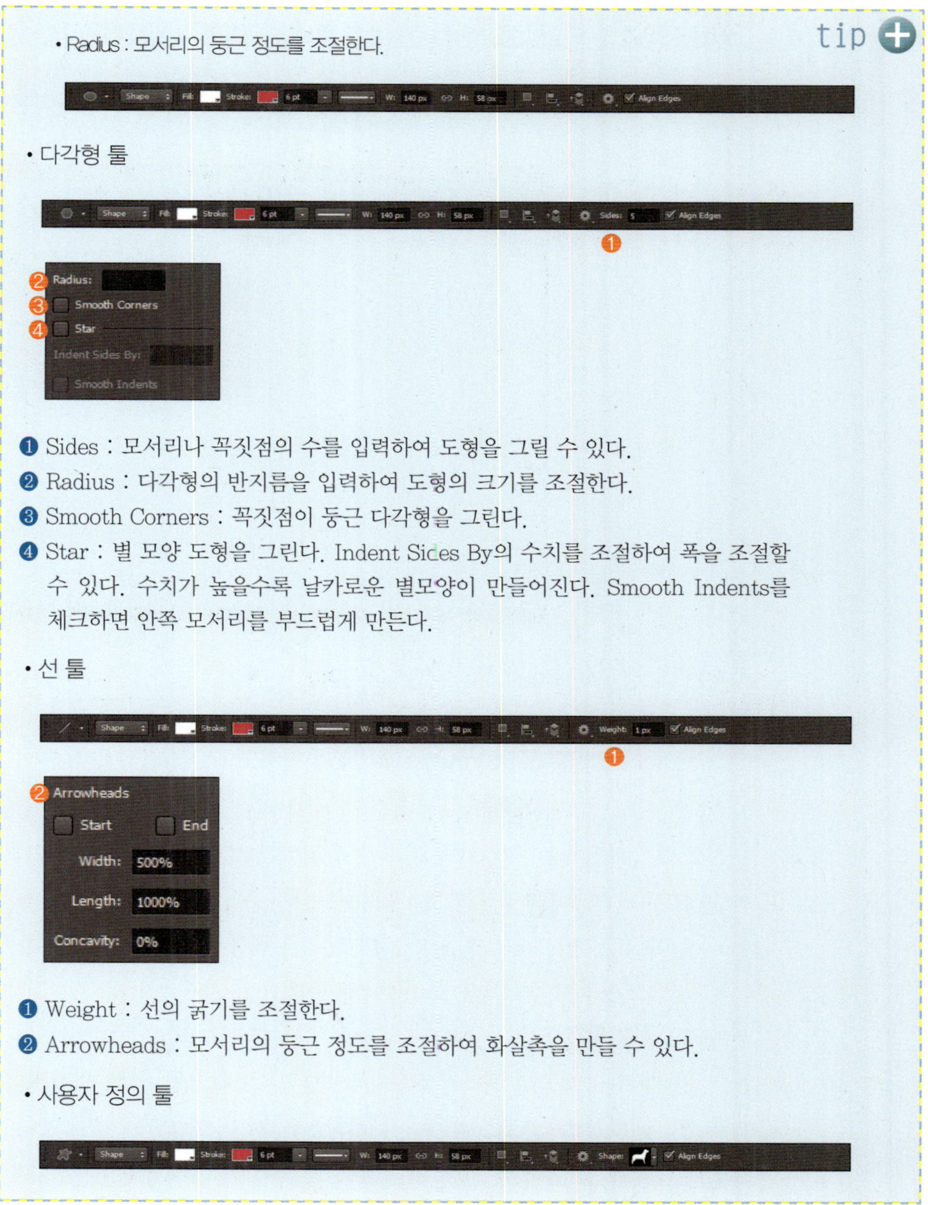

• 다각형 툴

❶ Sides : 모서리나 꼭짓점의 수를 입력하여 도형을 그릴 수 있다.
❷ Radius : 다각형의 반지름을 입력하여 도형의 크기를 조절한다.
❸ Smooth Corners : 꼭짓점이 둥근 다각형을 그린다.
❹ Star : 별 모양 도형을 그린다. Indent Sides By의 수치를 조절하여 폭을 조절할
　수 있다. 수치가 높을수록 날카로운 별모양이 만들어진다. Smooth Indents를
　체크하면 안쪽 모서리를 부드럽게 만든다.

• 선 툴

❶ Weight : 선의 굵기를 조절한다.
❷ Arrowheads : 모서리의 둥근 정도를 조절하여 화살촉을 만들 수 있다.

• 사용자 정의 툴

기본 도형 툴로 아이콘 만들기

새 창을 만들고 둥근 사각형 툴과 원형 툴로 스마트 폰, 카메라 아이콘을 만들어 보자.

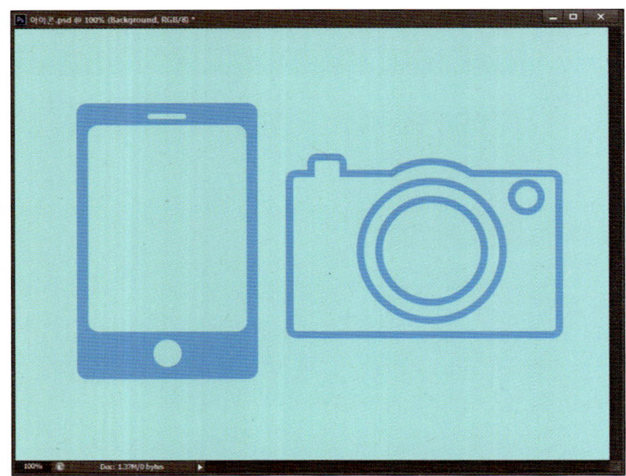

❶ 바탕색을 '#a3efeb'로 지정하고 **Ctrl** + **N** 을 누른다. [New] 대화상자에서 [Name] '아이콘', [Width] '800px', [height] '600px', [Resolution] '72pixels/inch', [Background Contents] 'Background Color'로 설정하고 [OK] 버튼을 누른다.

❷ 둥근 사각형 툴(▣)을 선택하고 옵션 바에서 Shape, [Fill] '#35ace3', [Stroke] '색 없음', [Radius] '15px'로 설정한 후 작업 창을 드래그하여 세로로 긴 사각형을 만든다.

❸ 옵션 바에서 ▣을 누르고 [Subtract Front Shape]를 선택한 후 앞에 만들어 둔 사각형 안쪽으로 작은 사각형을 만든다. 스마트 폰 상단 가운데에는 가로로 긴 막대를 그려 넣는다.

❹ 원형 툴(◉)로는 스마트 폰 하단 가운데에 정원을 그려 넣는다. 위치와 크기는 **Ctrl** 을 누르고 수정할 수 있다. 지금까지 만든 패스를 모두 선택하고 옵션 바의 ▣을 클릭한 후 [Align To Selection]과 [Horizontal Centers]를 선택한다.

❺ [Layers] 패널에서 빈 공간을 클릭하여 레이어 선택을 해제하고 둥근 사각형 툴(▣)을 선택한다. 옵션 바에서 Shape, [Fill] '색 없음', [Stroke] '#35ace3', [Stroke Width] '10pt', [Stroke Type] '실선', [Radius] '15px'로 설정한 후 작업 창을 드래그하여 가로로 긴 사각형을 만든다.

❻ **Shift** 를 누르고 사각형의 왼쪽 상단에 작은 사각형을 그린다. 툴을 원형 툴(◉)로 바꾼 후에 **Shift** 를 누르고 사각형 가운데 위쪽으로 원이 겹치게 그려 넣는다.

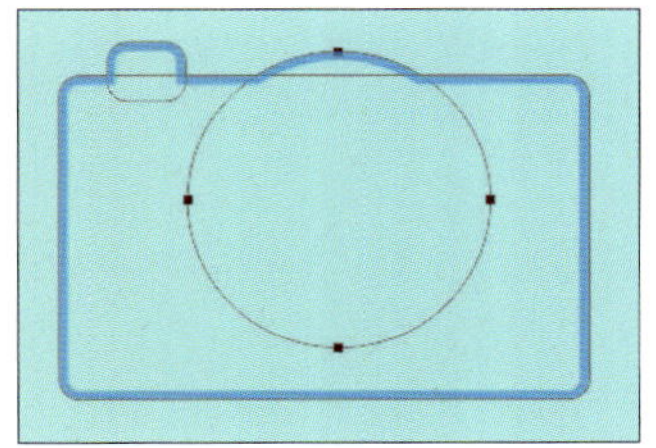

❼ 카메라 오른쪽 상단과 정 가운데도 정 원을 그려 넣는다.

> 현재 'Path operations'는 'Subtract Front Shape'로 설정된 상태이다. **Shift**를 마우스
> 클릭 전에 누르면 'Path operations'이 'Combine Shapes'로 설정이 되어 기존의 셰이프
> 에 새로 그리는 셰이프가 합쳐진다. 마우스 클릭 후에 **Shift**를 누르면 다시 'Subtract
> Front Shape' 옵션이 적용되고 가로, 세로 비율이 같은 도형을 그릴 수 있다. 헷갈리지
> 않도록 한다.
>
> tip ➕

❽ 다시 **Shift**를 누른 상태에서 카메라의 가운데에 정 원을 추가로 그려준다. 패스를 선
택하고 가운데로 정렬한다.

셰이프 레이어의 패스 다루기 tip ➕

셰이프 레이어가 아닌 일반 레이어나 배경 레이어를 선택한 상태에서 전경색을 변경
하면 도형 툴 옵션 바의 [Fill]에 반영이 되지단 셰이프 레이어가 선택된 상태에서는 전
경색을 변경하여도 반영되지 않는다.

셰이프 레이어끼리 선택하고 **Ctrl**+**E**를 눌러 레이어를 합치면 상위에 위치한 셰이
프의 속성이 반영된다.

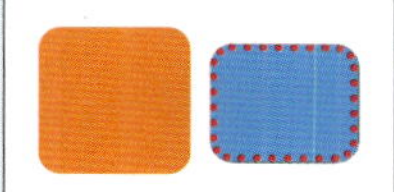
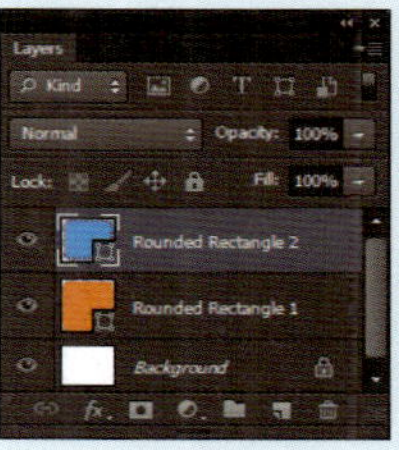

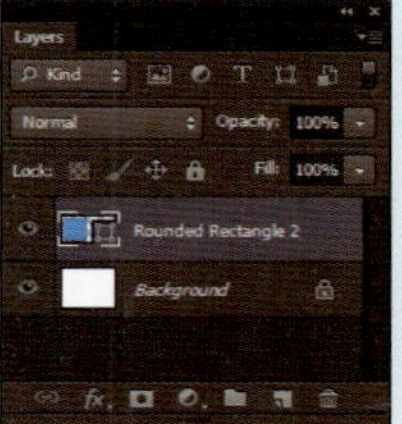

셰이프 레이어를 합쳐도 패스가 별개로 존재하기 때문에 이동 및 변형이 가능하지만 옵
션 바의 [Merge Shape Components]를 실행하면 패스가 합쳐져 하나의 도형이 된다.

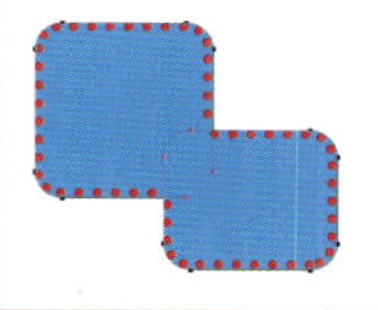
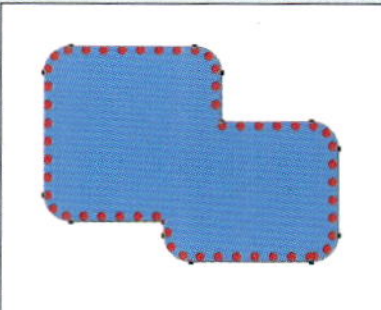

하나의 셰이프 레이어에 존재하는 도형들도 정렬할 수 있다. 정렬할 도형을 패스 선택
툴(▶)로 선택하고 옵션 바의 패스 정렬/분배(▤) 기능을 사용한다.

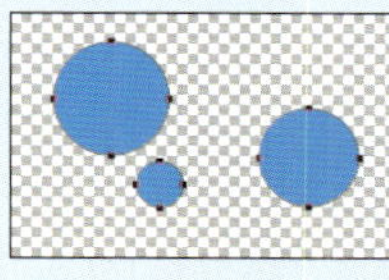
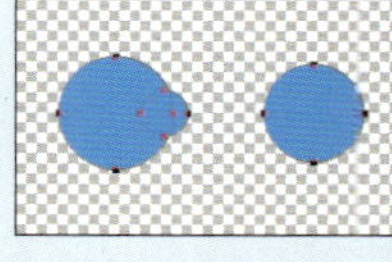
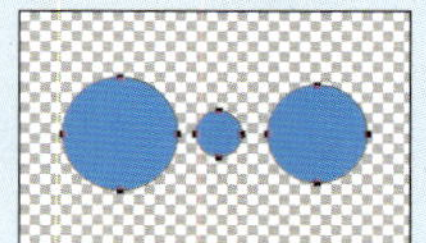
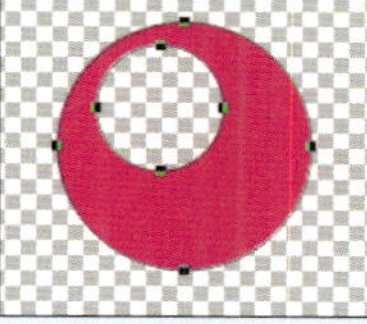
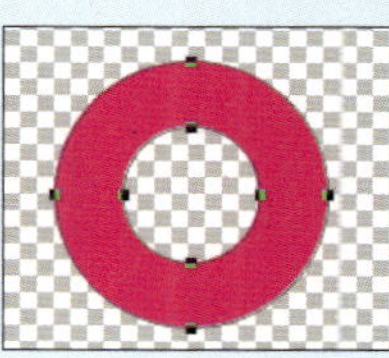

'챕터6_샘플/길.jpg' 파일을 불러온 후 선 툴을 이용하여 화살표를 만들고 화살표 모양을 특수 문자로 채워 보자.

❶ 선 툴(／)을 선택하고 옵션 바에서 Path , [Weight]를 '200px'으로 설정한다. ⚙ 을 누르고 'Start'에 체크한 후 [Width]를 '200%', [Length]를 '100%', [Concavity]를 '0' 으로 설정한다.

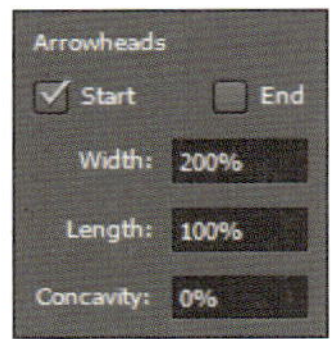

❷ 마우스 포인터가 ⊞ 모양으로 바뀌면 작업 창 가운데에서 아래로 드래그한다. 화살표 패스가 그려지면 Ctrl + T 를 누른 후 오른쪽 하단 모서리를 Shift + Alt + Ctrl 을 누른 채 드래그하여 모양을 변형한다. 변형을 완료하면 화살표를 더블클릭한다.

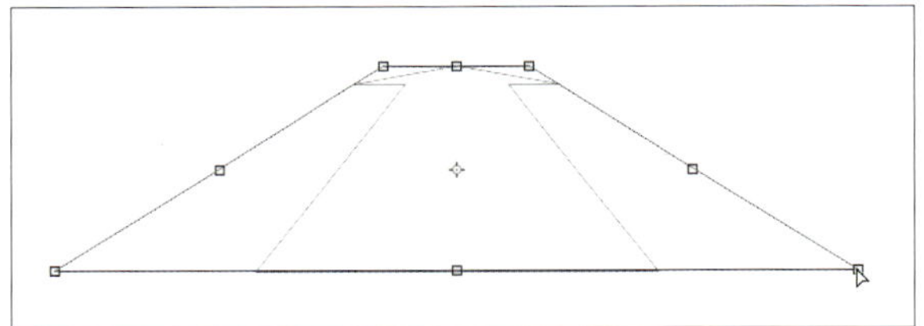

❸ 가로 문자 툴(T)을 선택하고 패스 영역 안에 마우스 포인터를 가져간다. 커서 모양이 Ⓘ 모양으로 바뀌면 클릭한다. [글꼴]을 'HY나무B', [글꼴 크기]를 '10pt', [글꼴 색상] 을 '빨간색'으로 설정한 후 'ㅁ'을 입력하고 한자 를 눌러 특수 문자 '▲'를 입력한다.

❹ 입력된 특수 문자를 Ctrl + C , Ctrl + V 로 복사, 붙여넣기를 한다. 붙여넣기를 반 복하여 화살표 전체를 특수 문자로 채운 후 Ctrl + Enter 를 눌러 작업을 완료한다.

 사용자 지정 툴로 우표 만들기

'챕터6_샘플/우표.jpg, 연등.jpg' 파일을 불러온 후 사용자 정의 도형 툴을 이용하여 우표를 만들어 보자.

❶ '챕터6_샘플/우표.jpg' 파일을 불러오고 사용자 정의 도형 툴(　)을 선택한다. 옵션 바에서 Shape , [Fill]은 '흰색', [Stroke]는 '색 없음'으로 설정하고 사용자 정의 도형 피커(　)를 눌러 우표 모양을 선택한다.

❷ 작업 창을 클릭하고 [Width] '460px', [Height] '580px'를 입력한 후 [OK] 버튼을 클릭한다. **Ctrl** + **T** 를 눌러 90° 회전한 후 생성된 'Shape 1' 레이어를 더블클릭하고 기본값의 그림자를 적용한다.

❸ 사각형 툴(　)을 선택하고 폭이 '460px', 길이가 '390px'인 사각형을 그려 넣는다. [Layers] 패널에서 'Rectangle 1' 레이어와 'Shape 1' 레이어를 선택하고 이동 툴(　)을 선택한 후 옵션 바에서 　을 눌러 가운데 정렬한다.

❹ **Ctrl** + **O** 를 눌러 '챕터6_샘플/연등.jpg' 파일을 불러오고 이미지를 '챕터6_샘플/우표.jpg' 파일로 드래그해서 이동시킨다. **Alt** + **Ctrl** + **G** 를 눌러 연등 이미지를 사각형 셰이프에 클리핑 마스크 처리하고 **Ctrl** + **T** 를 눌러 크기와 위치를 조절한다.

❺ 다시 사용자 정의 도형 툴(　)을 선택하고 옵션 바에서 Shape , [Fill]은 '검은색', [Stroke]는 '색 없음'으로 설정한 후 피커(　)를 눌러 'Yin Yang' 모양을 선택한다. 적당한 크기로 드래그해서 모양을 그려 넣고 태극 문양을 만들기 위해 직접 선택 툴(　)로 모양 안의 작은 원을 선택한 후 **Delete** 를 눌러 삭제한다.

❻ 태극 문양을 시계 방향으로 90° 회전하고 가로 문자 툴(　T　)과 세로 문자 툴(　T　)로 우표 값과 '대한민국 우표'를 입력한 후 작업을 완료한다.

> 사용자 정의 도형 피커(　)를 눌러 Shape 프리셋 창이 나타나면 　을 클릭하여 팝업 메뉴를 열 수 있다. 새로운 도형을 등록할 수도 있고 기본으로 제공되는 도형들을 전체 혹은 분류별로 볼 수 있다. **tip ➕**

01 ‘챕터6_샘플/배경.jpg’ 파일을 불러온 후 기본 도형 툴로 폴라로이드 사진틀을 만들고 사진틀 안에 이미지를 배치해 보자.

HINT | 새 창을 만든다. 둥근 사각형 툴(　)로 세로가 길고 둥근 모서리의 테두리 두께가 없는 흰색 사각형을 만든다. 셰이프 레이어에 ‘Drop Shadow’ 효과를 적용한 후 사각형 툴(　)을 선택한다. 둥근 사각형 안쪽으로 테두리 두께가 없는 단색의 직사각형을 그린 후 ‘Inner Shadow’를 적용한다. 두 셰이프 레이어를 가운데 정렬하고 ‘챕터6_샘플/휴가.jpg’ 파일의 이미지를 가져온다. **Alt** + **Ctrl** + **G** 를 눌러 직사각형과 클리핑 마스크 처리하고 위치와 크기를 조절한다. 같은 방법으로 폴라로이드 사진을 더 만들어 본다.

02 새 파일을 만들고 기본 도형 툴과 사용자 정의 도형 툴을 이용하여 교통 표지판을 만들어 보자.

HINT | 원형 툴(　)을 선택하고 옵션 바에서 Shape, [Fill] ‘흰색’, [Stroke] ‘빨간색’, [Stroke Width] ‘25px’로 설정한 후 작업 창에 원을 그린다. 셰이프 레이어에 흰색 테두리 선과 빨간색 그림자를 적용한다. 선 툴(　)을 선택하고 Shape, [Stroke] ‘빨간색’, [Weight] ‘20px’로 설정한다. [Arrowheads]는 선택 해제하고 원을 가로지르는 선을 그린다. 이번에는 사용자 정의 툴(　)로 검은색 화살표를 그려 넣는다. 세모 표지판의 세모는 사용자 정의 툴(　), 나머지는 선 툴(　)로 그려 넣는다. 가운데 선은 [Arrowheads] 옵션을 ‘Start’에 체크, [Width]를 ‘100%’, [Length]를 ‘70%’, [Concavity]를 ‘0’으로 설정한 후 [Weight]를 ‘50px’로 설정하고 그린다.

03

혼자해보기

새 창을 만들고 사용자 정의 도형을 이용하여 패턴으로 채워보자.

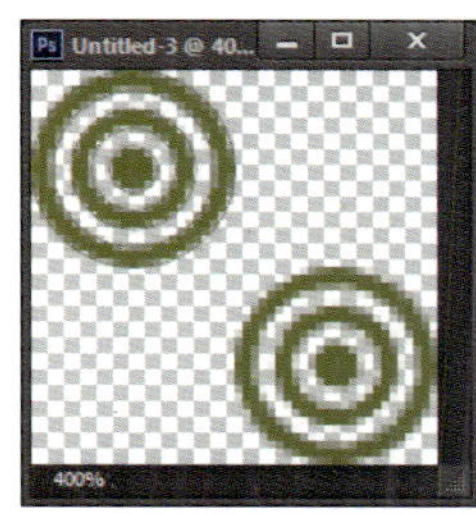 

HINT | [Ctrl]+[N]을 누르고 가로, 세로 '50px', 배경 'Transparent'로 설정한 새 작업 창을 만든다. 사용자 정의 툴()을 선택하고 옵션 바에서 Shape, [Fill] '#777600', [Stroke] '색 없음'으로 설정한 후 사용자 정의 도형 'Bull's Eye'를 선택한다. 작업 창에 가로, 세로 크기가 '25px'인 도형을 두 개 그려 넣고 대각선으로 배치한다. [Edit]–[Define Pattern] 메뉴를 선택하여 패턴으로 등록한다. 새 창을 만들고 [Edit]–[Fill] 메뉴를 선택한 후 등록한 패턴을 선택하고 [OK] 버튼을 클릭한다.

04

혼자해보기

'챕터6_샘플/인사.jpg' 파일을 불러온 후 사용자 정의 도형 툴로 점선 테두리의 말풍선을 그려 넣고 감사 인사를 입력해 보자.

HINT | 사용자 정의 도형 툴()을 선택하고 옵션 바에서 Shape, [Fill]은 '색 없음', [Stroke]는 '녹색', [Stroke Width]는 '5px', [Stroke Type]은 '점선'으로 설정한다. 사용자 정의 도형 피커()를 클릭하고 을 클릭한다. [Talk Bubbles] 메뉴를 선택하여 말풍선 도형을 모두 불러온 후 원하는 모양을 선택하고 작업 창에 그려 넣는다. 가로 문자 툴()을 선택하고 커서를 말풍선 안으로 가져가 커서 모양이 모양으로 바뀌면 클릭하고 문구를 입력한다.

펜 툴로 패스 만들고 패스 수정하기

펜 툴은 선택 툴로는 선택하기 힘든 복잡한 이미지를 선택할 때나 원하는 모양을 만들 때 유용하게 사용할 수 있다. 또한, 벡터 방식으로 패스를 만들기 때문에 확대하거나 축소하여도 변형이 없다. 하지만, 초보자에게는 펜 툴 사용법이 다소 까다롭기 때문에 충분한 연습이 필요하다.

● 알아두기

- 직선 패스는 클릭하고 이동하여 다시 클릭하면 만들어지고, 클릭하고 드래그하면 방향선이 생성되어 곡선 패스가 만들어진다.
- 패스가 선택 된 상태에서 툴 박스의 어떤 툴이 선택되어 있더라도 **Ctrl** 을 누른 채 패스 가까이 마우스를 가져가면 패스 직접 선택 툴( )로 바뀌어 수정이 가능하다.
- 패스가 생성되면 [Paths] 패널에 자동으로 'Work Path' 레이어가 만들어 지며, [Paths] 패널 하단의 [Load path as a selection] 버튼을 통해 선택 영역으로 바꿀 수 있다.
- [Layers] 패널에서 문자 레이어를 마우스 오른쪽 버튼으로 클릭하고 'Convert to Shape'를 실행하면 셰이프 레이어로 바꾸고 모양을 수정할 수 있다.

따라하기 01 펜 툴을 이용하여 직선, 곡선 패스 만들기

'챕터6_샘플/미끄럼주의.jpg' 파일을 불러온 후 펜 툴을 이용하여 입간판의 윤곽을 패스로 만들어 보자.

❶ 펜 툴( )을 선택하고 옵션 바에서 그리기 모드를 Path 로 설정한다.

❷ 입간판의 외곽라인에서 왼쪽 상단의 곡선과 곡선이 만나는 곳을 클릭하면 기준점(Anchor Point)이 생성된다.

❸ 곡선이 끝나는 지점에 두 번째 점을 클릭한 채로 드래그하면 방향선과 방향점이 만들어진다. 방향점을 계속 클릭한 상태에서 조금씩 움직여 패스를 이미지의 윤곽에 맞춘다.

❹ **Alt**를 누른 채 기준점을 클릭하여 패스 진행 방향의 방향선을 제거한 후 직선이 끝나는 지점에 세 번째 점을 찍으면 직선으로 이뤄진 패스가 만들어진다. 다음 지점을 클릭한 채 드래그하여 곡선 부분을 이어준다.

❺ 같은 방법으로 입간판의 외곽라인을 따라 처음 지점까지 이동한 후 시작점에서 마우스 포인터가 모양으로 바뀌면 클릭한다.

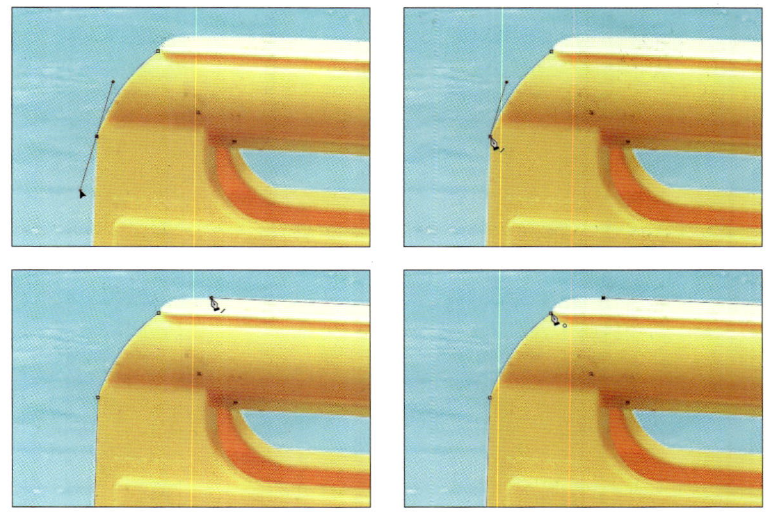

❻ 옵션 바에서 을 누르고 [Subtract Front Shape]를 선택한 후 뚫린 손잡이 부분의 외곽을 따라 패스를 그린다.

❼ [Paths] 패널을 열고 생성된 패스 레이어를 더블클릭한 후 패스 이름을 '미끄럼주의'로 수정한다.

펜 툴의 옵션 바 tip ➕

도형 툴의 옵션 바와 유사하다.

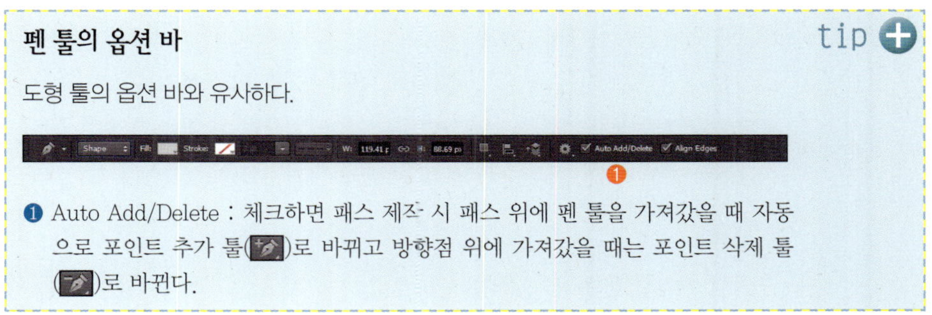

❶ Auto Add/Delete : 체크하면 패스 제작 시 패스 위에 펜 툴을 가져갔을 때 자동으로 포인트 추가 툴로 바뀌고 방향점 위에 가져갔을 때는 포인트 삭제 툴로 바뀐다.

자유 형태 펜 툴로 패스를 만든 후 패스 수정하기

'챕터6_샘플/울리.jpg' 파일을 불러온 후 자유 형태 펜 툴로 인형의 외곽을 따라 패스를 만들고 수정해 보자.

❶ 자유 형태 펜 툴( )을 선택하고 옵션 바에서 Path 를 선택한 후 [Magnetic] 박스에 체크한다.

❷ 인형 외곽 임의의 한 곳을 클릭하여 시작점을 만들고 외곽선을 따라 마우스를 이동하면 자동으로 패스가 만들어진다.

❸ 시작점까지 이동하고 마우스 포인터가 모양으로 바뀌면 클릭하여 패스를 완성한다.

❹ 정교하고 깔끔한 패스를 만들기 위해 툴 박스에서 돋보기 툴( )을 선택하고 이미지를 확대한다. 패스 직접 선택 툴( )로 패스의 한 곳을 클릭하여 기준점이 모두 나타나게 한다.

❺ 인형의 외곽에 맞도록 기준점를 클릭, 드래그하여 수정하고 이미지 가장자리에 생긴 방향점들은 포인트 삭제 툴( )로 정리한다.

> tip ➕
>
> 패스 직접 선택 툴( ) 사용 시 Ctrl 을 누른 채 패스를 클릭하면 패스 선택 툴( )로 바뀐다. 패스 직접 선택 툴( )로 되돌아가려면 다시 Ctrl 을 누른 채 패스를 클릭한다.

❻ [Paths] 패널을 열고 생성된 패스 레이어를 더블클릭한 후 패스 이름을 '울리얼굴'로 수정한다.

> tip ➕
>
> ### 자유 형태 펜 툴( )의 마그네틱 옵션
>
> 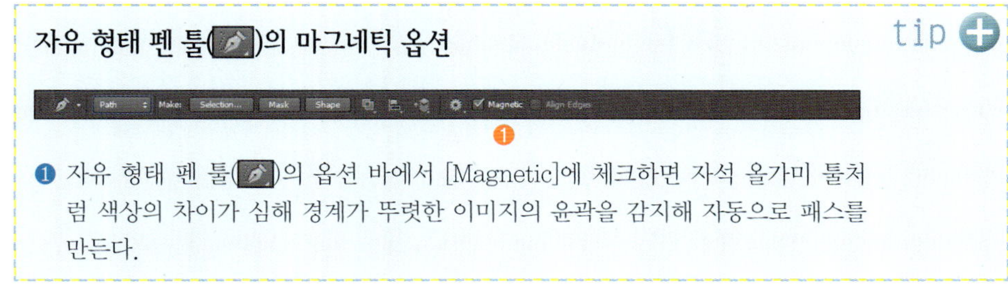
>
> ❶ 자유 형태 펜 툴( )의 옵션 바에서 [Magnetic]에 체크하면 자석 올가미 툴처럼 색상의 차이가 심해 경계가 뚜렷한 이미지의 윤곽을 감지해 자동으로 패스를 만든다.

패스를 선택 영역으로 만들기

'챕터6_샘플/대두만들기1.jpg, 대두만들기2.jpg, 초대장완성.psd' 파일을 불러온 후 패스를 만들어 선택 영역으로 변환하고 대두 이미지를 만들어 보자.

❶ '챕터6_샘플/대두만들기1.jpg' 파일을 불러온 후 펜 툴( )을 선택하고 옵션 바에서 모드를 Path ＋ 로 설정한다. 몸의 외곽에서 임의의 시작점을 만들고 외곽을 따라 이동하면서 클릭, 드래그하여 패스를 만든다.

> Alt 를 누른 채 방향점을 클릭하면 한쪽 방향선이 삭제된다. tip ➕

❷ 시작점까지 이동하고 마우스 포인터가 ⬧ 모양으로 바뀌면 클릭한다.

❸ 옵션 바에서 Selection... 을 선택하고 [Make Selection] 대화상자가 나타나면 [Feather Radius]를 '0'으로 설정하고 [OK] 버튼을 클릭한다.

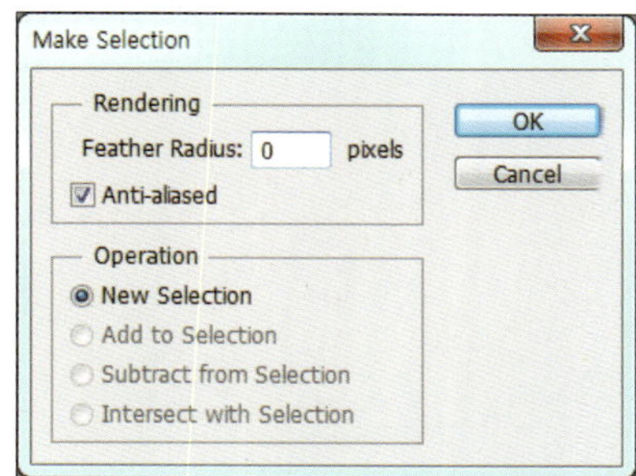

❹ 패스 영역이 선택 영역으로 바뀌면 Ctrl + C 를 눌러 클립보드에 저장한다. '챕터6_샘플/초대장완성.psd' 파일을 불러오고 Ctrl + V 를 눌러 붙여 넣는다. 레이어 이름은 '몸'으로 변경한다.

❺ 같은 방법으로 '챕터6_샘플/대두만들기2.jpg'에서 얼굴 부분만 선택해서 '챕터6_샘플/
초대장완성.psd'에 붙여 넣는다. 레이어 이름은 '얼굴'로 변경한다. **Ctrl** + **T** 를 눌러
붙여진 몸과 얼굴의 크기를 조절한다.

❻ 펜 툴(✎)을 선택하고 Shape , [Fill]을 '25% Gray', [Stroke]를 '선 없음'으로 설정
한 후 '몸' 레이어 아래에 그림자를 그린다.

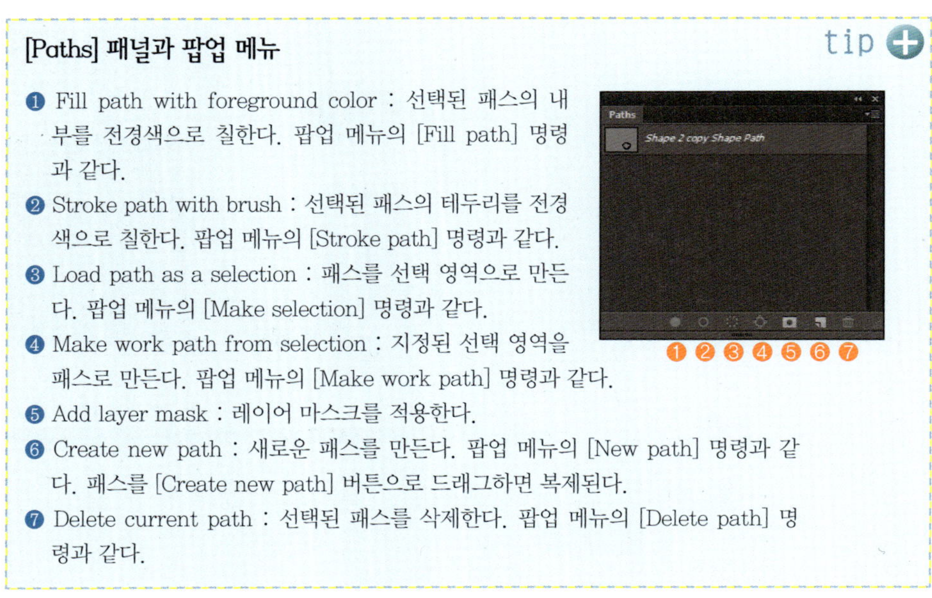

[Paths] 패널과 팝업 메뉴   tip ➕

❶ Fill path with foreground color : 선택된 패스의 내
부를 전경색으로 칠한다. 팝업 메뉴의 [Fill path] 명령
과 같다.

❷ Stroke path with brush : 선택된 패스의 테두리를 전경
색으로 칠한다. 팝업 메뉴의 [Stroke path] 명령과 같다.

❸ Load path as a selection : 패스를 선택 영역으로 만든
다. 팝업 메뉴의 [Make selection] 명령과 같다.

❹ Make work path from selection : 지정된 선택 영역을
패스로 만든다. 팝업 메뉴의 [Make work path] 명령과 같다.

❺ Add layer mask : 레이어 마스크를 적용한다.

❻ Create new path : 새로운 패스를 만든다. 팝업 메뉴의 [New path] 명령과 같
다. 패스를 [Create new path] 버튼으로 드래그하면 복제된다.

❼ Delete current path : 선택된 패스를 삭제한다. 팝업 메뉴의 [Delete path] 명
령과 같다.

문자를 셰이프 레이어로 변환하고 모양 변형하기

'챕터6_샘플/초대장완성2.psd' 파일을 불러온다. 문자를 입력하고 셰이프 레이어로 변환한
후 모양을 변형해 보자.

❶ 펜 툴(✑)을 선택하고 옵션 바에서 `Shape`, [Fill]을 '#fbf9ea', [Stroke]를 '#599ec1', [Stroke Width]는 '3px', [Stroke Type]은 '점선'으로 설정한다.

❷ 기준점을 클릭하고 곡선 패스를 만들어 말풍선 모양을 만든다.

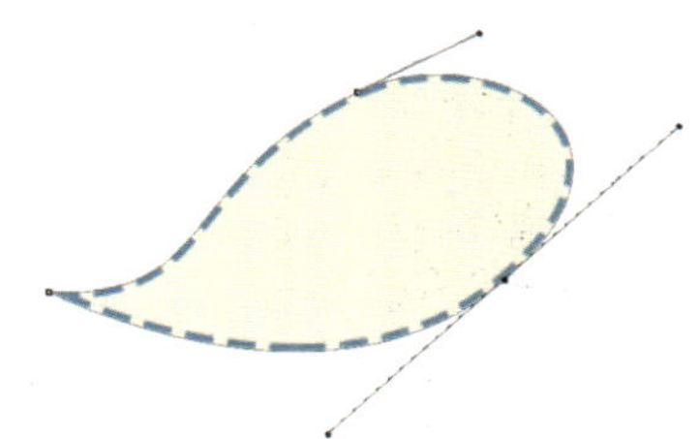

❸ 가로 문자 툴(T)을 선택하고 옵션 바에서 [글꼴] 'HY나무B', [글꼴 크기] '36px', [글꼴 색상] '#105b81', [문자 정렬]은 '왼쪽 정렬'로 설정한다. 작업 창을 클릭하고 '차린 건 없지만 많이 드세요~'라고 입력한다.

❹ [Layers] 패널에서 문자 레이어를 마우스 오른쪽 버튼으로 클릭하고 [Convert to Shape] 메뉴를 선택한다. 문자 레이어가 셰이프 레이어로 바뀐다.

❺ 패스 선택 툴(▶)로 '많'자와 '이'자를 선택하고 `Ctrl`+`X`를 누른다. [Layers] 패널의 빈 곳을 클릭하여 레이어 선택을 해제하고 `Ctrl`+`V`를 누른다. [Paths] 패널에 '많이' 패스가 생긴 것을 확인하고 펜 툴(✑)을 선택한다. 전경색을 '#dd1b5d'로 설정한 후 옵션 바에서 `Path`, `Shape`를 클릭한다. [Layers] 패널에 '많이' 모양의 새 셰이프 레이어가 만들어진다.

❻ 패스 선택 툴(▶)로 한 문자씩 선택하고 `Ctrl`+`T`를 눌러 크기와 각도를 조절한 후 말풍선 안에 위치시킨다.

'챕터6_샘플/호박.jpg' 파일을 불러온 후 호박과 테이블을 패스로 저장하고 배경만 선택하여 흑백으로 만들어 보자.

HINT | 펜 툴(✐)을 선택하고 옵션 바에서 [Path ⬍]로 설정한다. 호박과 테이블의 외곽 라인을 따라 패스를 만들고 테이블의 다리 사이 공간은 옵션 바에서 [Subtract Front Shape]를 선택한 후 패스를 그린다. [Paths] 패널에서 'Work Path'를 더블클릭하여 이름을 '호박'으로 저장한 후 Ctrl 을 누른 채 패스를 클릭하면 선택 영역이 만들어진다. Shift + Ctrl + I 를 눌러 선택 영역을 반전시키고 [Image]-[Adjustments]-[Desaturate] 메뉴를 선택한다.

'챕터6_샘플/포토샵.psd' 파일을 불러온 후 문자 레이어를 셰이프 레이어로 바꾸고 펜 툴과 확장 툴로 모양을 꾸며 보자.

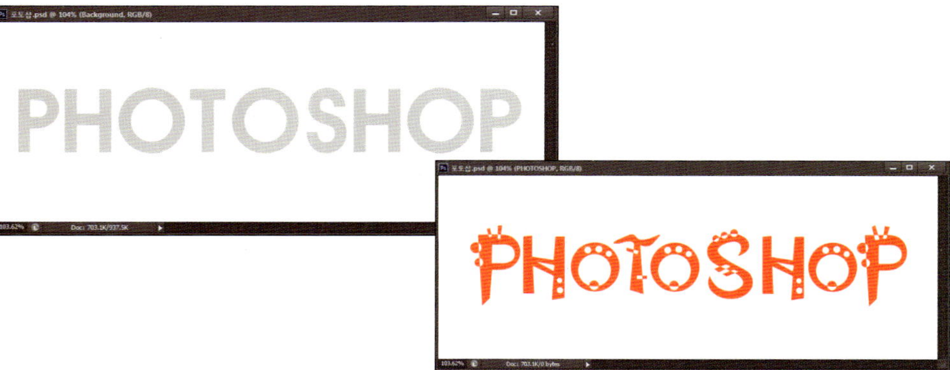

HINT | [Layers] 패널에서 문자 레이어를 마우스 오른쪽 버튼으로 클릭한 후 [Convert to Shape] 메뉴를 선택한다. 포인트 삭제 툴(✐)로 기준점을 정리한 후 패스 직접 선택 툴(▸)로 모양을 다듬는다. 패스 선택 툴(▸)로 간격이나 크기를 조절하고 원형 툴(◯)을 선택한다. 옵션 바에서 [Shape ⬍] [Exclude Overlapping Shapes]를 선택하고 문자 위에 원을 추가한다. 펜 툴(✐)도 [Shape ⬍] [Exclude Overlapping Shapes]로 설정하고 문자 위에 막대기를 추가한다.

1. 문자 툴

- 가로 문자 툴(T)과 세로 문자 툴(T)로 문자를 입력하면 벡터의 속성을 가진 문자 레이어가 생성되며 [Rasterize Layer] 명령을 사용하여 일반 레이어로 변환할 수 있다. 일반 레이어로 바뀐 문자는 더 이상 수정할 수 없다.

- 가로 문자 마스크 툴(T)과 세로 문자 마스크 툴(T)로 문자를 입력하면 현재 선택된 레이어에 선택 영역으로 만들어진다.

- 문자 툴을 사용하여 문자를 입력할 때 입력 및 편집을 완료 해야만 작업 창을 닫을 수 있고 문자 툴의 옵션 바에 있는 문자 입력 완료 버튼은 키패드의 **Enter** 로 대신할 수 있다.

- 입력한 문자는 [Free Transform] 메뉴나 옵션 바의 [Warp Text] 명령으로 변형, 왜곡할 수 있다.

- 새롭게 추가된 [Paste Lorem Ipsum] 메뉴로 레이아웃용 텍스트 박스를 빠르게 채울 수 있다.

2. 문자 편집 패널

- [Character] 패널은 글꼴 크기, 문자의 가로, 세로 비율, 자간, 행간, 기준선, 색상, 속성을 관리한다. 텍스트 일부분을 변경할 때는 해당 텍스트를 드래그하고 옵션을 변경한다.

- [Paragraph] 패널을 이용하면 문자, 문단 정렬 및 들여쓰기, 단락 앞/뒤 간격을 조절할 수 있으며 문단 정렬을 사용할 때는 텍스트 박스를 만들어 텍스트를 입력해야 한다.

- 문자 스타일은 문자 서식 특성을 포함하며 문자, 특정 단락 또는 여러 단락에도 적용할 수 있다.

- 단락 스타일은 문자 서식 특성과 단락 서식 특성을 모두 포함하며, 단락이나 여러 단락에 적용할 수 있다.

3. 도형 툴

- 일러스트레이터의 기능들이 포토샵에 추가되어 벡터 작업이 수월해졌다. 도형 툴로 작업 창을 클릭하면 크기와 각 도형의 옵션을 설정할 수 있는 대화상자가 나타나 보다 정확하게 도형을 만들 수 있다.

- 도형의 테두리를 설정할 수 있는 [Stroke] 옵션이 추가되어 점선도 쉽게 만들 수 있다. 또한, [Fill]과 [Stroke]를 색 없음, 단색, 그레이디언트, 패턴으로 페인팅할 수 있는 기능이 추가되었다.

- 도형을 그릴 수 있는 모드는 `Shape`, `Path`, `Pixels`이다. `Shape`는 패스 선을 포함한 도형을 만들어 [Layers] 패널에 셰이프 레이어를 생성한다. 패스를 포함했기 때문에 벡터 속성을 갖는다.
- `Path`는 패스만 만들어지기 때문에 색상, 스타일이 적용되지 않으며 [Paths] 패널에 'Work Path'가 만들어진다.
- `Pixels`는 선택된 레이어에 전경색으로 채워진 비트맵 방식의 도형을 만든다.

4. 펜 툴로 패스 만들기

- 펜 툴(✐)로 그릴 수 있는 모드는 `Shape`과 `Path`이다.
- 직선 패스는 클릭하고 이동하여 다시 클릭하면 만들어지고, 클릭하고 드래그하면 방향선이 생성되어 곡선 패스를 만들 수 있다.
- 패스가 선택 된 상태에서 툴 박스의 어떤 툴이 선택되어 있더라도 `Ctrl`을 누른 채 패스 가까이 마우스를 가져가면 패스 직접 선택 툴(▶)로 바뀌어 수정이 가능하다.
- 패스가 생성되면 [Paths] 패널에 자동으로 'Work Path' 레이어가 만들어지며, [Paths] 패널 하단의 [Load path as a selection] 버튼을 통해 선택 영역으로 바꿀 수 있다.
- [Layers] 패널에서 문자 레이어를 마우스 오른쪽 버튼으로 클릭하고 'Convert to Shape'를 실행하면 셰이프 레이어로 바꿀 수 있다.

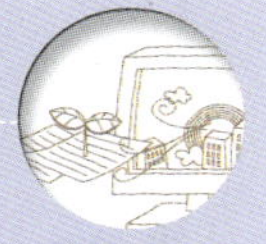

1. 가로 800Pixels, 세로 400Pixels, 해상도 72Pixels/Inch, [Color Mode] 'RGB',
   [Background Contents] 'White'인 새 작업 창을 만들고 다음과 같이 이미지와
   도형, 문자를 넣어 초대장을 만들어 보자.

[작업 준비물 : 챕터6_샘플/태윤.jpg]

> **HINT** | 1. 새 작업 창 만들기 : [File]-[New]
> 2. 이미지와 테두리 : 원형 툴( ), [Layer]-[Create Clipping Mask]
> 3. 상단 박스 : 사각형 툴( )
> 4. 고깔모자와 목마 : 펜 툴( ), 원형 툴( )
> 5. 문구 입력 : 가로 문자 툴(T), [Character] 패널, [Paragraph] 패널
> 6. 문자 레이어 셰이프 레이어로 전환 : [Convert to Shape] 메뉴
> 7. 셰이프 중 일부만 색상 바꾸기 : 퍼스 선택 툴( ), **Ctrl** + **X** , [Paths] 패널, 새 패스 레이어 만
>   들고 **Ctrl** + **V** , 도형 툴 옵션 바에서 Path , Shape , 도형 툴의 Shape , [Fill]

07 CHAPTER

화려한 필터로
포토샵의 재미 맛보기

포토샵에서는 다양한 필터(Filter)를 제공하며 기본값이 세팅되어 있어 초보자들도 손쉽게 이미지에 다이내믹한 변화를 줄 수 있다. 이번 Chapter에서는 예제를 통해서 필터의 종류와 효과에 대해 알아보자.

다양한 필터 활용하기

필터란 이미지의 픽셀들이 갖고 있는 정보를 변형시켜 다양한 특수 효과를 적용하는 기능이다.
필터에 기본적으로 세팅되어 있는 값을 이용하면 특수 효과를 간단히 적용시킬 수 있어
초보자들도 쉽게 사용 할 수 있다. 또한, 일반 레이어를 스마트 오브젝트로 변환하면 이미지에
손상을 주지 않고 필터 값을 적용할 수 있다.

01 [Filter Gallery]

[Filter Gallery]에는 질감이나 회화느낌을 적용하는 필터 효과들이 모여 있다. 필터 효과가
적용되는 모습을 볼 수 있는 미리 보기 창이 제공되며 세부 옵션을 통해 필터를 설정할 수
있다. 또한, 오른쪽 하단의 필터 레이어로 적용된 필터를 해제하거나 새로운 필터를 추가하
여 중복 적용할 수도 있다.

❶ 미리 보기 : 선택한 필터 효과가 이미지에 적용된 모습을 미리 볼 수 있다. 왼쪽 하단의
확대/축소 아이콘이나 보기 배율로 미리 보기 창에 보이는 이미지 크기를 조절한다.

❷ 필터 상위 메뉴를 나타내며 클릭하면 하위 메뉴를 볼 수 있다.

❸ 필터 하위 메뉴이며 섬네일을 클릭하여 필터를 적용할 수 있다.

❹ 필터 목록을 표시하거나 숨길 수 있다.

❺ 필터 팝업 메뉴 : 클릭하면 선택할 수 있는 필터의 목록이 나타난다.

❻ 세부 옵션 : 선택한 필터의 세부 옵션을 설정할 수 있다.

❼ 필터 레이어 : [Layers] 패널에서처럼 눈 아이콘(   )을 클릭하여 보이거나 보이지 않게
설정할 수 있으며 순서를 변경할 수 있다.

❽ New effect layer(   ) : 필터 이펙트 레이어를 새로 만든다.

❾ Delete effect layer(   ) : 선택한 필터 이펙트 레이어를 삭제한다.

02 [Smart Filters]

스마트 필터는 스마트 오브젝트에 적용된 모든 필터를 말하며 [Layers] 패널에서 스마트 오브젝트 레이어 아래에 적용된 스마트 필터를 확인할 수 있다. [Filter]-[Convert for Smart Filter] 메뉴를 선택하여 일반 레이어를 스마트 오브젝트로 변환한 후 필터를 적용할 수 있다.

스마트 오브젝트 레이어로 변환하면 원본 이미지에 필터효과가 바로 적용되어 수정이 불가능했던 일반 레이어와 달리 적용된 필터의 설정값을 변경하거나 블렌딩 옵션, 불투명도, 레이어 마스크를 적용할 수 있다.

❶ 스마트 필터에 마스크를 적용한다.

❷ 적용한 필터의 이름을 더블클릭하면 현재 적용된 필터 효과의 대화상자를 불러와 설정값을 수정할 수 있다.

❸ ≑을 더블클릭하면 블렌딩 옵션을 설정할 수 있다

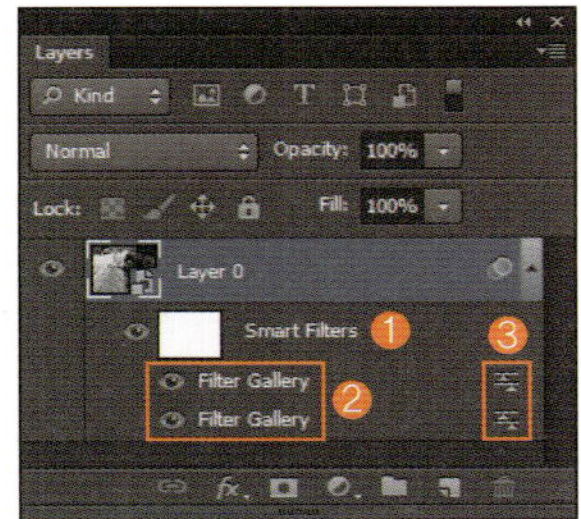

03 [Filter]-[Artistic] 메뉴

이미지를 회화적인 느낌으로 표현하며 총 15가지의 효과를 적용할 수 있다. Artistic 필터는 [Filter Gallery]를 통해 적용한다.

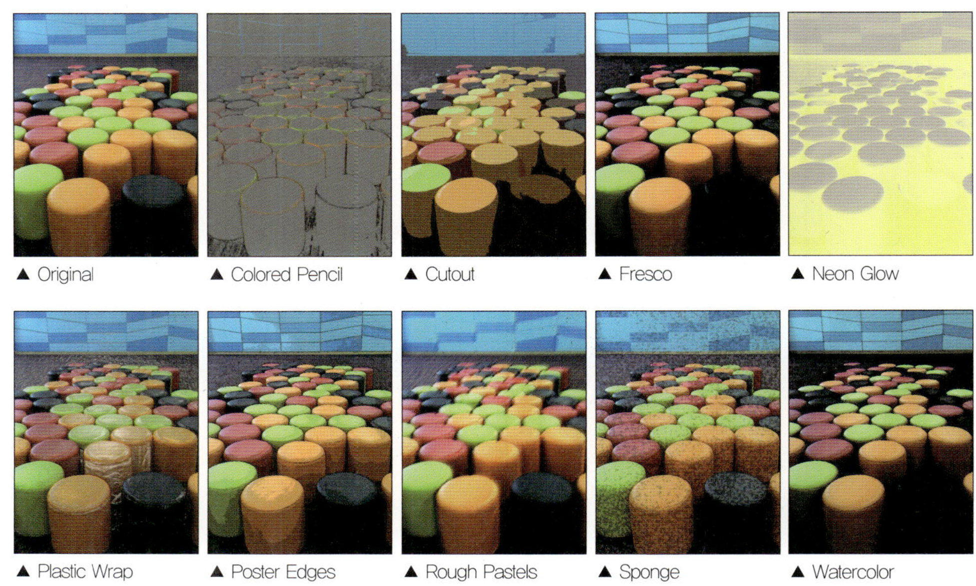

▲ Original　　▲ Colored Pencil　　▲ Cutout　　▲ Fresco　　▲ Neon Glow

▲ Plastic Wrap　　▲ Poster Edges　　▲ Rough Pastels　　▲ Sponge　　▲ Watercolor

❶ Colored Pencil : 배경색 위에 색연필로 스케치한 듯한 효과를 만든다.

❷ Cutout : 대충 오린 색종이로 만든 것처럼 이미지의 색상을 단순화하여 이미지를 표현한다.

❸ Dry Brush : 유화로 그린 듯한 효과를 만든다.

❹ Film Grain : 색상과 밝기에 따라 노이즈가 추가된다.

❺ Fresco : 프레스코 벽화 느낌의 표현으로 이미지를 거칠게 만든다.

❻ Neon Glow : 다양한 종류의 광선을 적용해 네온 효과를 만든다.

❼ Paint Daubs : 페인팅 붓으로 덧칠한 효과를 만든다. 브러시 크기와 유형을 다양하게 선택할 수 있다.

❽ Palette Knife : 캔버스에 나이프로 물감을 으깨면서 퍼지게 하여 엷게 번진 효과를 만든다.

❾ Plastic Wrap : 이미지 위에 랩을 씌운 것과 같은 효과를 만든다.

❿ Poster Edges : 이미지에 포스터 효과를 적용하고 경계면에 검은 색상을 추가한다.

⓫ Rough Pastels : 거친 파스텔로 그린 효과를 만든다.

⓬ Smudge Stick : 물감이 마르기 전에 그림을 문지른 것과 같은 효과가 나타나 이미지를 부드럽게 만든다.

⓭ Sponge : 젖은 스펀지에 물감을 묻혀 이미지에 찍은 듯한 효과를 만든다.

⓮ Underpainting : 질감이 있는 종이에 그린 효과를 만든다.

⓯ Watercolor : 불투명 수채화 효과를 만든다.

04 [Filter]-[Blur] 메뉴

이미지를 흐리게 하여 부드럽게 바꿔주며 이미지에 노이즈나 물결 무늬가 생겼을 때 어느 정도의 보정이 가능하다. 포토샵 CS6에는 세 종류의 블러가 추가되어 아웃포커싱 효과나 미니어처 효과를 쉽게 적용할 수 있다.

▲ Original

▲ Iris Blur

▲ Tilt-Shift Blur

▲ Radial Blur

▲ Surface Blur

❶ Field Blur : 포인트를 찍어서 블러 효과를 주는 방식으로 흐림 효과를 주고 싶은 부분에 포인트를 추가하면서 효과를 적용하기 때문에 정교한 아웃포커싱이 가능하다.

❷ Iris Blur : 타원이나 둥근 사각형의 도형 모양 포인트로 빠르게 사물을 지정하면 그 주변을 흐리게 처리해 간단하게 아웃포커싱을 적용한다.

❸ Tilt-Shift Blur : 이미지에 층을 나누고 블러 값을 적절히 조절하여 미니어처 효과를 만들 수 있다.

❹ Average : 이미지 전체 색상이 혼합되어 평균 색으로 채워진다.

❺ Blur : 이미지의 픽셀을 뭉개어 부드럽게 만든다.

❻ Blur More : [Blur] 필터를 여러 번(3~4번) 적용한 효과를 만든다.

❼ Box Blur : 인접한 픽셀 색상의 평균값으로 [Blur]효과를 적용한다.

❽ Gaussian Blur : 수치 값에 의해 [Blur]를 적용하기 때문에 세밀한 효과 적용이 가능하다.

❾ Lens Blur : Depth Map을 만들어 [Blur]를 적용하며 카메라 렌즈 조작에 의한 흐림 효과를 만들 수 있다.

❿ Motion Blur : 각도와 거리를 조절하여 속도감 있는 이미지를 만들 수 있다.

⓫ Radial Blur : 카메라를 회전시켜 찍은 효과나 Zoom-out 효과를 만든다.

⓬ Shape Blur : 선택한 도형 모양으로 흐림 효과를 적용한다.

⓭ Smart Blur : 이미지의 색상 경계 부분을 보호하며 명도 차가 적은 부분만 [Blur]를 적용한다.

⓮ Surface Blur : 표면에 흐림 효과를 적용하여 노이즈나 거친 입자를 제거하는 데 효과적이다.

05 [Filter]-[Brush Strokes] 메뉴

[Artistic] 필터처럼 회화적인 분위기를 연출하는 필터로 다양한 브러시 터치와 잉크 효과를 적용한다. Brush Strokes 필터는 [Filter Gallery]를 통해 적용할 수 있다.

▲ Original

▲ Accented Egdes

▲ Crosshatch

▲ Sprayed Strokes

▲ Sumi-e

❶ Accented Edges : 경계 부분을 부드럽게 처리하거나 경계 부분을 강조하는 필터로 가장자리 밝기를 높게 설정하면 경계 부분이 흰색으로, 낮게 설정하면 검은 색으로 보인다.

❷ Angled Strokes : 빗살 모양의 붓터치 느낌을 적용한다.

❸ Crosshatch : 그물처럼 선이 대각선으로 교차되어 연필 스케치 질감의 효과를 추가하며 경계 부분은 거칠게 만든다.

❹ Dark Strokes : 어두운 영역은 짧은 검은색 브러시로 밝은 영역은 긴 흰색 브러시로 그린 효과를 만든다.

❺ Ink Outlines : 색상 경계에 펜으로 덧칠한 느낌을 만든다.

❻ Spatter : 이미지에 물감을 에어브러시로 뿌린 듯한 효과를 준다.

❼ Sprayed Strokes : 스프레이로 흩뿌리면서 작업한 듯 이미지를 미세하게 찌그러뜨리는 붓 터치 효과를 만든다.

❽ Sumi-e : 화선지 위에 먹을 묻힌 붓으로 그린 효과를 만든다.

06 [Filter]-[Distort] 메뉴

이미지의 형태를 기하학적으로 왜곡하여 3D나 다른 형태로 만드는 필터로 구성되어 있다. 일부 필터는 [Filter]-[Distort] 메뉴에서 적용할 수 있고 Diffuse Glow, Glass 및 Ocean Ripple 필터는 [Filter Gallery]를 통해 적용할 수 있다.

▲ Original　　▲ Pinch　　▲ Ripple　　▲ Spherize　　▲ Wave

❶ Diffuse Glow : 이미지의 밝은 부분에 작은 점들이 뿌려져 발광되는 효과를 만든다.

❷ Displace : ＊.psd 파일을 불러들여 이미지의 형태를 변형한다.

❸ Glass : 유리를 통해 굴절되어 보이는 듯한 효과를 만든다.

❹ Ocean Ripple : 잔잔한 물결에 이미지가 비친 효과를 만든다.

❺ Pinch : 볼록렌즈나 오목 렌즈로 이미지를 보는 효과를 만든다.

❻ Polar Coordinates : 극 좌표의 형태로 이미지를 왜곡시키기 때문에 펼쳐진 이미지를 구형으로 말거나 그 반대의 효과를 만든다.

❼ Ripple : 물결 모양의 파동을 연출한다.

❽ Shear : 설정한 곡선의 형태로 변형시킨다.

❾ Spherize : Pinch와 비슷한 필터로 볼록 렌즈나 오목 렌즈로 이미지를 보는 효과를 만드며 옵션을 통해서 수평, 수직 방향의 원기둥 형태로도 변형시킬 수 있다.

❿ Twirl : 이미지의 중심을 축으로 하여 소용돌이처럼 회전하는 효과를 만든다.

⓫ Wave : 물결 모양을 만드는 필터로 옵션을 설정하여 다양한 형태의 물결을 만들 수 있다.

⓬ ZigZag : 파동의 모양과 크기를 조절하여 물결을 만들 수 있다.

07 [Filter]-[Noise] 메뉴

이미지에 의도적으로 잡티를 추가하거나 뭉개어 제거할 수 있는 있다. Noise 필터의 경우 필름으로 거칠게 촬영한 듯한 효과에 많이 쓰인다.

▲ Original　　▲ Add Noise　　▲ Dust & Scratches　　▲ Median　　▲ Reduce Noise

❶ Add Noise : 이미지에 픽셀을 뿌려 노이즈를 만든다.

❷ Despeckle : 이미지의 노이즈를 옵션 설정 없이 자동으로 제거한다.

❸ Dust & Scratches : 이미지의 색상 경계 범위를 설정하여 설정 범위의 중심이 되는 색상을 평균화하여 뭉개면서 노이즈를 제거한다.

❹ Median : 설정 범위 안의 픽셀을 평균화하여 노이즈를 제거한다.

❺ Reduce Noise : 이미지의 선명도 디테일, 노이즈 제거 강도, 필터 별 노이즈 제거 강도 등의 세부 옵션을 설정하여 노이즈를 제거할 수 있다.

08 [Filter]-[Pixelate] 메뉴

유사한 색상을 가진 픽셀들을 응집하여 여러 가지 모양의 입자 형태로 표현한다. 특히 Mosaic 필터는 이미지의 특정한 부분을 가리기 위해 많이 사용한다.

▲ Original　　▲ Color Halftone　　▲ Crystallize　　▲ Mosaic　　▲ Pointillize

❶Color Halftone : 인쇄물을 확대하였을 때 보이는 망점을 만들며 색상 채널별로 망점을 만들 수 있다.

❷Crystallize : 픽셀을 묶어 단색의 다각형으로 만든다.

❸Facet : 이미지의 색상을 단순화시켜 색상 경계를 둥글게 만들어 전체적으로 이미지를 부드럽게 만든다.

❹Fragment : 이미지가 흔들리거나 진동하는 효과를 만든다.

❺Mezzotint : 동판화의 일종으로 점을 찍은 느낌이나 선을 그은 모양을 만든다.

❻Mosaic : 이미지의 색상을 단순화 하여 사각 형태로 바꿔 모자이크 효과를 만든다.

❼Pointillize : 점묘화 느낌을 표현한다.

[Filter]-[Render] 메뉴

구름, 빛의 반사, 굴절 등의 패턴을 적용시켜 특수한 효과를 만들 수 있다. Lens Flare 필터는 이미지에 렌즈에 반사된 태양 빛을 표현하여 좀 더 현장감 있는 사진을 만들 수 있고 Lighting Effects 필터는 이미지의 특정 부분에 조명을 집중해서 비추는 효과에 많이 사용한다.

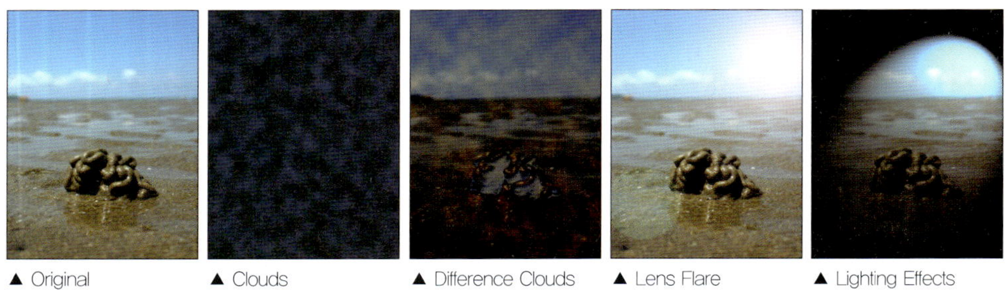

▲ Original　　▲ Clouds　　▲ Difference Clouds　　▲ Lens Flare　　▲ Lighting Effects

❶Clouds : 전경색과 배경색을 섞어 구름 모양을 만든다. **Alt** 를 누른 채 명령을 실행하면 대비가 강한 구름을 만들 수 있다.

❷Difference Clouds : Clouds의 필터로 구름 모양을 만들면서 Difference 모드를 적용하여 표현한다.

❸Fibers : 전경색과 배경색을 이용하여 섬유 느낌의 효과를 만든다.

❹Lens Flare : 사진 촬영 시 카메라 렌즈에 태양광 혹은 조명이 반사될 때 생기는 반사광을 표현한다.

❺Lighting Effects : 다양한 조명 효과를 만들고 색상, 밝기, 각도를 조절할 수 있다.

[Blur] 메뉴와 반대의 효과를 적용하는 필터로 인접한 픽셀의 대비를 높여 이미지를 선명하고 날카롭게 만드는 필터로 구성되어 있다.

▲ Original　　▲ Sharpen Edges　　▲ Sharpen More　　▲ Smart Sharpen　　▲ Unsharp Mask

❶ Sharpen : 픽셀의 색상, 채도 대비를 높여 흐릿한 이미지를 선명하게 만든다.

❷ Sharpen Edges : 이미지의 경계선에만 [Sharpen] 효과를 적용하여 이미지를 보다 선명하게 보정한다.

❸ Sharpen More : 이미지에 [Sharpen] 효과를 두 번 더 적용한 것과 같은 효과이다.

❹ Smart Sharpen : 어두운 영역과 밝은 영역의 선명도를 조절하여 이미지를 선명하게 할 수 있다.

❺ Unsharp Mask : 이미지 경계선의 세부 묘사를 옵션에 의해서 사용자가 세밀하게 설정하여 사용할 수 있다.

지정된 배경색 위에 전경색으로 드로잉한 듯한 단색 톤의 3D 효과가 적용된 이미지를 만든다. Sketch 필터는 모두 [Filter Gallery]를 통해 적용할 수 있다.

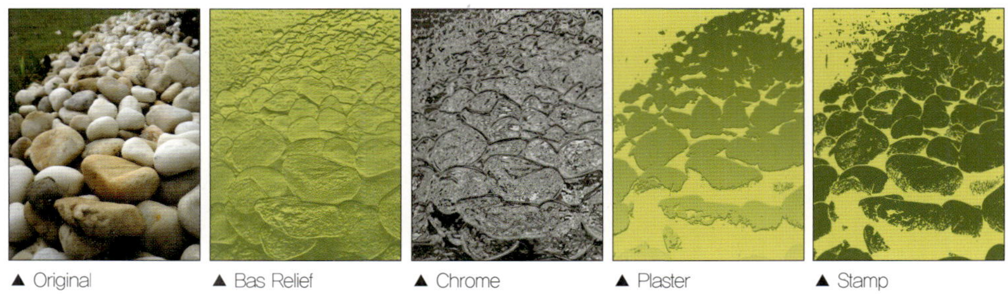

▲ Original　　▲ Bas Relief　　▲ Chrome　　▲ Plaster　　▲ Stamp

❶ Bas Relief : 이미지의 어두운 영역은 전경색으로 밝은 영역은 배경색으로 처리해 입체적인 효과를 적용한다.

❷ Chalk & Charcoal : 분필과 목탄 등을 사용하여 그린 효과를 만든다. 어두운 영역은 전경색을 사용하여 목탄으로 그린 효과를, 밝은 영역은 배경색을 이용하여 분필로 그린 효과를 만든다.

❸ Charcoal : 이미지의 음영을 전경색과 배경색을 사용하여 목탄으로 스케치한 효과를 만든다.

❹ Chrome : 이미지를 그레이스케일 색상으로 바꾸면서 금속 질감의 효과를 만든다.

❺ Conte Crayon : 캔버스 종이 위에 전경색과 배경색을 이용하여 크레용으로 스케치한 효과를 만든다.

❻ Graphic Pen : 이미지의 음영을 전경색과 배경색으로 표현하고 가는 펜으로 터치하는 효과를 만든다.

❼ Halftone Pattern : 'Circle, Dot, Line'의 세 가지 Pattern Type으로 망점을 표현한다.

❽ Note Paper : 표면이 거친 종이 위에 이미지의 명도대비를 이용하여 엠보싱 효과를 표현한다.

❾ Photocopy : 복사기로 이미지를 복사한 듯한 효과를 준다.

❿ Plaster : 석고나 회반죽을 뜻하며, 석고로 이미지를 구성한 듯한 입체적인 효과를 만든다.

⓫ Reticulation : 이미지에 망사를 대고 전경색과 배경색으로 찍은 듯한 효과를 준다.

⓬ Stamp : 배경색 종이 위에 전경색 잉크로 찍은 것과 같은 도장 효과를 준다.

⓭ Torn Edges : stamp와 비슷하지만 경계 부분이 종이가 찢겨나간 듯 거칠게 표현해주는 효과를 만든다.

⓮ Water Paper : 젖은 종이 위에 그림을 그려 번진 효과를 준다.

12   [Filter]-[Stylize] 메뉴

이미지의 경계를 강하게 표현하거나 바람이 부는 효과 등을 적용해 이미지의 스타일을 변화시킨다. Glowing Edges 필터는 [Filter Gallery]를 통해 적용할 수 있다.

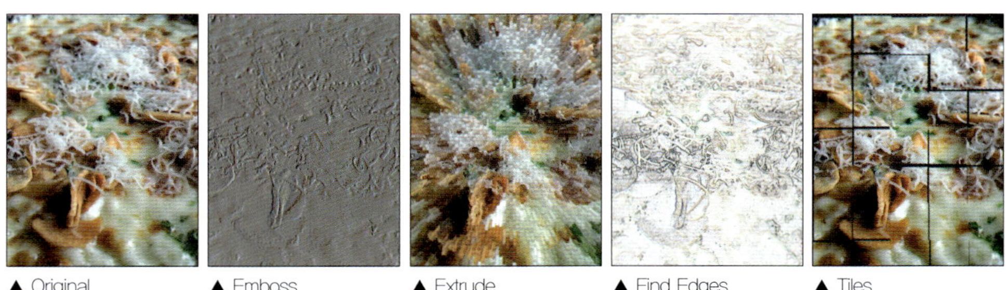

▲ Original   ▲ Emboss   ▲ Extrude   ▲ Find Edges   ▲ Tiles

❶ Diffuse : 이미지 경계의 픽셀들을 흩뿌리는 효과를 만든다.

❷ Emboss : 이미지의 경계를 양각이나 음각의 입체감으로 표현한다.

❸ Extrude : 이미지를 직육면체나 피라미드형으로 쪼개어 돌출시키는 효과를 만든다.

❹ Find Edges : 색상경계를 진한 선으로 부각시키고 다른 부분은 단순화시켜 흰색으로 채운다.

❺ Glowing Edges : 이미지 경계를 밝은 선으로 만들고 선이 발광하는 효과를 만든다.

❻ Solarize : 사진 기법 중의 하나로 필름을 과다 노출시켜 어두운 부분은 그대로 두고 밝은 부분을 반전한 효과를 만든다.

❼ Tiles : 이미지를 사각 타일 조각으로 분할하는 효과를 만든다.

❽ Trace Contour : 경계 부분을 형광 느낌의 밝은 선으로 만들고 나머지 부분은 흰색으로 표현한다.

❾ Wind : 이미지가 바람에 날린 듯한 느낌을 만든다.

13 [Filter]-[Texture] 메뉴

이미지에 질감이나 깊이를 주는 효과를 적용한다.

▲ Original　　　▲ Craquelure　　　▲ Grain　　　▲ Stained Glass　　　▲ Texturizer

❶ Craquelure : 진흙으로 벽면을 바른 후에 말라서 균열이 생긴 것 같은 효과를 만들어 준다.

❷ Grain : 이미지에 작은 점이 뿌려진 효과를 만든다.

❸ Mosaic Tiles : 불규칙한 형태의 입체 타일 위에 이미지를 그린 효과를 만든다.

❹ Patchwork : 어두운 부분은 함몰되고, 밝은 부분의 이미지는 돌출되게 하여 전체적으로 입체적인 느낌의 사각 타일 모양을 만든다.

❺ Stained Glass : 스테인드글라스 효과를 만들어 준다.

❻ Texturizer : 이미지에 다양한 질감을 만들어 준다.

❶ [Filter]-[Video] 메뉴

- De-Interlace : 동영상을 캡쳐 했을 때 생기는 주사선을 제거해준다.
- NTSC Colors : RGB 이미지를 TV나 비디오 등에서 사용하는 NTSC 방식으로 변환해 준다.

❷ [Filter]-[Other] 메뉴

- Custom : 사용자가 수치를 입력하면 복잡한 연산 과정을 거쳐 필터 효과가 만들어지며 쉽게 결과를 예측할 수 없다.
- High Pass : 명도 차가 많이 나는 경계를 밝게 처리하고 나머지 부분은 회색으로 표현된다.
- Maximum : 이미지의 밝은 영역을 확장한다.
- Minimum : 이미지의 어두운 영역을 확장한다.
- Offset : 수치를 입력하면 전체 이미지를 이동하여 타일 형태로 채워준다.

❸ [Filter]-[Digimarc] 메뉴

- Embed Watermark : 이미지의 저작권을 보호하기 위한 워터마크를 삽입할 수 있는 기능이다. 사전에 디지마크사 홈페이지에 저작권 정보를 등록하고 사용한다.
- Read Watermark : 포토샵에서 열리는 모든 이미지에 워터마크가 있는지 검색해준다.

특수한 기능의 필터 사용하기

이번 Section에서는 별도의 대화상자를 가지고 있으면서 특수한 목적으로 사용되는 필터들에 대해 알아보자.

> **● 알아두기**
>
> - [Adaptive Wide Angle] 필터는 새롭게 추가된 기능으로 특수 렌즈로 찍은 사진에 발생한 렌즈 왜곡을 수정한다. 파노라마에서 구부러져 보이는 선이나 어안, 광각 렌즈로 찍은 사진을 똑바로 펼 수 있다.
> - [Lens Correction] 필터는 카메라 렌즈의 결함이나 렌즈의 음영으로 인한 왜곡된 이미지를 교정하는 데 사용하기도 하는 반면 이미지에 왜곡 효과를 적용하여 독창적인 이미지를 만들 때도 사용한다.
> - [Liquify] 필터는 픽셀을 연장하여 이미지를 보정하는 필터로 인물 보정 시 자주 사용된다.
> - [Vanishing Point] 필터는 소실점을 찾아 이미지를 연장하거나 패턴을 입체적으로 맵핑한다.
> - 포토샵 CS6에 새롭게 추가된 기능으로 [Oil Paint] 필터를 사용하면 조명의 각도와 재질을 조정하여 실제 유화 느낌의 회화적인 표현을 할 수 있다.

따라하기 01 | **[Adaptive Wide Angle] 필터**

'챕터7_샘플/몰디브.jpg' 파일을 불러온 후 [Filter]−[Adaptive Wide Angle] 필터를 이용하여 둥글게 구부러진 이미지를 보정해 보자.

❶ [Filter]−[Adaptive Wide Angle] 메뉴를 선택하여 [Adaptive Wide Angle] 대화상자를 불러온다.

❷ [Correction]을 'Fisheye'로 설정하고 █을 선택한다. 둥글게 구부러진 수영장 테두리의 왼쪽 끝을 시작점으로 클릭하고 끝점으로 오른쪽 끝을 클릭한다.

❸ 선분 가운데 조절점을 위로 드래그하여 수영장 테두리와 일치시키고 타일과 나무가 만나는 지점도 선을 그어 교정한다.

❹ 이번에는 선분 가운데 조절점을 클릭하면 나타나는 원의 끝점을 클릭하고 **Shift** 를 눌러 각도를 교정한다. 같은 방법으로 반대쪽 수영장 테두리도 교정한다.

❺ 여백을 없애기 위해 오른쪽 [Scale]을 '110'으로 설정하고 [OK] 버튼을 클릭한다.

[Adaptive Wide Angle] 대화상자　　　　　　　　　tip ➕

❶ Constraint 툴(📐) : 이미지를 클릭하거나 드래그하여 왜곡된 영역을 교정한다. **Shift** 를 누르고 선을 그리면 각도를 교정할 수 있다.

❷ Polygon Constraint 툴(⬠) : 다각형을 그려 왜곡된 영역을 교정한다.

❸ Correction

- Fisheye : 어안 렌즈로 유발되는 극단적인 곡률을 교정한다.
- Perspective : 사각 및 카메라 기울기로 유발되는 수렴선을 교정한다.
- Auto : 자동으로 교정 값을 적용한다.
- Full Spherical : 360° 파노라마를 교정한다.

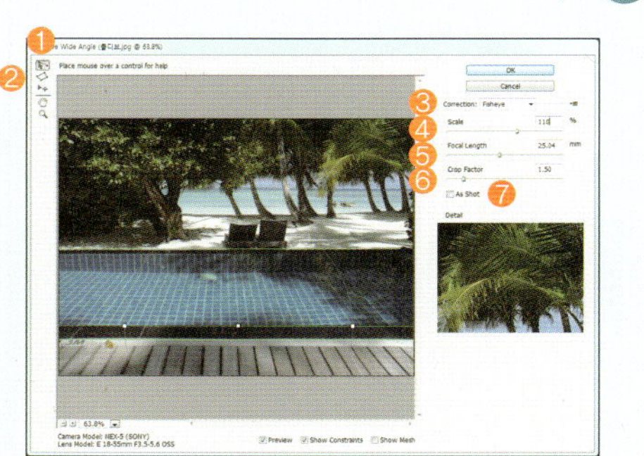

❹ Scale : 이미지에 맞도록 값을 지정한다. 이 값을 사용하여 필터를 적용한 후 생기는 빈 영역을 최소화한다.

❺ Focal Length : 렌즈의 초점 거리를 지정한다. 렌즈 정보가 사진에 감지되면 이 값은 자동으로 채워진다.

❻ Crop Factor : 값을 지정하여 최종 이미지를 자르는 방법을 결정한다. 이 값을 비율과 함께 사용하여 필터를 적용하는 동안 생기는 빈 영역을 보완한다.

❼ As Shot : 이 옵션을 활성화하여 렌즈 프로필에 정의된 값을 사용한다. 렌즈 정보를 찾지 못하면 이 옵션은 비활성화된다.

 [Lens Correction] 필터로 이미지 왜곡하기

'챕터7_샘플/양.jpg' 파일을 불러온 후 [Filter]—[Lens Correction] 필터로 특정 렌즈를 이용해 찍은 사진처럼 이미지를 왜곡해 보자.

❶ [Filter]—[Lens Correction] 메뉴를 선택하여 대화상자를 불러온다.

❷ [Auto Correction] 탭을 클릭하고 [Camera Make]를 'Canon', [Camera Model]을 'Canon', 'Lens Model'을 '105mm'로 설정하고 [OK] 버튼을 클릭한다.

[Filter]—[Lens Correction] 대화상자　　tip ➕

카메라 렌즈의 결함이나 렌즈의 음영에 의한 왜곡 현상을 교정하거나 반대로 왜곡 현상을 적용할 때 사용하는 필터이다.

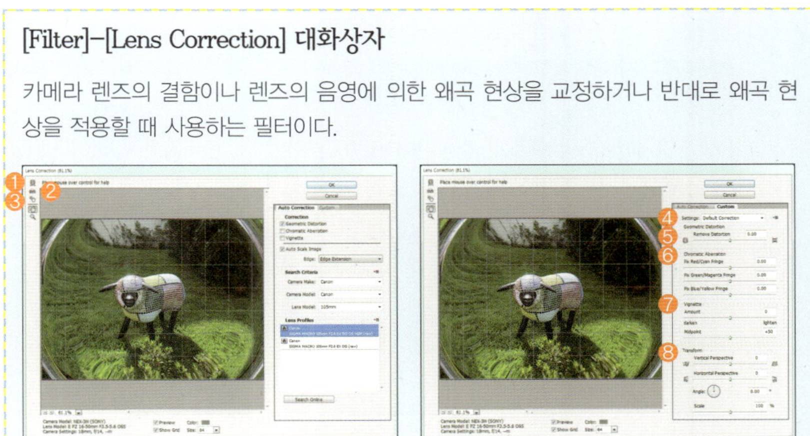

❶ Remove Distortion 툴() : 마우스로 미리 보기 창을 드래그하여 렌즈 왜곡을 교정한다. 왼쪽으로 드래그하면 볼록 렌즈, 오른쪽으로 드래그하면 오목 렌즈를 사용한 효과가 적용된다. [Custom] 탭의 [Remove Distortion]과 같은 옵션이다.

❷ Straighten 툴() : 미리 보기 창을 클릭하고 원하는 방향으로 드래그하여 기울기를 교정한다. [Custom] 탭의 [Angle]과 같은 옵션이다.

03 [Liquify] 필터로 작은 얼굴 만들기

'챕터7_샘플/청락.jpg' 파일을 불러온다. [Filter]—[Liquify] 필터를 이용하여 눈을 크게 키우고 입 꼬리를 올린 후 얼굴을 작게 만들어 보자.

❶ [Filter]—[Liquify] 메뉴를 선택하여 대화상자를 불러온다. 왼쪽의 돋보기 툴(🔍)이나 미리 보기 창 하단의 확대/축소 아이콘으로 얼굴을 확대한다.

❷ Bloat(🔘)을 선택하고 [Brush Size]를 '150'으로 설정한 후 눈동자에 마우스 커서를 두고 클릭한 채로 있으면 눈동자가 커지는 것을 확인할 수 있다. 짧게 더블클릭한다.

❸ Forward Warp 툴()을 선택하고 [Brush Size]를 '70'으로 설정한 후 입의 가장자리를 수정하여 웃는 얼굴로 만든다.

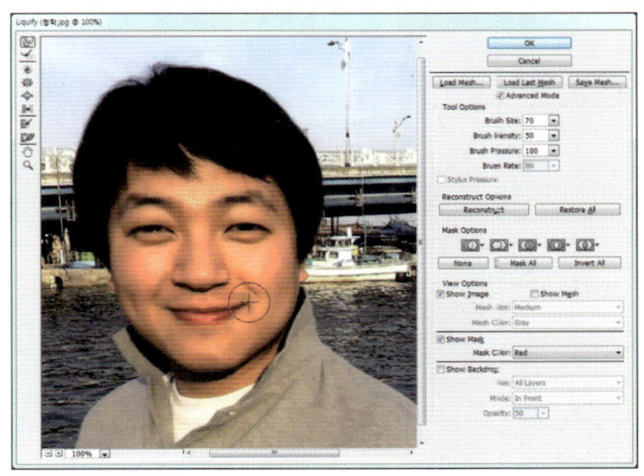

❹ [Brush Size]를 '300'으로 설정한 후 왼쪽 턱 윤곽선을 바깥쪽에서 얼굴 쪽으로 드래그한다. 같은 방법으로 오른쪽도 턱 근처를 클릭하고 왼쪽으로 드래그하여 얼굴이 작아지게 보정한다.

❺ 부자연스럽게 보정이 되었을 때 Ctrl + Z 를 눌러 전 단계로 돌아가거나 Reconstruct 툴()로 부자연스러운 부분을 드래그하면 원래 이미지로 돌아갈 수 있다.

[Liquify] 대화상자 tip ➕

[Filter]–[Liquify] 필터는 확대, 축소 등의 옵션으로 픽셀을 이동시켜 이미지를 보정할 수 있다. 자연스럽게 원하는 방향으로 픽셀의 이동이 가능하여 턱 선을 다듬거나 눈을 확대하고 다리를 가늘게 하는 등의 인물 보정에 많이 사용한다. [Advanced Mode]에 체크하면 모든 옵션을 볼 수 있다.

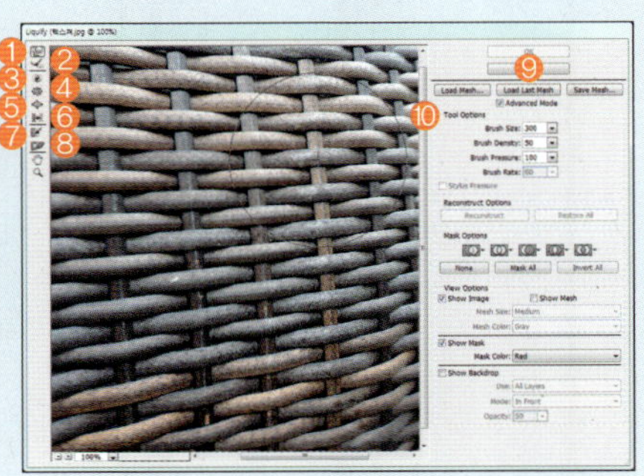

❶ Forward Warp() : 클릭하고 드래그하면 드래그 방향으로 픽셀을 연장한다.

❷ Reconstruct() : 왜곡 시킨 이미지를 복구한다.

❸ Twirl Clockwise() : 시계 방향이나 시계 반대 방향으로 회전시킨다.

❹ Pucker() : 클릭한 지점을 중심으로 이미지를 축소시킨다.

❺ Bloat() : 클릭한 지점을 중심으로 이미지를 확대시킨다.

❻ Push Left() : 드래그하는 영역의 왼쪽 픽셀을 오른쪽으로 연장하여 왜곡한다.

❼ Freeze Mask() : 이미지가 변형되지 않도록 마스크로 지정한다.

❽ Thaw Mask() : 마스크 영역을 해제한다.

❾ Load Last Mesh : 마지막에 적용한 값을 현재 이미지에 적용한다.

❿ Tool Options : 이미지 왜곡에 사용되는 브러시의 크기, 밀도, 압력, 비율 등의 옵션을 설정한다.

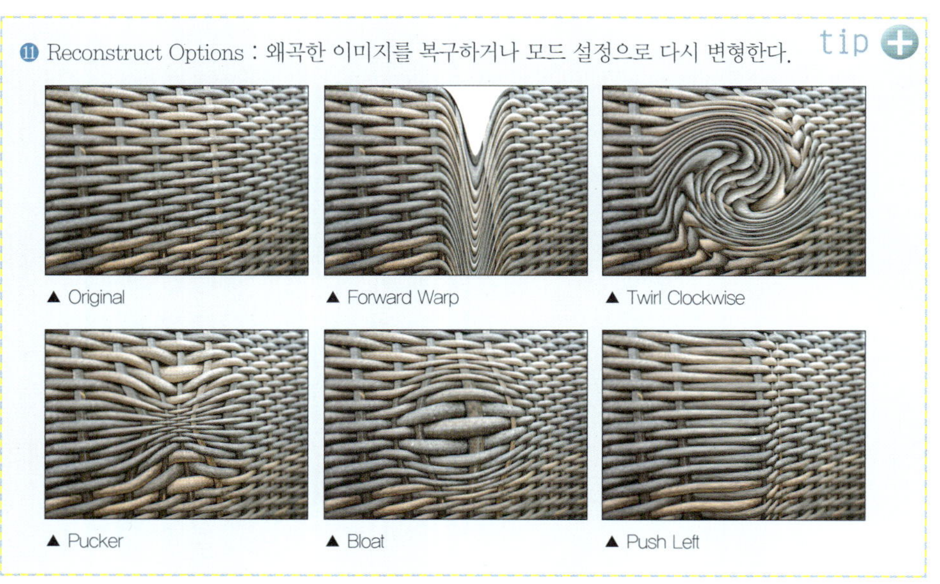

[Oil Paint] 필터로 유화 만들기

'챕터7_샘플/유화.jpg' 파일을 불러온 후 [Filter]-[Oil Paint] 필터를 이용하여 평범한 이미지를 유화 이미지로 만들어 보자.

❶ [Filter]-[Oil Paint] 메뉴를 선택하고 대화상자가 열리면 [Stylization]을 '4', [Cleanliness]를 '1.05', [Scale]을 '0.74', [Bristle Detail]을 '1', [Angular Direction]을 '0', [Shine]을 '4'로 설정하고 [OK] 버튼을 클릭한다.

[Oil Paint] 대화상자

❶ Brush : 브러시 옵션을 설정한다.
- Stylization : 양식화 정도를 설정한다. 값이 커질수록 유화 느낌이 강해진다.
- Cleanliness : 정밀도를 설정한다. 값이 커질수록 단순해진다.
- Scale : 브러시의 크기를 설정한다.
- Bristle Detail : 브러시의 세부 질감을 설정한다.

❷ Lighting : 밝기 옵션을 설정한다.
- Angular Direction : 빛의 방향을 설정한다.
- Shine : 빛의 밝기를 설정한다.

따라하기 **05** ## [Vanishing Point] 필터로 원근감 있는 이미지 만들기

'챕터7_샘플/간판.jpg, 기둥.jpg' 파일을 불러온 후 [Filter]–[Vanishing Point] 필터를 이용하여 구도에 맞추어 기둥에 간판을 맵핑해 보자.

❶ '챕터7_샘플/간판.jpg' 파일을 불러온 후 `Ctrl`+`A`와 `Ctrl`+`C`를 차례로 눌러 간판 이미지를 클립보드에 저장한다.

❷ '챕터7_샘플/기둥.jpg' 파일을 불러온 후 [Filter]–[Vanishing Point] 메뉴를 선택한다. 대화상자가 나타나면 Create Plane( )을 선택하고 간판이 들어갈 왼쪽면의 네 귀퉁이를 클릭한다.

면이 생성되면 자동으로 Edit Plane( )으로 바뀐다. 각 점을 드래그하여 면의 크기와  위치를 수정할 수 있다.

❸ Ctrl + V 를 눌러 이미지를 붙여 넣는다. Ctrl + T 를 눌러 크기를 조절한 후 평면 안쪽으로 드래그한다. 자동으로 평면 위에 이미지가 매핑되면 위치와 크기를 조절한다.

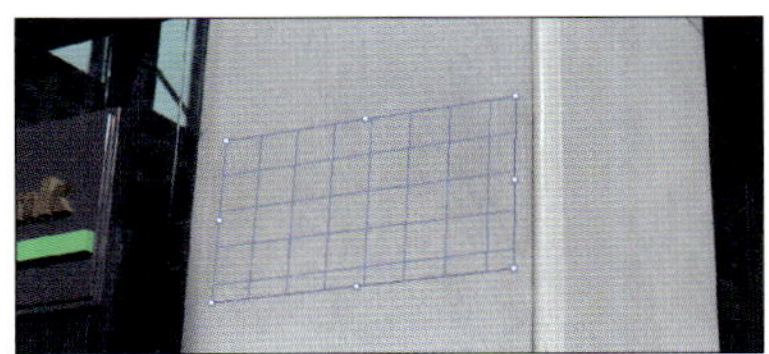 

면을 그리는 와중에 Back Space 를 누르면 직전에 생성한 꼭지점을 제거하고, 면을 선택하고 누르면 선택한 면을 삭제한다. Esc 를 누르면 필터가 종료된다. tip ➕

❹ 면을 추가하기 위해 다시 Create Plane()을 선택하고 간판이 들어갈 오른쪽면의 네 귀퉁이를 클릭한다.

❺ 같은 방법으로 Ctrl + V 를 눌러 이미지를 불러오고 크기 조절 후 오른쪽 평면 안으로 드래그한다. 자동으로 평면 위에 이미지가 매핑되면 위치와 크기를 조절한 후 [OK] 버튼을 클릭한다.

[Vanishing Point] 대화상자   tip ➕

❶ Edit Plane() : 생성된 면을 선택하거나 이동, 수정할 수 있다.

❷ Create Plane() : 이미지에 4점을 클릭해 면을 생성하거나 수정할 수 있다.

❸ Marquee() : 선택한 면의 영역을 선택한다.

❹ Stamp() : Alt 를 누르고 클릭하여 복사 지점을 지정하고 다른 곳에 드래그하면 원근감있게 복사된다.

❺ Brush() : 원근감을 살려 채색할 때 사용한다. 그려진 평면을 기준으로 먼 곳은 가늘게, 가까운 곳은 굵게 채색된다.

❻ Transform() : 붙여 넣은 이미지를 변형한다.

❼ Eyedropper() : 클릭한 지점의 이미지 색상을 추출해 브러시 색상을 선택한다.

❽ Measure() : 거리를 측정한다.

❾ Hand() : 미리 보기 창을 드래그하여 화면에 보이지 않는 부분으로 이동한다.

❿ Zoom() : 작업 화면을 확대하거나 축소한다.

01 혼자해보기

'챕터7_샘플/액자.jpg' 파일을 불러온 후 [Lens Correction] 필터를 이용하여 왜곡된 원근감을 교정하고 비네팅 효과를 적용해 보자.

HINT | [Filter]–[Lens Correction] 메뉴를 선택하고 대화상자가 나타나면 [Custom] 탭을 클릭한다. (🔲)을 눌러 미리 보기 창에 그리드를 나타나게 하고 [Geometric Distortion]의 [Remove Distortion]을 '3', [Vignette]의 [Amount]를 '–100', [Transform]의 [Vertical Perspective]를 '–3', [Horizontal Perspective]를 '36'으로 설정한다. (🔲)을 선택하고 이미지를 드래그하여 각도를 조절한 후 [OK] 버튼을 클릭한다.

02 혼자해보기

'챕터7_샘플/박스.jpg, 부둣가.jpg' 파일을 불러온 후 [Vanishing Point] 필터로 2D 이미지를 박스의 표면에 입체적으로 씌워보자.

HINT | '챕터7_샘플/부둣가.jpg' 파일을 불러온 후 Ctrl + A 를 눌러 전체 선택하고 Ctrl + C 를 눌러 클립보드에 저장한다. '챕터7_샘플/박스.jpg' 파일을 불러온 후 [Filter]–[Vanishing Point] 메뉴를 선택한다. 대화상자가 나타나면 Create Plane 툴(🔲)을 선택하고 왼쪽 옆면의 네 귀퉁이를 클릭한다. Ctrl 을 누른 채 오른쪽 변의 가운데 점을 오른쪽으로 드래그 한 후 조절점을 수정한다. Ctrl + V 를 눌러 복사한 이미지를 붙인다. 같은 방법으로 윗면에도 이미지를 붙여준다.

[Filter Gallery] 메뉴로 필터 적용하기

[Filter Gallery] 메뉴에는 이미지를 회화적인 느낌으로 표현할 수 있는 필터가 모여 있다. [Filter Gallery] 대화상자에는 이미지에 필터 효과가 적용되는 모습을 볼 수 있는 미리 볼 수 있는 창이 제공되며 필터 레이어를 만들어 간편하게 필터를 중복 적용할 수 있다.

● 알아두기

- [Artistic] 필터와 [Brush Strokes] 필터는 회화 이미지를 만들며 [Brush Strokes] 필터는 다양한 브러시 느낌을 이미지에 추가한다.
- [Sketch] 필터는 툴 박스의 전경색과 배경색으로 필터 효과를 적용한다. 배경색 위에 전경색으로 그림을 그린 것처럼 단색 톤의 이미지를 만든다.
- [Texture] 필터는 이미지에 다양한 재질을 추가한다.

따라하기 01 **[Artistic] 필터로 만화 이미지 만들기**

'챕터7_샘플/마켓.jpg' 파일을 불러온 후 [Artistic]–[Cutout] 필터와 [Poster Edges] 필터를 적용하여 만화 느낌의 이미지를 만들어 보자.

❶ [Filter]–[Filter Gallery] 메뉴를 선택하고 대화상자가 나타나면 필터 목록에서 [Artistic]–[Cutout] 섬네일을 선택한다. 필터 레이어에 선택한 필터의 레이어가 생성된다. [Number of Levels]를 '5', [Edge Simplicity]를 '1', [Edge Fidelity]를 '1'로 설정한다.

> 미리 보기 창의 보기 배율 피커()를 클릭하고 [Fit In View]를 선택하면 전체 이미지 를 볼 수 있다. tip 

❷ 대화상자 우측 하단의 [New effect layer]()를 클릭하면 'Cutout' 필터 레이어가 추가된다.

❸ 아래에 위치한 'Cutout' 필터 레이어를 선택하고 필터 목록에서 [Artistic]−[Poster Edges] 섬네일을 선택한다. 'Cutout' 필터 레이어의 이름이 'Poster Edges'로 변경된다.

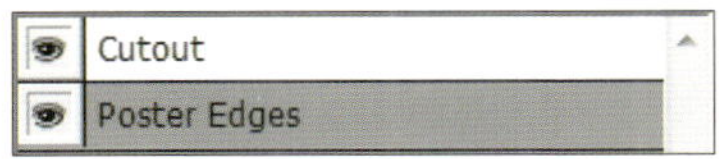

> tip ➕
> 필터 레이어의 위치에 따라 필터 적용 값이 달라진다. 아래에 있는 필터 효과가 먼저 적용되고 위에 있는 필터 효과가 누적 적용돈다.

❹ [Poster Edges]의 세부 옵션에서 [Edge Thickness]를 '3', [Edge Intensity]를 '2', [Posterization]을 '1'로 설정하고 [OK] 버튼을 클릭한다.

> **필터 세부 옵션**   tip ➕
>
> [Cutout] 필터
> - Number of Levels : 색상 단계를 조절한다. 값이 커질수록 세밀하게 색상이 표현된다.
> - Edge Simplicity : 선의 범위를 조절한다. 값이 커질수록 형태가 단순해진다.
> - Edge Fidelity : 선의 정확도를 조절한다. 값이 커질수록 외곽선이 정밀하게 표현된다.
>
> [Poster Edges] 필터
> - Edge Thickness : 외곽선 두께를 조절한다. 값이 커질수록 두께가 두꺼워진다.
> - Edge Intensity : 외곽선의 강도를 조절한다. 값이 커질수록 외곽선이 진해진다.
> - Posterization : 포스터화 옵션을 설정한다. 값이 작을수록 색상 단계가 단순해진다.

따라하기 02 [Sketch] 필터 이용하여 아스팔트 이미지 만들기

새 파일을 만들고 [Sketch]−[Reticulation] 필터를 이용하여 아스팔트 이미지를 만들어 보자.

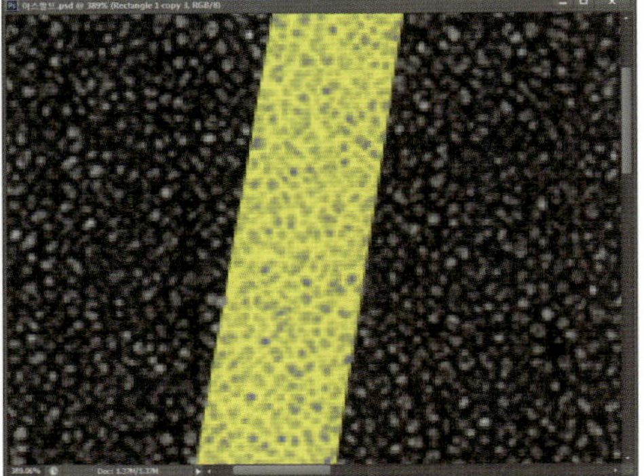

❶ [File]−[New] 메뉴를 선택하고 대화상자가 나타나면 [Name] '아스팔트', [Width] '800pixels', [Height] '600pixels', [Resolution] '72Pixels/Inch', [Background Contents]를 'White'로 설정한 후 [OK] 버튼을 클릭한다.

❷ 전경색을 검은색으로 설정하고 [Alt]+[Delete]를 눌러 바탕을 검은색으로 채운 후 [Filter]−[Filter Gallery] 메뉴를 선택한다.

❸ [Filter Gallery] 대화상자 필터 목록에서 [Sketch]−[Reticulation] 섬네일을 선택한다. [Reticulation] 필터의 세부 옵션이 나타나면 [Density]를 '11', [Foreground Level]을 '26', [Background Level]을 '10'으로 설정하고 [OK] 버튼을 클릭한다.

❹ 펜 툴(   )을 선택하고 옵션 바에서 Shape, [Fill] 색상을 '노란색', [Stroke]를 '없음' 으로 설정하고 차선 경계선을 그린 후 레이어 혼합 모드를 'Exclusion'으로 설정한다.

❺ [Layers] 패널의 빈 공간을 클릭하고 옵션 바에서 [Fill] 색상을 '흰색'으로 설정한다. 작업 창으로 돌아와 가운데에 차선 변경선을 그린 후 레이어 혼합 모드를 'Difference'로 설정한다.

따라하기 **03** [Sketch] 필터 이용하여 이미지에 도장 찍기

'챕터7_샘플/휴가.jpg, 무창포.jpg' 파일을 불러온 후 [Sketch]−[Stamp] 필터를 이용하여 도장 이미지를 만들어 보자.

❶ 도장 이미지를 만들 '챕터7_샘플/휴가.jpg' 파일을 불러온다. 툴 박스에서   을 눌러 전경색과 배경색을 기본값으로 설정하고 [Filter]−[Filter Gallery] 메뉴를 선택한다.

❷ [Filter Gallery] 대화상자 필터 목록에서 [Sketch]–[Stamp] 섬네일을 선택하고 [Stamp] 필터의 세부 옵션 [Light/Dark Balance]를 '10', [Smoothness]를 '4'로 설정한 후 [OK] 버튼을 클릭한다.

❸ 다각형 올가미 툴(⬇)을 선택하고 모자의 외곽을 따라 클릭한다. [Select]–[Color Range] 메뉴를 선택하고 [Color Range] 대화상자가 나타나면 [Select]를 'Shadow'로 설정한 후 [OK] 버튼을 클릭한다.

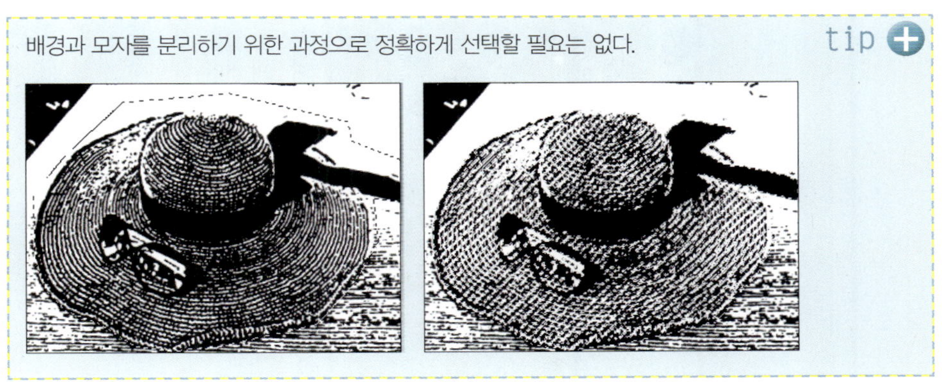

배경과 모자를 분리하기 위한 과정으로 정확하게 선택할 필요는 없다.   tip ➕

❹ [Image]–[Adjustments]–[Hue/Saturation] 메뉴를 선택한다. 대화상자가 나타나면 [Colorize]에 체크하고 [Hue]를 '325', [Saturation]을 '100', [Lightness]를 '40'으로 설정한 후 [OK] 버튼을 클릭한다. Ctrl + C 를 눌러 선택 영역을 복사한다.

❺ '챕터7_샘플/무창포.jpg' 파일을 불러온 후 Ctrl + V 를 눌러 선택 영역을 붙여 넣는다. Ctrl + T 를 눌러 크기를 조절하고 적당한 위치로 이동한다. 펜 툴()로 모자챙의 외곽을 따라 패스를 만들고 가로 문자 툴(T)로 패스를 클릭한 후 날짜와 장소를 입력한다.

패스 따라 문자를 입력하고 문자를 편집하는 방법은 Chapter 6을 참고한다.   tip ➕

[Stamp] 필터 세부 옵션   tip ➕

- Light/Dark Balance : 값이 클수록 그림자 영역(전경색)이 넓어진다.
- Smoothness : 부드러운 정도를 조절한다.

04 [Texture] 필터로 불규칙한 패턴 만들기

새 작업 창을 만들고 [Texture]–[Stained Glass], [Brush Strokes]–[Sprayed Strokes] 필터를 적용하여 달마시안 패턴을 만들어 보자.

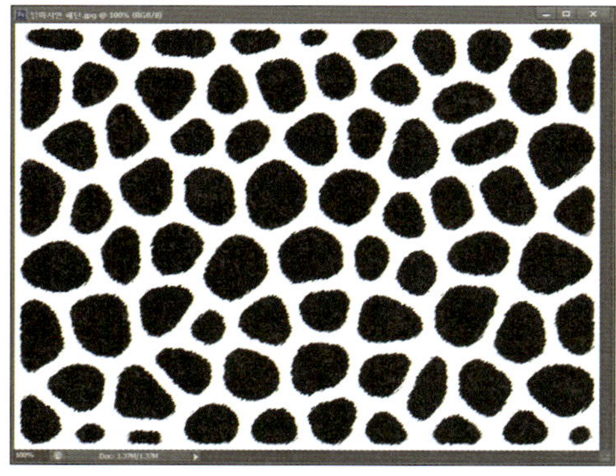

❶ [File]–[New] 메뉴를 선택하고 대화상자가 나타나면 [Width] '800pixels', [Height] '600pixels', [Resolution] '72Pixels/Inch', [Background Contents]를 'White'로 설정한 후 [OK] 버튼을 클릭한다.

❷ 전경색은 흰색, 배경색은 검은색으로 설정하고 [Ctrl]+[Delete]를 눌러 바탕을 검은색으로 채운 후 [Filter]–[Filter Gallery] 메뉴를 선택한다.

❸ [Filter Gallery] 대화상자 필터 목록에서 [Texture]–[Stained Glass] 섬네일을 선택한다. [Stained Glass] 필터의 세부 옵션이 나타나면 [Cell Size]를 '40', [Border Thickness]를 '18', [Light Intensity]를 '0'으로 설정하고 [OK] 버튼을 클릭한다.

❹ 마술봉 툴( )로 패턴의 흰 부분을 클릭한 후 [Select]–[Modify]–[Smooth] 메뉴를 선택한다. [Smooth Selection] 대화상자가 나타나면 [Sample Radius]를 '13'으로 설정하고 [OK] 버튼을 클릭한다. [Alt]+[Delete]를 눌러 선택 영역을 흰색으로 채운다.

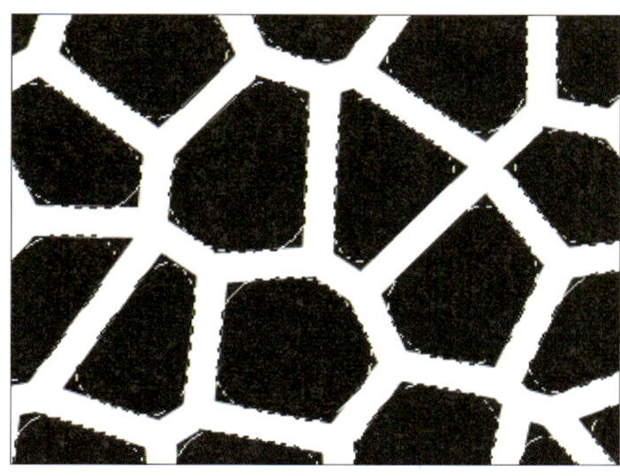

❺ **Ctrl** + **D** 를 눌러 선택 영역을 해제하고 다시 [Filter]−[Filter Gallery] 메뉴를 선택한다. 대화상자에서 [Brush Strokes]−[Sprayed Strokes] 섬네일을 선택하고 [Sprayed Strokes] 필터의 세부 옵션을 [Stroke] '20', [Spray Radius] '3', [Stroke Direction] 'Right Diagonal'로 설정한 후 [OK] 버튼을 클릭한다.

필터 세부 옵션   tip ➕

[Stained Glass] 필터 : 전경색을 테두리로 적용하여 스테인드글라스처럼 표현한다.
- Cell Size : 셀 크기를 설정한다.
- Border Thickness : 경계선의 두께를 설정한다.
- Light Intensity : 빛의 강도를 설정한다.

[Sprayed Strokes] 필터
- Stroke Length : 스프레이 길이를 조절한다.
- Spray Radius : 스프레이 크기를 조절한다.
- Stroke Direction : 물감을 뿌리는 방향을 설정한다.

---

01   혼자해보기   '챕터7_샘플/바닷길.jpg' 파일을 불러온 후 [Film Grain] 필터로 오래된 사진 효과를 적용해 보자.

HINT | [Image]−[Adjustments]−[Hue/Saturation] 메뉴를 선택한다. 대화상자가 나타나면 [Colorize]에 체크하고 [Hue]를 '40', [Saturation]을 '15', [Lightness]를 '0'으로 설정한 후 [OK] 버튼을 클릭한다. [Filter]−[Filter Gallery] 메뉴를 선택하고 대화상자가 나타나면 필터 목록에서 [Artistic]−[Film Grain] 섬네일을 선택한다. [Film Grain]의 세부 옵션에서 [Grain]을 '4', [Highlight Area]를 '0', [Intensity]를 '3'으로 설정하고 [OK] 버튼을 클릭한다.

'챕터7_샘플/부둣가.jpg' 파일을 불러온 후 [Sprayed Stroke] 필터를 적용하여 연필로 스케치한 듯한 테두리를 만들어 보자.

HINT | 사각형 선택 툴(□)로 적용할 테두리의 두께를 제외한 영역을 드래그하여 선택 영역으로 지정한다. Shift + Ctrl + I 를 눌러 선택 영역을 반전하고 □을 클릭하여 퀵 마스크 모드로 전환한다. [Filter]—[Filter Gallery] 메뉴를 선택하고 [Brush Strokes]—[Sprayed Strokes] 섬네일을 선택한다. 세부 옵션은 [Stroke]를 '20', [Spray Radius]를 '13', [Stroke Direction]을 'Right Diagonal'로 설정하고 [OK] 버튼을 클릭한다. □을 클릭하여 표준 모드로 전환한 후 선택 영역을 흰색으로 채운다. Ctrl + D 를 눌러 선택 영역을 해제한다.

'챕터7_샘플/수영장.jpg' 파일을 불러온 후 [Accented Edges], [Texturizer] 필터로 캔버스 위에 그려진 수채화 느낌을 만들어 보자.

HINT | [Filter]—[Filter Gallery] 메뉴를 선택하고 [Brush Strokes]—[Accented Edges] 섬네일을 선택한다. 세부 옵션은 [Edge Width]를 '1', [Edge Brightness]를 '12', [Smoothness]를 '3'으로 설정하고 ☑을 클릭한다. 새 효과 레이어가 추가되면 [Texture]—[Texturizer] 섬네일을 선택한다. 세부 옵션은 [Texture]를 'Canvas', [Scaling]을 '120', [Relief]를 '5', [Light]를 'Top'으로 설정하고 [OK] 버튼을 클릭한다.

[Filter] 메뉴로 필터 적용하기 1

포토샵에서 제공하는 필터에 대해 알아보자. 새롭게 추가된 [Blur] 필터부터 픽셀의 형태를 변형하는 필터까지 다양한 필터가 제공된다.

◉ 알아두기

- [Blur] 필터에 Field, Iris, Tilt-Shift 필터가 추가되어 손쉽게 아웃포커싱 효과를 적용할 수 있다.
- [Blur] 필터는 이미지를 흐리게 만들어 부드럽게 만들기도 하고 블러의 방향, 방법, 거리 등을 조절해 속도감, 원근감을 표현할 수 있다.
- [Noise] 필터를 이용하여 이미지의 잡티를 제거하거나 추가할 수 있다.
- [Distort] 필터는 이미지를 왜곡하여 다른 형태로 변형시킨다.

따라하기 01 | **[Blur] 필터 이용하여 미니어처 효과 만들기**

'챕터7_샘플/로비전경.jpg' 파일을 불러온 후 [Blur]-[Tilt-Shift] 필터와 [Adjustments] 패널을 이용하여 미니어처 효과를 만들어 보자.

❶ [Filter]-[Blur]-[Tilt-Shift] 메뉴를 선택하면 화면 구성이 바뀌고 이미지 위에 영역을 구분하는 선과 블러 효과 핀이 나타난다.

❷ 핀을 클릭하고 강조하고 싶은 위치로 이동한다. 핸들을 드래그하거나 좌측의 [Blur] 값을 '34px'로 설정한다.

❸ 핀과 실선의 간격은 강조하고 싶은 영역 크기와 기울기에 맞춘다. 점선도 실선과 마찬
가지로 원하는 만큼 간격을 조정한 후 우측 상단의  를 클릭한다.

> 이미지를 클릭하면 핀이 추가된다.　　　　　　　　　　　　　　　　　tip ➕

❹ [Adjustments] 패널에서 [Hue/Saturation](▦)을 클릭하고 [Properties] 패널이 확장되
면 [Saturation]을 '55'로 설정한다.

❺ 이번에는 [Adjustments] 패널에서 [Curves](▨)을 클릭하고 [Properties] 패널에서 커
브곡선을 위로 드래그하여 밝게 보정한다.

[Tilt-Shift Blur] 필터의 세부 옵션　　　　　　　　　　　tip ➕

❶ 옵션 바

- Selection Bleed : 선택 영역에 블러 값을 적용할
  때 선택하지 않은 영역에서 선택 영역으로의
  혼합 정도를 조절한다.
- Focus : 핀의 초점을 조절한다. 값이 커질수록
  초점이 뚜렷해진다.
- Save Mask to Channels : 블러가 적용된 영역이
  채널로 저장된다.
- Preview : 적용된 블러 효과를 미리 보기 한다.
- ↺ : 생성된 모든 판을 제거한다.
- OK : 현재 이미지에 적용된 블러 효과를 실행한다.
- Cancel : 현재 이미지에 적용된 블러 효과를 취소한다.

❷ 영역

- A : 실선의 위치, 각도를 변경하여 블러 값이 반영되지 않는 선명한 영역을 설정한다.
- B : 선명한 영역에서 블러 값이 반영되는 영역까지 흐림 정도를 점진적으로 나타내는
  영역이다.
- C : 설정된 블러 값이 반영되는 흐린 영역이다.
- 핸들을 드래그하여 블러 값을 조절할 수 있다.

❸ Blur Tools
- Field Blur : 이미지를 클릭하면 핀이 생성되고 핀마다 다른 블러 값을 적용할 수 있다.
- Iris Blur : 원형이나 둥근 사각형 모양으로 블러를 적용한다.
- Tilt–Shift
  - Blur : 블러 정도를 조절한다.
  - Distortion : 블러 모양의 왜곡 정도를 조절한다.
  - Symmetric Distortion : 양방향으로 왜곡을 적용할 수 있다.

❹ Blur Effects
- Bokeh : 뿌옇게 보이는 빛 번짐 효과를 설정한다.
- Light Bokeh : 빛 번짐의 정도를 설정한다.
- Bokeh Color : 빛 번짐의 채도를 설정한다.
- Light Range : 빛의 범위를 설정한다.

따라하기 **02** [Distort] 필터로 시선 집중 배경 만들기

'챕터7_샘플/젖소.psd, 젖소패턴.jpg' 파일을 불러온 후 [Distort]–[Polar Coordinates] 필터를 이용하여 시선을 사로잡는 배경을 만들어 보자.

❶ 배경으로 쓰일 '챕터7_샘플/젖소패턴.jpg' 파일을 불러온 후 [Edit]–[Define Pattern] 메뉴를 선택한다. [Pattern Name] 대화상자가 나타나면 [OK] 버튼을 클릭한다.

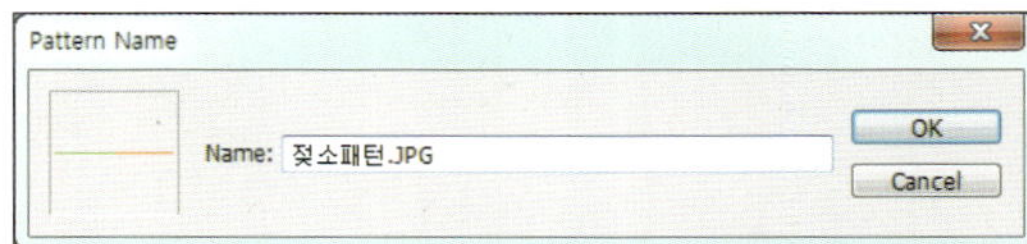

❷ ‘챕터7_샘플/젖소.psd’ 파일을 불러온 후 [Layers] 패널에서 ‘Layer 1’ 레이어를 선택하고 [Edit]– [Fill] 메뉴를 선택한다. [Fill] 대화상자가 나타나면 [Use]를 ‘Pattern’으로 설정하고 ‘Custom Pattern’에서 ‘젖소패턴’을 선택한 후 [OK] 버튼을 클릭한다.

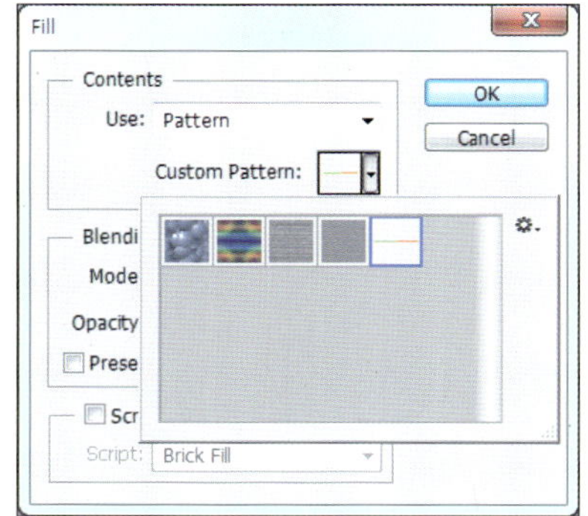

❸ 패턴으로 배경이 채워지면 [Filter]–[Distort]– [Polar Coordinates] 메뉴를 선택한다. [Polar Coordinates] 대화상자가 나타나면 ‘Rectangular to Polar’를 선택한 후[OK] 버튼을 클릭한다.

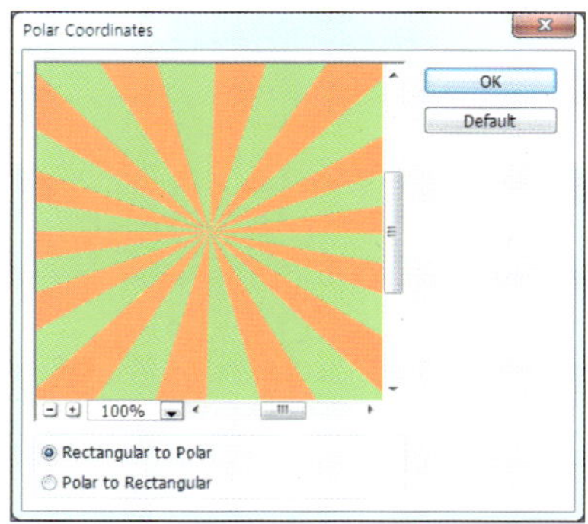

[Polar Coordinates] 필터의 세부 옵션   tip ➕

• Rectangular to Polar : 이미지의 중심을 향해 동그랗게 모아준다.
• Polar to Rectangular : 이미지를 가장자리 쪽으로 펴준다.

따라하기

03 [Blur], [Render], [Distort] 필터로 웨이브 배경 만들기

새 작업 창을 만들고 [Render]–[Fibers], [Blur]–[Motion Blur], [Distort]–[Wave] 필터를 적용하여 웨이브 배경을 만들어 보자.

❶ [File]-[New] 메뉴를 선택하고 대화상자가 나타나면 [Width] '800pixels', [Height] '600pixels', [Resolution] '72Pixels/Inch', [Background Contents]를 'White'로 설정하고 [OK] 버튼을 클릭한다.

❷ [Filter]-[Render]-[Fibers] 메뉴를 선택하고 대화상자가 나타나면 [Variance]를 '23', [Strength]를 '4'로 설정하고 [OK] 버튼을 클릭한다.

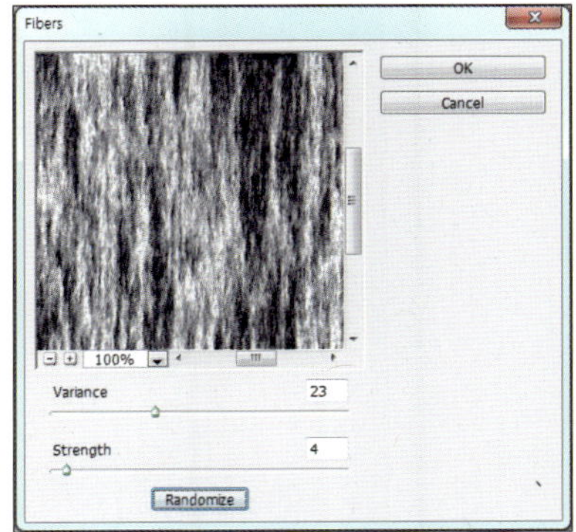

❸ 작업 창이 섬유 질감으로 채워지면 [Filter]-[Blur]-[Motion Blur] 메뉴를 선택한다. [Motion Blur] 대화상자가 나타나면 [Angle]을 '90', [Distance]를 '2000'으로 설정한 후 [OK] 버튼을 클릭한다.

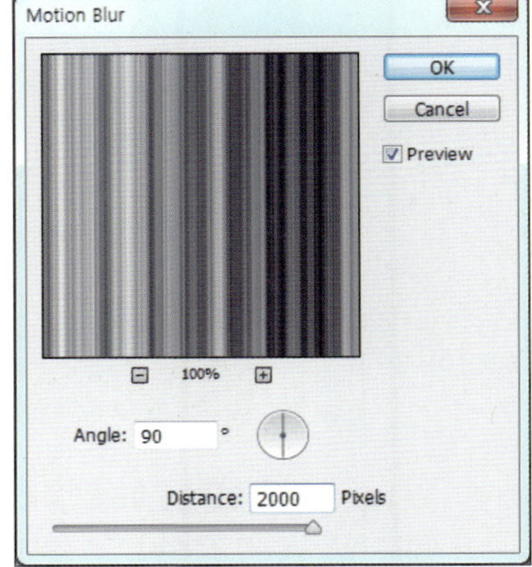

❹ 이번에는 [Filter]-[Distort]-[Wave] 메뉴를 선택하고 [Wave] 대화상자가 나타나면 [Number of Generators]를 '5', [Wavelength], [Amplitude]의 [Min.]은 '1', [Max]는 '999', [Scale]은 모두 '100'으로 설정한다. [Type]은 'Sine', [Undefined Areas]는 'Repeat Edge Pixels'로 선택한 후 [OK] 버튼을 클릭한다.

미리 보기 창에 보이는 웨이브의 모양이 마음에 들지 않으면 Randomize 를 클릭한다. tip ➕

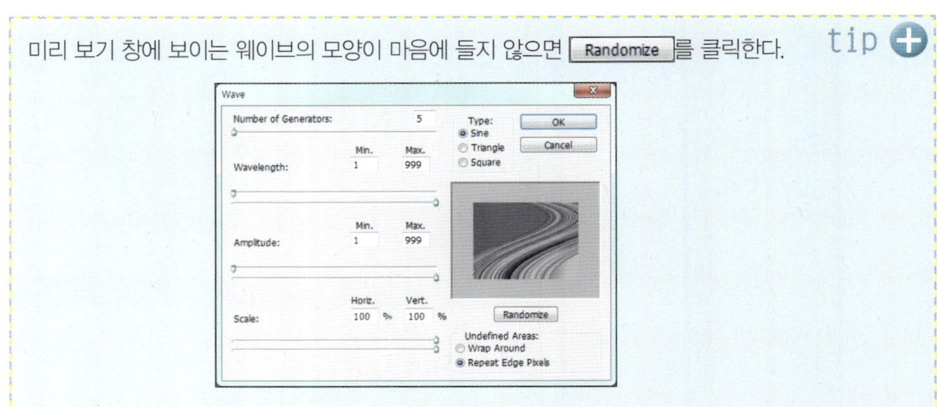

❺ 웨이브가 적용되면 [Image]–[Adjustments]–[Color Balance] 메뉴를 이용하여 임의
대로 색상을 입혀본다.

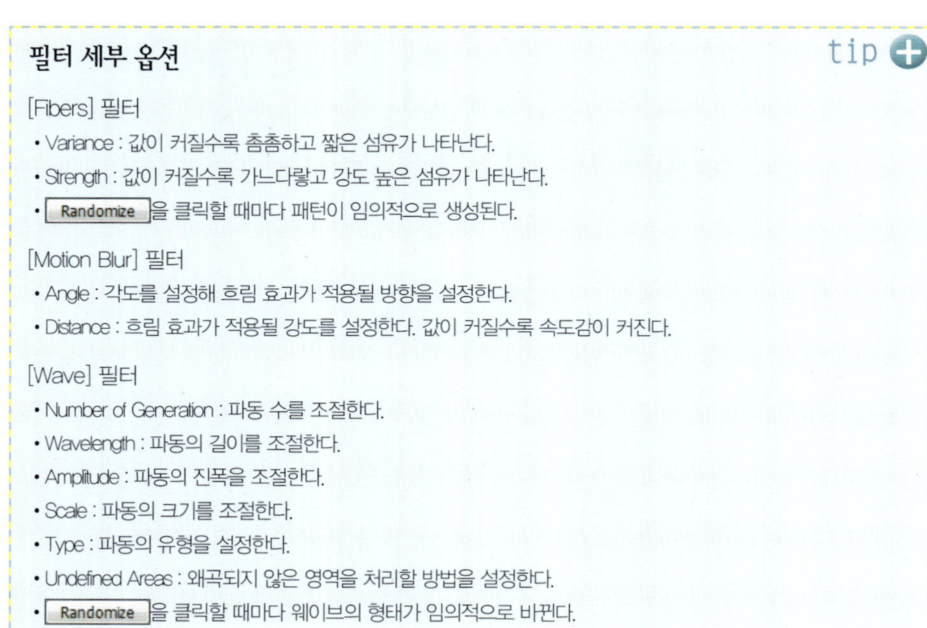

[Pixelate] 필터로 눈 내리는 풍경 만들기

'챕터7_샘플/첫눈.jpg' 파일을 불러온 후 [Pixelate]–[Pointillize], [Blur]–[Motion Blur] 필터를
이용하여 눈 내리는 풍경을 만들어 보자.

❶ [Layers] 패널을 불러온 후 ▣을 클릭하여 새 레이어를 만든다. 전경색과 배경색을 각
  각 검은색과 흰색으로 지정하고 Alt + Delete 를 눌러 검은색으로 새 레이어를 채운다.

❷ [Filter]-[Pixelate]-[Pointillize] 메뉴를 선택한 후 [Pointillize] 대화상자가 나타나면
  [Cell Size]를 '6'으로 설정하고 [OK] 버튼을 클릭한다.

❸ [Image]-[Adjustments]-[Threshold] 메뉴를 선택한 후 [Threshold] 대화상자에서
  [Threshold Level]을 '255'로 설정하고 [OK] 버튼을 클릭한다.

❹ [Filter]-[Blur]-[Motion Blur] 메뉴를 선택한 후 [Motion Blur] 대화상자가 나타나면
  [Angle]을 '45', [Distance]를 '10'으로 설정하고 [OK] 버튼을 클릭한다.

❺ [Layers] 패널에서 현재 레이어의 혼합 모드를 'Screen'으로 설정한다.

01 혼자해보기

'챕터7_샘플/모자.jpg' 파일을 불러온 후 모자의 형태만 알아볼 수 있을 정도로 모자이크 처리해 보자.

HINT | 툴 박스에서 올가미 툴(◯)을 선택한 후 모자의 윤곽을 따라 드래그하여 모자를 선택한다. [Filter]-
[Pixelate]-[Mosaic] 메뉴를 선택하고 대화상자가 나타나면 [Cell Size]를 '18'로 설정한 후 [OK] 버튼을 클릭한다.
Ctrl + D 를 눌러 선택을 해제한다.

'챕터7_샘플/물고기.jpg' 파일을 불러온 후 [Field Blur] 필터를 이용하여 물고기를 제외한 부분에 블러 효과를 적용해 보자.

HINT | [Filter]-[Blur]-[Field Blur] 메뉴를 선택하고 물고기가 있는 부분을 클릭한 후 휠을 드래그하여 블러 값을 '0px'로 설정한다. 동일한 방법으로 물고기가 있는 나머지 부분은 '0px', 물고기가 없는 부분은 '30px'로 블러 값을 설정한 후 [OK] 버튼을 클릭한다.

'챕터7_샘플/그림.jpg' 파일을 불러온 후 [Color Halftone] 필터를 이용하여 테두리를 만들어 보자.

HINT | 사각형 선택 툴( )로 적용할 테두리의 두께를 제외한 영역을 드래그하여 선택 영역으로 지정한다. **Shift** + **Ctrl** + **I** 를 눌러 선택 영역을 반전시킨 후 을 클릭하여 퀵 마스크 모드로 전환한다. [Filter]-[Pixelate]-[Color Halftone] 메뉴를 선택하고 대화상자에서 [Max. Radius]를 '20'으로 설정한 후 [OK] 버튼을 클릭한다. 을 클릭하여 표준 모드로 전환한 후 [Filter]-[Blur]-[Gaussian Blur]를 적당히 적용한다.

[Filter] 메뉴로 필터 적용하기 2

필터는 한 번의 클릭으로 초보자들도 쉽게 이미지에 효과를 적용할 수 있는 유용한 기능이다. 다른 필터 효과나 블렌딩 옵션 등의 기능과 중복 사용할 경우 더욱 더 다채로운 효과를 연출할 수 있기 때문에 다양한 시도를 통해서 자신만의 노하우를 만드는 것도 중요하다.

❶ 알아두기

- [Render] 필터는 구름, 조명, 렌즈의 반사광 등 특수한 효과를 만든다. [Lighting Effects] 필터는 이미지의 특정 부분에 조명을 집중해서 비추는 효과에 많이 사용한다.
- [Sketch] 필터는 지정된 배경색 위에 전경색으로 드로잉 한 듯한 단색 톤의 이미지를 만드는 효과로 구성되어 있다.
- [Stylize] 필터는 이미지의 스타일을 변화시키는 필터로 구성되어 이미지의 경계를 선으로 표현하거나 엠보스 효과를 주는 등의 다양한 효과를 적용할 수 있다.

따라하기 01 ## [Render] 필터로 이미지에 조명 효과 적용하기

'챕터7_샘플/자화상.jpg' 파일을 불러온 후 [Render]−[Lighting Effects] 필터를 이용하여 이미지에 조명 효과를 적용해 보자.

❶ [Filter]−[Convert for Smart Filters] 메뉴를 선택하여 스마트 오브젝트로 변환한 후 [Filter]−[Render]−[Lighting Effects] 메뉴를 선택한다.

❷ 작업 창이 편집 모드를 전환된다.

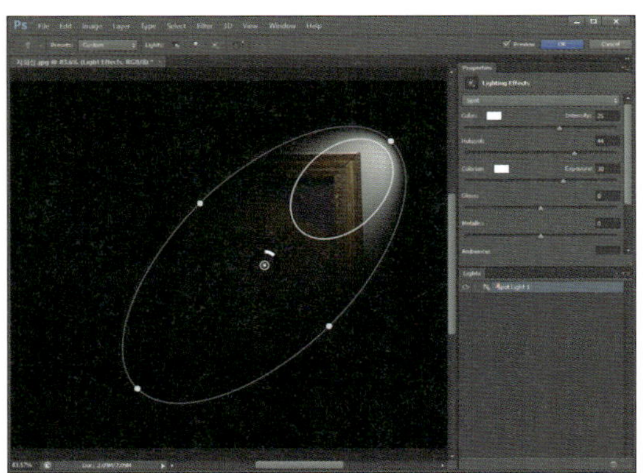

❸ 큰 원의 내부를 드래그하면 조명을 이
동시키고 외부를 드래그하면 회전시킬
수 있다. 조명을 그림의 가운데로 옮기
고 원의 조절점과 핀을 움직여 그림이
돋보이도록 조명을 설정한다.

❹ **Enter** 를 눌러 편집을 완료한다.

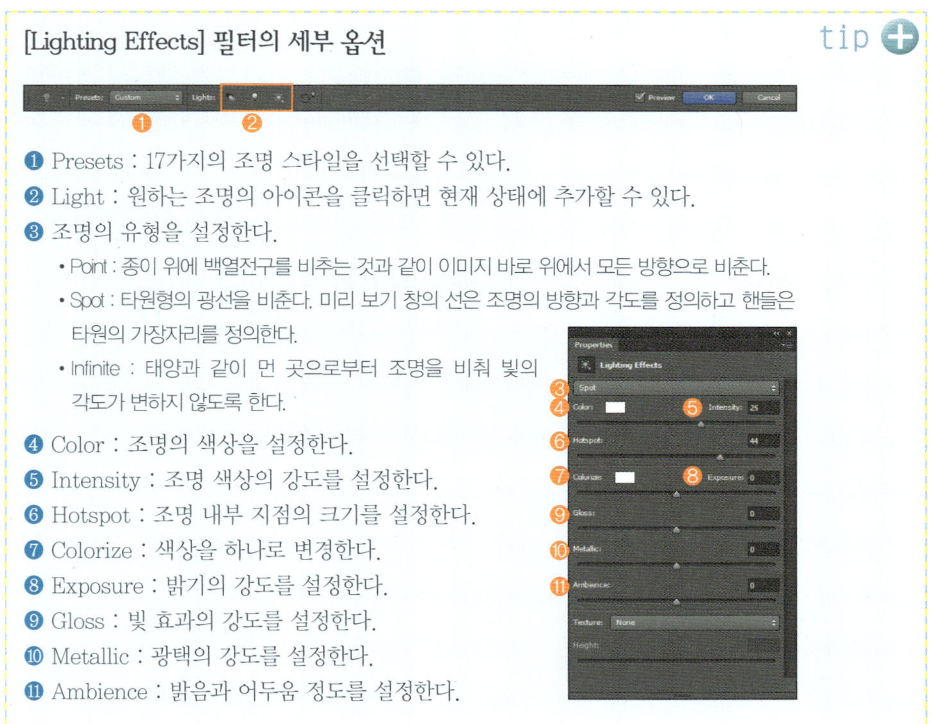

[Lighting Effects] 필터의 세부 옵션   tip +

❶ Presets : 17가지의 조명 스타일을 선택할 수 있다.

❷ Light : 원하는 조명의 아이콘을 클릭하면 현재 상태에 추가할 수 있다.

❸ 조명의 유형을 설정한다.

• Point : 종이 위에 백열전구를 비추는 것과 같이 이미지 바로 위에서 모든 방향으로 비춘다.

• Spot : 타원형의 광선을 비춘다. 미리 보기 창의 선은 조명의 방향과 각도를 정의하고 핸들은 타원의 가장자리를 정의한다.

• Infinite : 태양과 같이 먼 곳으로부터 조명을 비춰 빛의 각도가 변하지 않도록 한다.

❹ Color : 조명의 색상을 설정한다.

❺ Intensity : 조명 색상의 강도를 설정한다.

❻ Hotspot : 조명 내부 지점의 크기를 설정한다.

❼ Colorize : 색상을 하나로 변경한다.

❽ Exposure : 밝기의 강도를 설정한다.

❾ Gloss : 빛 효과의 강도를 설정한다.

❿ Metallic : 광택의 강도를 설정한다.

⓫ Ambience : 밝음과 어두움 정도를 설정한다.

 [Stylize] 필터로 간단하게 외곽선 따기

'챕터7_샘플/자전거.jpg' 파일을 불러온 후 [Stylize]–[Trace Contour] 필터로 이미지의 외곽선을 추출해 보자.

❶ **Ctrl** + **J** 를 눌러 배경 레이어를 복제하고 [Image]–[Adjustments]–[Desaturate] 메뉴를 선택하여 이미지를 흑백으로 전환한다.

❷ [Filter]–[Convert for Smart Filters] 메뉴를 선택하고 다시 **Ctrl** + **J** 를 눌러 레이어를 복제한다.

❸ 'Layer 1 copy' 레이어가 선택된 상태에서 [Filter]–[Stylize]–[Trace Contour] 메뉴를 선택한다. 대화상자가 나타나면 [Level]을 '23', [Edge]를 'Upper'로 설정하고 [OK] 버튼을 클릭한다. 현재 레이어의 모드를 'Multiply'로 설정한다.

❹ [Layers] 패널에서 'Layer 1' 레이어를 선택하고 [Filter]–[Stylize]–[Trace Contour] 메뉴를 선택한다. 대화상자가 나타나면 첫 번째 필터 효과에서 나타나지 않았던 이미지의 부분이 나타나도록 이미지를 확인하며 옵션 값을 설정한다. [Level]을 '92', [Edge]를 'Upper'로 설정하고 [OK] 버튼을 클릭한다.

> **[Trace Contour] 필터의 세부 옵션**   tip
>
> • Level : 윤곽선이 그려지는 단계를 설정한다.
> • Edge : 레벨 값을 기준으로 언제 선을 그릴지 선택한다.

'챕터7_샘플/지연.jpg' 파일을 불러온 후 [Sharpen]–[Smart Sharpen] 필터로 간단하게 이미지의 선명도를 높여 보자.

❶ [Filter]–[Sharpen]–[Smart Sharpen] 메뉴를 선택한다.

❷ [Smart Sharpen] 대화상자가 나타나면 [Amount]를 '30', [Radius]를 '12.0'로 설정하고 [OK] 버튼을 클릭한다.

❸ 툴 박스에서 히스토리 브러시 툴(　)을 선택하고 브러시 옵션을 원형 브러시 모양, [Size]를 '230px', [Hardness]를 '0%'으로 설정한 후 인물의 배경 부분을 드래그하여 인물이 부각되도록 한다.

[Smart Sharpen] 필터의 세부 옵션　　tip ✚

❶ Basic : 이미지 전체에 기본적으로 적용할 옵션을 설정한다.

❷ Advanced : Basic 옵션에 어두운 영역과 밝은 영역에 대한 옵션을 추가로 설정한다.

❸ Settings : 미리 저장해둔 설정값을 불러 올 수 있다.

❹ Save a copy of the current settings(　) : 현재의 옵션 값을 저장한다.

❺ Delete the current settings : 사전 설정한 값을 삭제한다.

❻ Amount : 필터 적용 정도를 설정한다. 값이 커질수록 이미지가 선명해 보인다.

❼ Radius : 필터 적용 범위를 설정한다.

❽ Remove : Sharpen이 적용된 부분을 자연스럽게 만들기 위해 적용할 Blur를 선택한다.

❾ Angle : Remove 옵션에서 Motion Blur를 선택했을 때 각도를 설정한다.

❿ More Accurate : 조금 더 선명하게 처리한다.

01
혼자해보기

'챕터7_샘플/놀이터.jpg' 파일을 불러온 후 [Stylize]–[Find Edges] 필터와 [Sketch]–[Graphic Pen] 필터를 적용하여 연필로 스케치한 효과를 만들어 보자.

HINT | 전경색을 '#837f80', 배경색을 '#ffffff'로 설정하고 **Shift** + **Ctrl** + **U** 를 누른 후 [Filter]–[Convert for Smart Filters] 메뉴를 선택한다. [Filter]–[Stylize]–[Find Edges] 메뉴를 선택한 후 [Layers] 패널에서 'Find Edges' 필터 옆의 ☲을 더블클릭한다. [Mode]를 'Overlay', [Opacity]를 '60'으로 설정하고 [Filter]–[Filter Gallery] 메뉴를 선택한다. [Sketch]–[Graphic Pen]을 선택하고 [Stroke Length]를 '15' [Light/Dark Balance]를 '30'으로 설정한다. [Layers] 패널에서 'Filter Gallery'의 ☲을 더블클릭하고 [Mode]를 'Lighter Color', [Opacity]를 '100'으로 설정한 후 [OK] 버튼을 클릭한다.

02
혼자해보기

'챕터7_샘플/풍경.jpg' 파일을 불러온 후 [High Pass] 필터로 이미지를 선명하게 보정하고 비네팅 효과를 적용해 보자.

HINT | [Filter]–[Convert for Smart Filters] 메뉴를 선택한 후 [Filter]–[Other]–[High Pass] 메뉴를 선택하고 대화 상자에서 [Radius]를 '2.5'로 설정한다. [Layers] 패널에서 'High Pass' 필터 옆의 ☲을 더블클릭하고 [Mode]를 'Overlay'로 설정한다. [Filter]–[Lens Correction] 메뉴를 선택하고 대화상자가 나타나면 [Custom] 탭에서 [Vignette Amount]를 '–100', [Midpoint]를 '50'으로 설정한 후 [OK] 버튼을 클릭한다.

1. 독립적인 필터 알아보기

- 새롭게 추가된 [Adaptive Wide Angle] 필터는 카메라 및 렌즈 모델을 감지하고 렌즈 특성을 사용하여 왜곡된 이미지를 수정한다. 간단한 조작으로 구부러진 이미지를 바로 펼 수 있다.
- [Lens Correction] 필터는 카메라 렌즈의 결함이나 렌즈의 음영으로 인한 왜곡된 이미지를 교정하는 데 사용하기도 하는 반면 이미지에 왜곡 효과를 적용하여 독창적인 이미지를 만들 때도 사용한다.
- [Liquify] 필터는 픽셀을 연장하여 이미지를 보정할 수 있기 때문에 다리 길이를 늘이거나 눈을 크게 키우는 등의 인물 보정 시에 많이 사용된다. 일부 영역을 마스크로 보호하면서 특정 영역에만 효과를 적용할 수 있다.
- [Vanishing Point] 필터는 소실점을 찾아 이미지를 연장하거나 패턴을 입체적으로 맵핑한다. 새롭게 추가된 기능으로 [Oil Paint] 필터를 사용하면 조명의 각도와 재질을 조정하여 실제 유화 느낌의 표현이 가능하다.
- [Filter Gallery]에는 기본 필터 중에 질감이나 회화 느낌을 적용하는 필터 효과들이 모여 있다. 필터 효과가 적용되는 모습을 볼 수 있는 미리 보기 창이 제공되며 대화상자 안에서 필터 레이어를 추가하여 필터 효과를 중복 적용할 수 있다.

2. 기본 필터 알아보기

- Artistic : 회화적인 느낌의 이미지를 만들 수 있다.
- Blur : 이미지를 흐리게 하여 부드럽게 바꾸어 준다.
- Brush Strokes : 다양한 브러시 터치와 잉크 효과를 사용하여 회화적인 느낌을 준다.
- Distort : 이미지를 기하학적으로 왜곡하여 다른 형태로 만든다.
- Noise : 잡티를 만들거나 뭉개 없앨 수 있다.
- Pixelate : 인접한 픽셀들을 응집하여 새로운 패턴의 모양을 나타낸다.
- Render : 구름, 빛의 반사, 굴절 등의 패턴을 적용하거나 조명을 추가한다.
- Sharpen : 이미지를 선명하게 하는 필터로 구성되어 있다.
- Sketch : 전경색과 배경색을 사용하여 배경색 위에 전경색으로 스케치한 듯한 효과를 준다.
- Stylize : 이미지의 경계를 강하게 표현하거나 바람이 부는 효과 등 이미지의 스타일을 변화시킨다.
- Texture : 이미지에 질감을 추가한다.
- Video : TV나 비디오에서 캡처 받은 이미지의 주사선을 제거하거나 색상을 보정하는 필터로 구성되어 있다.
- Other : 상위 메뉴로 분류되지 않는 기타 필터들로 구성되어 있다.
- Digimarc : 저작권 관련 정보를 삽입하거나, 삽입된 워터마크를 읽어 낸다.

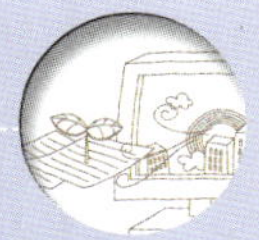

1. 가로 800Pixels, 세로 600Pixels, 해상도 72Pixels/Inch, [Color Mode] 'RGB', [Background Contents] 'White' 인 새 작업 창을 만든 후 필터로 나무 프레임과 벽 질감을 만들고 이미지 전체에 조명을 적용해 보자.

[작업 준비물 : 챕터7_샘플/아이리스.jpg]

HINT | 1. 새 작업 창 만들기 : [File]―[New]
2. 전경색과 배경색 지정 : '#67350d', '#c8961d'
3. 새 레이어 만들고 전경색으로 채우기 : [Layer]―[New]―[Layer], [Alt] + [Delete]
4. 나무 재질 만들기 : [Filter]―[Render]―[Fibers]
5. 나무 프레임 만들기 : [Ctrl] + [T], 레이어 복제
6. 나무 프레임 레이어 합치고 입체감 적용 : [Ctrl] + [E], [Layer Style]―[Bevel & Emboss]
7. 아이리스 이미지 선택하고 붙이기 : 다각형 올가미 툴( ), [Ctrl] + [C], [Ctrl] + [V]
8. 나무 프레임과 그림 합치고 그림자 적용 : [Ctrl] + [E], [Layer Style]―[Drop Shadow]
9. 배경 레이어 색상 채우기 : 전경색 '#4f0db', [Alt] + [Delete]
10. 배경 레이어 벽 질감 만들기 : [Filter]―[Filter Gallery], [Texture]―[Texturizer] 필터의 'Sandstone'
11. 액자와 배경 합치고 전체 조명 적용 : [Ctrl] + [E], [Filter]―[Render]―[Lighting Effects]

08

CHAPTER

포토샵 CS6로 3D 작업하고 비디오 편집하기

포토샵 CS6 Extended에서는 상용 3D 편집 소프트웨어 수준의 3D 기능이 도입되어 더욱 수준 높은 3D 작업이 가능해졌다. 새롭게 단장한 인터페이스를 통해 3D 오브젝트의 편집이 용이해졌으며 작업 속도 또한 향상되었다. 더불어 [Timeline] 패널의 간편한 슬립 편집 기능이나 비디오 장면 변환 기능도 주목할 만하다.

3D 오브젝트와 애니메이션

포토샵 CS6에서는 툴과 옵션 바로 제공되던 3D 메뉴들이 일목요연하게 정리된 [3D] 패널과 요소 별 세부 옵션을 설정할 수 있는 [Properties] 패널로 제공되어 3D 오브젝트 제어가 편리해졌다. 더불어 오디오 트랙과 장면 전환 및 모션 효과 적용이 가능해진 새로운 클립 기반의 [Timeline] 패널은 더욱 직관적이고 간편해졌다. 이전 버전보다 강력해진 3D와 동영상 편집 기능에 대해 배워 보자.

01 3D의 구성 요소

- Meshes : 오브젝트의 기본 구조를 그물망 형태로 시각화한 것이다. 3D 오브젝트는 하나 이상의 메시를 반드시 포함하며 메시의 방향, 축을 변형할 수 있다.
- Material : 오브젝트의 재질을 편집한다. 재질은 텍스처 맵으로 표현되며 서로 다른 텍스처 맵 유형을 9개까지 사용할 수 있다. 색상과 패턴, 주변조명, 광택, 밝기, 투명도 등을 설정하여 다양한 재질을 만든다.
- Light : 오브젝트에 적용하는 조명을 표현하고 편집할 수 있다. '무한 조명', '스팟 조명', '포인트 조명', '이미지 기반 조명' 의 4가지 조명 유형이 있으며 조명의 위치, 방향, 형태 를 설정하거나 3D 장면에 새 조명을 추가할 수 있다.

02 3D 오브젝트를 만드는 방법

기존에 메뉴를 통해서만 만들 수 있던 오브젝트를 일목요연하게 정리된 [3D] 패널에서 만들고 [Properties] 패널에서 세부 옵션을 설정한다.

1. 3D 파일 불러오기

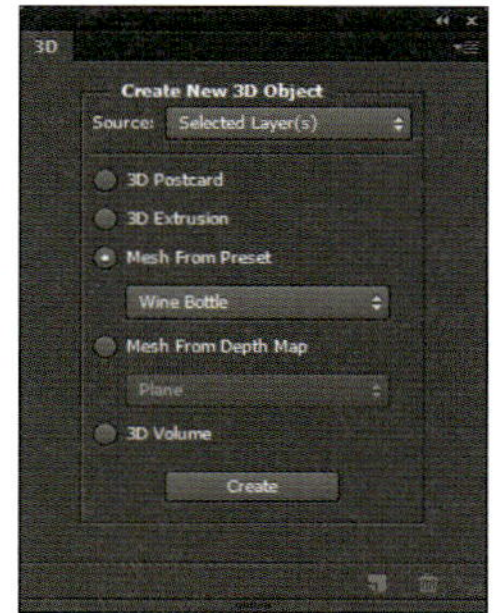

[File]-[Open] 메뉴로 3D 파일을 직접 불러오거나 [3D]-[New Layer From 3D File] 메뉴를 이용하여 확장자 3DS, OBJ, U3D, KMZ, DAE(COLLADA)의 3D 파일을 현재 작업 창에 새 레이어로 불러와 편집할 수 있다. [3D] 패널에서는 [Source]를 'File'로 설정하고 Create 를 클릭한다.

2. 3D Postcard

선택된 레이어를 3차원 공간상에 나타내고 오브젝트와 카메라의 위치, 크기 및 범위를 조정할 수 있다.

3. 3D Extrusion

레이어, 선택 영역, 패스, 문자의 모양 그대로 돌출시키거나 회전시키고 경사지게 만들어 3D 오브젝트를 만든다. 문자는 [Type]-[Extrude to 3D] 메뉴에서도 3D로 변환할 수 있다.

4. Mesh From Preset

선택된 레이어의 2D 이미지를 재질로 사용하여 3D 오브젝트를 만들 수 있다. 포토샵에서 제공하는 3D 기본 도형은 총 11가지이며 재질과 조명을 달리하여 다양한 오브젝트의 표현이 가능하다. 빈 레이어일 경우 임의의 색으로 도형이 만들어진다.

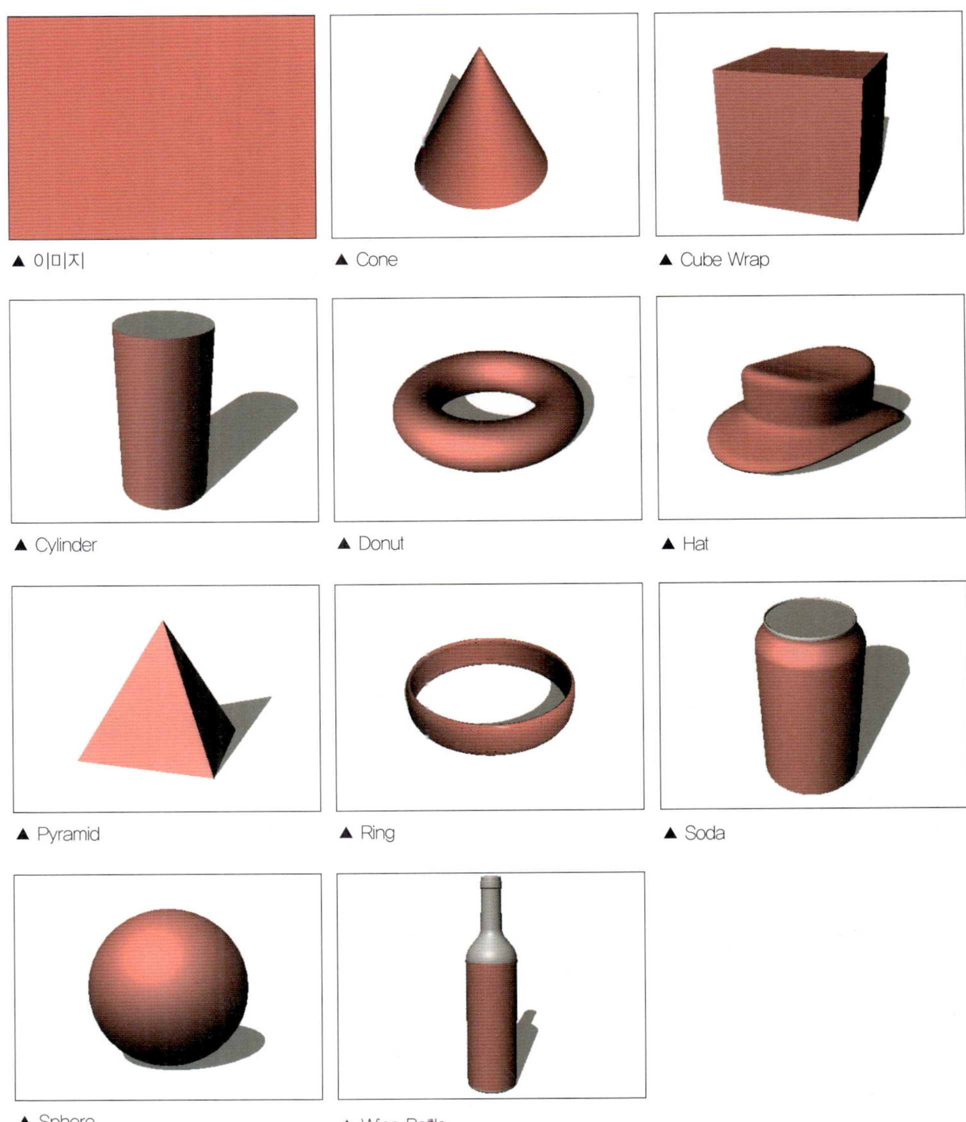

5. Mesh From Depth Map

현재 선택된 레이어의 명암을 구분하여 3D 메시를 만들 수 있다.

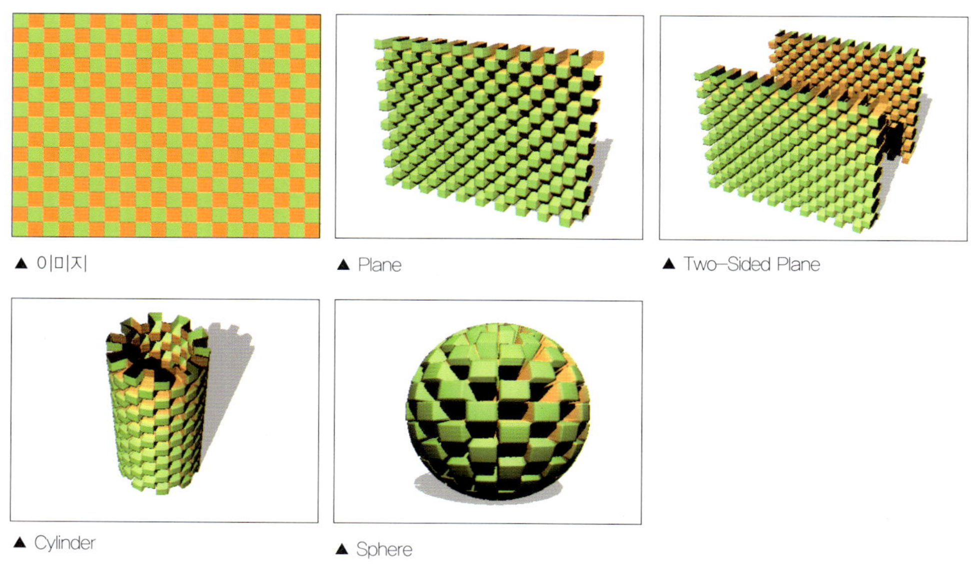

▲ 이미지   ▲ Plane   ▲ Two-Sided Plane

▲ Cylinder   ▲ Sphere

6. 3D Volume

2개 이상의 레이어를 선택하고 [3D] 패널에서 [3D Volume]을 선택한 후 Create 를 클릭한다. 선택한 레이어를 기반으로 3D Volume을 만든다.

03 [3D] 패널과 속성 살펴보기

3D 레이어를 선택하면 해당 오브젝트의 모든 구성 요소가 표시된다. 패널 상단의 아이콘을 클릭하면 아이콘에 해당하는 요소의 목록만 표시되고 [Properties] 패널에 세부 옵션이 나타난다.

❶ : 장면을 설정한다.

❷ : 메시를 설정한다.

❸ : 재질을 설정한다.

❹ : 조명을 설정한다.

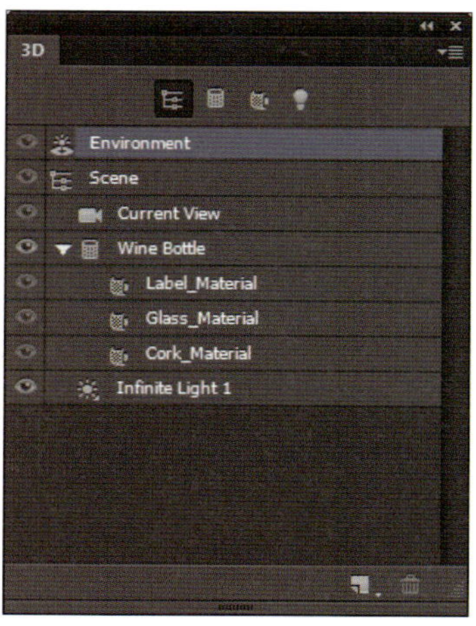

• Environment

❶ Global Ambient : 전체 주변 색상을 설정한다.

❷ IBL : 이미지 기반 조명 색상을 설정한다.

❸ Ground Plane : 지표 평면 그림자 및 반사를 설정한다.

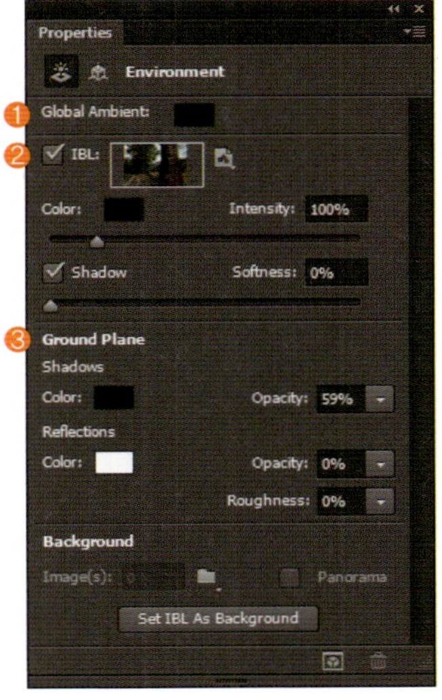

• Scene

3D 오브젝트를 화면에 나타내는 렌더링 방식을 설정한다.

❶ Presets : 사전 설정 된 렌더링 방식 중에 하나를 선택한다.

❷ Cross Section : 사용자가 횡단면, 표면, 점, 선 등의 렌더링 옵션을 설정한다.

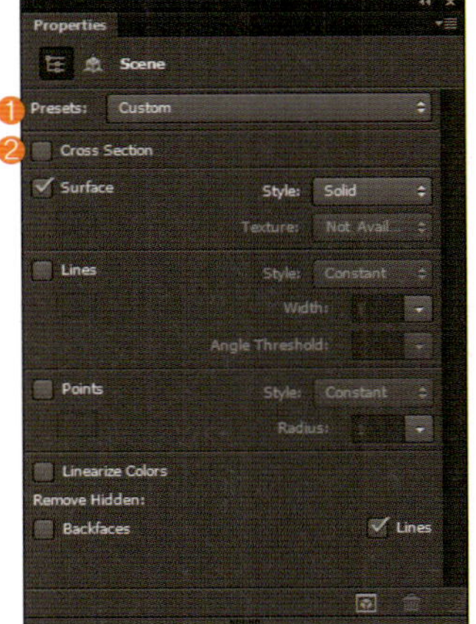

• Mesh

❶ Catch Shadow : 선택한 메시의 표면에 다른 메시가 그림자를 만드는지 여부를 선택한다.

❷ Cast Shadow : 선택한 메시가 다른 메시 표면에 그림자를 만드는지 여부를 선택한다.

❸ Invisible : 선택한 메시를 보이거나 보이지 않게 설정한다. 체크 시 메시를 숨길 수 있다. 메시는 숨기지만 표면의 그림자는 나타낸다.

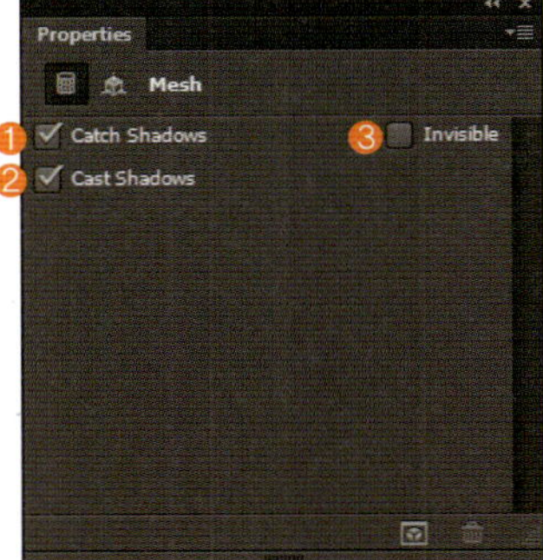

• Materials

오브젝트를 이루는 각각의 면의 재질을 세부적으로 설정할 수 있다.

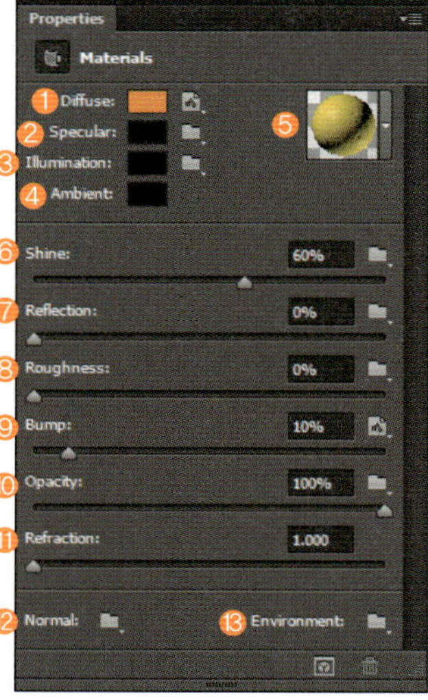

❶ Diffuse : 재질의 색상을 설정한다.

❷ Specular : 반사되는 조명의 색상을 설정한다.

❸ Illumination : 3D 오브젝트의 내부 조명 효과를 만든다.

❹ Ambient : 반사 표면에 나타나는 주변 조명의 색상을 설정한다.

❺ 기본으로 제공하는 다양한 재질을 선택하여 적용한다.

❻ Shine : 반사되는 조명이 퍼지는 정도를 설정한다.

❼ Reflection : Environment에서 설정한 3D 오브젝트를 둘러싼 이미지를 나타내는 정도를 설정한다.

❽ Roughness : 재질 표면의 거칠기를 조절한다.

❾ Bump : 재질 표면의 굴곡을 만든다. 밝은 면은 볼록한 표면을, 어두운 면은 평면에 가까운 표면을 만든다.

❿ Opacity : 재질의 불투명도를 설정한다.

⓫ Refraction : 굴절 지수가 다른 물질의 교차점에서 발생하는 조명 방향의 변화를 말한다. 새 재질의 기본값은 공기의 근사값인 1.0이다.

⓬ Normal : 표면의 세부 묘사를 향상시킨다. 새로 만들거나 불러올 수 있다.

⓭ Environment : 3D 오브젝트를 둘러싼 주변의 이미지를 설정한다. 새로 만들거나 불러올 수 있다.

• Light

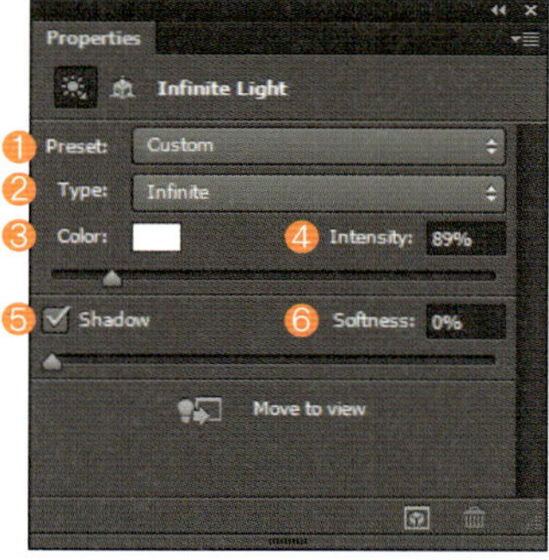

❶ Preset : 저장된 조명을 선택하여 적용할 수 있다.

❷ Type : 조명의 종류를 선택한다.

❸ Color : 조명의 색상을 설정한다.

❹ Intensity : 조명의 강도를 설정한다.

❺ Shadow : 그림자를 나타내거나 숨긴다.

❻ Softness : 그림자의 가장자리를 흐리게 한다.

04 [Timeline] 패널

• 움직이는 이미지를 만드는 Frame Animation 모드

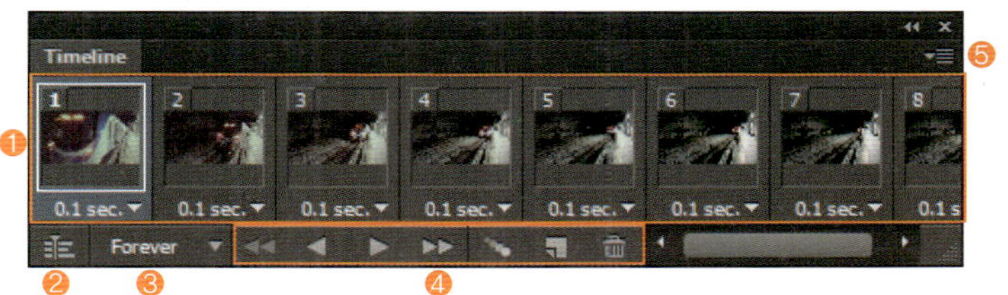

❶ 애니메이션을 구성하는 프레임이 순서대로 나열된다. 섬네일 하단의 시간을 클릭하고 재생 시간을 설정한다.

❷ : Video Timeline 모드로 전환한다.

❸ 애니메이션 재생 횟수 조절를 조절한다. 한 번(Once), 3번 반복(3times), 계속 반복(Forever), 사용자 정의(Other) 중 선택하여 지정한다.

❹ 컨트롤 바 : 시작 프레임으로 이동( ), 이전 프레임으로 이동( ), 재생( ), 다음 프레임으로 이동( ), Tween( ), 프레임 복제 및 생성( ), 프레임 삭제( )로 구성되어 있다.

❺ : 프레임 생성, 복사, 제거, 선택, Tween 기능, 섬네일 크기 조정 등의 패널 메뉴가 있다.

• 동영상을 편집하는 Video Timeline 모드

❶ 컨트롤 바 : 시작 프레임으로 이동( ), 이전 프레임으로 이동( ), 재생/정지(/), 다음 프레임으로 이동( ), 음재생/음소거(/)으로 구성되어 있다.

❷ : 클릭 순간의 시점을 기준으로 동영상을 분할한다.

❸ : fade 설정을 드래그하여 적용한다.

❹ Timeline : 선택한 비디오 레이어의 프레임과 재생 시간을 확인하고 조절한다. 오른쪽 끝의 화살표를 클릭하면 재생 시간과 재생 속도, 오디오 볼륨을 조절할 수 있다. 스마트 오브젝트로 변환한 비디오의 경우 화면의 모션을 설정할 수 있다.

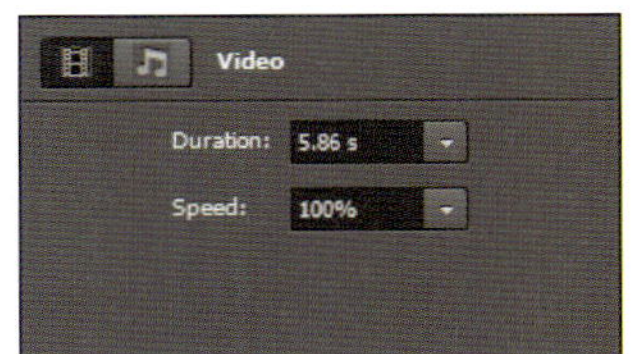
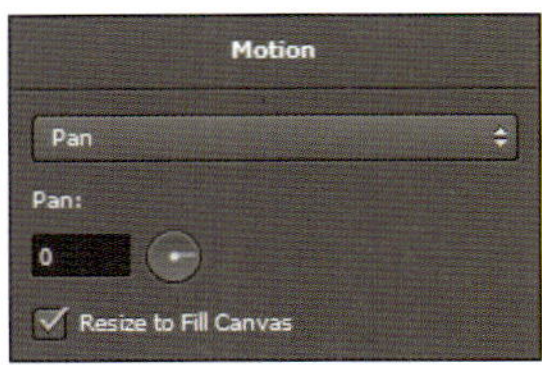

❺ 🖰 : 재생 위치를 알려준다. 위치한 시점을 재생 시작점이나 끝점으로 설정하거나 비디오를 나눌 수 있다.

❻ Position, Opacity, Style : 위치, 불투명도, 스타일을 설정한다.

❼ ◀ ◆ ▶ : 키프레임을 만들거나 삭제하고 이전 이후 키프레임으로 이동한다.

❽ ⏱ : 키프레임을 설정하거나 삭제한다.

❾ 🎞▾ : 비디오 트랙을 추가/삭제한다.

❿ 비디오/오디오 트랙을 추가한다.

⓫ 🎵▾ : 오디오 트랙을 추가/삭제한다.

⓬ ▦ : Frame Animation 모드로 전환한다.

⓭ ➦ : [Render Video] 대화상자를 불러와 비디오를 저장할 수 있다.

⓮ ◣ / ◢ : 타임라인의 길이를 축소/확대한다. 재생 시간이 짧은 동영상을 편집할 때 유용하다.

05 웹용으로 저장하기

홈페이지, 블로그. 쇼핑몰, 카페 등의 웹 환경에서 사용하는 이미지는 인쇄용 이미지와 다르게 로딩 속도를 높이기 위해 파일 용량을 최소화하면서 모니터 화면에서 색 손상을 최소화하기 위해 최적화된 웹용 이미지로 저장해야한다. 웹용 이미지를 저장하는 메뉴는 [Save for Web] 메뉴이다. [Save for Web] 메뉴는 웹 환경에서 사용하기 적합한 파일 형식과 각 포맷에 최적화된 사전 설정값을 제공한다.

• [Save For Web] 대화상자

❶ 미리 보기 : 각 탭을 클릭하여 미리 보기 형식을 지정할 수 있다. 원본 미리 보기, 현재 설정된 이미지 결과물 미리 보기, 원본과 예상 결과물 미리 보기가 제공된다.

❷ Preview : 웹 브라우저를 통한 미리 보기를 제공한다.

❸ Preset : 저장할 수 있는 포맷인 GIF, JPEG, PNG-8, PNG-24, WBMP 중 하나를 선택하면 선택한 포맷의 최적화된 사전 설정값이 불려온다.

❹ Color reduction algorithm : GIF 파일 형식에서 색상이 배열되는 방식을 설정한다.

❺ Colors : 색상 수를 조절한다.

❻ Specify the dither algorithm : 이미지를 디더링으로 표현할 때의 패턴을 지정한다.

❼ Dither : 디더링의 정도를 조절한다.

❽ Transparency : 원하는 색을 투명하게 처리할 수 있다.

❾ Matte : 투명 이미지 제작 시 안티 앨리싱을 적용하여 부드럽게 처리한 이미지의 경계를 매트한 색상으로 채운다.

❿ Specify Transparency dither algorithm : 투명한 부분과 색상이 칠해진 부분의 경계에 적용하는 디더링 옵션이다.

⓫ Amount : [Diffusion Transparency Dither] 옵션의 양을 설정한다.

⓬ Interlaced : 용량이 큰 이미지를 읽어 들일 때 점차적으로 이미지를 보여 준다.

⓭ Web Snap : 설정한 수치만큼 웹에서 안전한 색으로 변환시킨다.

⓮ Lossy : 이미지의 손실 양을 조절할 수 있다.

⓯ Color Table : 한정된 색상을 사용하는 PNG나 GIF 형식으로 저장할 때 이미지에 사용된 색상을 보여준다. 색상을 편집하고 저장하거나 저장된 컬러 테이블을 불러와 적용할 수 있다.

⓰ Image Size : 이미지의 크기를 나타내며 수정할 수 있다.

⓱ Animation : 애니메이션일 경우 재생 옵션을 설정하고 미리 보기를 실행할 수 있다.

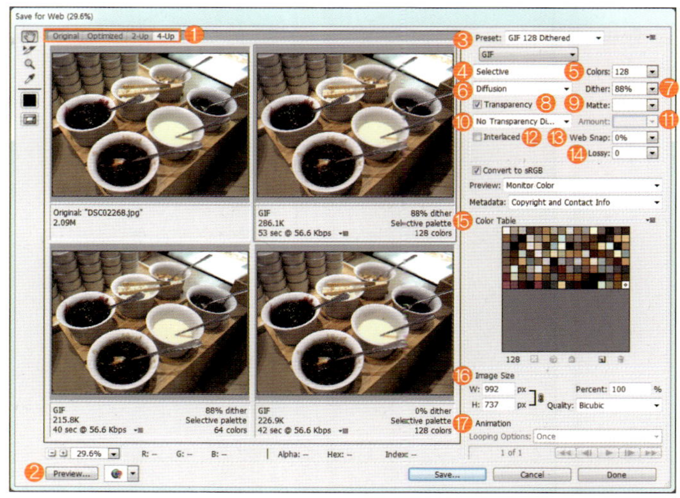

포토샵으로 3D 작업하기

[3D] 패널과 [Properties] 패널을 이용하여 3D 파일을 불러오거나 3D 오브젝트를 만들 수 있다. 이전 버전에서는 따로 분류되어 있던 3D 오브젝트 툴이 이동 툴( )과 통합되어 3D 레이어를 선택하고 이동 툴( )을 클릭하면 3D 모드가 활성화되고 3D 오브젝트 툴을 사용할 수 있다. 3D 오브젝트를 만들고 구성 요소 별 제어 방법에 대해 알아보자.

● 알아두기

- 3D 오브젝트는 [3D] 메뉴와 [3D] 패널에서 만들 수 있다. 선택한 레이어, 선택 영역, 문자, 패스로 만들 수 있으며 3D 오브젝트를 만들고 각각의 구성 요소 설정은 [Properties] 패널에서 한다.
- 3D 축은 3D 도구를 선택했을 때 나타나며 X, Y, Z의 각 축을 기준으로 오브젝트를 이동하거나 크기를 조절할 수 있다.
- [View]-[Show] 메뉴에서 3축, 지표평면, 조명, 메시 윤곽선을 보이게 하거나 숨길 수 있다.
- 3D 레이어를 모두 선택하고 [3D]-[Merge 3D Layers] 메뉴를 선택하면 3D 오브젝트를 합칠 수 있다.

따라하기 01 기본 도형 만들기 메뉴로 3D 오브젝트 만들고 회전하기

새 작업 창을 만들고 [3D] 패널로 3D 오브젝트를 만든 후 오브젝트를 회전하고 크기를 변경해 보자.

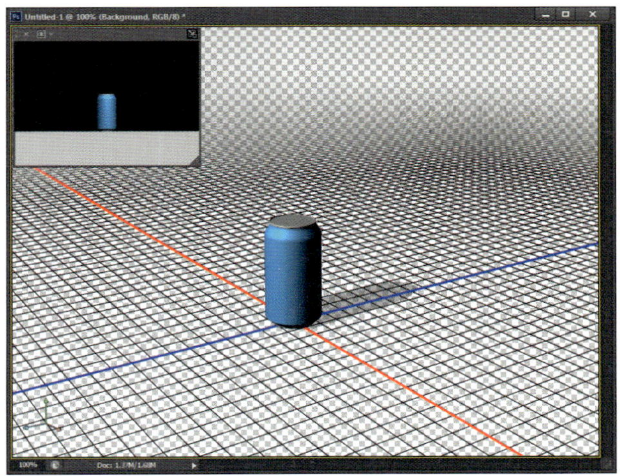

❶ [File]-[New] 메뉴를 선택하고 대화상자가 나타나면 [Width] '800pixels', [Height] '600pixels', [Resolution] '72Pixels/Inch' 로 설정하고 [OK] 버튼을 클릭한다.

❷ 전경색을 '#00b4ff'로 설정한 후 [Alt]+[Delete]를 눌러 색을 채운다. [3D] 패널에서 [Source]를 'Selected Layer(s)'로 설정하고 [Mesh From Preset]을 선택한 후 프리셋 버튼을 클릭한다. 'Soda'를 선택하고 Create 를 클릭하면 캔 모양의 3D 오브젝트가 만들어진다.

> 3D 오브젝트를 만들었을 때 3D 작업 환경으로 바꾸겠냐는 대화상자가 나타난다. 현재 작업 환경을 유지하려면 [NO] 버튼을 클릭한다.

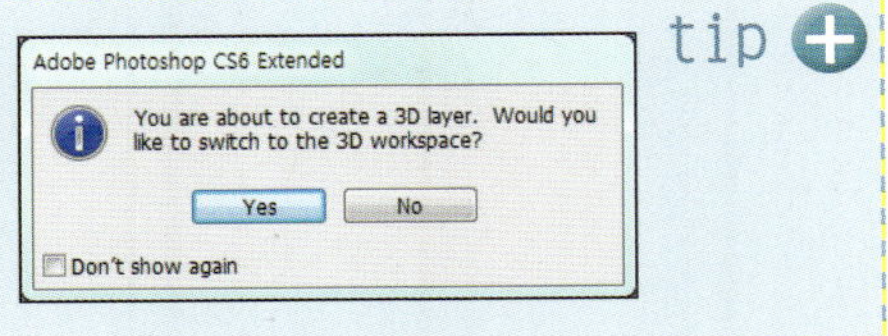

❸ 툴 박스에서 이동 툴(▶)을 선택한 후 옵션 바에서 3D 슬라이드 툴(✛)을 선택하고 작업 창을 위로 드래그하면 오브젝트와 시점과의 거리가 멀어진다. 3D 회전 툴(⟳)을 선택하고 왼쪽으로 드래그하면 오브젝트의 옆면을 볼 수 있다.

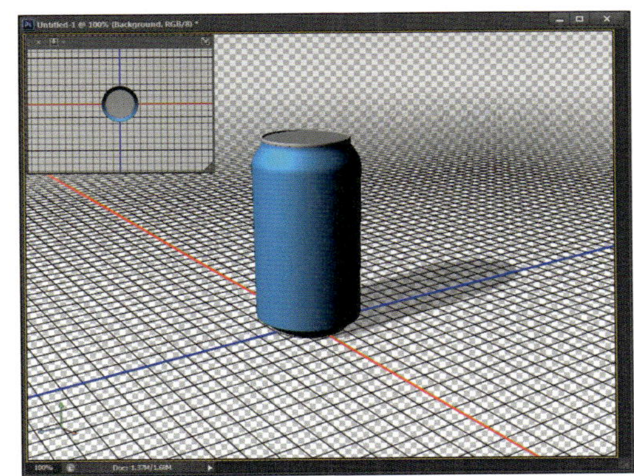

> 작업 창의 금색 테두리는 카메라 제어, 파란색 테두리는 환경 제어, 녹색 테두리는 장면 제어, 테두리가 없으면 메시 제어 모드를 나타낸다. 배경을 클릭할 때마다 카메라와 환경 제어 모드가 번갈아 선택된다.

❹ 소다 캔을 클릭하면 작업 창의 금색 테두리가 사라지고 오브젝트에 투명 테두리와 3D 축이 표시된다. 3D 축의 가운데로 커서를 가져가고 하얀색 박스가 노란색으로 바뀌면 아래로 드래그한다. 오브젝트의 크기가 줄어든다.

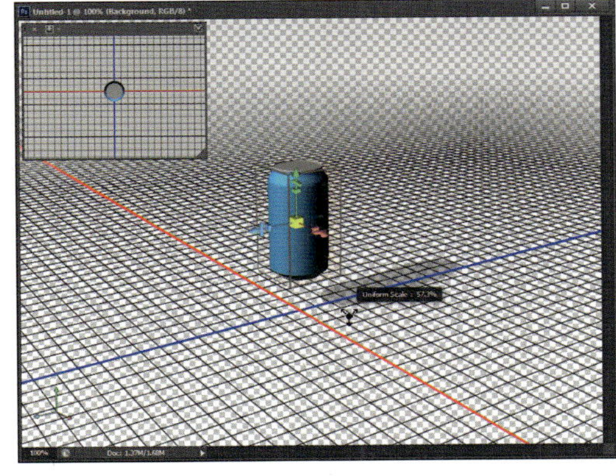

❺ [3D]-[Snap Object to Ground Plane] 메뉴를 선택하면 공중에 떠 있던 오브젝트가 지면으로 내려온다. Secondary 뷰의 ⬇를 누르고 'Front'를 선택하면 오브젝트가 지면에 닿아있는 걸 확인할 수 있다.

3D 오브젝트 툴

이동 툴(▶)을 선택하고 3D 레이어를 선택하면 옵션 바의 3D 오브젝트 툴이 활성화된다. **Shift** + **V** 를 누르면 3D 툴이 차례대로 선택된다.

❶ 3D 오브젝트 회전 툴( ) : 3D 오브젝트를 X, Y 축을 기준으로 회전시킨다. **Alt** 를 누른 상태에서 드래그하면 3D 오브젝트 롤 툴( )로 전환된다.

❷ 3D 오브젝트 롤 툴( ) : 3D 오브젝트를 Z 축 기준으로 회전시킨다. **Alt** 를 누른 상태에서 드래그하면 3D 오브젝트 회전 툴( )로 전환된다.

❸ 3D 오브젝트 팬 툴( ) : 3D 오브젝트를 X, Y 축 기준으로 이동시킨다. **Alt** 를 누른 상태에서 드래그하면 X, Z 축 기준으로 이동시킬 수 있다.

❹ 3D 오브젝트 슬라이드 툴( ) : 3D 오브젝트를 X, Z 축 기준으로 이동시킨다. **Alt** 를 누른 상태에서 드래그하면 X, Y 축 기준으로 이동시킬 수 있다.

❺ 3D 오브젝트 스케일 툴(/) : 3D 오브젝트를 확대, 축소한다. 중앙에서 밖으로 드래그할수록 크기가 작아진다.

[View]–[Show]–[3D Secondary View] 메뉴의 체크를 해제하면 숨길 수 있다.

❶ 클릭하고 드래그하여 창의 위치를 이동할 수 있다.
❷ 창을 끌 수 있다.
❸ 보는 각도를 선택한다.
❹ Main View와 창을 바꾼다.

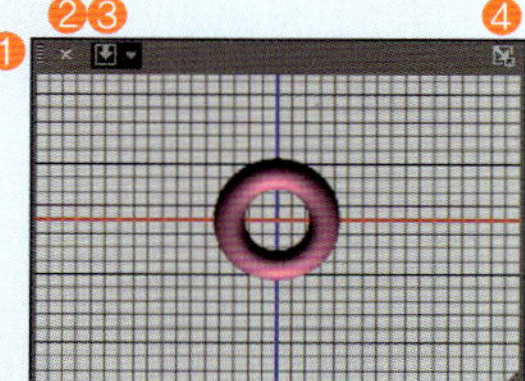

3D 축

3D 축 위로 커서를 가져가면 제어할 수 있는 옵션이 노란색으로 강조된다. 원뿔 정점을 강조하면 각 축에 따라 이동할 수 있다. 원뿔 밑의 선분을 클릭하면 노란색 원이 나타나 회전시킬 수 있다. 각 축의 육면체는 축에 따라 오브젝트를 압축하거나 늘이고 축의 중심에 있는 정육면체는 오브젝트의 크기를 조정한다.

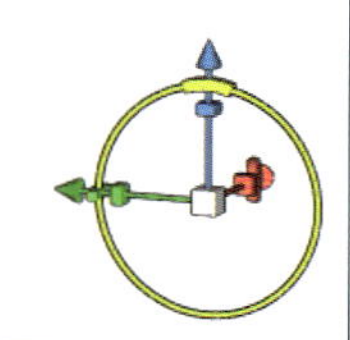

[View]–[Show]–[3D Selection] 메뉴의 체크를 해제하면 오브젝트를 선택했을 때 3D 축을 숨길 수 있다.

따라하기 02 문자 레이어로 3D 오브젝트 만들기

새 파일을 만들고 문자를 입력한 후 문자를 3D 오브젝트로 만든다. 만든 3D 오브젝트의 문자
내용과 그림자를 변경해 보자.

❶ [File]−[New] 메뉴를 선택하고 대화상자가 나타나면 [Width] '800pixels', [Height]
'600pixels', [Resolution] '72pixels/inch', [Background Contents] 'White' 로 설정하
고 [OK] 버튼을 클릭한다.

❷ 가로 문자 툴(T.)을 선택하고 옵션 바에서 [글꼴] 'Times New Roman', [글꼴 크기]
'200pt', [글꼴 색상] '주황색'으로 설정한 후 작업 창에 'TEXT'를 입력한다.

❸ [Type]−[Extrude to 3D] 메뉴를 선택한다. 3D 작업 모드로 화면이 전환된다.

❹ 오브젝트를 클릭하고 [Properties] 패널 하단의 Edit Source 를 클릭한다. 오브젝트
소스 레이어가 새 창으로 열린다.

패스로 만든 3D 오브젝트의 경우 소스를 열고 패스를 수정한 후 저장하면 수정한 내용
이 3D 오브젝트에 실시간으로 반영된다. 선택 영역으로 만든 3D 오브젝트의 경우도 마
찬가지이다.

❺ 가로 문자 툴(T)을 선택하고 'EX'를 소문자로 변경한 후 Ctrl + S 를 누른다. 원래의 작업 창으로 돌아가면 수정한 내용이 반영되어 3D 오브젝트도 소문자로 바뀌어 있다.

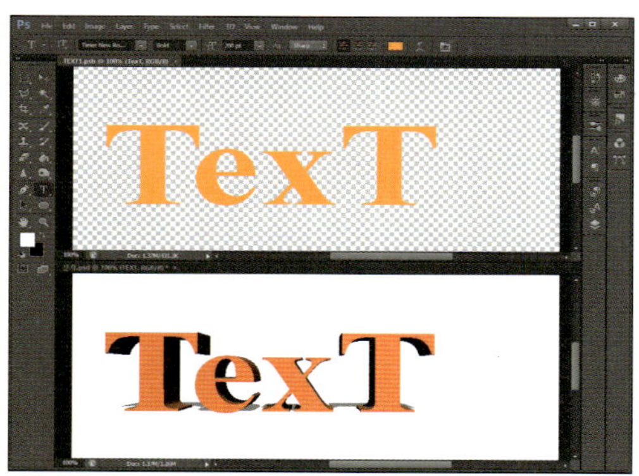

❻ 다시 이동 툴(▶)을 선택하고 오브젝트를 클릭한다. [Properties] 패널에서 Shape 프리셋 피커(|)를 클릭하고 'Bevel with Contour'를 선택한 후 [Extrusion Depth]를 '150', [Color]를 '#ff1b36'로 지정한다.

❼ [3D] 패널에서 💡을 선택한다. 옵션 바의 🔳을 선택하고 배경을 드래그하여 조명 각도를 변경한다. [Properties] 패널에서 [Softness]를 '20%'로 설정한 후 하단의 🔳을 클릭한다.

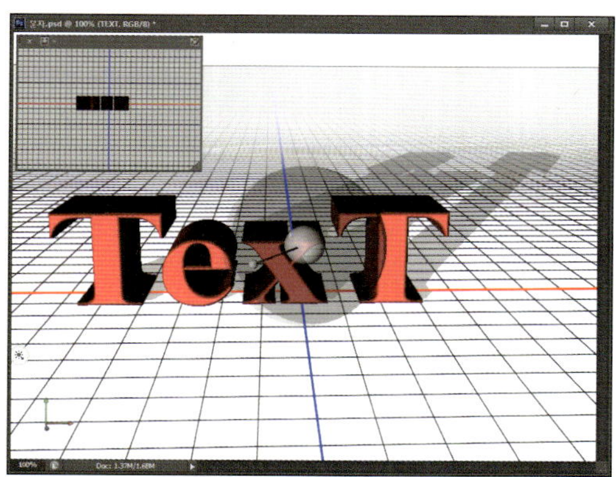

3D 작업을 완료한 후 좀 더 사실적인 조명, 그림자 효과를 만들기 위해서는 [Properties] tip ➕
패널 하단의 🔳을 클릭하여 렌더링 하는 것이 좋다. 이 작업은 오브젝트의 메시, 조명
등에 따라 시간이 많이 걸릴 수 있다.

'챕터8_샘플/배경.jpg' 파일을 불러온 후 원형 패스로 3D 오브젝트를 만들고 텍스처를 변경해 보자.

❶ 새 레이어를 만들고 원형 툴(◯)로 가로, 세로 '80px'인 패스를 만든다. [3D] 패널에서 [Source]를 'Work Path'로 설정하고 Create 를 클릭한다.

❷ [3D] 패널 상단의 ▦을 클릭하고 [Properties] 패널로 이동한다. [Shape Preset]을 'Extrude', [Extrusion Depth]를 '1600'으로 설정한다.

❸ 작업 창을 클릭하고 카메라 제어 모드가 되면 옵션 바의 ▦로 연필심 부분이 잘 보이도록 각도를 조절한다.

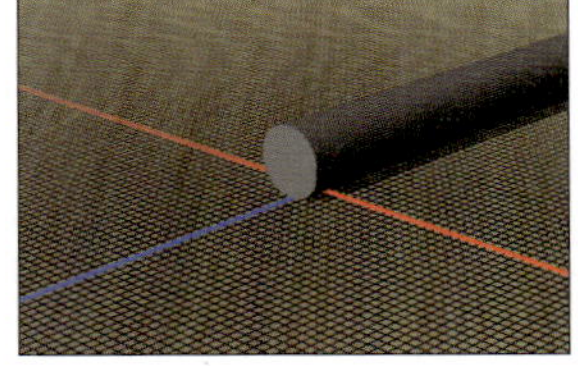

❹ 오브젝트를 클릭하고 다시 [Properties] 패널로 돌아와 ▦을 선택한 후 [Sides]를 'Front', [Bevel]의 [Width]를 '75', [Angle]을 '65', [Contour]를 'Linear', [Inflate]의 [Angle]을 '70', [Strength]를 '60'으로 설정한다.

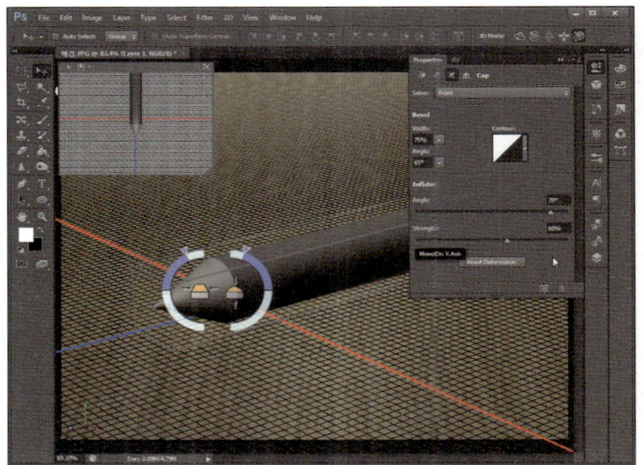

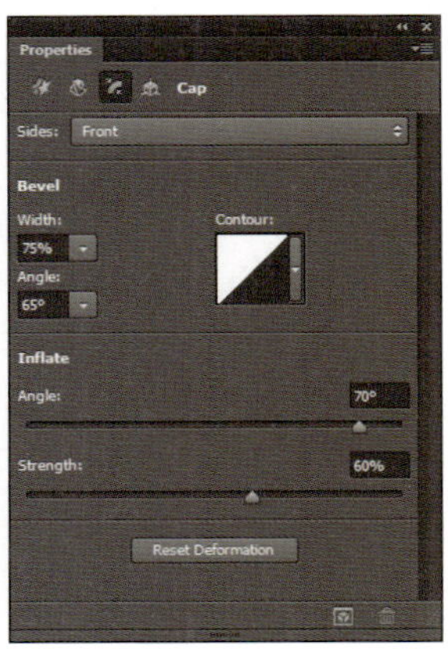

❺ [3D] 패널에서 을 클릭하고 'Ellipse 1 Front Inflation Material'을 선택한다. [Properties] 패널로 이동한 후 재질 피커를 클릭하고 'Satin Black'을 선택한다.

❻ 이번에는 작업 창에서 연필심 윗부분을 클릭한 [Properties] 패널에서 재질을 'Wood Balsa'로 설정한다. 연필대인 'Ellipse 1 Extrusion Material'은 'No Texture'로, [Diffuse]를 빨간색으로 설정한다.

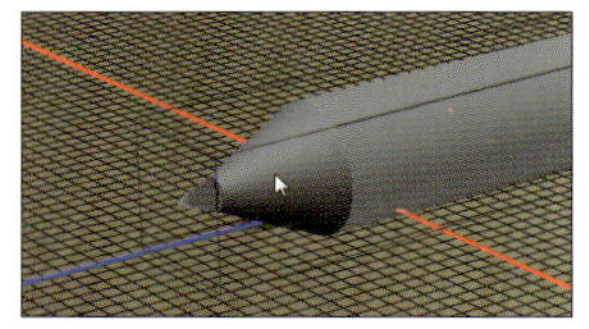

❼ 옵션 바에서 3D 오브젝트 툴로 카메라 거리와 각도를 배경과 시점이 맞도록 조절한 후 조명 각도를 수정하고 [Properties] 패널 하단의 아이콘을 클릭한다.

3D Extrusion 조정하기   tip ➕

선택한 레이어나 패스, 선택 영역으로 3D Extrusion을 실행했을 때 3D 모양을 여러 가지로 만들어 낼 수 있다. 이전 버전의 르푸세 기능과 동일하다.

• Mesh

❶ Shape Preset : 18개의 돌출 형태 프리셋이 제공된다.
❷ Deformation Axis : 변형 기준점을 설정한다.
❸ Texture Mapping : 텍스처 매핑 유형을 설정한다.
❹ Extrusion Depth : 돌출 깊이(길이)를 설정한다.
❺ 3D 오브젝트를 만든 원래의 패스, 문자, 이미지를 편집할 수 있다.

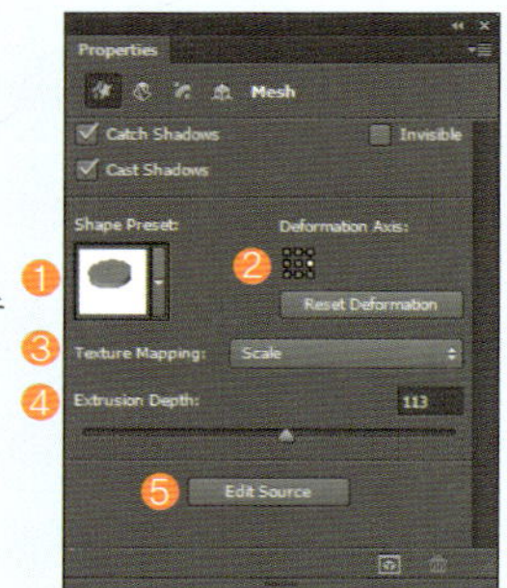

• Deform

돌출 모양의 깊이(길이), 크기, 소점의 각도, 휘어짐 등의 세부옵션을 설정한다.

• Cap

❶ Sides : 표면과 뒷면 중 설정을 적용할 면을 설정한다.
❷ Bevel : 오브젝트 표면에 외부 경사 효과를 적용할 수 있다.
❸ Inflate : 표면과 뒷면을 부풀어 오르게 설정할 수 있다.

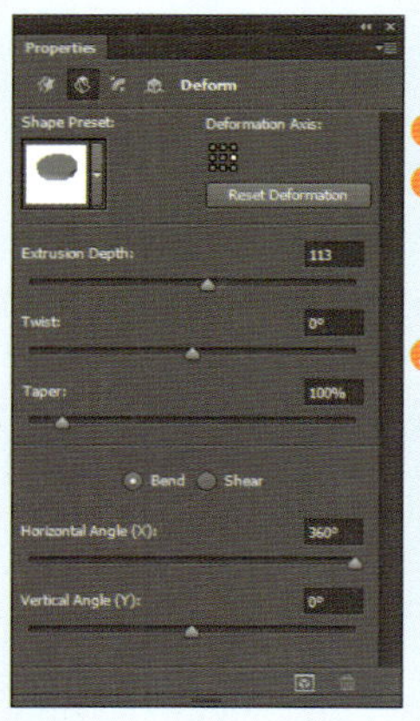
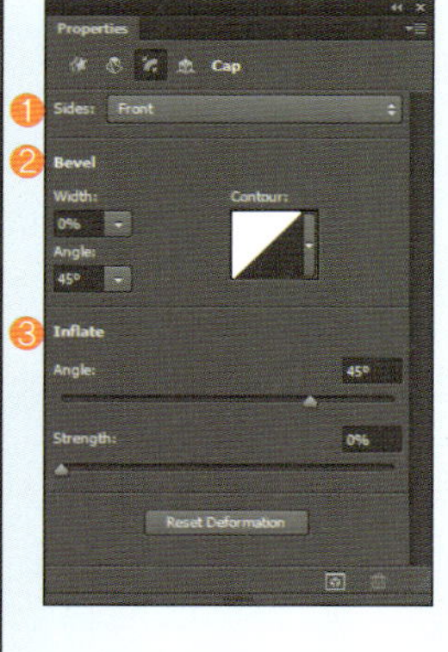

아이콘으로 3D 오브젝트 입체감 만들기

새 문서를 만들고 글자를 입력한다. 입력한 문자로 3D 오브젝트를 만들고 앞뒤로 부푼 비스 켓을 만들어 보자.

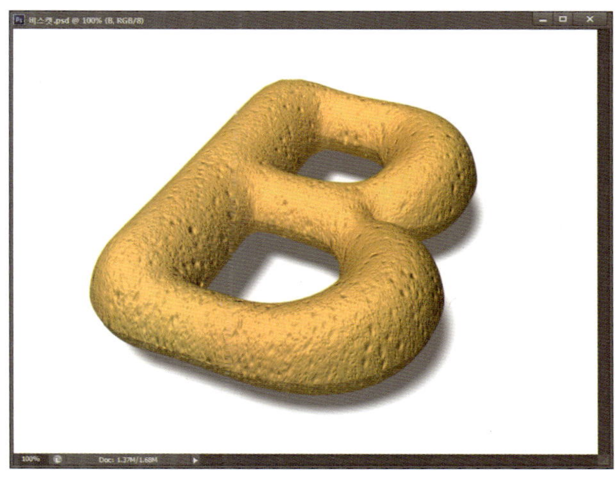

❶ [File]−[New] 메뉴를 선택하고 대화상자가 나타나면 [Width] '800pixels', [Height] '600pixels', [Resolution] '72pixels/inch', [Background Contents] 'White'로 설정하 고 [OK] 버튼을 클릭한다.

❷ 가로 문자 툴(T)을 선택하고 옵션 바에서 글꼴을 '휴먼둥근헤드라인'으로 설정한 후 'B'라고 입력한다. Ctrl + T 를 늘러 글자가 화면에 가득 차도록 크기를 조절한다.

❸ [3D] 패널에서 [Source]를 'Selected Layer(s)'로 설정하고 [3D Extrusion]을 선택한 후 Create 를 클릭한다.

❹ 3D 작업 모드가 되면 오브젝트를 클릭하고 V 를 누른다. 3D 축이 있던 자리에 원과 화 살표가 있는 아이콘이 나타나고 커서를 가져가면 노란색으로 활성화된다. 화살표로 커서 를 가져간 후 노란색으로 활성화되면 아래로 드래그하여 돌출 깊이를 '0'으로 조절한다.

❺ 다시 V 를 누르면 아이콘 모양이 변경된다. 오른쪽 아이콘으로 커서를 가져간 후 위로 드래그하면 평평했던 면이 돌출된다. 반 원의 핸들도 위로 드래그하여 부풀게 만든다.

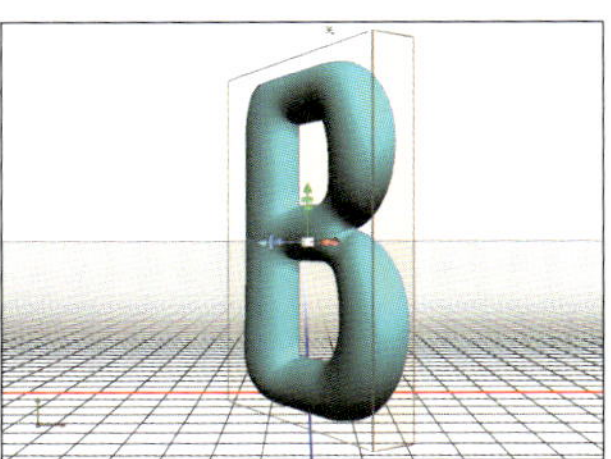

❻ 오브젝트를 마우스 오른쪽 버튼으로 클릭하고 을 선택한 후 [Sides]를 'Front and Back'으로 설정한다. 앞면에 적용한 옵션 값이 뒷면에도 적용된다. 3D 오브젝트 툴로 카메라를 이동시켜 확인할 수 있다.

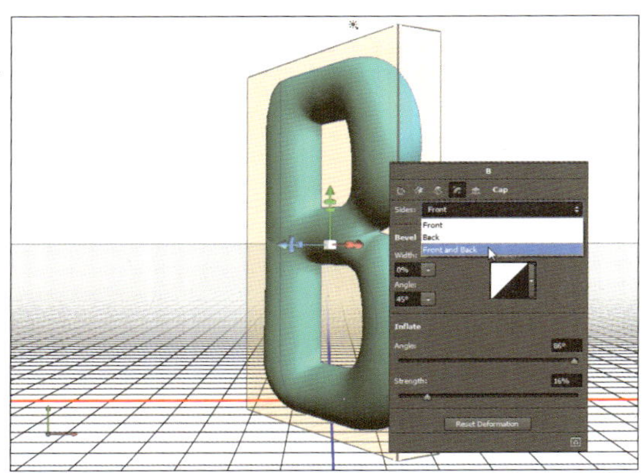

❼ [3D] 패널에서 'Materials' 레이어를 모두 선택하고 [Properties] 패널로 이동한다. 재질 피커를 클릭하고 'Organic OrangePeel'을 선택한 후 [Illumination]을 '#1d1d1b', [Shine]을 '0', [Bump]를 '30'으로 설정한다.

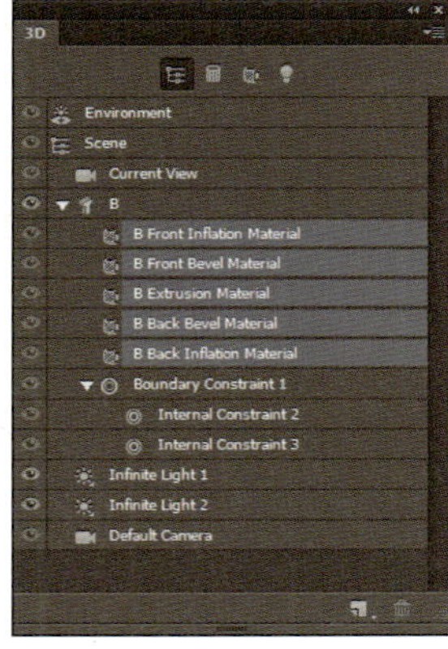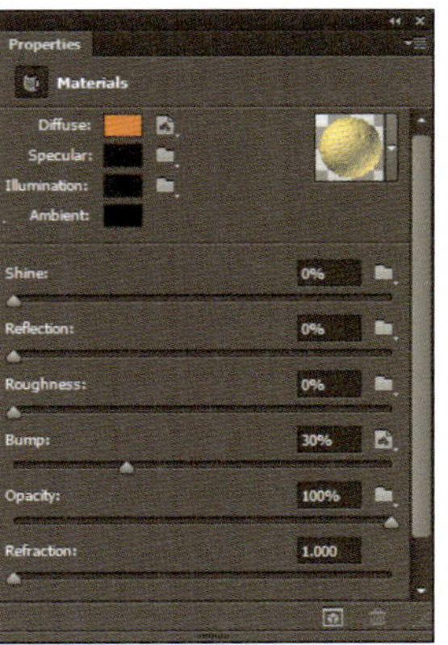

❽ 다시 오브젝트를 마우스 오른쪽 버튼으로 클릭하고 이번에는 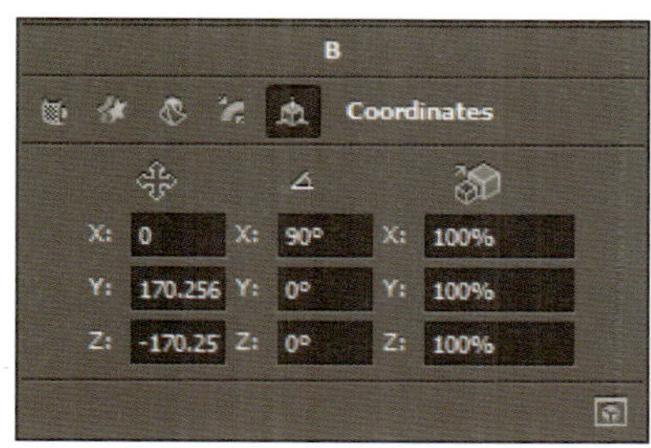을 클릭한 후 [X] 축 각도를 '90', [Y], [Z]축 각도를 '0'으로 설정한다.

❾ [3D]-[Snap Object to Ground Plane] 메뉴를 선택하고 [3D] 패널에서 ▣을 클릭한다. [Properties] 패널에서 [Preset]을 'Default Lights'로 설정한다.

❿ 작업 창에 조명이 표시되면 위에 있는 조명을 클릭하고 드래그하여 각도를 조절한 후 [Properties] 패널에서 [Softness]를 '30'으로 설정한다.

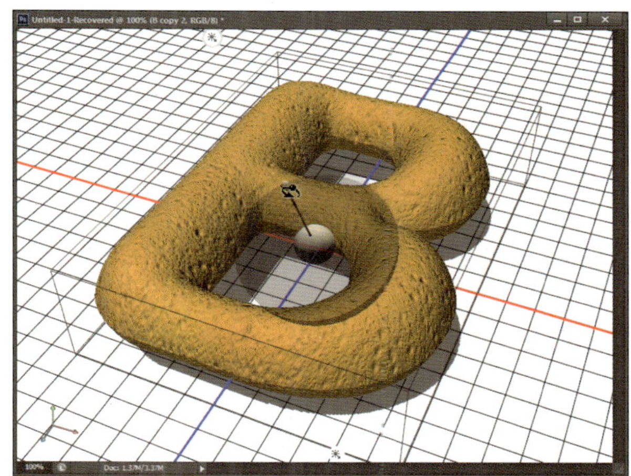

⓫ [Properties] 패널 하단의 ▣을 클릭한다.

오브젝트를 선택하고 V 를 누르면 오브젝트 위에 아이콘이 표시되어 돌출 형태와 표면 부풀기를 바로 적용할 수 있다.

❶ Twist : 돌출부를 비틀어 회오리 형태를 만들 수 있다. 휠을 시계 방향으로 돌릴수록 수치가 커진다.

❷ Band/Shear : [Properties] 패널에서 선택한 옵션으로 돌출부를 휘거나 각도를 변경한다.

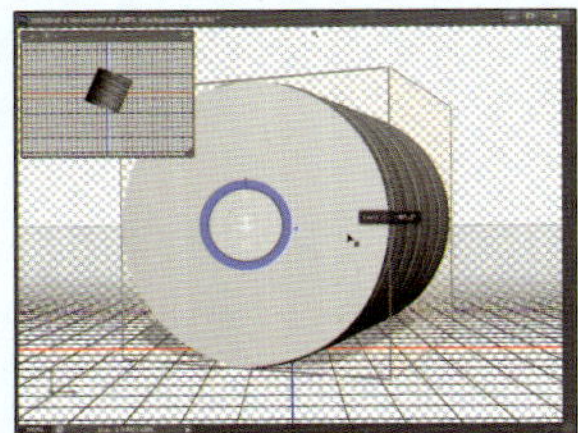 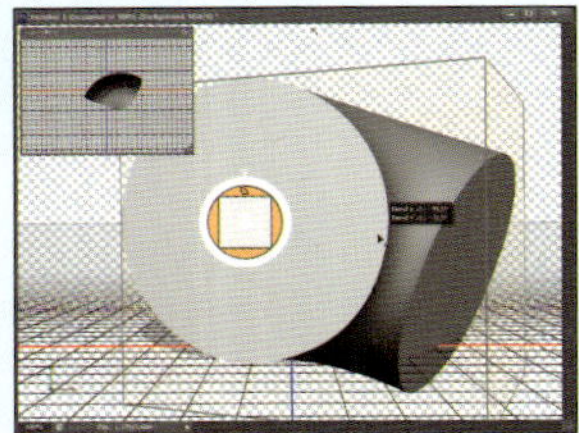

❸ Taper : 돌출부의 끝을 한 곳으로 모아 뾰족하게 하거나 확장시킨다. 오른쪽으로 드래그할수록 끝이 확장된다.

❹ Extrude : 돌출부의 깊이(길이)를 조절한다. 위로 드래그할수록 길이가 길어진다.

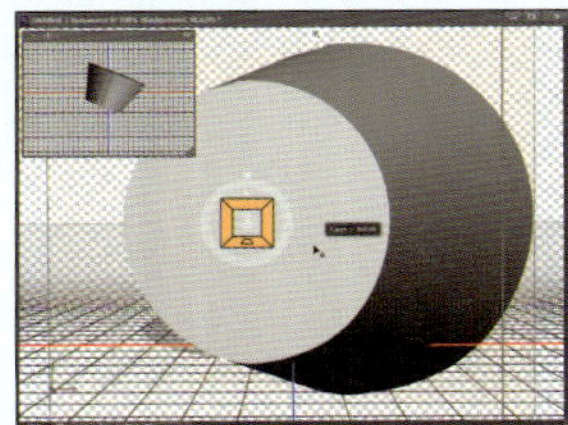 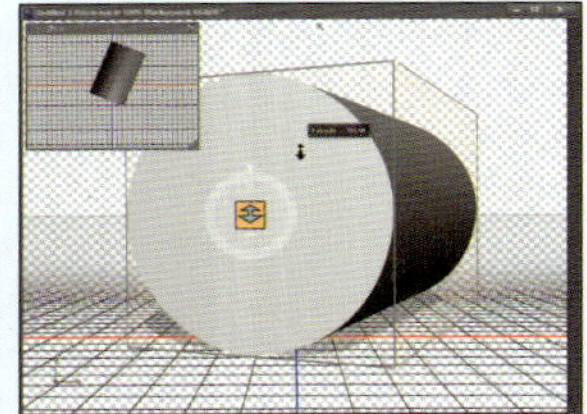

❺ Bevel, Angle : 표면의 경사 너비와 높이를 조절한다.

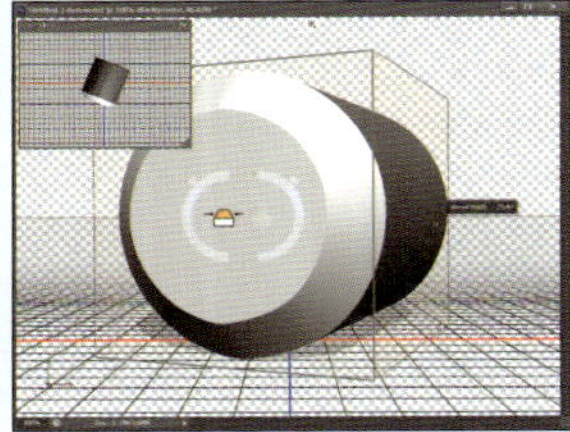 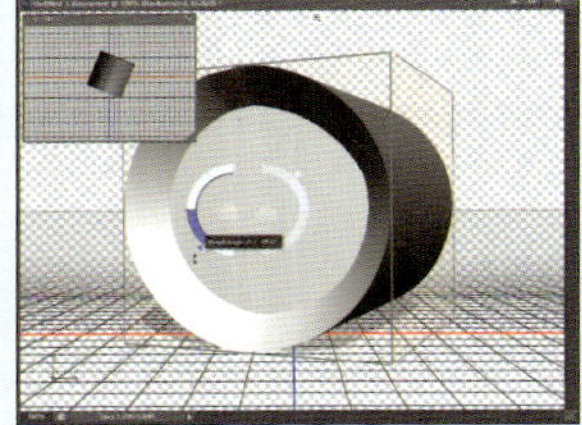

❻ Inflation, Angle : 표면의 부풀기 강도와 각도를 조절한다.

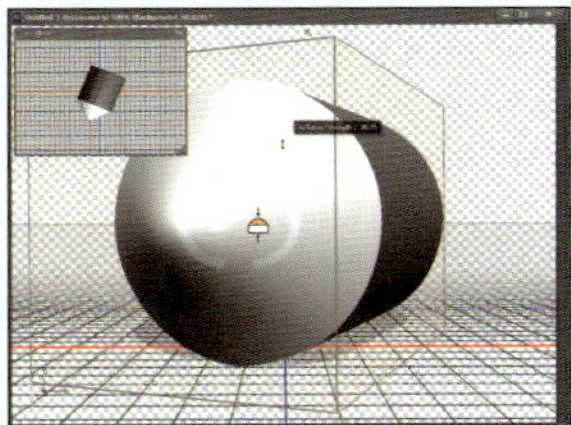 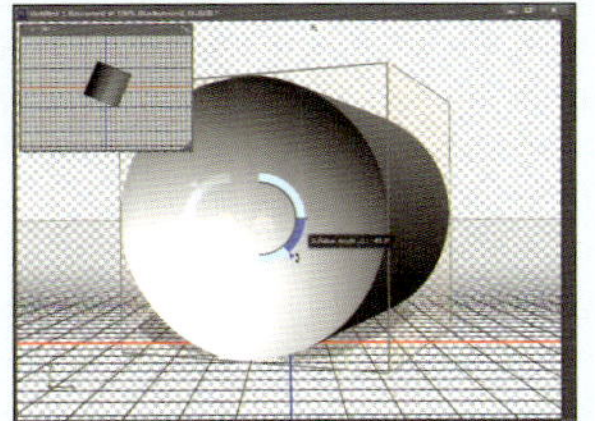

01
혼자해보기

새 파일을 만들고 [3D] 패널로 모자 모양의 3D 오브젝트를 만든 후 가죽 질감을 추가해
보자.

HINT | [Width] '800Pixels', [Height] '600Pixels', [Resolution] '72Pixels/Inch'의 새 문서를 만든다. [3D] 패널에서
[Source]를 'Selected Layer(s)'로 설정하고 [Mesh From Preset]을 선택한 후 프리셋 버튼을 클릭한다. 'Hat'을 선
택하고 Create 를 클릭한 후 모자를 더블클릭한다. [Properties] 패널에서 재질 피커( )를 클릭하고 'Fabric
Leather(brown)'을 선택한다.

02
혼자해보기

'챕터8_샘플/찐빵.psd' 파일을 불러온 후 [3D] 패널과 [Properties] 패널로 접시 위의
찐빵을 만들어 보자.

HINT | [3D]–[New 3D Extrusion from Selected Layer] 메뉴를 선택한다. 오브젝트를 선택하고 [Properties] 패
널에서 [Extrusion Depth]를 '0', 앞면의 [Angle], [Inflation]을 '90', '20'으로 설정한다. [3D] 패널에서 을 선택하고
[Properties] 패널로 이동한다. [Diffuse]를 '#ffffff', [Illumination]을 '#32322e'로 설정한 후 [Bump]의 를 클릭한다.
[Load Texture] 메뉴를 선택하고 '챕터8_샘플/bump.jpg'를 불러온 후 '25'로 설정한다. 오브젝트의 각도를 [X] '90',
[Y] '0', [Z] '0'으로 설정한 후 [3D]–[Snap Object to Ground Plane] 메뉴를 선택한다. 카메라 제어 모드에서 3D 오
브젝트 툴로 접시 위에 올려진 찐빵이 되도록 각도와 위치를맞추고 [3D] 패널에서 을 클릭한다. 조명을 드래
그하여 각도를 조절한 후 [Properties] 패널에서 [Softness]를 '30'으로 설정한다.

애니메이션 만들기 & 동영상 편집하기

포토샵은 정지된 이미지 편집은 물론이고 움직이는 GIF 애니메이션 이미지 제작과 동영상 파일의 편집도 가능하다. 특히 새롭게 추가된 장면 전환 효과나 오디오 트랙 지원으로 영상전문프로그램 없이도 간단한 영상을 제작할 수 있게 되었다.

> ◆ **알아두기**
>
> - 프레임 애니메이션 제작 시에는 [Timeline] 패널의 Frame Animation 모드, 동영상을 편집 시엔 Video Timeline 모드를 사용한다.
> - 여러 개의 레이어로 각각의 프레임을 만들 때는 [Timeline] 패널 메뉴의 [Make Frames From Layers]를 선택한다.
> - 움직임이 포함된 파일로 저장할 때는 [File]-[Save for Web] 메뉴를 선택한다.
> - [File]-[Open] 메뉴를 선택하면 새 작업 창으로, [Layer]-[Video Layers]-[New Video Layers From File]/[File]-[Place] 메뉴를 선택하면 새 레이어로 동영상 파일을 불러온다.
> - [File]-[Import]-[Video Frames To Layers] 메뉴를 선택하면 동영상을 프레임으로 불러온다. 동영상 저장 시엔 [File]-[Export]-[Render Video] 메뉴를 선택한다.

따라하기 01 ## 프레임 애니메이션 만들기

'챕터8_샘플/신발1~4.jpg' 파일을 불러온 후 신발 색상이 변하는 4프레임 애니메이션을 만들어 보자.

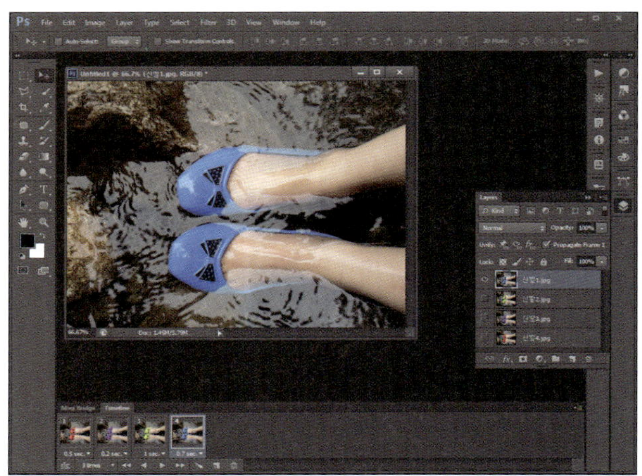

❶ [File]-[Scripts]-[Load Files into Stack] 메뉴를 선택한다. [Load Layers] 대화상자가 나타나면 [Use]를 'Files'로 설정하고 Browse... 를 클릭한다. [Open] 대화상자에서 '신발1~4.jpg' 파일을 선택하고 [OK] 버튼을 클릭한 후 다시 [OK] 버튼을 클릭한다.

❷ 선택한 4개의 파일이 새 작업 창에 각각의 레이어로 열리면 [Window]−[Timeline] 메뉴를 선택하여 [Timeline] 패널을 불러온다. 패널 중앙의 █을 누르고 [Create Frame Animation]을 선택한 후 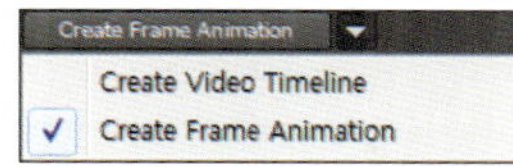 을 클릭한다.

❸ 패널 오른쪽 상단의 █을 누르고 팝업 메뉴에서 [Make Frames From Layers] 메뉴를 선택한다. 레이어에 포함된 이미지가 레이어 순서대로 각 프레임에 적용된다.

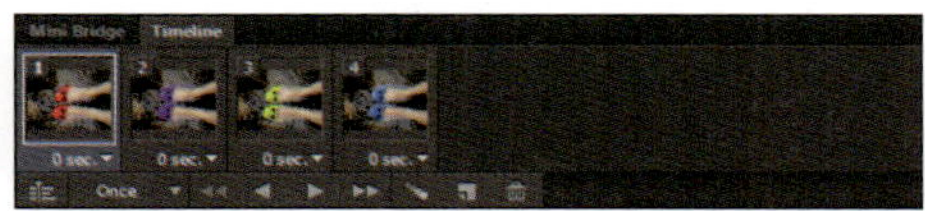

❹ 1번 프레임 하단의 시간을 클릭하고 '0.5'를 선택한다. 2번 프레임은 '0.2', 3번 프레임은 '1', 4번 프레임은 '0.7'로 설정한다.

목록에 없는 시간을 설정할 때는 [Other]를 클릭하고 [Set Frame Delay] 대화상자에서 원하는 시간을 입력한 후 [OK] 버튼을 클릭한다.

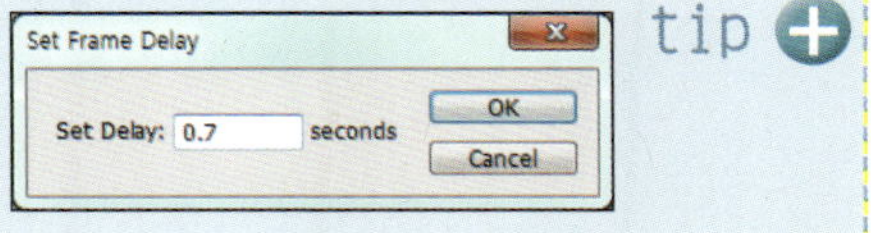

tip ➕

❺ [Timeline] 패널 하단의 █ Once █를 클릭하고 재생횟수를 [Forever]로 설정한다. █를 클릭하여 애니메이션을 재생시키고 속도가 적당한지 확인한다.

❻ [File]−[Save for Web] 메뉴를 선택한다. 대화상자가 나타나면 [Preset]을 'GIF 128 Dithered'로 설정하고 [Save] 버튼을 클릭한다. [Save Optimized As] 대화상자에서 저장할 위치와 이름, 포맷을 지정하고 [저장] 버튼을 클릭한다.

'챕터8_샘플/풍선.psd' 파일을 불러온 후 [Timeline] 패널의 트윈 애니메이션 프레임 기능으로 자연스럽게 움직이는 불빛을 만들어 보자.

❶ 배경 레이어를 선택한 상태에서 '반짝이' 레이어의 섬네일을 `Ctrl`을 누른 채 클릭한다. `Ctrl`+`J`를 눌러 선택 영역만 복제한다.

'반짝이' 레이어는 [Brush] 패널에서 'Shape Dynamics', 'Scattering' 옵션을 설정한 후 브 tip ➕
러시 툴(🖌)로 그릴 수 있다.

❷ '반짝이' 레이어를 보이지 않게 숨기고 새 레이어를 만든다. 브러시 툴(🖌)을 선택하고 옵션 바에서 브러시 모양을 원형으로 선택한다. [Size]는 '120px', [Hardness]는 '0%', 전경색은 흰색으로 설정한다.

❸ 'Layer 2' 레이어에 둥근 사각형 모양으로 칠한 후 `Alt`+`Ctrl`+`G`를 눌러 'Layer 1' 레이어에 클리핑 처리한다.

❹ 이동 툴(➤)을 선택하고 반짝이가 시작되는 지점으로 이동시킨 후 [Timeline] 패널을 불러온다. ◳을 눌러 프레임을 추가하면 현재의 작업 창 모습이 1번 프레임으로 저장된다.

❺ 둥근 사각형을 작업 창 가운데 아래로 이동시키고 다시 █을 눌러 프레임을 추가한다. 같은 방법으로 둥근 사각형을 '반짝이' 레이어의 모양을 따라 이동시키면서 프레임을 추가한다. 마지막 프레임은 둥근 사각형을 작업 창 밖으로 이동시킨 후 추가한다.

❻ 2번 프레임을 먼저 선택하고 Shift 를 누른 채 1번 프레임을 선택한 후 [Timeline] 패널 하단의 █을 클릭한다. 대화상자에서 [Frame to Add]를 '5', [Layers]를 [All Layers]로 설정하고 [Parameters]의 'Position'에 체크한 후 [OK] 버튼을 클릭한다. 1번과 2번 프레임 사이에 5개의 프레임이 추가된다.

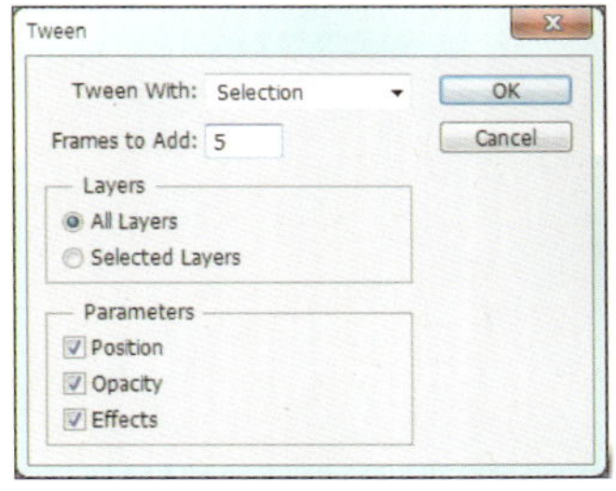

❼ 다시 8번 프레임을 먼저 선택하고 Shift 를 누른 채 7번 프레임을 선택한다. █을 클릭하고 대화상자가 나타나면 [Frame to Add]을 '5'로 설정하고 [OK] 버튼을 클릭한다. 같은 방법으로 나머지 프레임 사이에도 프레임을 추가한다.

❽ [File]-[Save for Web] 메뉴를 선택하고 [Preset]을 'GIF 128 Dithered'로 설정한 후 [Save] 버튼을 클릭한다.

❾ 저장되는 파일 형식을 'Image Only(*.gif)'로 설정하고 [저장] 버튼을 클릭한다.

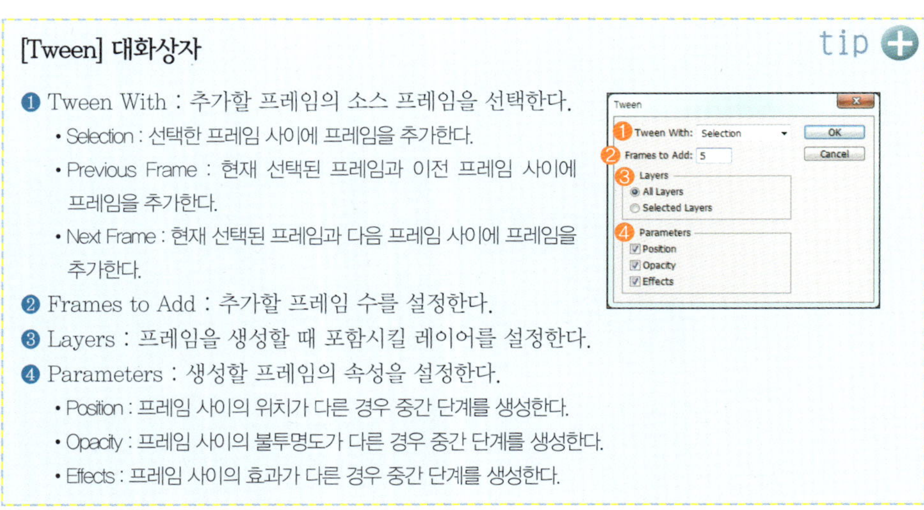

동영상을 프레임으로 불러오기

'챕터8_샘플/지하철2.mp4' 동영상 파일을 [Import Video To Layers] 메뉴로 프레임으로 불러 오고 GIF 애니메이션 파일로 저장해 보자.

❶ [File]-[Import]-[Video Frames to Layers] 메뉴를 선택하고 [Open] 대화상자가 나타 나면 '챕터8_샘플/지하철2.mp4' 파일을 선택한다.

❷ [Import Video To Layers] 대화상자가 나타나면 [From Beginning To End]를 선택하 고 [Limit To Every [ ] Frames]를 '25'로 설정한다. [Make Frame Animation]에 체크 하고 [OK] 버튼을 클릭한다.

❸ [Timeline] 패널에서 전체 프레임을 선택하고 시간을 '0.1'로 설정한다.

❹ 1번 프레임을 선택하고 [Layers] 패널 하단의 ⬛.을 클릭한다. [Solid Color]를 선택하고 색상을 '#471837'로 지정한 후 블렌딩 모드를 'Exclusion'으로 설정한다.

❺ 2번 프레임을 선택하고 'Color Fill 1' 레이어를 'Layer 2' 레이어 위로 이동한다. 블렌딩 모드를 'Exclusion', [Opacity]를 '80 %'로 설정한다.

❻ 같은 방법으로 3, 4, 5번 프레임에 각각 'Color Fill 1' 레이어와 블렌딩 모드를 적용하고 [Opacity]는 '20%'씩 감소시킨다.

❼ [File]−[Save for Web] 메뉴를 선택하고 GIF 파일로 저장한다.

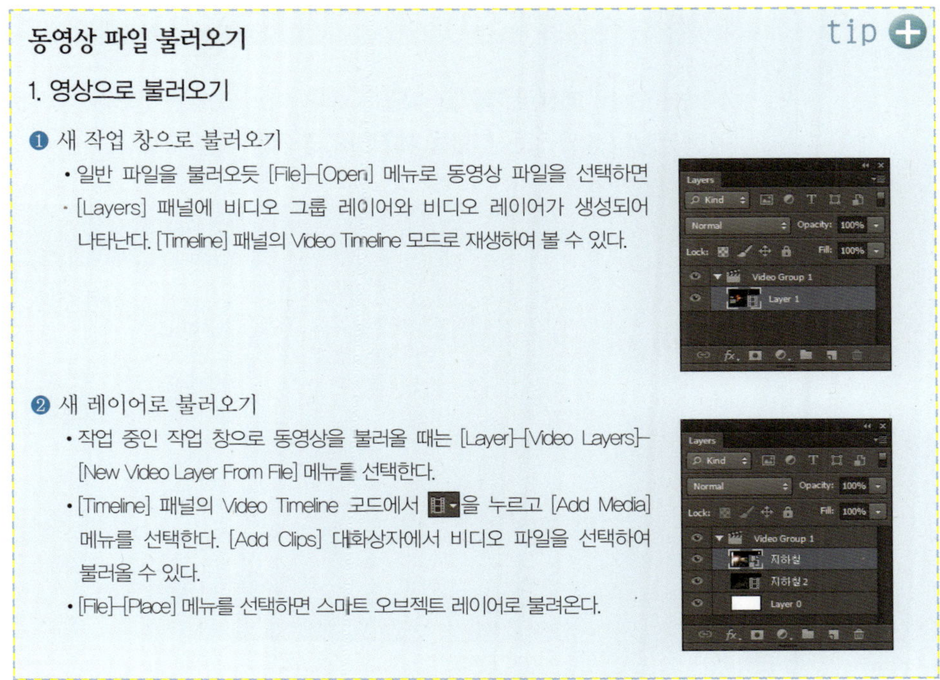

동영상 파일 불러오기 tip

1. 영상으로 불러오기

❶ 새 작업 창으로 불러오기
- 일반 파일을 불러오듯 [File]−[Open] 메뉴로 동영상 파일을 선택하면
- [Layers] 패널에 비디오 그룹 레이어와 비디오 레이어가 생성되어 나타난다. [Timeline] 패널의 Video Timeline 모드로 재생하여 볼 수 있다.

❷ 새 레이어로 불러오기
- 작업 중인 작업 창으로 동영상을 불러올 때는 [Layer]−[Video Layers]−[New Video Layer From File] 메뉴를 선택한다.
- [Timeline] 패널의 Video Timeline 코드에서 ▦▾을 누르고 [Add Media] 메뉴를 선택한다. [Add Clips] 대화상자에서 비디오 파일을 선택하여 불러올 수 있다.
- [File]−[Place] 메뉴를 선택하면 스마트 오브젝트 레이어로 불러온다.

2. 프레임으로 불러오기

[File]–[Import]–[Video Frames to Layers] 메뉴를 선택하면 [Open] 대화상자가 나타나
동영상 파일을 선택하여 불러올 수 있다.

• [Import Video To Layers] 대화상자

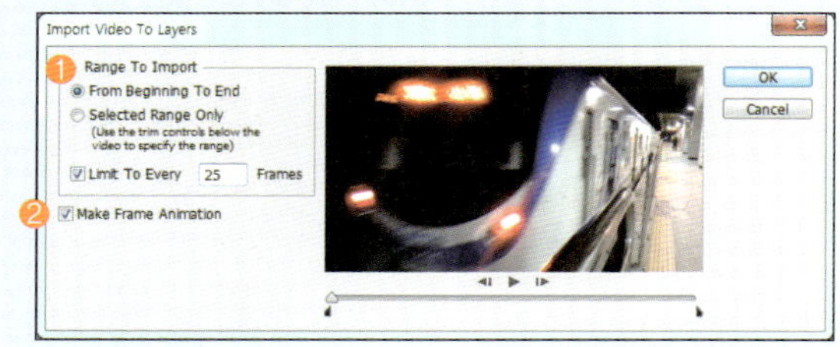

❶ Range To Import
 • From Beginning To End : 동영상 전체 파일을 불러온다.
 • Selected Range Only : 재생 구간을 선택하여 불러온다.
 • Limit To Every [ ] Frames : 입력한 수치의 프레임마다 1 프레임으로 줄인다.
❷ Make Frame Animation : 체크하면 동영상을 프레임으로 만들어 불러온다.

[File]–[Open] 메뉴로 '챕터8_샘플/지하철.mp4' 파일을 불러온 후 [Timeline] 패널을 이용하
여 동영상의 필요 없는 부분을 제거하고 크기를 조절해 보자.

❶ [Timeline] 패널에서 ▶을 클릭하여 동영상을 재생한다. 재생 중에 음악이 시작하는
시점에서 ■을 눌러 재생을 중지하고 'Layer 1' 레이어의 왼쪽 경계선을 클릭한 채 ⬚
까지 드래그한다. 노래가 나오지 않는 앞부분의 프레임이 삭제된다.

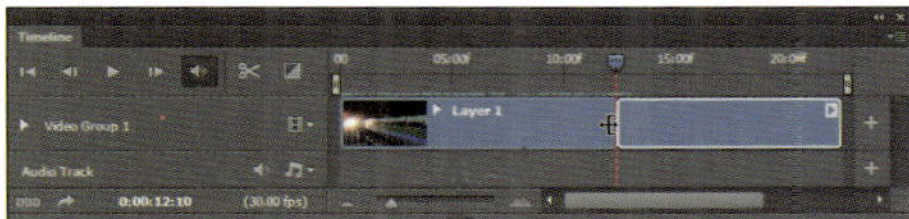 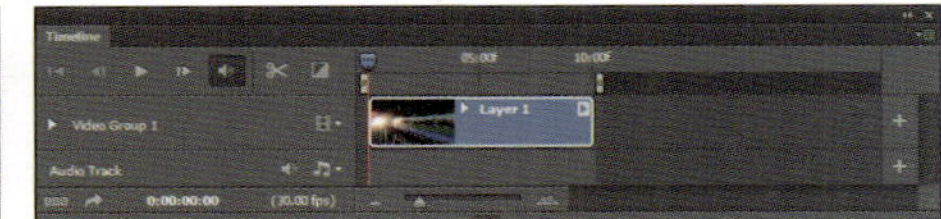

❷ 다시 ▶을 클릭하여 동영상을 재생하고 음악이 끝나는 시점에서 ✂을 클릭한다. 동영상이 두 개로 나뉘면 뒷부분을 클릭하고 **Delete** 를 누른다.

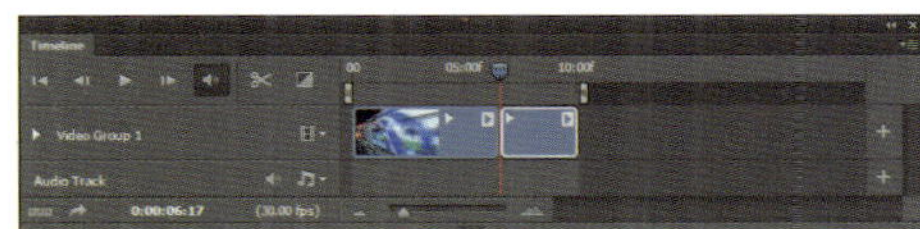 

❸ [Layers] 패널에서 'Layer 1' 레이어를 마우스 오른쪽 버튼으로 클릭하고 [Convert to Smart Object] 메뉴를 선택한다. [Timeline] 패널의 레이어 색상이 보라색으로 바뀐다.

비디오 파일의 크기를 변경하려면 먼저 비디오 레이어를 스마트 오브젝트 레이어로 변환해야 한다. tip ➕

❹ **Alt** + **Ctrl** + **I** 를 눌러 [Image Size] 대화상자가 나타나면 [Constrain Proportions]과 [Resample Image]에 체크한 후 [Pixel Dimensions]의 단위를 'Percent'로 변경한다. [Width]에 '60'을 입력하고 [OK] 버튼을 클릭한다.

❺ [File]–[Export]–[Render Video] 메뉴를 선택하고 Select Folder... 를 눌러 저장 위치를 지정한 후 [Render] 버튼을 클릭한다.

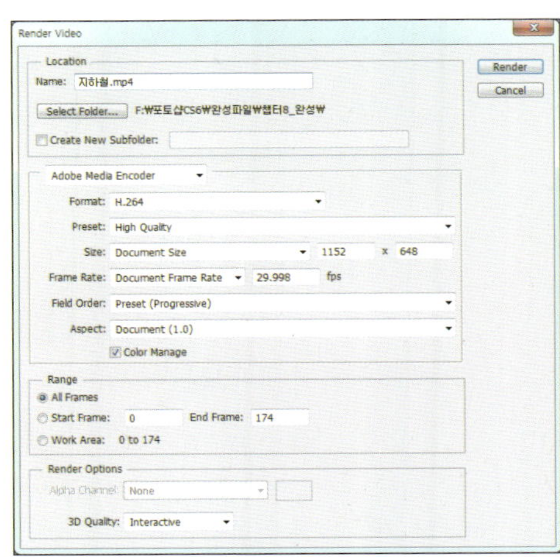

[Render Video] 대화상자 tip ➕

[File]–[Export]–[Render Video] 메뉴를 선택하고 편집한 동영상을 이미지 파일이나 동영상 파일로 저장한다. 동영상의 이름과 폴더 위치를 지정하고 파일 형식, 크기, 초당 프레임 비율, 저장 범위 등을 설정한다.

'챕터8_샘플/태풍.mp4' 파일을 불러온 후 비디오 길이를 편집하고 텍스트와 효과를 적용해 보자.

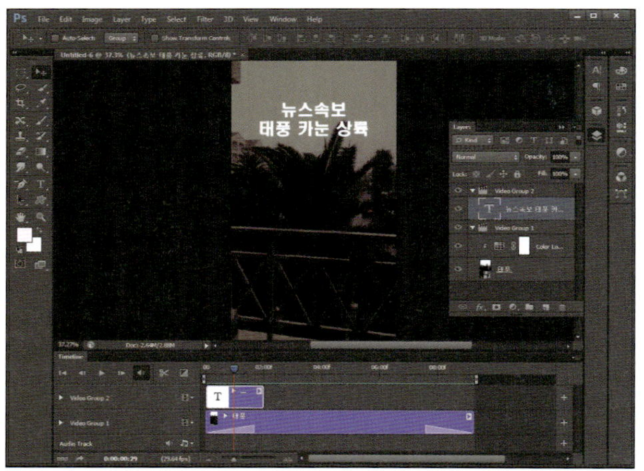

❶ [Timeline] 패널의 Video Timeline 모드에서 █▾를 누르고 [Add Media] 메뉴를 선택한다. [Add Clips] 대화상자에서 '챕터8_샘플/태풍.mp4' 선택한 후 [열기] 버튼을 클릭한다.

> 작업 중인 작업 창이 있으면 새 레이어로 불러오므로 작업 창을 모두 닫고 시작한다. tip ➕

❷ [Image]-[Image Rotation]-[90° CW] 메뉴를 선택한다. 대화상자가 나타나면 [Convert]를 클릭하여 비디오 레이어를 스마트 오브젝트 레이어로 변환한다.

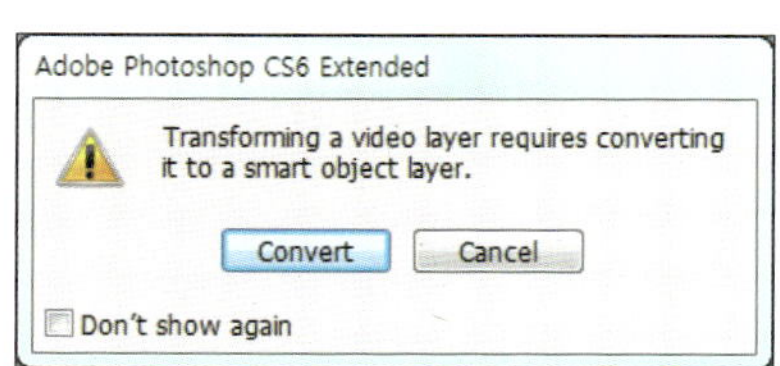

❸ ▶을 클릭하여 동영상을 재생한다. 카톡 알림음이 나오기 직전에 ■을 눌러 재생을 정지하고 'Layer 1' 레이어 오른쪽 경계선을 까지 드래그한다.

❹ [Layers] 패널에서 ◉▾을 클릭하고 [Color Lookup] 메뉴를 선택한다. [Properties] 패널이 확장되면 [Device Link], 'TealMagentaGold'를 선택한다.

❺ 다시 [Timeline] 패널로 돌아간 후 ◪을 클릭한다. 팝업 메뉴에서 [Duration]을 '1.70 s'로 설정한 후 'Fade With Black'을 선택하고 'Layer 1' 레이어의 앞부분으로 드래그한다. 비디오 뒷부분에도 동일하게 적용한다.

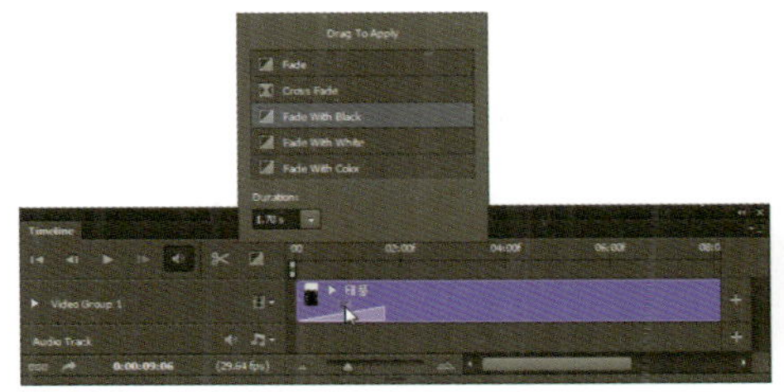

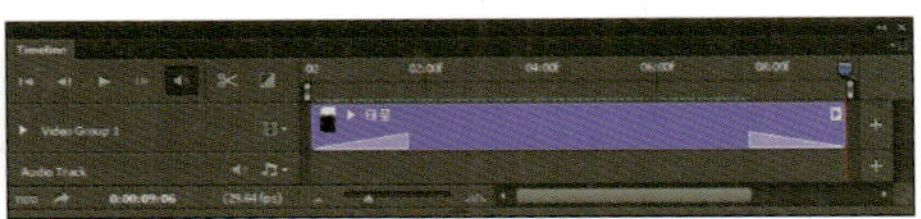

❻ 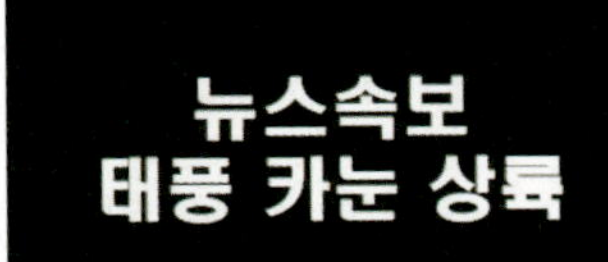

을 누르고 [New Video Group] 메뉴를 선택한다. 새 비디오 그룹이 생성되면 가로 둔자 툴(T)을 선택하고 옵션 바에서 글꼴을 'HY헤드라인M', 크기를 '75 px', 글꼴 색상을 '#ffffff', 정렬을 '가운데 정렬'로 설정한다. 작업 창 상단 중앙을 클릭하고 '뉴스 속보 태풍 카눈 상륙'이라고 입력한다.

❼ [Timeline] 패널에서 텍스트 레이어의 오른쪽 경계선을 '2:00f'까지 드래그한 후 오른쪽 경계선을 마우스 오른쪽 버튼을 클릭한다. [Motion]을 'Zoom', [Zoom]을 'Zoom Out'으로 설정한다.

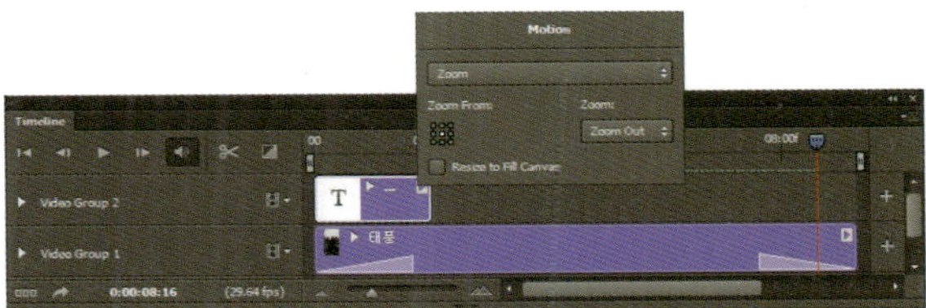

Motion은 스마트 오브젝트 레이어로 변환 후에 적용할 수 있다. tip 

❽ [File]–[Export]–[Render Video] 메뉴를 선택하고 저장 위치를 지정한 후 [Render] 버튼을 클릭한다.

'챕터8_샘플/나무.jpg' 파일을 불러온 후 나무 기둥의 흠집이 사라지는 프레임 애니메이션을 만들어 보자.

HINT | Ctrl + J 를 눌러 배경 레이어를 복제한 후 도장 툴(🅛)로 나무의 흠집 부분을 제거한다. [Timeline] 패널의 Frame Animation 모드를 열고 🔳을 누른 후 [Make Frames From Layers] 메뉴를 선택한다. 2번 프레임을 선택하고 [Layers] 패널에서 배경 레이어가 보이게 설정한 후 [Timeline] 패널에서 🔳를 클릭한다. [Tween] 대화상자에서 [Frames to Add]를 '5', [Layers]를 'All Layers'로 설정한다. 모든 프레임을 선택하고 시간을 '0.2, 재생횟수를 'Forever'로 설정한다. Ctrl + Shift + Alt + S 를 눌러 저장한다.

'챕터8_샘플/태윤.mp4' 동영상 파일을 불러온 후 크기를 조절하고 세피아 톤 영상으로 만들어 저장해 보자.

HINT | [File]─[Open] 메뉴를 선택하고 비디오 파일을 불러온다. 자르기 툴(🅛)로 인물 주변을 드래그한 후 이미지를 90°회전시킨다. Enter 를 누르고 대화상자가 나타나면 [Convert] 버튼을 클릭한다. [Layers] 패널에서 🔳을 클릭하고 [Photo Filter] 메뉴를 선택한다. [Properties] 패널이 확장되면 [filter]를 'Sepia', [Density]를 '70'으로 설정한다. [File]─[Export]─[Render Video] 메뉴를 선택하고 파일 이름과 저장할 폴더를 설정한 후 [Render] 버튼을 클릭한다.

1. 포토샵으로 3D 작업하기

- 3D 오브젝트는 [3D] 메뉴와 [3D] 패널에서 만들 수 있다. 선택한 레이어, 선택 영역, 문자, 패스로 만들 수 있으며 3D 오브젝트를 만들고 각각의 구성 요소 설정은 [Properties] 패널에서 한다.

- 작업 창의 금색 테두리는 카메라 제어, 파란색 테두리는 환경 제어, 녹색 테두리는 장면 제어, 테두리가 없으면 메시 제어 모드를 나타낸다.

- 이전 버전에는 따로 분류되어 선택할 수 있었던 3D 오브젝트 툴이 이동 툴( )과 합쳐져 이동 툴( )의 옵션 바에서 선택할 수 있다. 이동 툴( )을 선택하고 3D 오브젝트를 선택하면 3D 오브젝트 툴이 활성화된다.

- 오브젝트를 선택하면 3D 축이 나타나며 각 축의 원뿔, 사각형, 선분 모양을 선택하여 이동, 크기, 회전을 할 수 있다.

- 오브젝트를 선택하고 V 를 누르면 아이콘이 나타나 오브젝트의 3D Extrusion 옵션을 실시간으로 확인하며 설정할 수 있다. V 를 한 번 누르면 돌출 형태를 설정하는 아이콘이 표시되고 한 번 더 누르면 표면 부풀기를 설정하는 아이콘이 표시된다.

- 문자, 패스, 선택 영역을 3D 오브젝트로 변환한 후 메시 [Properties] 패널 하단의 Edit Source 를 클릭하면 원본 소스 편집이 가능하다.

- 3D 작업을 완료한 후 좀 더 사실적인 조명, 그림자 효과를 만들기 위해서는 [Properties] 패널 하단의 을 클릭하여 렌더링 하는 것이 좋다.

2. 애니메이션 만들기 & 동영상 편집하기

- 프레임 애니메이션 제작 시엔 [Timeline] 패널의 Frame Animation 모드, 동영상을 편집 시엔 Video Timeline 모드를 사용한다.

- 여러 개의 레이어로 각각의 프레임을 만들 때는 [Timeline] 패널 메뉴의 [Make Frames From Layers]를 선택한다. [Tween] 메뉴는 프레임과 프레임 사이에 여러 단계를 만들어 움직임이나 효과가 자연스럽게 변하도록 해준다.

- [File]–[Open]이나 [Layer]–[Video Layers]–[New Video Layer From File] 메뉴를 선택하면 새 작업 창이나 새 레이어로 비디오를 불러올 수 있다. 이렇게 불러온 파일은 [Layers] 패널에 비디오 그룹 레이어와 비디오 레이어를 포함한다.

- [File]–[Import]–[Video Frames to Layers] 메뉴를 선택하면 [Open] 대화상자가 나타나 동영상 파일을 프레임 애니메이션으로 불러올 수있다 .

- [File]–[Export]–[Render Video] 메뉴를 선택하고 편집한 동영상을 이미지 파일이나 동영상 파일로 저장한다. 동영상의 이름과 폴더 위치를 지정하고 파일 형식, 크기, 초당 프레임 비율, 저장 범위 등을 설정한다.

- 프레임 애니메이션은 [Save for Web] 메뉴를 선택하고 gif로 저장한다.

1. [Width] '800Pixels', [Height] '800Pixels', [Resolution] '72Pixels/inch'인 새 작업 창을 만들고 대리석 공을 만든 후 공이 위에서 떨어지는 프레임 애니메이션을 만들어 보자.

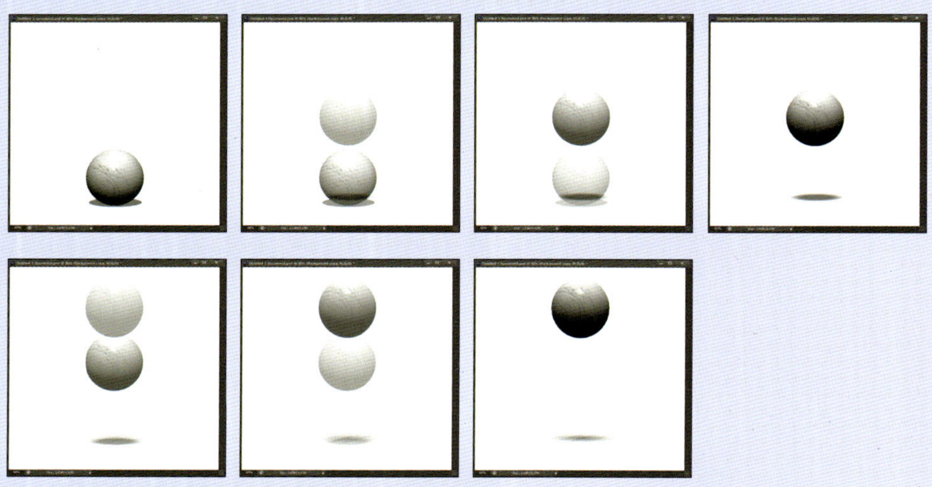

HINT | 1. 파일 새로 만들기 : [File]-[New]

2. 구형 3D 오브젝트 만들기 : [3D] 패널, Mesh From Preset-Sphere

3. 대리석 재질 입히기 : Materials의 [Properties] 패널 재질 피커

4. 그림자 설정 : Lights의 [Properties] 패널

5. 대리석 공 크기 조절 : 3D 축의 정육면체로 조절

6. 지면에 오브젝트 붙이기 : [3D]-[Snap Object to Ground Plane]

7. 대리석 공 레이어 복제 : Ctrl + J

8. 복제 공 높이 변경 : 오브젝트 클릭 후 Z 축 원뿔로 조절

9. 복제 공 그림자 변경 : Lights의 [Properties] 패널

10. 자연스러운 그림자 표현 : Mesh의 [Properties] 패널

11. 레이어 합치기 : 새 레이어 3개 만들고 흰색으로 채운 후 각각의 3D 오브젝트 레이어와 병합 (Ctrl + E)

12. 애니메이션 만들기 : 높이 순서대로 레이어 배치 후 [Timeline] 패널 메뉴

13. 자연스럽게 떨어지는 효과 : [Timeline] 패널

속전속결

포토샵 CS6

1판 1쇄 발행　2014년 3월 5일
1판 7쇄 발행　2019년 6월 10일

저　자 | 김지연
발행인 | 김길수
발행처 | (주)영진닷컴
주　소 | (우)08505 서울시 금천구 가산디지털2로 123
　　　　　월드메르디앙벤처센터 2차 10층 1016호

등　록 | 2007. 4. 27. 제16-4189호

© 2014., 2019. (주)영진닷컴
ISBN | 978-89-314-4597-8

이 책에 실린 내용의 무단전재 및 무단복제를 금합니다.
내용 문의는 저자 이메일(yoniyoni@naver.com)으로 해 주십시오.

http://www.youngjin.com